ST. ANDREW'S
EPISCOPAL SCHOOL

D'accord! 1B

LANGUE ET CULTURE DU MONDE FRANCOPHONE

VISTA®
HIGHER LEARNING

Boston, Massachusetts

On the cover: Metro sign, Place de la Concorde, Paris, France

Publisher: José A. Blanco

Editorial Development: Megan Moran, Sharla Zwirek

Project Management: Brady Chin, Sally Giangrande, Rosemary Jaffe, Faith Ryan

Rights Management: Annie Pickert Fuller, Ashley Poreda

Technology Production: Kamila Caicedo, Jamie Kostecki, Reginald Millington, Paola Ríos Schaaf

Design: Radoslav Mateev, Gabriel Noreña, Andrés Vanegas

Production: Sergio Arias, Oscar Díez

Student Text ISBN: 978-1-68005-762-1
Library of Congress Control Number: 2017949781

1 2 3 4 5 6 7 8 9   TC   23 22 21 20 19 18

Printed in Canada

D'accord! 1B

LANGUE ET CULTURE DU MONDE FRANCOPHONE

Table of Contents

Reprise

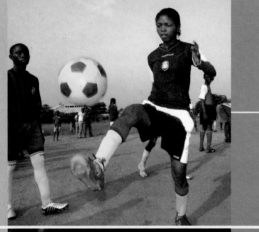

UNITÉ 5
Les loisirs

Leçon 5A

Leçon 5B

UNITÉ 6
Les fêtes

Leçon 6A

Leçon 6B

Table of Contents

Le monde francophone

L'OCÉAN ARCTIQUE

LE GROENLAND

LE CANADA

Le Québec

LES ÉTATS-UNIS

Saint-Pierre-
et-Miquelon
(*France*)

L'OCÉAN ATLANTIQUE

La
Louisiane

LE
MEXIQUE

LE
BELIZE

CUBA

HAÏTI

Les
Antilles
françaises

LA JAMAÏQUE

LE GUYANA

LE GUATEMALA

LE SALVADOR

LE HONDURAS

LE NICARAGUA

LE COSTA RICA

LE PANAMÁ

LE SURINAME

La Guyane
française

LE
VENEZUELA

LA
COLOMBIE

L'OCÉAN PACIFIQUE

L'ÉQUATEUR

Wallis-et-
-Futuna

TUVALU

KIRIBATI

LE PÉROU

LE BRÉSIL

VANUATU

LES
SAMOA

La Polynésie française

FIDJI

TONGA

LA BOLIVIE

LE PARAGUAY

La Nouvelle-Calédonie

LE CHILI

LA
NOUVELLE-ZÉLANDE

L'ARGENTINE

L'URUGUAY

Pays et régions francophones

0   3,000 miles

0   3,000 kilomètres

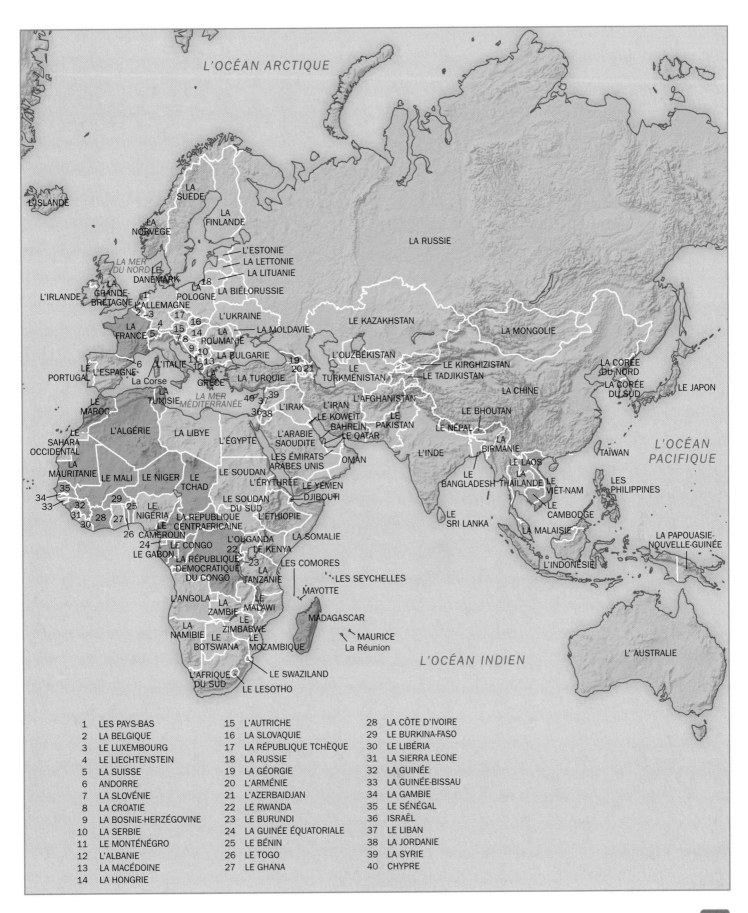

L'OCÉAN ARCTIQUE

L'ISLANDE

LA SUÈDE

LA FINLANDE

LA NORVÈGE

LA MER DU NORD

LE DANEMARK

L'IRLANDE

LA GRANDE-BRETAGNE

L'ALLEMAGNE

LA POLOGNE

L'ESTONIE
LA LETTONIE
LA LITUANIE

LA BIÉLORUSSIE

LA RUSSIE

L'UKRAINE

LA MOLDAVIE

LA ROUMANIE

LA BULGARIE

LA FRANCE

L'ITALIE

La Corse

LA GRÈCE

LA TURQUIE

LE KAZAKHSTAN

LA MONGOLIE

L'OUZBÉKISTAN

LE TURKMÉNISTAN

LE KIRGHIZISTAN

LE TADJIKISTAN

LA CHINE

LA CORÉE DU NORD

LA CORÉE DU SUD

LE JAPON

LE PORTUGAL

L'ESPAGNE

ANDORRE

LA TUNISIE

LA MER MÉDITERRANÉE

L'IRAK

L'IRAN

L'AFGHANISTAN

LE KOWEÏT
BAHREÏN
LE QATAR

LE PAKISTAN

LE NÉPAL

LE BHOUTAN

TAÏWAN

L'OCÉAN PACIFIQUE

LE MAROC

L'ALGÉRIE

LA LIBYE

L'ÉGYPTE

L'ARABIE SAOUDITE

LES ÉMIRATS ARABES UNIS

OMAN

L'INDE

LA BIRMANIE

LE LAOS

LE BANGLADESH

LA THAÏLANDE

LE VIÊT-NAM

LES PHILIPPINES

LE SAHARA OCCIDENTAL

LA MAURITANIE

LE MALI

LE NIGER

LE TCHAD

LE SOUDAN

L'ÉRYTHRÉE

LE YÉMEN

DJIBOUTI

LE CAMBODGE

LE SRI LANKA

LA MALAISIE

LE SOUDAN DU SUD

L'ÉTHIOPIE

LE NIGÉRIA

LA RÉPUBLIQUE CENTRAFRICAINE

L'OUGANDA

LE KENYA

LA SOMALIE

L'INDONÉSIE

LA PAPOUASIE-NOUVELLE-GUINÉE

CAMEROUN

LE CONGO

LE GABON

LA GUINÉE ÉQUATORIALE

LE RWANDA

LE BURUNDI

LA RÉPUBLIQUE DÉMOCRATIQUE DU CONGO

LA TANZANIE

LES COMORES

MAYOTTE

LES SEYCHELLES

L'ANGOLA

LA ZAMBIE

LE MALAWI

MADAGASCAR

MAURICE

La Réunion

L'OCÉAN INDIEN

L'AUSTRALIE

LA NAMIBIE

LE ZIMBABWE

LE BOTSWANA

LE MOZAMBIQUE

L'AFRIQUE DU SUD

LE SWAZILAND

LE LESOTHO

1	LES PAYS-BAS	15	L'AUTRICHE	28	LA CÔTE D'IVOIRE
2	LA BELGIQUE	16	LA SLOVAQUIE	29	LE BURKINA-FASO
3	LE LUXEMBOURG	17	LA RÉPUBLIQUE TCHÈQUE	30	LE LIBÉRIA
4	LE LIECHTENSTEIN	18	LA RUSSIE	31	LA SIERRA LEONE
5	LA SUISSE	19	LA GÉORGIE	32	LA GUINÉE
6	ANDORRE	20	L'ARMÉNIE	33	LA GUINÉE-BISSAU
7	LA SLOVÉNIE	21	L'AZERBAIDJAN	34	LA GAMBIE
8	LA CROATIE	22	LE RWANDA	35	LE SÉNÉGAL
9	LA BOSNIE-HERZÉGOVINE	23	LE BURUNDI	36	ISRAËL
10	LA SERBIE	24	LA GUINÉE ÉQUATORIALE	37	LE LIBAN
11	LE MONTÉNÉGRO	25	LE BÉNIN	38	LA JORDANIE
12	L'ALBANIE	26	LE TOGO	39	LA SYRIE
13	LA MACÉDOINE	27	LE GHANA	40	CHYPRE
14	LA HONGRIE				

L'Amérique du Nord et du Sud

L'OCÉAN ARCTIQUE

LE GROENLAND

L'Alaska

Le Nunavut

Le Yukon

Les Territoires
du Nord-Ouest

La Colombie-
Britannique

LE CANADA

Le
Manitoba

Terre-Neuve-
et-Labrador

L'Alberta

La
Saskatchewan

Le Québec

L'Ontario

Le Nouveau-
Brunswick

Québec

Saint-Pierre-
et-Miquelon
(France)

Montréal

Ottawa

La Nouvelle-
Écosse

L'Île-du-Prince-Édouard

LES ÉTATS-UNIS

Washington

L'OCÉAN
ATLANTIQUE

L'OCÉAN PACIFIQUE

La
Louisiane

LE
MEXIQUE

LA JAMAÏQUE

HAÏTI

LE
BELIZE

CUBA

Les Antilles
françaises

Mexico

Belmopan
Tegucigalpa

Guatemala

LE HONDURAS

Régions francophones

LE GUATEMALA

San Salvador

LE NICARAGUA

0   2,000 miles

LE SALVADOR

Managua

Caracas

0   2,000 kilomètres

LE COSTA RICA

Panamá

LE
VENEZUELA

Georgetown
Paramaribo

LE PANAMÁ

Bogotá

Cayenne

LA
COLOMBIE

La Guyane
française

Quito

LE
GUYANA

LE
SURINAME

L'ÉQUATEUR

LE
PÉROU

LE BRÉSIL

PORTO
RICO

Lima

LA RÉPUBLIQUE
DOMINICAINE

HAÏTI

San Juan

LA BOLIVIE

Brasilia

La Paz

Port-au-Prince

Saint
Domingue

Sucre

LE
PARAGUAY

La Guadeloupe

LA MER DES ANTILLES

Pointe-à-Pitre

LE CHILI

Asunción

DOMINIQUE

Fort-de-France

L'ARGENTINE

L'URUGUAY

0   500 miles

La Martinique

Santiago

0   500 kilomètres

SAINTE-LUCIE

Buenos Aires

Montevideo

La France

GUADELOUPE

L'OCÉAN ATLANTIQUE

Pointe-à-Pitre

Basse-Terre

LA MER DES CARAÏBES

MARTINIQUE

Montagne Pelée

Fort-de-France

LA MER DES CARAÏBES

GUYANE

L'OCÉAN ATLANTIQUE

Cayenne

LE SURINAM

LE BRÉSIL

L'OCÉAN ATLANTIQUE

LA RÉUNION

L'OCÉAN INDIEN

Saint-Denis

MAYOTTE

L'OCÉAN INDIEN

Mamoudzou

Dzaoudzi

LES PAYS-BAS

LA MANCHE

LA BELGIQUE

L'ALLEMAGNE

Lille

Arras

HAUTS-DE-FRANCE

Amiens

Charleville-Mézières

Rouen

Laon

LE LUXEMBOURG

Beauvais

Metz

Saint-Lô

Caen

Pontoise

Châlons-en-Champagne

Bar-le-Duc

Nancy

Évreux

Paris

NORMANDIE

Versailles

ÎLE-DE-FRANCE

Évry

Strasbourg

Alençon

Chartres

Melun

GRAND EST

Épinal

St-Brieuc

Troyes

Chaumont

Colmar

BRETAGNE

Rennes

Laval

Le Mans

Quimper

Auxerre

Belfort

Vesoul

Vannes

PAYS DE LA LOIRE

Orléans

Dijon

Besançon

Angers

Blois

CENTRE-VAL DE LOIRE

Nantes

Tours

BOURGOGNE-FRANCHE-COMTÉ

LA SUISSE

Bourges

Nevers

La-Roche-sur-Yon

Châteauroux

Lons-le-Saunier

Poitiers

Moulins

Mâcon

Niort

Bourg-en-Bresse

La Rochelle

Guéret

Annecy

Limoges

Clermont-Ferrand

Lyon

Angoulême

NOUVELLE-AQUITAINE

Chambéry

St-Étienne

AUVERGNE-RHÔNE-ALPES

Grenoble

L'ITALIE

Périgueux

Tulle

Le Puy-en-Velay

Valence

Bordeaux

Aurillac

Privas

Gap

Cahors

Mende

Digne-les-Bains

Rodez

PROVENCE-ALPES-CÔTE D'AZUR

Agen

Montauban

Albi

Avignon

Mont-de-Marsan

Nîmes

Nice

Auch

Toulouse

Montpellier

MONACO

Pau

OCCITANIE

Marseille

Toulon

Tarbes

Carcassonne

L'ESPAGNE

Foix

Perpignan

LA MER MÉDITERRANÉE

ANDORRE

CORSE

Bastia

Ajaccio

la Seine

la Marne

le Rhin

la Loire

la Saône

la Garonne

le Rhône

xi

L'Europe

LA MER DE BARENTS

500 miles
500 kilomètres

☐ Pays francophones

LA MER DE NORVÈGE

L'ISLANDE
Reykjavik

LA SUÈDE

LA FINLANDE

LA RUSSIE

LA NORVÈGE

Helsinki

Oslo

Stockholm

L'ESTONIE

Tallinn

Moscou

LA MER DU NORD

LE DANEMARK

LA MER BALTIQUE

Riga

LA LETTONIE

LA LITUANIE

Vilnius

Minsk

Copenhague

LA RUSSIE

LA BIÉLORUSSIE

Dublin

L'IRLANDE

LA GRANDE BRETAGNE

LES PAYS-BAYS

Berlin

Varsovie

Kiev

La Haye

LA POLOGNE

L'UKRAINE

Londres

Bruxelles

L'ALLEMAGNE

L'OCÉAN ATLANTIQUE

LA BELGIQUE

Paris

Luxembourg

Prague

LA RÉPUBLIQUE TCHÈQUE

LA SLOVAQUIE

LA MOLDAVIE

LE LUXEMBOURG

LE LIECHTENSTEIN

Bratislava

Chisinau

Berne

Vienne

Budapest

LA SUISSE

L'AUTRICHE

LA HONGRIE

LA ROUMANIE

LA MER NOIRE

LA FRANCE

Ljubljana

Zagreb

Belgrade

Bucarest

LA SLOVÉNIE

LA CROATIE

LA BOSNIE-HERZÉGOVINE

LA SERBIE

Monte Carlo

Sarajevo

LA BULGARIE

Andorre-la-Vieille

MONACO

L'ITALIE

Podgorica

Sofia

LE PORTUGAL

ANDORRE

La Corse

LE MONTÉNÉGRO

Skopje

LA MACÉDOINE

LA TURQUIE

Madrid

Rome

Tirana

Lisbonne

L'ESPAGNE

L'ALBANIE

LA GRÈCE

La Sardaigne

La Sicile

Athènes

Nicosie

CHYPRE

MALTE

La Valette

LA MER MÉDITERRANÉE

LE MAROC

LA TUNISIE

L'ALGÉRIE

LA LIBYE

L'ÉGYPTE

L'Afrique

L'Asie et l'Océanie

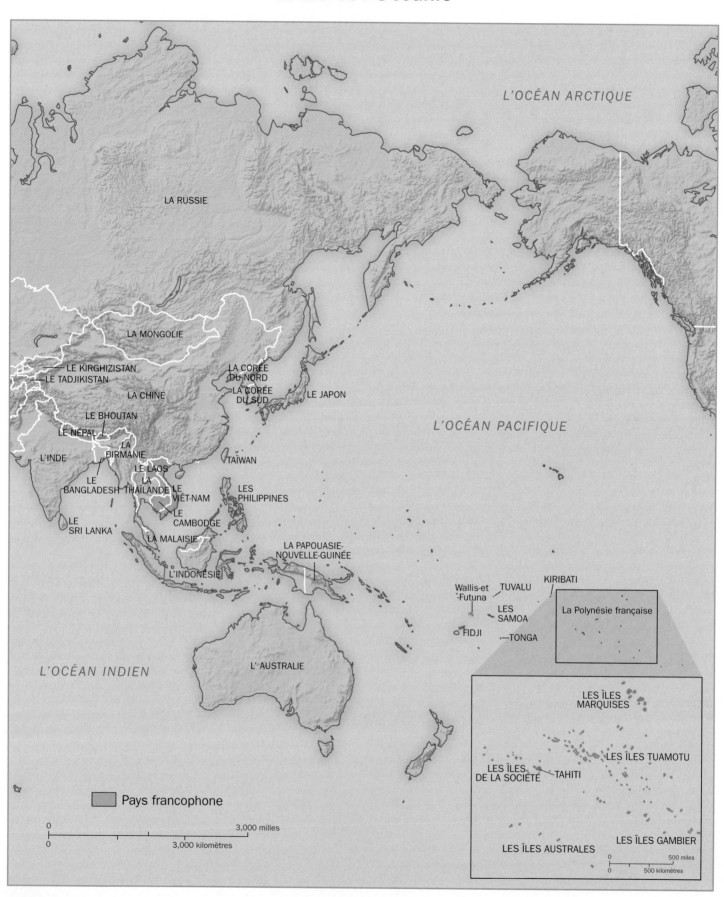

L'OCÉAN ARCTIQUE

LA RUSSIE

LA MONGOLIE

LE KIRGHIZISTAN
LE TADJIKISTAN
LA CHINE
LE BHOUTAN
LE NÉPAL
LA
BIRMANIE
L'INDE
LE LAOS
LE
BANGLADESH THAÏLANDE
LA
LE
VIÊT-NAM
LE SRI LANKA
LE
CAMBODGE
LA MALAISIE
L'INDONÉSIE

LA CORÉE
DU NORD
LA CORÉE
DU SUD
LE JAPON

TAÏWAN

LES
PHILIPPINES

L'OCÉAN PACIFIQUE

LA PAPOUASIE-
NOUVELLE-GUINÉE

Wallis-et-
Futuna
FIDJI

TUVALU
LES
SAMOA
TONGA

KIRIBATI

La Polynésie française

L'OCÉAN INDIEN

L'AUSTRALIE

LES ÎLES
MARQUISES

LES ÎLES TUAMOTU

LES ÎLES
DE LA SOCIÉTÉ
TAHITI

LES ÎLES AUSTRALES

LES ÎLES GAMBIER

Pays francophone

| 0 | | 3,000 milles |
| 0 | | 3,000 kilomètres |

| 0 | 500 miles |
| 0 | 500 kilomètres |

Roman-photo video program

Fully integrated with your textbook, the **Roman-photo** video series contains 36 dramatic episodes—one for each lesson in Levels 1 and 2, and 6 episodes in the **Reprise** lesson in Level 3. The episodes present the adventures of four college students who are studying in the south of France at the Université Aix-Marseille. They live in apartments above and near Le P'tit Bistrot, a café owned by Valérie Forestier. The videos tell their story and the story of Madame Forestier and her teenage son, Stéphane.

The **Roman-photo** dialogues in the printed textbook are an abbreviated version of the dramatic version of the video episodes. Therefore, each **Roman-photo** section in the text can used as a preparation before you view the corresponding video episode, as post-viewing reinforcement, or as a stand-alone section.

Each episode in Levels 1 and 2 features the characters using the vocabulary and grammar you are studying, as well as previously taught language. Each episode ends with a **Reprise** segment, which features the key language functions and grammar points used in the episode. The first four episodes in the Level 3 **Reprise** lesson review the topics and structures from Levels 1 and 2. The final two episodes bring you up-to-date on the lives of the characters.

The cast

Here are the main characters you will meet when you watch **Roman-photo**:

 Of Senegalese heritage
Amina Mbaye

 From Washington, D.C.
David Duchesne

 From Paris
Sandrine Aubry

 From Aix-en-Provence
Valérie Forestier

 Of Algerian heritage
Rachid Kahlid

 And, also from Aix-en-Provence
Stéphane Forestier

Flash culture video program

For one lesson in each unit, a **Flash culture** segment allows you to experience the sights and sounds of the French-speaking world and the daily life of French speakers. Each segment is from two-to-three minutes long and is correlated to your textbook in one **Culture** section in each unit.

Hosted by narrators Csilla and Benjamin, these segments of specially shot footage transport you to a variety of venues: schools, parks, public squares, cafés, stores, cinemas, outdoor markets, city streets, festivals, and more. They also incorporate mini-interviews with French speakers in various walks of life: for example, family members, friends, students, and people in different professions.

The footage was filmed taking special care to capture rich, vibrant images that will expand your cultural perspectives with information directly related to the content of your textbook. In addition, the narrations were carefully written to reflect the vocabulary and grammar covered in **D'accord!**

Le Zapping

Authentic TV clips from around the French-speaking world connect the vocabulary and theme of each unit. These clips include commercials, newscasts, short films, and TV shows.

**Reportage de France 3
Côte d'Azur**

Ça va être un petit meuble...
une petite table de chevet.°

The French-speaking World

Do you know someone who speaks French? Chances are you do! More than 2 million Americans speak French or one of its varieties at home, and it is the second most common language in some states. It is the official language of more than twenty-five countries and an official language of the European Union and United Nations. English and French are the only two languages that are spoken on every continent of the world.

The Growth of French

Have you ever heard someone say that French is a Romance language? This doesn't mean it's romantic—although some say it is the language of love!—but that it is derived from Latin, the language of the Romans. Gaul, a country largely made up of what is now France and Belgium, was absorbed into the Roman Empire after the Romans invaded Gaul in 58 B.C. Most Gauls began speaking Latin. In the third century, Germanic tribes including the Franks invaded the Roman territories of Western Europe. Their language also influenced the Gauls. As the Roman empire collapsed in the fifth century, people in outlying regions and frontiers were cut off from Rome. The Latin spoken by each group was modified more and more over time. Eventually, the language that was spoken in Paris became the standard for modern-day French.

The French-speaking World

Speakers of French
(approx. 228 million worldwide)

- America and the Caribbean 7%
- Asia and Oceania 1%
- Europe 47%
- North Africa and the Middle-East 12%
- Sub-Saharan Africa and the Indian Ocean 33%

Source: Organisation internationale de la Francophonie

French in the United States

1500   **1600**   **1700**

1534
Jacques Cartier claims territories for France as he explores the St. Lawrence river, and the French establish fur-trading posts.

1600s
French exploration continues in the Great Lakes and the Mississippi Valley. La Salle takes the colony of Louisiana for France in 1682.

1685–1755
The Huguenots (French Protestants) form communities in America. French Acadians leave Nova Scotia and settle in northern New England and Louisiana.

French in the United States

French came to North America in the 16th and 17th centuries when French explorers and fur traders traveled through what is now America's heartland. French-speaking communities grew rapidly when the French Acadians were forced out of their Canadian settlement in 1755 and settled in New England and Louisiana. Then, in 1803, France sold the Louisiana territory to the United States for 80 million francs, or about 15 million dollars. Overnight, thousands of French people became citizens of the United States, bringing with them their rich history, language, and traditions.

This heritage, combined with that of the other French populations that have immigrated to the United States over the years, as well as U.S. relations with France in World Wars I and II, has led to the remarkable growth of French around the country. It is one of the most commonly spoken languages in the U.S., and there are significant populations in Louisiana, Maine, New Hampshire, and Vermont who speak French or one of its varieties.

You've made a popular choice by choosing to take French in school; it is the second most commonly taught foreign language in classrooms throughout the country! Have you heard people speaking French in your community? Chances are that you've come across an advertisement, menu, or magazine that is in French. If you look around, you'll find that French can be found in some pretty common places. Depending on where you live, you may see French on grocery items such as juice cartons and cereal boxes. In some large cities, you can see French language television broadcasts on stations such as TV5Monde. When you listen to the radio or download music from the Internet, some of the most popular choices are French artists who perform in French. French and English are the only two official languages of the Olympic Games. More than 20,000 words in the English language are of French origin. Learning French can create opportunities within your everyday life.

1800　　　　**1900**　　　　**2000**

1803
The United States purchases Louisiana, where Cajun French is widely spoken.

1980s
Nearly all high schools, colleges, and universities in the United States offer courses in French as a foreign language. It is the second most commonly studied language.

2011
In the U.S., French is one of the languages most commonly spoken at home, with over 2 million speakers.

Why Study French?

Connect with the World

Learning French can change how you view the world. While you learn French, you will also explore and learn about the origins, customs, art, music, and literature of people all around the world. When you travel to a French-speaking country, you'll be able to converse freely with the people you meet. And whether here in the U.S. or abroad, you'll find that speaking to people in their native language is the best way to bridge any culture gap.

Learn an International Language

There are many reasons for learning French, a language that has spread to many parts of the world and has along the way embraced words and sounds of languages as diverse as Latin, Arabic, German, and Celtic. The French language, standardized and preserved by the Académie française since 1634, is now among the most commonly spoken languages in the world. It is the second language of choice among people who study languages other than English in North America.

Understand the World Around You

Knowing French can also open doors to communities within the United States, and it can broaden your understanding of the nation's history and geography. The very names Delaware, Oregon, and Vermont are French in origin. Just knowing their meanings can give you some insight into the history and landscapes for which the states are known. Oregon is derived from a word that means "hurricane," which tells you about the windy weather; and Vermont comes from a phrase

City Name	Meaning in French
Bel Air, California	"beautiful air"
Boise, Idaho	"wooded"
Des Moines, Iowa	"of the monks"
Montclair, New Jersey	"bright mountain"

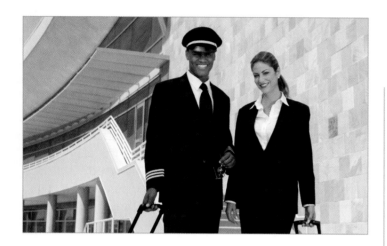

meaning "green mountain," which is why its official nickname is The Green Mountain State. You've already been speaking French whenever you talk about these states!

Explore Your Future

How many of you are already planning your future careers? Employers in today's global economy look for workers who know different languages and understand other cultures. Your knowledge of French will make you a valuable candidate for careers abroad as well as in the United States. Doctors, nurses, social workers, hotel managers, journalists, businesspeople, pilots, flight attendants, and many other kinds of professionals need to know French or another foreign language to do their jobs well.

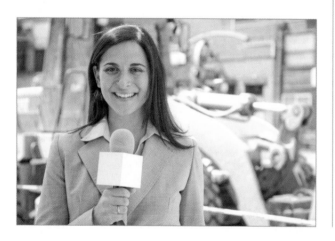

Expand Your Skills

Studying a foreign language can improve your ability to analyze and interpret information and help you succeed in many other subject areas. When you begin learning French, much of your studies will focus on reading, writing, grammar, listening, and speaking skills. You'll be amazed at how the skills involved with learning how a language works can help you succeed in other areas of study. Many people who study a foreign language claim that they gained a better understanding of English and the structures it uses. French can even help you understand the origins of many English words and expand your own vocabulary in English. Knowing French can also help you pick up other related languages, such as Portuguese, Spanish, and Italian. French can really open doors for learning many other skills in your school career.

How to Learn French

Start with the Basics!

As with anything you want to learn, start with the basics and remember that learning takes time!

Vocabulary Every new word you learn in French will expand your vocabulary and ability to communicate. The more words you know, the better you can express yourself. Focus on sounds and think about ways to remember words. Use your knowledge of English and other languages to figure out the meaning of and memorize words like **téléphone**, **l'orchestre**, and **mystérieux**.

Grammar Grammar helps you put your new vocabulary together. By learning the rules of grammar, you can use new words correctly and speak in complete sentences. As you learn verbs and tenses, you will be able to speak about the past, present, or future; express yourself with clarity; and be able to persuade others with your opinions. Pay attention to structures and use your knowledge of English grammar to make connections with French grammar.

Culture Culture provides you with a framework for what you may say or do. As you learn about the culture of French-speaking communities, you'll improve your knowledge of French. Think about a word like **cuisine** and how it relates to a type of food as well as the kitchen itself. Think about and explore customs observed at **le Réveillon de la Saint-Sylvestre** (New Year's Eve) or **le Carnaval** (or **Mardi Gras**, "fat Tuesday") and how they are similar to celebrations you are familiar with. Observe customs. Watch people greet each other or say good-bye. Listen for sayings that capture the spirit of what you want to communicate!

Listen, Speak, Read, and Write

Listening Listen for sounds and for words you can recognize. Listen for inflections and watch for key words that signal a question such as **comment** (*how*), **où** (*where*), or **qui** (*who*). Get used to the sound of French. Play French pop songs or watch French movies. Borrow books on CD from your local library, or try to attend a meeting with a French language group in your community. Download a podcast in French or watch a French newscast online. Don't worry if you don't understand every single word. If you focus on key words and phrases, you'll get the main idea. The more you listen, the more you'll understand!

Speaking Practice speaking French as often as you can. As you talk, work on your pronunciation, and read aloud texts so that words and sentences flow more easily. Don't worry if you don't sound like a native speaker, or if you make some mistakes. Time and practice will help you get there. Participate actively in French class. Try to speak French with classmates, especially native speakers (if you know any), as often as you can.

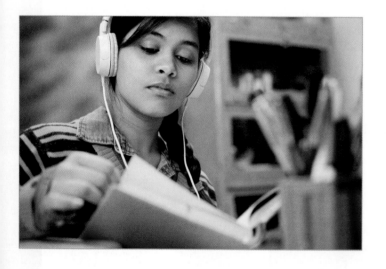

Reading Pick up a French-language newspaper or a magazine on your way to school, read the lyrics of a song as you listen to it, or read books you've already read in English translated into French. Use reading strategies that you know to understand the meaning of a text that looks unfamiliar. Look for cognates, or words that are related in English and French, to guess the meaning of some words. Read as often as you can, and remember to read for fun!

Writing It's easy to write in French if you put your mind to it. Memorize the basic rules of how letters and sounds are related, practice the use of diacritical marks, and soon you can probably become an expert speller in French! Write for fun—make up poems or songs, write e-mails or instant messages to friends, or start a journal or blog in French.

Tips for Learning French

- **Listen** to French radio shows, often available online. Write down words you can't recognize or don't know and look up the meaning.

- **Watch** French TV shows or movies. Read subtitles to help you grasp the content.

- **Read** French-language newspapers, magazines, websites, or blogs.

- **Listen** to French songs that you like—anything from a a jazzy pop song by Zaz to an old French ballad by Edith Piaf. Sing along and concentrate on your pronunciation.

- **Seek** out French speakers. Look for neighborhoods, markets, or cultural centers where French might be spoken in your community. Greet people, ask for directions, or order from a menu at a French restaurant in French.

- **Pursue** language exchange opportunities in your school or community. Try to join language clubs or cultural societies, and explore opportunities for studying abroad or hosting a student from a French-speaking country in your home or school.

Practice, practice, practice!

Seize every opportunity you find to listen, speak, read, or write French. Think of it like a sport or learning a musical instrument—the more you practice, the more you will become comfortable with the language and how it works. You'll marvel at how quickly you can begin speaking French and how the world that it transports you to can change your life forever!

- **Connect** your learning to everyday experiences. Think about naming the ingredients of your favorite dish in French. Think about the origins of French place names in the U.S., like Baton Rouge and Fond du Lac, or of common English words and phrases like **café**, **en route**, **fiancé**, **matinée**, **papier mâché**, **petite**, and **souvenir**.

- **Use** mnemonics, or a memorizing device, to help you remember words. Make up a saying in English to remember the order of the days of the week in French (L, M, M, J, V, S, D).

- **Visualize** words. Try to associate words with images to help you remember meanings. For example, think of a **pâté** or **terrine** as you learn the names of different types of meats and vegetables. Imagine a national park and create mental pictures of the landscape as you learn names of animals, plants, and habitats.

- **Enjoy** yourself! Try to have as much fun as you can learning French. Take your knowledge beyond the classroom and find ways to make your learning experience your very own.

Common Names

Get started learning French by using a French name in class. You can choose from the lists on these pages, or you can find one yourself. How about learning the French equivalent of your name? The most popular French names for girls are Emma, Léa, Chloé, Manon, and Inès. The most popular French names for boys are Nathan, Lucas, Enzo, Léo, and Louis. Is your name, or that of someone you know, in the French top five?

More Boys' Names	More Girls' Names
Thomas	Lola
Gabriel	Zoé
Théo	Alice
Hugo	Louise
Maxime	Camille
Alexandre	Océane
Antoine	Marie
Adam	Sarah
Quentin	Clara
Clément	Lilou
Nicolas	Laura
Alexis	Julie
Romain	Mathilde
Raphaël	Lucie
Valentin	Anaïs
Noah	Pauline
Julien	Margot
Paul	Lisa
Baptiste	Eva
Tom	Justine
Jules	Maéva
Arthur	Jade
Benjamin	Juliette
Mohamed	Charlotte
Mathis	Émilie

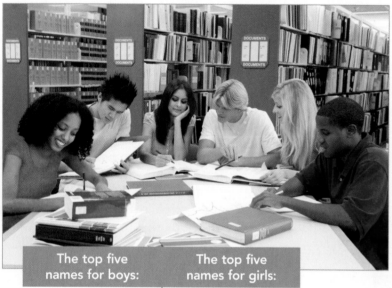

The top five names for boys:	The top five names for girls:
Nathan	Emma
Lucas	Léa
Enzo	Chloé
Léo	Manon
Louis	Inès

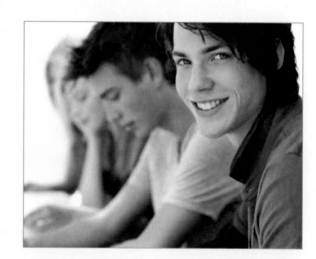

Useful French Expressions

The following expressions will be very useful in getting you started learning French. You can use them in class to check your understanding, and to ask and answer questions about the lessons. Learn these ahead of time to help you understand direction lines in French, as well as your teacher's instructions. Remember to practice your French as often as you can!

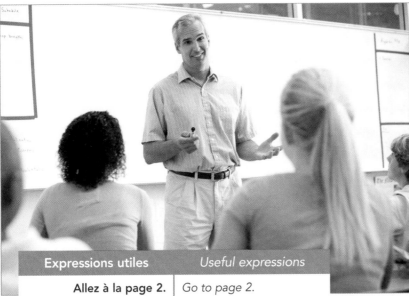

Expressions utiles	Useful expressions
Allez à la page 2.	Go to page 2.
Alternez les rôles.	Switch roles.
À tour de rôle…	Take turns…
À voix haute	Aloud
À votre/ton avis	In your opinion
Après une deuxième écoute…	After a second listen…
Articulez.	Enunciate.; Pronounce carefully.
Au sujet de, À propos de	Regarding/about
Avec un(e) partenaire/ un(e) camarade de classe	With a partner/a classmate
Avez-vous/As-tu des questions?	Do you have any questions?
Avez-vous/As-tu fini/ terminé?	Are you done?/Have you finished?
Chassez l'intrus.	Choose the item that doesn't belong.
Choisissez le bon mot.	Choose the right word.
Circulez dans la classe.	Walk around the classroom.
Comment dit-on ____ en français?	How do you say ____ in French?
Comment écrit-on ____ en français?	How do you spell ____ in French?

Expressions utiles	Useful expressions
Corrigez les phrases fausses.	Correct the false statements.
Créez/Formez des phrases…	Create/Form sentences…
D'après vous/Selon vous…	According to you…
Décrivez les images/ dessins…	Describe the images/ drawings…
Désolé(e), j'ai oublié.	I'm sorry, I forgot.
Déterminez si…	Decide whether…
Dites si vous êtes/Dis si tu es d'accord ou non.	Say if you agree or not.
Écrivez une lettre/ une phrase.	Write a letter/a sentence.
Employez les verbes de la liste.	Use the verbs from the list.
En utilisant…	Using…
Est-ce que vous pouvez/tu peux choisir un(e) autre partenaire/ quelqu'un d'autre?	Can you please choose… another partner/someone else?
Êtes vous prêt(e)?/ Es-tu prêt(e)?	Are you ready?
Excusez-moi, je suis en retard.	Excuse me for being late.
Faites correspondre…	Match…
Faites les accords nécessaires.	Make the necessary agreements.

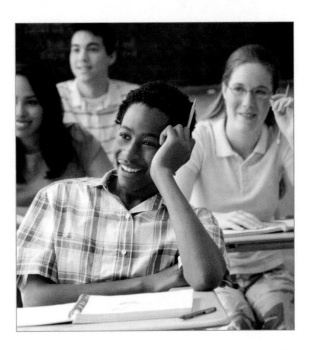

Expressions utiles	Useful expressions
Félicitations!	Congratulations!
Indiquez le mot qui ne va pas avec les autres.	Indicate the word that doesn't belong.
Indiquez qui a dit…	Indicate who said…
J'ai gagné!/Nous avons gagné!	I won!/We won!
Je n'ai pas/Nous n'avons pas encore fini.	I/We have not finished yet.
Je ne comprends pas.	I don't understand.
Je ne sais pas.	I don't know.
Je ne serai pas là demain.	I won't be here tomorrow.
Je peux continuer?	May I continue?
Jouez le rôle de…/ la scène…	Play the role of…/ the scene…
Lentement, s'il vous plaît.	Slowly, please.
Lisez…	Read…
Mettez dans l'ordre…	Put in order…
Ouvrez/Fermez votre livre.	Open/Close your books.
Par groupes de trois/ quatre…	In groups of three/four…
Partagez vos résultats…	Share your results…
Posez-vous les questions suivantes.	Ask each other the following questions.
Pour demain, faites…	For tomorrow, do…

Expressions utiles	Useful expressions
Pour demain, vous allez/tu vas faire…	For tomorrow you are going to do…
Prononcez.	Pronounce.
Qu'est-ce que ____ veut dire?	What does ____ mean?
Que pensez-vous/ penses-tu de…	What do you think about…
Qui a gagné?	Who won?
…qui convient le mieux.	…that best completes/is the most appropriate.
Rejoignez un autre groupe.	Get together with another group.
Remplissez les espaces.	Fill in the blanks.
Répondez aux questions suivantes.	Answer the following questions.
Soyez prêt(e)s à…	Be ready to…
Venez/Viens au tableau.	Come to the board.
Vous comprenez?/ Tu comprends?	Do you understand?
Vous pouvez nous expliquer/m'expliquer encore une fois, s'il vous plaît?	Could you explain again, please?
Vous pouvez répéter, s'il vous plaît?	Could you repeat that, please?
Vrai ou faux?	True or false?

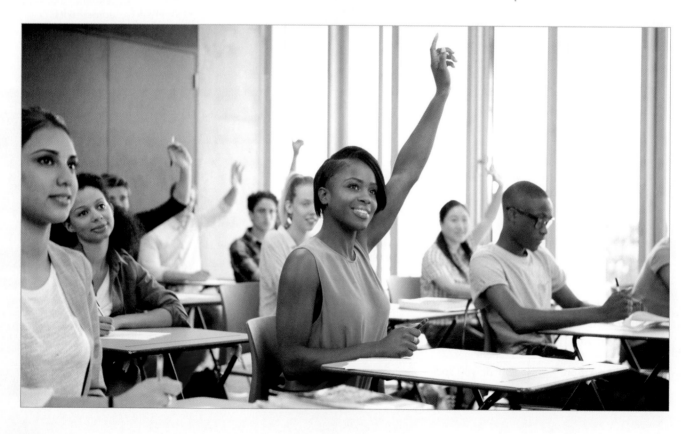

Acknowledgments

On behalf of its authors and editors, Vista Higher Learning expresses its sincere appreciation to the many educators nationwide who reviewed materials from **D'accord!** Their input and suggestions were vitally helpful in forming and shaping the program in its final, published form.

We also extend a special thank you to Mayanne Wright, Stephen Adamson, and Séverine Champeny, whose hard work was central to bringing **D'accord!** to fruition.

We are especially grateful to Norah Jones, for her continued support and feedback regarding all aspects of the text.

Reviewers

Rachel Safier Albino
Saint Francis High School
Mountain View, CA

Erin Austin
Poudre High School
Fort Collins, CO

Rebecca Barck
The Bryn Mawr School
Baltimore, MD

Jennifer Barnhill
The Archer School for Girls
Los Angeles, CA

Michael Battle
Saint Francis High School
Mountain View, CA

Mary Bell
St Mary's Episcopal School
Memphis, TN

Morgan Benz
Drew School
San Francisco, CA

Marie France Bernard
Carrollton School of the Sacred Heart
Miami, FL

Joyce Besserer
Brookfield Academy
Brookfield, WI

Cree Bol
Polaris Expeditionary School
Fort Collins, CO

Greta Brewer
West Boca High School
Boca Raton, FL

Kari Bridenbaugh
Rocky Mountain High School
Fort Collins, CO

Bradey Bulk
Wilmington Friends School
Wilmington, DE

Chantal Cassan
St Andrew's Episcopal School
Potomac, MD

Christi Castenson
West Aurora High School
Aurora, IL

Anna Maria Cherubin
Eleanor Roosevelt High School
Greenbelt, MD

Ines du Cos de La Hitte
Sierra Canyon School
Chatsworth, CA

Amaris Cuchanski
Falmouth Academy
Falmouth, MA

Isabelle Daly
Ranney School
Tinton Falls, NJ

Silvana Dessi-Olive
The Blake School
Minneapolis, MN

Michele Diament
Collins Hill High School
Suwanee, GA

Catherine Douglas
Xaverian Brothers High School
Westwood, MA

Parthena Draggett
Community School of Naples
Naples, FL

Jillian Eilert
Avon High School
Avon, IN

Erin Feltman
Timberline High School
Olympia, WA

Kristine Finnegan
Kempsville High School
Virginia Beach, VA

Mary Beth Fischer
Kinard Core Knowledge Middle School
Fort Collins, CO

Kimberly Fogelson
Dominion High School
Sterling, VA

Acknowledgments

Kevin Giggy
Mitchell High School
Mitchell, IN

Lee Holcomb
Inspire School of Arts & Sciences
Chico, CA

Anne Jackson
Holy Innocents Episcopal School
Atlanta, GA

Debra Jukich
Mead High School
Longmont, CO

Kimberley Jurawan
The Benjamin School
Palm Beach Gardens, FL

Catalina Keilhauer
The Madeira School
McLean, VA

Benjamin Lizotte
St. John's High School
Shrewsbury, MA

Jean Mari Hernandez Lopez
Westtown School
West Chester, PA

Sabrina Maggio
Marist High School
Chicago, IL

Miranda Markland
Preston Middle School
Fort Collins, CO

Michelle Martin
Brebeuf Jesuit Preparatory School
Indianapolis, IN

Patricia Massey
Potomac Falls High School
Potomac Falls, VA

Thomas Michaud
Nichols School
Buffalo, NY

Caron Morton
Suncoast Community High School
Riviera Beach, FL

Nadine Paulsen
Archbishop Mitty High School
San Jose, CA

Marilyn Payton
St. John XXIII College Preparatory
Katy, TX

Rebecca Philippone
Greene High School
Greene, NY

Sarah du Plessis
Hopkins School
New Haven, CT

Tom Pozen
Saint Ignatius College Prep
Chicago, IL

Meghan Primm
Mill Creek High School
Hoschton, GA

Carolyn Quinby
Terra Linda High School
San Rafael, CA

Philippe Radelet
Benjamin Franklin High School
New Orleans, LA

Caroline Ridenour
Heritage Christian School
North Hills, CA

Donna Romanick
Pope John XXIII High School
Sparta, NJ

Tracy Rucker
Louisville Collegiate School
Louisville, KY

Katherine Saxby
Orinda Academy
Orinda, CA

Sarah Sexton
Fossil Ridge High School
Fort Collins, CO

Ellen Spence
Beavercreek High School
Beavercreek, OH

Suzanne Stluka
The New School of Northern Virginia
Fairfax, VA

Maggie Strahl
Bishop Fenwick High School
Franklin, OH

Cammie Williams
William Byrd High School
Vinton, VA

Pachao Yajcherthao
The Blake School
Minneapolis, MN

Valerie Yoshimura
The Archer School for Girls
Los Angeles, CA

Reprise

Pour commencer

- Qui est dans la photo?
  a. des filles   b. une fille et deux garçons
  c. deux profs
- Quel âge ont-ils, à votre avis?
  a. six ans   b. vingt ans   c. douze ans
- Où sont-ils?
  a. au lycée   b. au café   c. chez des amis
- Comment vont-ils?
  a. Ils ont l'air content.   b. Ils sont malheureux.
  c. Ils ont l'air fatigué.

YOU WILL REVIEW HOW TO...

- Greet and say goodbye to people
- Identify yourself and others
- Describe classes and schedules
- Discuss family, friends, and occupations
- Say where you are going
- Order food and beverages

1.1

Nouns and articles vhlcentral

Articles

- All French nouns have gender (masculine/feminine) and number (singular/plural).

	Definite articles (the)			Indefinite articles (a, an, some)	
	Singular (before consonants)	Singular (before vowel sound)	Plural	Singular	Plural
Masculine	le livre	l'étudiant	les ordinateurs	un résultat	des résultats
Feminine	la carte	l'amie	les actrices	une horloge	des horloges

Plural of nouns

- For most nouns: add **-s**

  la table ▸ les tables

- For nouns ending in **-eau**: add **-x**; for nouns ending in **-al**: change **-al** to **-aux**

  un bureau ▸ des bureaux   l'animal ▸ les animaux

1.2

Numbers 0–60 and *il y a*

Numbers 0–30		
0–10	**11–20**	**21–30**
0 zéro		
1 un	**11** onze	**21** vingt et un
2 deux	**12** douze	**22** vingt-deux
3 trois	**13** treize	**23** vingt-trois
4 quatre	**14** quatorze	**24** vingt-quatre
5 cinq	**15** quinze	**25** vingt-cinq
6 six	**16** seize	**26** vingt-six
7 sept	**17** dix-sept	**27** vingt-sept
8 huit	**18** dix-huit	**28** vingt-huit
9 neuf	**19** dix-neuf	**29** vingt-neuf
10 dix	**20** vingt	**30** trente

Numbers 31–60		
31–34	**35–38**	**39, 40, 50, 60**
31 trente et un	**35** trente-cinq	**39** trente-neuf
32 trente-deux	**36** trente-six	**40** quarante
33 trente-trois	**37** trente-sept	**50** cinquante
34 trente-quatre	**38** trente-huit	**60** soixante

- Use **un** before all masculine nouns and **une** before all feminine nouns when counting.

  un objet   **une** calculatrice
  quarante et un objets   **cinquante et une** calculatrices

- Use **il y a** to express *there is/are*. Use **il n'y a pas de (d')** followed directly by a noun to express *there is/are not*.

Essayez!	Make the singular nouns plural and the plural nouns singular in items 1–5. Give the number in French in items 6–10.

1. un dictionnaire
2. des filles
3. la table
4. les actrices
5. l'élève

6. 43
7. 32
8. 8
9. 57
10. 60

1.3

Present tense of *être*

être (to be)			
je suis	*I am*	nous sommes	*we are*
tu es	*you are*	vous êtes	*you are*
il/elle est	*he/she/it is*	ils/elles sont	*they are*
on est	*one is*		

⟲ **Vérifiez**

- Use **c'est** or **ce sont** plus an article and noun to identify who someone is or what something is. Do not use an article with proper nouns.

  C'est une montre.   **Ce sont** Amina et Rachid.

- Use **il/elle est** and **ils/elles sont** to refer to someone or something already mentioned, or with a profession or relationship. Nouns that follow do not use an article or adjective.

  Anne? **Elle est** sympa.   **Ils sont** acteurs.

⟲ **Vérifiez**

1.4

Adjective agreement

- Most adjectives agree in number and gender with the nouns they describe. For most adjectives, add an **-e** to form the feminine and an **-s** to form the plural.

Masculine	Masculine plural	Feminine	Feminine plural
élégant	élégants	élégante	élégantes

  Marc est **réservé**.   Carole est **réservée** aussi.

  Ils sont **français** et très **sympas**.   Carole et Marie **sont charmantes**.

- To form the feminine of adjectives that end with **-ien**: change to **-ienne**.

  algérien ▶ algérienne

⟲ **Vérifiez**

- Masculine singular adjectives that end in **-s** keep the identical form in the plural.

- Most adjectives are placed after the noun they describe.

  un homme égoïste   **une étudiante réservée**

Essayez!   Complete each sentence with the correct form of the adjective and the verb **être**.

1. Marc (timide) _____.
2. Ils (anglais) _____.
3. Je (français) _____.
4. Mme Malbon (réservé) _____.
5. Marie, tu (agréable) _____.
6. Le cours (facile) _____.
7. Vous (charmant) _____.
8. Nous (italien) _____.

9. Ils (désagréable) _____.
10. Les enfants (indépendant) _____.
11. Vous (poli) _____.
12. Nous (sincère) _____.
13. La fille (égoïste) _____.
14. Je (occupé) _____.
15. L'examen (difficile) _____.
16. Ma tante (intéressant) _____.

2.1

Present tense of regular *-er* verbs **vhl**central

- To form the present tense of regular -er verbs, drop the -er and add the appropriate endings for the different subject pronouns.

parler (to speak)			
je parle	I speak	nous parlons	we speak
tu parles	you speak	vous parlez	you speak
il/elle/on parle	he/she/it/one speaks	ils/elles parlent	they speak

- When two verbs are used together without a change in subject, only the first verb should be conjugated.

    J'adore voyager.   Ils détestent étudier ensemble.

- Verbs ending in -ger and -cer have a spelling change in the nous form.

    voyager ▶ nous voyageons   commencer ▶ nous commençons

Vérifiez

2.2

Forming questions and expressing negation

Forming questions

Boîte à outils

When the word following **est-ce que** begins with a vowel sound, **que** becomes **qu'**:

Est-ce qu'il aime dessiner?
Does he like to draw?

- There are several ways to ask a question in French: by raising the pitch of your voice at the end of a sentence; by placing **est-ce que** before a statement; by adding tag questions to the end of a statement; by inverting the subject and verb.

    Vous habitez à Bordeaux?   **Est-ce que** vous parlez français?
    You live in Bordeaux?   *Do you speak French?*

    Nous mangeons à midi, **n'est-ce pas**?   **Parlez-vous** français?
    We eat at noon, don't we?   *Do you speak French?*

- When using inversion, if the verb ends in a vowel and the subject pronoun is **il**, **elle**, or **on**, insert a **-t-** between the verb and the pronoun.

    Parle-t-elle français?

Vérifiez

Expressing negation

- To make a sentence negative, place **ne** (**n'**) before the conjugated verb and **pas** after it.

    Je **ne** mange **pas** souvent à la cantine.   Étienne **n'**aime **pas** étudier la chimie.

- After negative statements, indefinite articles change to **de** (**d'**) except with the verb **être**.

Essayez! Create questions with **est-ce que (qu')** using the subjects provided. Then answer each question negatively.

MODÈLE

tu: aimer/l'art
Est-ce que tu aimes l'art?
Non, je n'aime pas l'art.

1. vous: parler/espagnol
2. Luc: manger/à la cantine
3. tu: détester/le cours d'informatique
4. Élodie et Mireille: retrouver/des copines/à la librairie
5. ils: aimer mieux/dessiner
6. nous: passer/un examen demain

Present tense of *avoir*

Present tense of *avoir*			
j'ai	*I have*	nous avons	*we have*
tu as	*you have*	vous avez	*you have*
il/elle/on a	*he/she/it/one has*	ils/elles ont	*they have*

Expressions with *avoir*			
avoir... ans	*to be... years old*	avoir froid	*to be cold*
avoir besoin (de)	*to need*	avoir honte (de)	*to be ashamed (of)*
avoir de la chance	*to be lucky*	avoir l'air	*to look like, to seem*
		avoir peur (de)	*to be afraid (of)*
avoir chaud	*to be hot*	avoir raison	*to be right*
		avoir sommeil	*to be sleepy*
avoir envie (de)	*to feel like*	avoir tort	*to be wrong*

🔊 **Vérifiez**

Telling time

- There are two ways to ask what time it is.

  Quelle heure est-il?

  Est-ce que vous avez l'heure?

Stéphane! Quelle heure est-il? Tu n'as pas de montre?

Il est **une heure.**	*It's 1:00.*	Il est **trois** heures **moins le quart.**	*It's 2:45.*
Il est **six heures.**	*It's 6:00.*	Il est **quatre** heures **moins vingt.**	*It's 3:40.*
Il est **onze heures dix.**	*It's 11:10.*	Il est **midi.**	*It's noon.*
Il est **neuf heures et quart/quinze.**	*It's 9:15.*	Il est **minuit.**	*It's midnight.*
Il est **huit heures et demie/trente.**	*It's 8:30.*	Il est **dix heures pile.**	*It's ten o'clock.*

- To ask what time an event takes place, use **à quelle heure.** To say at what time something takes place, use **à** + *time*.

  À quelle heure commence la classe de géographie?
  La classe commence **à dix heures et demie.**

- The 24-hour clock is often used to express departure times, movie times, and store hours.

  Le train arrive **à quinze heures huit.**

Essayez! Complete sentences 1–5 with the correct forms of **avoir.** Complete sentences 6–10 with the correct time using the cues provided.

1. Vous _____ l'heure?

2. J' _____ quatorze ans.

3. Nous _____ envie de danser.

4. _____ -tu besoin d'une calculatrice?

5. Il _____ de la chance!

6. (1:00) Il est _____.

7. (4:20) Il est _____.

8. (2:45) Il est _____.

9. (noon) Il est _____.

10. (8:30) Il est _____.

Mise en pratique

1 Sur le campus
Étienne's little sister wants to know everything about his school. Answer each of her questions using the number in parentheses.

MODÈLE

Il y a combien de bibliothèques? (2)
Il y a deux bibliothèques.

1. Il y a combien de salles de classe? (43)
2. Il y a combien de tables dans la bibliothèque? (11)
3. Il y a combien de filles dans la classe d'histoire? (21)
4. Il y a combien de professeurs? (52)
5. Il y a combien de tableaux dans la classe de français? (1)
6. Il y a combien de chaises dans la cantine? (60)
7. Il y a combien de fenêtres dans la librairie? (0)
8. Il y a combien de cartes dans la classe de géographie? (3)
9. Il y a combien de professeurs de français? (4)
10. Il y a combien d'ordinateurs dans la classe d'informatique? (25)

2 Identifiez
Describe these photos using **c'est/ce sont**, **il est/elle est**, or **ils sont/elles sont**.

1. _____ un téléphone.

2. _____ des photos.

3. _____ chanteuse.

4. _____ copines.

5. _____ là.

6. _____ Amina.

3 Les nationalités
Tell everyone's nationalities according to the cities from which they come. Use **être** and the correct form of the adjective.

algérien	anglais	espagnol	japonais	québécois
allemand	américain	français	marocain	vietnamien

MODÈLE

Monique: Paris.
Elle est française.

1. Les copains Gilbert et Marc: Montréal.
2. Georges: Marseille.
3. Yasmine: Alger.
4. Moi: Dallas.
5. Les amis Takanobu et Satoshi: Tokyo.
6. Lucie et Andrea: Madrid.
7. Les copines Kym et Lien: Da Nang.
8. Nous: Paris.
9. Katja: Berlin.
10. Salim: Casablanca.

4 **Complétez** Complete the sentences using the correct present tense form of a verb from the box.

| aimer | habiter | partager |
| commencer | parler | regarder |

1. Nous _____ français en classe.
2. Monique et Claire _____ près du lycée?
3. Vous _____ le cours de sciences?
4. Je _____ le professeur.
5. Les cours _____ à huit heures et demie.
6. Est-ce que tu _____ le livre?
7. Est-ce que vous _____ anglais?
8. Tu _____ à Dakar?
9. La classe _____ à huit heures.
10. Nous _____ la télévision.

5 **A-t-on?** Use the correct forms of **avoir** to form questions using inversion. Provide an affirmative or negative answer based on the icon provided.

MODÈLE

Arnaud et Fatou/ordinateur ☺
Arnaud et Fatou ont-ils un ordinateur?
Oui, ils ont un ordinateur.

1. Vous/cours d'art ☹
2. Amina et Rachid/copines ☺
3. Julie/dictionnaire ☹
4. Tu/téléphone ☺
5. Antoine/diplôme ☹
6. Nous/devoirs aujourd'hui ☺

6 **Est-ce que vous avez l'heure?** Write the following times in French.

1. 4:05
2. 1:15
3. 8:30
4. 12:00 ☀
5. 12:00 ☾
6. 10:35
7. 3:55
8. 2:45
9. 5:20
10. 6:15
11. 10:00
12: 11:30

7 **À quelle heure?** Find out when you and your friends are going to do certain things.

MODÈLE

À quelle heure est-ce qu'on étudie? (about 8 p.m.)
On étudie vers huit heures du soir.

À quelle heure...
1. ... est-ce qu'on arrive au cours? (at 10:30 a.m.)
2. ... est-ce que vous parlez avec le professeur? (at noon)
3. ... est-ce que tu rentres? (late, at 11:15 p.m.)
4. ... est-ce qu'on regarde la télé? (at 9:00 p.m.)
5. ... est-ce que Marlène et Nadine mangent? (around 1:45 p.m.)
6. ... est-ce que le cours commence? (very early, at 7:20 a.m.)

8 **Télémonde** Look at this French TV guide. Tell at what time each of the following programs start. Change the time from the official time.

MODÈLE

Pomme d'Api
À trois heures et demie.

VENDREDI		
Antenne 2	**Antenne 4**	**Antenne 5**
15h30 Pomme d'Api (dessins animés)	**14h00** Football: match France-Italie	**18h25** Montréal: une ville à visiter
17h35 Reportage spécial: le sport dans les lycées	**19h45** Les informations	**19h30** Des chiffres et des lettres (jeu télévisé)
20h15 La famille Menet (feuilleton télévisé)	**20h30** Concert: Orchestre de Nice	**21h05** Reportage spécial: les Sénégalais
21h35 Télé-ciné: L'inspecteur Duval (film policier)	**22h10** Télé-ciné: Une chose difficile (comédie dramatique)	**22h05** Les informations

1. Télé-Ciné: Une chose difficile
2. Des chiffres et des lettres
3. La famille Menet
4. Montréal: une ville à visiter
5. Football: match France-Italie
6. Télé-Ciné: L'inspecteur Duval

Communication

1 **Assemblez** In pairs take turns creating questions and answering. Use the verb **être** to combine elements from both columns.

MODÈLE

Élève 1: Est-ce que tu es d'origine française?
Élève 2: Non, je ne suis pas d'origine française.

A	B
Singulier:	
Je	agréable
Tu	d'origine française
Mon (*My*, masc.) prof	difficile
Mon/Ma (*My*, fem.) camarade de classe	élève sincère
Mon cours	sociable
Pluriel:	
Nous	agréables
Mes (*My*) profs	copains/copines
Mes camarades de classe	difficiles
	élèves
Mes cours	sincères

2 **Activités** In pairs, say which of these activities you and your best friend both do. Be prepared to share your partner's answers with the class. Then, get together with another partner and report to the class again.

MODÈLE

To your partner: Nous parlons au téléphone, nous...
To the class: Ils/Elles travaillent, ils/elles...

manger à la cantine	étudier une langue étrangère
oublier les devoirs	regarder la télévision
retrouver des amis au café	aimer les cours
travailler	voyager

3 **Mes camarades de classe** Choose two students (a male and a female) from your French class. Write a paragraph about each student by answering the questions below in French. Read your descriptions to your classmates to see if they can name the student you are describing. Remember to be complimentary!

1. What is his/her name?
2. How old is he/she?
3. What is his/her heritage?
4. What is his/her personality like?
5. What does he/she like to do?
6. What does he/she not like to do?
7. What classes does he/she have?
8. What classes does he/she like/dislike?

4 **Les portraits** With a partner, take turns describing one of the illustrations below. Your partner will try to guess which illustration you are describing.

5 Conversez Interview your classmates to find the answers to each question. Ask a different student each time you ask a question. Record their responses on a sheet of paper.

1. Quel jour sommes-nous?
2. À quelle heure est le prochain cours d'histoire?
3. À quelle heure arrives-tu à l'école?
4. Est-ce que tu passes un examen aujourd'hui?
5. Est-ce que tu aimes regarder la télé?
6. Quel genre de musique aimes-tu?
7. Est-ce que tu aimes mieux la chimie ou la biologie?
8. As-tu peur d'une mauvaise (*bad*) note?
9. Est-ce que tu as envie de visiter Montréal cette année?
10. Tu adores parler au téléphone, n'est-ce pas?

6 Au lycée Create a class schedule using the course list below. When you are finished, create a conversation between you and a classmate comparing and discussing your schedules for the year.

MODÈLE

Élève 1: *Tu as un cours de chimie générale?*
Élève 2: *Oui, j'ai un cours de chimie générale le lundi et le mercredi à onze heures. Tu as un cours le lundi à midi?*
Élève 1: *Non, je n'ai pas de cours le lundi à midi.*

Les cours	Jours et heures
Allemand	mardi, jeudi; 14h00-15h30
Biologie II	mardi, jeudi; 9h00-10h30
Chimie générale	lundi, mercredi; 11h00-12h30
Espagnol	lundi, mercredi; 11h00-12h30
Gestion	mercredi; 13h00-14h30
Histoire des États-Unis	jeudi; 12h15-14h15
Initiation à la physique	lundi, mercredi; 12h00-13h30
Initiation aux maths	mardi, jeudi; 14h00-15h30
Italien	lundi, mercredi; 12h00-13h30
Japonais	mardi, jeudi; 9h00-10h30
Les philosophes grecs	lundi; 15h15-16h45
Littérature moderne	mardi; 10h15-11h15

7 Bataille navale With a partner, each of you will create a chart with six columns and six rows. Across the top row, write the same six activities as your partner. In the first column, write the same six subjects as your partner. Separately, mark four spaces on your chart without showing your partner. Ask questions to find out where your partner has placed his or her battleships. Whoever "sinks" the most battleships wins the game.

MODÈLE

Élève 1: *Est-ce que Luc et Sabine téléphonent à Jérôme?*
Élève 2: *Oui, ils téléphonent à Jérôme.*
(*if you marked that square*)
Non, ils ne téléphonent pas à Jérôme.
(*if you didn't mark that square*)

	enseigner	téléphoner
Marie		
Luc et Sabine		🚢

vhlcentral

La francophonie aux États-Unis

Aux États-Unis°, plus de° deux millions d'habitants parlent français. Beaucoup de ces francophones viennent° d'Haïti, un pays de plus de dix millions d'habitants dans les Caraïbes. Les Haïtiens vivent souvent° dans les grandes villes, comme New York ou Miami.

À Brooklyn, dans le quartier° de «Little Haiti», on trouve le boulevard Toussaint L'Ouverture, nommé d'après° un héros haïtien. «Little Haiti» fête son héritage haïtien chaque année° en mai, avec un grand défilé°, de la musique, de la bonne cuisine et d'autres événements variés. Les Haïtiens sont très fiers de leur origine et veulent° faire connaître° leur culture.

Miami a aussi un «Little Haiti», ou «La Petite Haïti». On peut y° écouter de la musique d'influence haïtienne au festival «Big Night in Little Haiti» qui a lieu° tous les troisièmes° vendredis du mois. On peut aussi y voir de l'art et goûter° de la cuisine haïtienne.

La Louisiane, dans le sud° du pays, a un grand nombre d'habitants d'origine française. L'influence française est visible dans sa culture, sa musique, sa cuisine et ses lois° qui sont basées sur le code civil français.

À La Nouvelle-Orléans, le quartier du Vieux Carré° montre ses racines° françaises dans son architecture, et sa grande fête du «Mardi Gras» qui a lieu chaque année, en février ou mars. Les habitants de la Louisiane sont aussi fiers de leur origine que les Haïtiens.

Les états avec le plus de Haïtiens aux États-Unis

État	Population haïtienne	État	Population haïtienne
la Floride	251,963	le Massachusetts	36,779
l'État de New York	135,836	la Géorgie	13,287
le New Jersey	43,316	le Maryland	11,266

États-Unis *United States* **plus de** *more than* **viennent** *come* **souvent** *often* **quartier** *neighborhood* **nommé d'après** *named after* **chaque année** *every year* **défilé** *parade* **veulent** *want* **faire connaître** *to make known* **y** *there* **a lieu** *takes place* **tous les troisièmes** *every third* **goûter** *to taste* **sud** *south* **loi** *law* **Vieux Carré** *Old Square/French Quarter* **racines** *roots*

1 **Vrai ou faux?** Decide if the sentences are **vrai** (true) or **faux** (false).

1. Haïti est un pays dans la Mer Méditerranée.
2. Il y a des communautés haïtiennes à New York et Miami.
3. Les Haïtiens vivent rarement dans les grandes villes.
4. On mange au festival «Big Night in Little Haiti».
5. On fête le Mardi Gras en avril.
6. Dans le sud des États-Unis, on trouve des francophones.
7. La France a influencé les lois de la Louisiane.
8. La plupart des (*most*) Haïtiens habitent dans l'État de New York.
9. Il y a plus d'Haïtiens au New Jersey qu'au Massachusetts.
10. Les habitants de la Louisiane ne sont pas fiers de leur origine.

LE FRANÇAIS QUOTIDIEN

Mots et expressions venus du français

Au contraire	*On the contrary*
Bon appétit!	*Enjoy your meal!*
C'est la vie!	*That's life!*
Crème de la crème	*Cream of the crop*
Déjà vu	*"Already seen"*
Encore	*Again*
Par excellence	*By excellence*
Souvenir	*Memory, keepsake*
Voilà!	*There it is!*

LE MONDE FRANCOPHONE

Les villes avec des noms français

Terre Haute, dans l'Indiana, a reçu° son nom d'explorateurs français au dix-huitième siècle°. La terre ressemblait° à un plateau, à côté du fleuve° Wabash.

Des Moines, dans l'Iowa, a un nom français, mais on n'est pas certain de l'origine de ce° nom. Beaucoup pensent que la ville a été° nommée d'après les moines° qui y vivaient°. D'autres pensent que le nom vient° du nom indigène de la rivière.

Detroit, dans le Michigan, a été fondée par un explorateur français, Antoine de la Mothe en 1701. Le nom vient de la phrase «détroit° du Lac Érie».

a reçu *received* **siècle** *century* **ressemblait** *looked like* **fleuve** *river* **ce** *this* **a été** *was* **les moines** *monks* **y vivaient** *lived there* **vient** *comes* **détroit** *strait*

PORTRAIT

Haïti

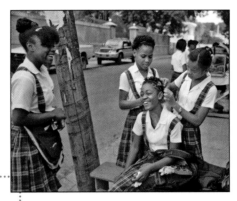

Haïti est un pays francophone des Caraïbes, qui partage une île avec la République dominicaine. Le français est une des langues officielles du pays et le créole, l'autre langue officielle, a aussi des origines françaises. Au début°, Haïti était° une colonie et la majorité de ses habitants étaient° des esclaves°. Inspirés par la Révolution française, les esclaves se révoltent en 1791 et Haïti devient° indépendant en 1804. Toussaint L'Ouverture est un grand héros de cette révolution. Aujourd'hui, le pays a plus de dix millions d'habitants. Il est dévasté en 2010 par un grand tremblement de terre° et en 2016, par un ouragan°. Les Haïtiens essaient de reconstruire°.

Au début *At the beginning* **était** *was* **étaient** *were* **esclaves** *slaves* **devient** *becomes* **tremblement de terre** *earthquake* **ouragan** *hurricane* **reconstruire** *rebuild*

Sur Internet

Qui sont les Haïtiens? Qu'est-ce qu'on peut faire (*can one do*) en Haïti?

Go to **vhlcentral.com** to find more cultural information related to this **Culture** section.

---

2 **Haïti** Complete the statements with the correct information.

1. Le pays d'Haïti se trouve (*is located*) dans _____ .

2. Il y a deux langues officielles, _____ et _____ .

3. _____ a inspiré (*inspired*) la révolte haïtienne.

4. Un des héros de la révolte haïtienne s'appelle _____ .

5. Haïti a plus de _____ d'habitants.

3 **Comment sont-ils?** Review the information and photos about Haiti and the other French-speaking communities in the United States. With a partner, take turns describing the people. What do they like? What do you think their personalities are like based on their interests and activities?

La famille

3.1

Descriptive adjectives vhlcentral

- Most adjectives used to describe physical characteristics agree in gender and number with the noun they modify.

Boîte à outils

Use **de taille moyenne** to describe someone or something of medium size.

Adjectives of physical description			
blond(e)	*blond*	joli(e)	*pretty*
brun(e)	*dark (hair)*	laid(e)	*ugly*
court(e)	*short*	petit(e)	*small, short (stature)*
grand(e)	*tall, big*	vert(e)	*green*

Boîte à outils

These adjectives have irregular masculine forms before a vowel sound: **beau (bel), nouveau (nouvel), vieux (vieil).**

Some irregular adjectives				
masculine singular	feminine singular	masculine plural	feminine plural	
beau	belle	beaux	belles	*beautiful; handsome*
bon	bonne	bons	bonnes	*good; kind*
gros	grosse	gros	grosses	*fat*
heureux	heureuse	heureux	heureuses	*happy*
long	longue	longs	longues	*long*
naïf	naïve	naïfs	naïves	*naive*
vieux	vieille	vieux	vieilles	*old*

Boîte à outils

The plural indefinite article **des** changes to **de** before an adjective followed by a noun.

J'habite avec de bons amis.
I live with good friends.

- Most adjectives are placed after the nouns they modify but the following adjectives are placed before the nouns they modify: **beau, bon, grand, gros, jeune, joli, long, nouveau, petit, vieux, mauvais, pauvre, vrai, vieux.**

  une **grande** famille   un **vieux** copain

Vérifiez

3.2

Possessive adjectives

Boîte à outils

Use **mon**, **ton**, and **son** before feminine singular nouns that begin with a vowel sound.

Possessive adjectives			
masculine singular	feminine singular	plural	
mon	ma	mes	*my*
ton	ta	tes	*your (fam. and sing.)*
son	sa	ses	*his, her, its*
notre	notre	nos	*our*
votre	votre	vos	*your (form. or pl.)*
leur	leur	leurs	*their*

Essayez! Show possession using the cues in parentheses. Make any necessary changes.

MODÈLE

(my) appartement/vieux
mon vieil appartement

1. (our) cousines/joli
2. (his) voisin/anglais
3. (their) tante/jaloux
4. (her) calculatrice/nouveau
5. (your, *form.*) montre/bleu

6. (my) femme/roux
7. (her) chat/gros
8. (his) chien/noir
9. (your, *fam.*) amis/jeune
10. (their) cheveux/court

Boîte à outils

In French, use **de (d')** + *noun* to express possession.

**le petit ami de ma soeur
la tante d'Hélène**

Remember that **de** + **le** changes to **du** and **de** + **les** changes to **des**.

3.3

Numbers 61–100

Numbers 61–100			
61–69	**70–79**	**80–89**	**90–100**
61 soixante et un	70 soixante-dix	80 quatre-vingts	90 quatre-vingt-dix
62 soixante-deux	71 soixante et onze	81 quatre-vingt-un	91 quatre-vingt-onze
63 soixante-trois	72 soixante-douze	82 quatre-vingt-deux	92 quatre-vingt-douze
64 soixante-quatre	73 soixante-treize	83 quatre-vingt-trois	93 quatre-vingt-treize
65 soixante-cinq	74 soixante-quatorze	84 quatre-vingt-quatre	94 quatre-vingt-quatorze
66 soixante-six	75 soixante-quinze	85 quatre-vingt-cinq	95 quatre-vingt-quinze
67 soixante-sept	76 soixante-seize	86 quatre-vingt-six	96 quatre-vingt-seize
68 soixante-huit	77 soixante-dix-sept	87 quatre-vingt-sept	97 quatre-vingt-dix-sept
69 soixante-neuf	78 soixante-dix-huit	88 quatre-vingt-huit	98 quatre-vingt-dix-huit
	79 soixante-dix-neuf	89 quatre-vingt-neuf	99 quatre-vingt-dix-neuf
			100 cent

3.4

Prepositions of location and disjunctive pronouns

Prepositions of location			
à côté de	*next to*	en face de	*facing, across from*
à droite de	*to the right of*	entre	*between*
à gauche de	*to the left of*	loin de	*far from*
dans	*in*	près de	*close to, near*
derrière	*behind*	sous	*under*
devant	*in front of*	sur	*on*
en	*in*		

Disjunctive pronouns

- Use disjunctive pronouns instead of subject pronouns after a preposition.

Disjunctive pronouns			
singular		plural	
je ⟶ moi		nous ⟶ nous	
tu ⟶ toi		vous ⟶ vous	
il ⟶ lui		ils ⟶ eux	
elle ⟶ elle		elles ⟶ elles	

Boîte à outils

Numbers that end in the digit **1** are not usually hyphenated.

They use the conjunction **et** instead.

trente et un
soixante et un

Note that **81** and **91** are exceptions:

quatre-vingt-un
quatre-vingt-onze

Boîte à outils

Use the preposition **chez** to express the idea of *at someone's house or at/to a professional's office or business.*

Vérifiez

Essayez! Fill in the blanks with the correct words in parentheses.

1. Il y a _____ (72) tables dans la cantine.
2. Elle a _____ (80) euros.
3. Mon grand-père a _____ (61) ans.
4. Je donne _____ (100) euros à ma sœur.
5. La librairie est _____ (*next to*) l'université.
6. Votre ordinateur est _____ (*on*) la table.
7. Tu rentres _____ (*at the house of*) toi ce soir?
8. Ils travaillent _____ (*to the left of*) eux.

4.1 The verb *aller* vhlcentral

aller			
je vais	*I go*	nous allons	*we go*
tu vas	*you go*	vous allez	*you go*
il/elle/on va	*he/she/it/one goes*	ils/elles vont	*they go*

The preposition *à*

- The preposition à contracts with the definite articles **le** and **les**. It does not contract with **la** or **l'**.

à + le ▶ au   à + les ▶ aux

Nous allons **au** magasin.
We're going to the store.

Je rentre **à la** maison.
I'm going back home.

Ils parlent **aux** profs.
They're talking to the teachers.

Il va **à l'**épicerie.
He's going to the grocery store.

Prepositions with place names			
à la maison	*at home*	dans la maison	*inside the house*
à Paris	*in Paris*	dans Paris	*within Paris*
en ville	*in town*	dans la ville	*within the town*
sur la place	*in the square*	à/sur la terrasse	*on the terrace*

4.2 Interrogative words

Interrogative words			
à quelle heure?	*at what time?*	quand?	*when?*
combien (de)?	*how many?; how much?*	que/qu'...?	*what?*
		quel(le)(s)?	*which?; what?*
comment?	*how?; what?*	(à/avec/pour)	*(to/with/for)*
où?	*where?*	qui?	*who(m)?*
pourquoi?	*why?*	quoi?	*what?*

The interrogative adjective *quel(le)(s)*				
	singular		plural	
masculine	Quel hôpital?	*Which hospital?*	Quels restaurants?	*Which restaurants?*
feminine	Quelle place?	*Which public square?*	Quelles montagnes?	*Which mountains?*

Essayez!

Fill in the blank with the correct form of the verb **aller**. Write the question for each of the responses.

1. Je _____ très bien, merci!
   _____

2. Nous _____ à la piscine demain.
   _____

3. Il _____ en ville à midi.
   _____

4. Ils _____ au restaurant parce qu'ils ont faim.
   _____

4.3 ## The verbs *prendre* and *boire*; partitives

prendre			
je prends	*I take*	nous prenons	*we take*
tu prends	*you take*	vous prenez	*you take*
il/elle/on prend	*he/she/it takes*	ils/elles prennent	*they take*

- The verbs **apprendre** and **comprendre** follow the same pattern as **prendre**.

boire			
je bois	*I drink*	nous buvons	*we drink*
tu bois	*you drink*	vous buvez	*you drink*
il/elle/on boit	*he/she/it drinks*	ils/elles boivent	*they drink*

Partitives

- Partitive articles are used with non-count nouns to express *some* or *any*.

	Singular	Singular before vowel sound	Negative sentence
Masculine	du	de l'	de (d')
Feminine	de la	de l'	de (d')

du lait | **de la** soupe | **de l'**eau | pas **de** café
some milk | *some soup* | *some water* | *not any coffee*

- Use the definite article **des**, which also means *some*, with plural nouns you can count: **des** bananes (*some bananas*).

4.4 ## Regular *-ir* verbs

- To conjugate regular **-ir** verbs in the present tense, drop the **-ir** and add the appropriate endings.

finir (to finish)	
je finis	nous finissons
tu finis	vous finissez
il/elle/on finit	ils/elles finissent

Essayez! Fill in the first blank with the correct form of the verb in parentheses. Fill in the second blank with the correct partitive article.

1. Nous _____ (boire) _____ thé.
2. Est-ce que vous _____ (choisir) _____ soupe ou du fromage?
3. Je _____ (prendre) toujours _____ frites.
4. Marc _____ (boire) _____ jus d'orange.
5. Tes parents _____ (prendre) _____ jambon.
6. Vous _____ (finir) avec _____ café?
7. Tu _____ (choisir) _____ limonade ou du chocolat chaud?
8. Ma nièce _____ (prendre) _____ eau minérale.

1 **Une femme heureuse** Madame Bonheur has a happy life. Unscramble these sentences to find out why. Make any necessary changes.

MODÈLE

avoir/beau/Madame Bonheur/trois enfants
Madame Bonheur a trois beaux enfants.

1. des amis/elle/sympathique/avoir
   _____

2. nouveau/habiter/dans un appartement/elle
   _____

3. son mari/bon/un travail/avoir
   _____

4. être/sérieux/ses filles/des étudiantes
   _____

5. de son succès/fier/être/Madame Bonheur
   _____

6. un homme/beau/son mari/être
   _____

7. des collègues/amusant/elle/avoir
   _____

8. intellectuel/être/une fille/sa secrétaire
   _____

9. avoir/bon/des chiens/elle
   _____

10. ses voisins/poli/être
    _____

2 **Identifiez** Identify the owner of each object. Use the cues in parentheses to help you.

MODÈLE

(our) neveu
Ce sont les cahiers de notre neveu.

1. (my) frère

4. (their) belle-sœur

2. (his) cousine

5. (your) tante

3. (our) voisins

6. (his) professeur

3 **Les maths** Write out the math problems and their answers in words.

MODÈLE

65 + 3 = *soixante-huit*
Soixante-cinq plus trois font (equals) soixante-huit.

1. 80 + 14 = _____
2. 62 + 10 = _____
3. 96 + 3 = _____
4. 76 + 24 = _____
5. 70 + 11 = _____
6. 38 + 60 = _____
7. 78 + 6 = _____
8. 32 + 43 = _____
9. 50 + 41 = _____
10. 88 + 5 = _____

4 **Au café** Indiquez l'article correct.

MODÈLE

Prenez-vous *du/un* thé glacé?

1. Avez-vous _____ lait froid?
2. Je voudrais _____ baguette, s'il vous plaît.
3. Elle prend _____ croissant.
4. Nous ne prenons pas _____ sucre avec le café.
5. Thérèse ne laisse pas _____ pourboire.
6. Vous mangez _____ frites.
7. Zeina boit _____ boisson gazeuse.
8. Voici _____ eau minérale.
9. Nous mangeons _____ pain.
10. Je ne prends pas _____ fromage.

5 **Vrai ou faux** Look at the illustration. Determine if the statements are **vrai** (true) or **faux** (false). Correct the false statements.

1. Nous sommes devant la maison de notre tante.
2. Michel est loin de Laure.
3. Adrien est en face de Laure et Jasmine.
4. Béatrice est près de Jasmine.
5. Jasmine est à gauche de Béatrice.
6. Michel est devant Laure.
7. Un oiseau est sur la maison.
8. Laure est à droite d'Adrien.

6 **Demain** Say that these people are going to be doing the following activities tomorrow. Then, determine what question was asked for that response.

MODÈLE

Je téléphone à ma copine.
Je vais téléphoner à ma copine.
À qui vas-tu téléphoner?

1. Le professeur commence à parler à neuf heures.
2. Je vais au café.
3. Elle prend un croissant.
4. Nous étudions parce qu'il y a un examen.
5. Il voyage en France en été (*during the summer*).
6. Ils mangent soixante éclairs.

7 **Au restaurant** You are at a restaurant with your family. Tell what everyone is having or drinking based on the clues. Use **prendre** with food and **boire** with beverages. Don't forget to add the appropriate article.

MODÈLE

Ta mère: pain
Ma mère prend du pain.

1. Tes grands-parents: soupe
2. Ton frère aîné: jus d'orange
3. Toi: limonade
4. Ta sœur et toi: jambon
5. Ton oncle: fromage
6. Tes nièces: eau minérale
7. Ta tante: éclairs

8 **Complétez** Complete the sentences with the correct form of one of the verbs in the box. Use each verb once.

choisir	maigrir
finir	obéir
grandir	rougir
grossir	vieillir

1. Vous _____ l'endroit où nous allons déjeuner?
2. Je _____ quand j'ai honte.
3. Mes cousins _____ encore. Ils sont déjà (*already*) très grands.
4. Paul ne mange pas assez et il _____ .
5. Tu _____ aux profs.
6. Nous _____ nos études cette année.
7. On _____ quand on mange beaucoup.
8. Mon grand-père n'est pas jeune. Il _____ .

Communication

1 **C'est quel département?** With a partner, take turns reading the phone number for one of the course departments. Your partner will determine for which department you are providing the phone number.

MODÈLE

Élève 1: *Le numéro de téléphone, c'est le zéro quatre, soixante-seize, soixante-huit, quatre-vingt-seize, quatre-vingt-un.*
Élève 2: *C'est le département des Sciences politiques.*

Département	Numéro de téléphone
Architecture	04.76.65.74.92
Biologie	04.76.72.63.85
Chimie	04.76.84.79.64
Littérature anglaise	04.76.99.90.82
Mathématiques	04.76.86.66.93
Philosophie	04.76.75.99.80
Psychologie	04.76.61.88.91
Sciences politiques	04.76.68.96.81
Sociologie	04.76.70.83.97

2 **Les pourcentages** Poll your classmates to find out if they have the following family members. Use the cues provided. Tally your classmates' responses, then calculate the percentages for each answer. (To figure out percentages, divide the number of affirmative or negative responses by the number of people in your class.)

MODÈLE

un chien: gros
Tu as un gros chien?
Soixante-seize pour cent des élèves ont un gros chien.
Vingt-quatre pour cent des élèves n'ont pas de gros chien.

1. un chien: gros
2. un chat: noir
3. des sœurs: aîné
4. un frère: cadet
5. une cousine: de taille moyenne
6. des grands-parents: drôle
7. un oncle: antipathique
8. une tante: beau

3 **Les acteurs et les actrices** With a partner, take turns describing a person in the illustration. Be sure to include where the person you are describing is located. Your partner will determine which person you are describing.

MODÈLE

Élève 1: *C'est une femme. Elle est rousse et elle a les cheveux courts. Elle est à droite de Patrick.*
Élève 2: *Je pense que c'est Émilie.*

4 **Devinez** Working in groups of four, each person will choose a location from column one below. Do not tell your group members which location you have chosen. Each group member must ask you a question using different question words from the second column. The first person to guess your location wins a point.

le centre commercial	quand
le cinéma	avec qui
le gymnase	pourquoi
le marché	comment
le musée	à quelle heure
le parc	que/qu'
la piscine	combien (de)
le restaurant	quel(le)(s)

5 **Une lettre** Read the following letter from Céline. After reading the letter closely, write five questions based on the letter using different question words. Pair up with another student. Ask and answer each other's questions. For every question you answer correctly, you win a point. For every question you answer incorrectly, your partner wins a point. Record your partner's responses on your paper.

> Bonjour. Je m'appelle Céline. J'ai 17 ans. Je suis grande, mince et sportive. J'habite à Grenoble dans une maison agréable. Je suis en première. J'adore la montagne.
>
> Tous les week-ends, je vais skier à Chamrousse avec mes trois amis Alain, Catherine et Pascal. Nous skions de midi à cinq heures. À six heures, nous prenons un chocolat chaud à la terrasse d'un café ou nous allons manger des crêpes dans un restaurant. Nous allons au cinéma tous ensemble.

6 **Interview** Interview a classmate to find out his or her responses. Then in groups of four, tell the rest of the group about your partner.

MODÈLE

Élève 1: Est-ce que tu rougis facilement?
Élève 2: Pas moi. Je ne rougis pas facilement.
Élève 1: (to the group) Il ne rougit pas facilement.

1. rougir facilement
2. réagir lentement (slowly)
3. obéir toujours aux professeurs
4. finir tôt ses devoirs
5. choisir toujours bien sa nourriture (food)
6. réussir aux examens de français

7 **Prenez ou buvez?** With a partner, compare your drinking and eating habits using each of the following prompts. Create a graphic organizer showing the similarities and differences between your partner and you. Be sure to use partitive articles in your answers.

MODÈLE

Élève 1: Je prends du fromage au restaurant. Qu'est-ce que tu prends?
Élève 2: Moi, je prends du pain.

1. prendre au restaurant
2. boire au cinéma
3. boire chez toi
4. prendre le matin
5. boire quand tu as soif
6. prendre quand tu as faim

8 Ma journée

Fill out the agenda for October 28. Write an activity that you will do for each time listed. Then, with a partner, tell what you are doing at different times throughout the day. Your partner will guess where you are going or what you are doing based on what you tell him/her.

MODÈLE

Élève 1: À cinq heures et demie, j'étudie.
Élève 2: Si tu étudies, tu vas à la bibliothèque.

28 OCTOBRE	
8H00 *jogging*	14H00
8H30	14H30
9H00	15H00
9H30	15H30
10H00	16H00
10H30	16H30
11H00	17H00
11H30	17H30 *étudier*
12H00	18H00
12H30	18H30
13H00 *bibliothèque*	19H00 *téléphoner à papa*
13H30	19H30 *Sophie:*

9 Le portrait

Write a description of you and your family or a fictional family. Include name, age, family relationship, physical description, activities each person does, and location in a family portrait. Be sure to include at least five different family members and yourself. When you are finished, your partner will draw your family portrait based on your written description.

10 Au café

In groups of three, pretend that you are at a café together. Take turns playing the part of the server and two customers. The server will ask what you each are having/drinking. Then he/she will tally your order and give you the price. Act out one of your dialogues for another group.

MODÈLE

Élève 1: Qu'est-ce que vous prenez?
Élève 2: Moi, je prends une salade verte.
Élève 3: Des frites, s'il vous plaît.
Élève 1: Qu'est-ce que vous buvez?
Élève 2: Un café, s'il vous plaît.
Élève 3: Et moi, je bois de l'eau minérale non gazeuse.
Élève 1: Ça coûte (*That costs*) dix-sept euros trente.

MENU

PETIT-DÉJEUNER° FRANÇAIS — 12,00€
Café, thé, chocolat chaud ou lait
Pain, beurre et confiture°
Orange pressée

VIENNOISERIES° — 3,00€
Croissant, pain au chocolat, brioche°, pain aux raisins

SANDWICHS ET SALADES
Sandwich (jambon ou fromage; baguette ou pain de campagne) — 7,50€
Croque-monsieur° — 8,80€
Salade verte° — 6,20€

BOISSONS CHAUDES
Café/Déca — 3,80€
Grand crème — 5,50€
Chocolat chaud — 5,80€
Thé — 5,50€
Lait chaud — 4,80€

PETIT-DÉJEUNER ANGLAIS — 15,00€
Café, thé, chocolat chaud ou lait
Œufs° (au plat° ou brouillés°), bacon, toasts
Orange pressée

DESSERTS
Tarte aux fruits — 7,50€
Banana split — 6,40€

AUTRES SÉLECTIONS CHAUDES
Frites — 4,30€
Soupe à l'oignon — 8,00€
Omelette au fromage — 8,50€
Omelette au jambon — 8,50€

BOISSONS FROIDES
Eau minérale non gazeuse — 3,00€
Eau minérale gazeuse — 3,50€
Jus de fruits (orange...) — 5,80€

Petit-déjeuner *Breakfast* **confiture** *jam* **Viennoiseries** *Breakfast pastries* **brioche** *a light, slightly-sweet bread* **Croque-monsieur** *Grilled sandwich with cheese and ham* **verte** *green* **Œufs** *Eggs* **au plat** *fried* **brouillés** *scrambled*

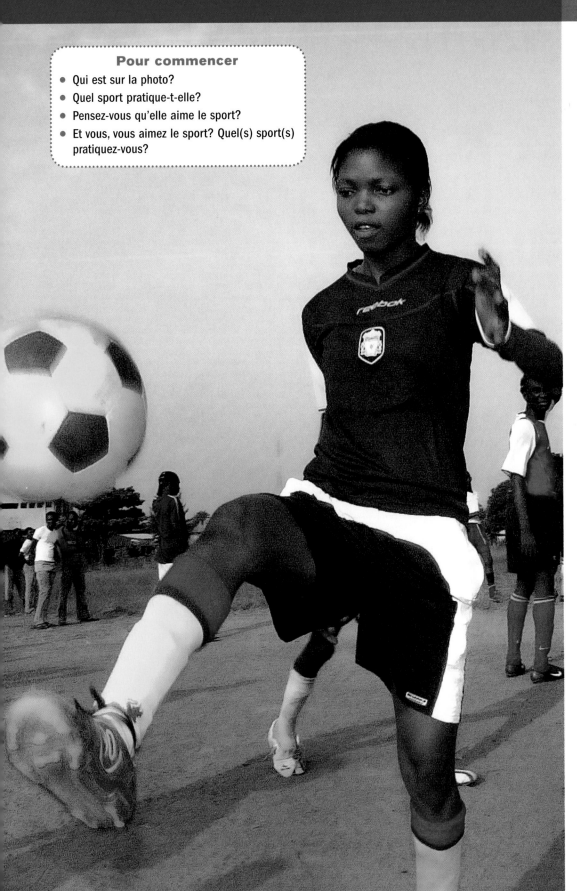

Les loisirs

Pour commencer

- Qui est sur la photo?
- Quel sport pratique-t-elle?
- Pensez-vous qu'elle aime le sport?
- Et vous, vous aimez le sport? Quel(s) sport(s) pratiquez-vous?

🔊 **vhl**central

You will learn how to...

- talk about activities
- tell how often and how well you do things

Le temps libre

Vocabulaire

aller à la pêche	to go fishing
bricoler	to tinker; to do odd jobs
désirer	to want
jouer (à/de)	to play
pratiquer	to play regularly, to practice
skier	to ski
le baseball	baseball
le cinéma	movies
le foot(ball)	soccer
le football américain	football
le golf	golf
un jeu	game
un loisir	leisure activity
un passe-temps	pastime, hobby
un spectacle	show
un stade	stadium
le temps libre	free time
le volley(-ball)	volleyball
une/deux fois	one/two time(s)
par jour, semaine, mois, an, etc.	per day, week, month, year, etc.
déjà	already
encore	again, still
jamais	never
longtemps	long time
maintenant	now
parfois	sometimes
rarement	rarely
souvent	often

les joueuses (f.)

un match de tennis (m.)

Elle marche. (marcher)

le sport

une équipe

les joueurs (m.)

Il joue au foot. (jouer)

Il gagne. (gagner)

les cartes (f.)

une bande dessinée (B.D.)

Attention!

Use **jouer à** with games and sports.

Elle joue aux cartes/au baseball.
She plays cards/baseball.

Use **jouer de** with musical instruments.

Vous jouez de la guitare/du piano.
You play the guitar/piano.

le basket(-ball)

Il aide le joueur.
(aider)

Il chante.
(chanter)

Il indique.
(indiquer)

les échecs (m.)

Mise en pratique

1 Remplissez Choisissez dans la liste le mot qui convient (*the word that fits*) pour compléter les phrases. N'oubliez pas de conjuguer les verbes.

aider	jeu	pratiquer
bande dessinée	jouer	skier
bricoler	marcher	sport
équipe		

1. Notre _____ joue un match cet après-midi.
2. Le solitaire est un _____ de cartes.
3. Mon livre préféré, c'est une _____ de Tintin, *Le sceptre d'Ottokar*.
4. J'aime _____ aux cartes avec ma grand-mère.
5. Pour devenir (*To become*) champion de volley, je _____ tous les jours.
6. Le dimanche, nous _____ beaucoup, environ (*about*) cinq kilomètres.
7. Mon _____ préféré, c'est le foot.
8. Mon père _____ mon frère à préparer son match de tennis.
9. J'aime bien _____ dans le Colorado.
10. Il faut réparer la table, mais je n'aime pas _____.

2 Écoutez Écoutez Sabine et Marc parler de leurs passe-temps préférés. Dans le tableau suivant, écrivez un **S** pour Sabine et un **M** pour Marc pour indiquer s'ils pratiquent ces activités **souvent, parfois, rarement** ou **jamais**. Attention, une activité n'est pas utilisée.

Activités	Souvent	Parfois	Rarement	Jamais
1. le golf	_____	_____	_____	_____
2. le tennis	_____	_____	_____	_____
3. les cartes	_____	_____	_____	_____
4. le basket	_____	_____	_____	_____
5. le spectacle	_____	_____	_____	_____
6. le cinéma	_____	_____	_____	_____
7. chanter	_____	_____	_____	_____
8. aller à la pêche	_____	_____	_____	_____

3 Les loisirs Utilisez un élément de chaque colonne pour former huit phrases au sujet des loisirs de ces personnes. N'oubliez pas les accords (*agreements*).

Personnes	Activités	Fréquence
Je	jouer aux échecs	maintenant
Ma sœur	chanter	parfois
Mes parents	jouer au tennis	rarement
Christian	gagner le match	souvent
Sandrine et Cédric	skier	déjà
Les élèves	regarder un spectacle	une fois par semaine
Élise	jouer au basket	une fois par mois
Mon ami(e)	aller à la pêche	encore

Communication

4 Répondez Avec un(e) partenaire, posez les questions et répondez à tour de rôle.

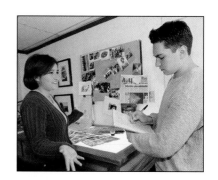

1. Quel est votre loisir préféré?
2. Quel est votre sport préféré à la télévision?
3. Êtes-vous sportif/sportive? Si oui, quel sport pratiquez-vous?
4. Qu'est-ce que vous désirez faire (*to do*) ce week-end?
5. Combien de fois par mois allez-vous au cinéma?
6. Que faites-vous (*do you do*) quand vous avez du temps libre?
7. Est-ce que vous aidez quelqu'un? Qui? À faire quoi? Comment?
8. Quel est votre jeu de société (*board game*) préféré? Pourquoi?

5 Sondage Votre professeur va vous donner une feuille d'activités. Circulez dans la classe et demandez à vos camarades s'ils pratiquent les activités sur la feuille et si oui (*if so*), à quelle fréquence. Quelle est l'activité la plus pratiquée (*the most practiced*) de la classe?

MODÈLE

aller à la pêche
Élève 1: Est-ce que tu vas à la pêche?
Élève 2: Oui, je vais parfois à la pêche.

Activités	Noms	Fréquence
1. aller à la pêche	François	parfois
2. jouer au tennis		
3. jouer au foot		
4. skier		

6 Conversez Avec un(e) partenaire, écrivez une conversation au sujet de vos loisirs. Utilisez les mots intérrogatifs dans la liste et le vocabulaire de la leçon. Présentez votre travail à la classe.

MODÈLE

Élève 1: Que fais-tu (*do you do*) comme sport?
Élève 2: Je joue au volley.
Élève 1: Tu joues souvent?
Élève 2: Oui, trois fois par semaine, avec mon amie Julie. C'est un sport que j'adore. Et toi, quel est ton passe-temps préféré?

Avec qui?	Pourquoi?
Combien de fois par...?	Quand?
Comment?	Quel(le)(s)?
Où?	Quoi?

7 La lettre Écrivez une lettre à un(e) ami(e) au sujet de vos loisirs. Dites ce que vous faites (*do*), quand, avec qui et à quelle fréquence.

Cher Marc,

Pendant (*During*) mon temps libre, j'aime bien jouer au basket et au tennis. J'aime gagner, mais ça n'arrive pas souvent! Je joue au tennis avec mes amis deux fois par semaine, le mardi et le vendredi, et au basket le samedi. J'adore les films et je vais souvent au cinéma avec ma sœur ou mes amis. Le soir...

Les sons et les lettres ◁)) vhlcentral
Intonation

In short, declarative sentences, the pitch of your voice, or intonation, falls on the final word or syllable.

Nathalie est française.   **Hector joue au football.**

In longer, declarative sentences, intonation rises, then falls.

À trois heures et demie, j'ai sciences politiques.

In sentences containing lists, intonation rises for each item in the list and falls on the last syllable of the last one.

Martine est jeune, blonde et jolie.

In long, declarative sentences, such as those containing clauses, intonation may rise several times, falling on the final syllable.

Le samedi, à dix heures du matin, je vais au centre commercial.

Questions that require a yes or no answer have rising intonation. Information questions have falling intonation.

C'est ta mère?   **Est-ce qu'elle joue au tennis?**

Quelle heure est-il?   **Quand est-ce que tu arrives?**

Prononcez Répétez les phrases suivantes à voix haute.

1. J'ai dix-neuf ans.
2. Tu fais du sport?
3. Quel jour sommes-nous?
4. Sandrine n'habite pas à Paris.
5. Quand est-ce que Marc arrive?
6. Charlotte est sérieuse et intellectuelle.

Articulez Répétez les dialogues à voix haute.

1. —Qu'est-ce que c'est?
   —C'est un ordinateur.
2. —Tu es américaine?
   —Non, je suis canadienne.
3. —Qu'est-ce que Christine étudie?
   —Elle étudie l'anglais et l'espagnol.
4. —Où est le musée?
   —Il est en face de l'église.

Dictons Répétez les dictons à voix haute.

Petit à petit, l'oiseau fait son nid.[2]

Si le renard court, le poulet a des ailes.[1]

[1] Though the fox runs, the chicken has wings.
[2] Little by little, a bird builds its nest.

Au parc **vhl**central

PERSONNAGES

David

Rachid

Sandrine

Stéphane

DAVID Oh là là... On fait du sport aujourd'hui!

RACHID C'est normal! On est dimanche. Tous les week-ends à Aix, on fait du vélo, on joue au foot...

SANDRINE Oh, quelle belle journée! Faisons une promenade!

DAVID D'accord.

DAVID Moi, le week-end, je sors souvent. Mon passe-temps favori, c'est de dessiner la nature et les belles femmes. Mais Rachid, lui, c'est un grand sportif.

RACHID Oui, je joue au foot très souvent et j'adore.

RACHID Tiens, Stéphane! Déjà? Il est en avance.

SANDRINE Salut.

STÉPHANE Salut. Ça va?

DAVID Ça va.

STÉPHANE Salut.

RACHID Salut.

STÉPHANE Pfft! Je n'aime pas l'histoire-géo.

RACHID Mais, qu'est-ce que tu aimes alors, à part le foot?

STÉPHANE Moi? J'aime presque tous les sports. Je fais du ski, de la planche à voile, du vélo... et j'adore nager.

RACHID Oui, mais tu sais, le sport ne joue pas un grand rôle au bac.

RACHID Et puis, les études, c'est comme le sport. Pour être bon, il faut travailler!

STÉPHANE Ouais, ouais.

RACHID Allez, commençons. En quelle année Napoléon a-t-il...

SANDRINE Dis-moi David, c'est comment chez toi, aux États-Unis? Quels sont les sports favoris des Américains?

DAVID Euh... chez moi? Beaucoup pratiquent le baseball ou le basket et surtout, on adore regarder le football américain. Mais toi, Sandrine, qu'est-ce que tu fais de tes loisirs? Tu aimes le sport? Tu sors?

A C T I V I T É S

1 **Les événements** Mettez ces (*these*) événements dans l'ordre chronologique.

_____ **a.** David dessine un portrait de Sandrine.

_____ **b.** Stéphane se plaint (*complains*) de ses cours.

_____ **c.** Rachid parle du match de foot.

_____ **d.** David complimente Sandrine.

_____ **e.** David mentionne une activité que Rachid aime faire.

_____ **f.** Sandrine est curieuse de savoir (*to know*) quels sont les sports favoris des Américains.

_____ **g.** Stéphane dit (*says*) qu'il ne sait (*knows*) pas s'il va gagner son prochain match.

_____ **h.** Stéphane arrive.

_____ **i.** David parle de son passe-temps favori.

_____ **j.** Sandrine parle de sa passion.

Les amis parlent de leurs loisirs.

RACHID Alors, Stéphane, tu crois que tu vas gagner ton prochain match?

STÉPHANE Hmm, ce n'est pas garanti! L'équipe de Marseille est très forte.

RACHID C'est vrai, mais tu es très motivé, n'est-ce pas?

STÉPHANE Bien sûr.

RACHID Et, pour les études, tu es motivé? Qu'est-ce que vous faites en histoire-géo en ce moment?

STÉPHANE Oh, on étudie Napoléon.

RACHID C'est intéressant! Les cent jours, la bataille de Waterloo...

SANDRINE Bof, je n'aime pas tellement le sport, mais j'aime bien sortir le week-end. Je vais au cinéma ou à des concerts avec mes amis. Ma vraie passion, c'est la musique. Je désire être chanteuse professionnelle.

DAVID Mais tu es déjà une chanteuse extraordinaire! Eh! J'ai une idée. Je peux faire un portrait de toi?

SANDRINE De moi? Vraiment? Oui, si tu insistes!

Expressions utiles

Talking about your activities

- **Qu'est-ce que tu fais de tes loisirs? Tu sors?**
  What do you do in your free time? Do you go out?
- **Le week-end, je sors souvent.**
  On weekends I often go out.
- **J'aime bien sortir.**
  I like to go out.
- **Tous les week-ends, on/tout le monde fait du sport.**
  Every weekend, people play/everyone plays sports.
- **Qu'est-ce que tu aimes alors, à part le foot?**
  What else do you like then, besides soccer?
- **J'aime presque tous les sports.**
  I like almost all sports.
- **Je peux faire un portrait de toi?**
  Can/May I do a portrait of you?
- **Qu'est-ce que vous faites en histoire-géo en ce moment?**
  What are you doing in history-geography at this moment?
- **Les études, c'est comme le sport. Pour être bon, il faut travailler!**
  Studies are like sports. To be good, you have to work!
- **Faisons une promenade!**
  Let's take a walk!

Additional vocabulary

- **Dis-moi.**
  Tell me.
- **Tu sais.**
  You know.
- **Ce n'est pas garanti!**
  It's not guaranteed!
- **Vraiment?**
  Really?
- **Bien sûr.**
  Of course.
- **Tiens.**
  Hey, look./Here you are.

---

2 **Questions** Choisissez la traduction (*translation*) qui convient pour chaque activité. Essayez de ne pas utiliser de dictionnaire. Combien de traductions y a-t-il pour le verbe **faire**?

_____ 1. faire du ski   a. to play sports

_____ 2. faire une promenade   b. to go biking

_____ 3. faire du vélo   c. to ski

_____ 4. faire du sport   d. to take a walk

3 **À vous!** David et Rachid parlent de faire des projets (*plans*) pour le week-end, mais les loisirs qu'ils aiment sont très différents. Ils discutent de leurs préférences et finalement choisissent une activité qu'ils vont pratiquer ensemble (*together*). Avec un(e) partenaire, écrivez la conversation et jouez la scène devant la classe.

A C T I V I T É S

CULTURE À LA LOUPE

Le football

Le football est le sport le plus° populaire dans la majorité des pays° francophones. Tous les quatre ans°, des centaines de milliers de° fans, ou «supporters», regardent la Coupe du Monde°: le championnat de foot(ball) le plus important du monde. En 1998 (mille neuf cent quatre-vingt-dix-huit), l'équipe de France gagne la Coupe du Monde, en 2006 (deux mille six), elle perd en finale contre l'Italie et en 2016 (deux mille seize), contre le Portugal.

Le Cameroun a aussi une grande équipe de football. «Les Lions Indomptables°» gagnent la médaille d'or° aux Jeux Olympiques de Sydney en 2000. En 2007, l'équipe camerounaise est la première équipe africaine à être dans le classement mondial° de la FIFA (Fédération Internationale de Football Association). Certains «Lions» jouent dans les clubs français et européens.

En France, il y a deux ligues professionnelles de vingt équipes chacune°. Ça fait° quarante équipes professionnelles de football pour un pays plus petit que° le Texas! Certaines équipes, comme le Paris Saint-Germain («le PSG») ou l'Olympique de Marseille («l'OM»), ont beaucoup de supporters.

Les Français, comme les Camerounais, adorent regarder le football, mais ils sont aussi des joueurs très sérieux: aujourd'hui en France, il y a plus de 17.000 (dix-sept mille) clubs amateurs de football et plus de deux millions de joueurs.

Nombre° de membres des fédérations sportives en France	
Football	2.002.400
Tennis	1.103.500
Judo-jujitsu	634.900
Basket-ball	536.900
Rugby	447.500
Golf	414.200
Natation°	304.000
Ski	136.100
Vélo°	119.200
Danse	84.000

SOURCE: Ministère de la Jeunesse et des Sports

le plus *the most* pays *countries* Tous les quatre ans *Every four years* centaines de milliers de *hundreds of thousands of* Coupe du Monde *World Cup* Indomptables *Untamable* or *gold* classement mondial *world ranking* chacune *each* Ça fait *That makes* un pays plus petit que *a country smaller than* Nombre *Number* Natation *Swimming* Vélo *Cycling*

ACTIVITÉS

1 **Vrai ou faux?** Indiquez si ces phrases sont **vraies** ou **fausses**.

1. Le football est le sport le plus populaire en France.
2. La Coupe du Monde a lieu (*takes place*) tous les deux ans.
3. En 1998, l'équipe de France gagne la Coupe du Monde.
4. Le Cameroun gagne une médaille de football aux Jeux Olympiques de Sydney.
5. L'équipe du Cameroun est la première équipe africaine à être au classement mondial de la FIFA.

6. Certains «Lions Indomptables» jouent dans des clubs français et européens.
7. En France, il y a vingt équipes professionnelles de football.
8. L'Olympique de Marseille est un célèbre stade de football.
9. Les Français aiment jouer au football.
10. Les Français n'aiment pas du tout les sports individuels.

Le sport

arbitre (*m./f.*)	referee
ballon (*m.*)	ball
coup de sifflet (*m.*)	whistle
entraîneur/-euse	coach
maillot (*m.*)	jersey
terrain (*m.*)	playing field
hors-jeu	off-side
marquer	to score

Des champions

Voici quelques champions olympiques récents.

Algérie Taoufik Makhloufi, athlétisme°, argent°, Rio de Janeiro, 2016

Burundi Francine Niyonsaba, athlétisme, argent, Rio de Janeiro, 2016

Cameroun Françoise Mbango Etone, athlétisme, or°, Pékin, 2008

Canada Alexandre Bilodeau, ski acrobatique, or, Sochi, 2014

France Teddy Riner, judo, or, Rio de Janeiro, 2016

Maroc Mohammed Rabii, boxe, bronze, Rio de Janeiro, 2016

Suisse Dominique Gisin, ski alpin, or, Sochi, 2014

Tunisie Oussama Mellouli, natation, or, Londres, 2012

athlétisme *track and field* **argent** *silver* **or** *gold*

Zinédine Zidane et Laura Flessel

Zinédine Zidane, ou «Zizou», est un footballeur français. Né° à Marseille de parents algériens, il joue dans différentes équipes françaises. Nommé trois fois «Joueur de l'année» par la FIFA (la Fédération Internationale de Football Association), il gagne la Coupe du Monde avec l'équipe de France en 1998 (mille neuf cent quatre-vingt-dix-huit). Il est aujourd'hui entraîneur du Real Madrid, en Espagne°.

Née à la Guadeloupe, Laura Flessel commence l'escrime à l'âge de sept ans. Après plusieurs titres° de championne de Guadeloupe, elle va en France pour continuer sa carrière. En 1991, à 20 ans, elle est championne de France et cinq ans plus tard, elle est double championne olympique à Atlanta en 1996. En 2007 (deux mille sept), elle gagne aussi la médaille d'or aux Championnats d'Europe en individuel. Et en 2017, elle devient ministre des Sports du gouvernement français.

Né *Born* **Espagne** *Spain* **plusieurs titres** *several titles* **porte-drapeau** *flag bearer*

Sur Internet

Qu'est-ce que le «free-running»?

Go to **vhlcentral.com** to find more information related to this **Culture** section and to watch the corresponding **Flash culture** video.

---

2 Zinédine ou Laura? Indiquez de qui on parle.

1. _____ est de France métropolitaine.

2. _____ est née à la Guadeloupe.

3. _____ gagne la Coupe du Monde pour la France en 1998.

4. _____ est championne de France en 1991.

5. _____ est double championne olympique en 1996.

6. _____ a été trois fois joueur de l'année.

3 Une interview Avec un(e) partenaire, préparez une interview entre un(e) journaliste et un(e) athlète que vous aimez. Jouez la scène devant la classe. Est-ce que vos camarades peuvent deviner (*can guess*) le nom de l'athlète?

ACTIVITÉS

5A.1

The verb *faire* and expression *il faut* **vhl**central

Point de départ Like other commonly used verbs, the verb **faire** (*to do, to make*) is irregular in the present tense.

faire (to do, to make)	
je fais	nous faisons
tu fais	vous faites
il/elle/on fait	ils/elles font

Il ne **fait** pas ses devoirs.
He doesn't do his homework.

Tes parents **font**-ils quelque chose vendredi?
Are your parents doing anything Friday?

Qu'est-ce que vous **faites** ce soir?
What are you doing this evening?

Nous **faisons** une sculpture dans mon cours d'art.
We're making a sculpture in my art class.

On fait du sport aujourd'hui!

Qu'est-ce que vous faites en histoire-géo?

- Use the verb **faire** in these idiomatic expressions. Note that it does not always translate into English as *to do* or *to make*.

Expressions with *faire*			
faire de l'aérobic	to do aerobics	faire de la planche à voile	to go wind-surfing
faire attention (à)	to pay attention (to)	faire une promenade	to go for a walk
faire du camping	to go camping		
faire du cheval	to go horseback riding	faire une randonnée	to go for a hike
faire la connaissance de...	to meet (someone) for the first time	faire du ski	to go skiing
		faire du sport	to play sports
faire la cuisine	to cook	faire un tour (en voiture)	to go for a walk (drive)
faire de la gym	to work out		
faire du jogging	to go jogging	faire du vélo	to go bike riding

Tu **fais** souvent **du sport**?
Do you play sports often?

Elles **font du camping**.
They go camping.

Je **fais de la gym**.
I'm working out.

Nous **faisons attention** en classe.
We pay attention in class.

Yves **fait la cuisine**.
Yves is cooking.

Faites-vous **une promenade**?
Are you going for a walk?

- Make sure to learn the correct article with each **faire** expression that calls for one. For **faire** expressions requiring a partitive or indefinite article (**un, une, du, de la**), the article is replaced with **de** when the expression is negated.

Elles font **de la** gym trois fois par semaine.
They work out three times a week.

Elles ne font pas **de** gym le dimanche.
They don't work out on Sundays.

Fais-tu **du** ski?
Do you ski?

Non, je ne fais pas **de** ski.
No, I don't ski.

- Use **faire la connaissance de** before someone's name or another noun that identifies a person you do not know.

Je vais enfin **faire la connaissance de Martin**.
I'm finally going to meet Martin.

Je vais **faire la connaissance des joueurs**.
I'm going to meet the players.

◌ **Vérifiez**

The expression *il faut*

Pour être bon, il faut travailler!

Il ne faut pas regarder la télé.

🏃 **Boîte à outils**

The infinitive of **faut** is **falloir**. **Falloir** is an irregular impersonal verb, which means that it only has one conjugated form in every tense: the third person singular. The verbs **pleuvoir** (*to rain*) and **neiger** (*to snow*), which you will learn in **Leçon 5B**, work the same way.

- When followed by a verb in the infinitive, the expression **il faut...** means *it is necessary to...* or *one must...*

Il faut faire attention en cours de maths.
It is necessary to pay attention in math class.

Il ne faut pas manger après dix heures.
One must not eat after 10 o'clock.

Faut-il laisser un pourboire?
Is it necessary to leave a tip?

Il faut gagner le match!
We must win the game!

◌ **Vérifiez**

Essayez! Complétez chaque phrase avec la forme correcte du verbe **faire** au présent.

1. Tu ___*fais*___ tes devoirs le samedi?
2. Vous ne _____ pas attention au professeur.
3. Nous _____ du camping.
4. Ils _____ du jogging.
5. On _____ une promenade au parc.
6. Il _____ du ski en montagne.
7. Je _____ de l'aérobic.
8. Elles _____ un tour en voiture.
9. Est-ce que vous _____ la cuisine?
10. Nous ne _____ pas de sport.
11. Je ne _____ pas de planche à voile.
12. Irène et Sandrine _____ une randonnée avec leurs copines.

Mise en pratique

1 **Chassez l'intrus** Quelle activité ne fait pas partie du groupe?

1. a. faire du jogging
   b. faire une randonnée
   c. faire de la planche à voile

2. a. faire du vélo
   b. faire du camping
   c. faire du cheval

3. a. faire une promenade
   b. faire la cuisine
   c. faire un tour

4. a. faire du sport
   b. faire de la gym
   c. faire la connaissance

5. a. faire ses devoirs
   b. faire du ski
   c. faire du camping

6. a. faire la cuisine
   b. faire du sport
   c. faire de l'aérobic

2 **Que font-ils?** Regardez les dessins. Que font les personnages?

▶ **MODÈLE**

Julien fait du jogging.

Julien

1. Je

2. tu

3. Anne

4. Louis et Paul

5. Vous

6. Denis

7. Nous

8. Elles

3 **La paire** Faites correspondre (*Match*) les éléments des deux colonnes et rajoutez (*add*) la forme correcte du verbe **faire**.

1. Elle aime courir (*to run*), alors elle...

2. Ils adorent les animaux. Ils...

3. Quand j'ai faim, je...

4. L'hiver, vous...

5. Pour marcher, nous...

6. Tiger Woods...

a. du golf.

b. la cuisine.

c. les devoirs.

d. du cheval.

e. du jogging.

f. une promenade.

g. du ski.

h. de l'aérobic.

Communication

4 Ce week-end Que faites-vous ce week-end? Avec un(e) partenaire, posez les questions à tour de rôle.

MODÈLE

tu / jogging
Élève 1: *Est-ce que tu fais du jogging ce week-end?*
Élève 2: *Non, je ne fais pas de jogging. Je fais du cheval.*

1. tu / le vélo

2. tes amis / la cuisine

3. ton/ta meilleur(e) ami(e) et toi, vous / le jogging

4. toi et moi, nous / une randonnée

5. tu / la gym

6. ton/ta camarade de classe / le sport

7. on / faire de la planche à voile

8. tes parents et toi, vous / un tour au parc

5 De bons conseils À tour de rôle, posez des questions à votre partenaire qui va vous donner de bon conseils (*advice*). Utilisez les éléments de la liste dans vos questions. Ensuite, présentez vos idées à la classe.

MODÈLE

Élève 1: *Qu'est-ce qu'il faut faire pour avoir de bonnes notes?*
Élève 2: *Il faut étudier jour et nuit.*

être en pleine forme (*great shape*)	avoir de bonnes notes
avoir de l'argent	gagner une course (*race*)
avoir beaucoup d'amis	bien manger
être champion de ski	réussir aux examens

6 Les sportifs Votre professeur va vous donner une feuille d'activités. Faites une enquête sur le nombre d'élèves qui pratiquent certains sports et activités dans votre classe. Présentez les résultats à la classe.

MODÈLE

Élève 1: *Est-ce que tu fais du jogging?*
Élève 2: *Oui, je fais du jogging.*

Sport	Nom
1. jogging	Carole
2. vélo	
3. planche à voile	
4. cuisine	
5. camping	
6. cheval	
7. aérobic	
8. ski	

5A.2

Irregular -*ir* verbs vhlcentral

Point de départ You already know how to conjugate regular -**ir** verbs. However, some of the most commonly used -**ir** verbs are irregular in their conjugation.

- **Sortir** is used to express leaving a room or a building. It also expresses the idea of going out, as with friends or on a date.

sortir	
je sors	nous sortons
tu sors	vous sortez
il/elle/on sort	ils/elles sortent

Tu **sors** souvent avec tes copains?
Do you go out often with your friends?

Quand **sortez**-vous?
When are you going out?

Mon frère n'aime pas **sortir** avec Chloé.
My brother doesn't like to go out with Chloé.

Mes parents ne **sortent** pas lundi.
My parents aren't going out Monday.

- Use the preposition **de** after **sortir** when the place someone is leaving is mentioned.

L'élève **sort de** la salle de classe.
The student is leaving the classroom.

Nous **sortons du** restaurant vers vingt heures.
We're leaving the restaurant around 8:00 p.m.

Le week-end, je sors souvent.

Ils partent pour la fac.

- **Partir** is generally used to say someone is leaving a large place such as a city, country, or region. Often, a form of **partir** is accompanied by the preposition **pour** and the name of a destination.

partir	
je pars	nous partons
tu pars	vous partez
il/elle/on part	ils/elles partent

À quelle heure **partez**-vous?
At what time are you leaving?

Nous **partons** à midi.
We're leaving at noon.

Je **pars pour** l'Algérie.
I'm leaving for Algeria.

Ils **partent pour** Genève demain.
They're leaving for Geneva tomorrow.

🏃 Boîte à outils

The verb **quitter** is used to say that someone is leaving a place or another person:
Tu quittes Montréal?
Are you leaving Montreal?

Other irregular *-ir* verbs				
	dormir *(to sleep)*	**servir** *(to serve)*	**sentir** *(to feel)*	**courir** *(to run)*
je	dors	sers	sens	cours
tu	dors	sers	sens	cours
il/elle/on	dort	sert	sent	court
nous	dormons	servons	sentons	courons
vous	dormez	servez	sentez	courez
ils/elles	dorment	servent	sentent	courent

Rachid dort.

Nous courons.

Elles **dorment** jusqu'à midi.
They sleep until noon.

Vous **courez** vite!
You run fast!

Je **sers** du fromage à la fête.
I'm serving cheese at the party.

Nous **servons** du thé glacé.
We are serving iced tea.

- **Sentir** can mean *to feel, to smell,* or *to sense.*

  Je **sens** que l'examen va être difficile.
  I sense that the exam is going to be difficult.

  Ça **sent** bon!
  That smells good!

  Vous **sentez** le parfum?
  Do you smell the perfume?

  Ils **sentent** sa présence.
  They feel his presence.

Essayez!   **Complétez les phrases avec la forme correcte du verbe.**

1. Nous ___sortons___ (sortir) vers neuf heures.
2. Je _____ (servir) des boissons gazeuses aux invités.
3. Tu _____ (partir) quand pour le Canada?
4. Nous ne _____ (dormir) pas en cours.
5. Ils _____ (courir) tous les week-ends.
6. Tu fais la cuisine? Ça _____ (sentir) bon.
7. Vous _____ (sortir) avec des copains ce soir.
8. Elle _____ (partir) pour Dijon ce week-end.

Mise en pratique

1 **Choisissez** Monique et ses amis aiment bien sortir. Choisissez la forme correcte des verbes **partir** ou **sortir** pour compléter la description de leurs activités.

1. Samedi soir, je _____ avec mes copains.
2. Mes copines Magali et Anissa _____ pour New York.
3. Nous _____ du cinéma.
4. Nicolas _____ pour Dakar vers dix heures du soir.
5. À midi, vous _____ pour l'aéroport.
6. Je _____ pour le Maroc dans une semaine.
7. Tu _____ avec ton ami ce week-end.
8. Olivier et Bernard _____ tard du bureau.
9. Lucien et moi, nous _____ pour l'Algérie.
10. Thomas _____ du stade à deux heures de l'après-midi.

2 **Votre temps libre** Utilisez les éléments des colonnes pour décrire (*describe*) le temps libre de votre famille et de vos amis.

A	B	C
je	(ne pas) courir	jusqu'à (*until*) midi
mon frère	(ne pas) dormir	tous les week-ends
ma sœur	(ne pas) partir	tous les jours
mes parents	(ne pas) sortir	souvent
mes cousins		rarement
mon meilleur ami		jamais
ma meilleure amie		une (deux, etc.) fois
mes copains		par jour/ semaine
?		

3 **Descriptions** Complétez les phrases avec la forme correcte d'un verbe en **-ir**.

1. Véronique / _____ / tard

2. je / _____ / sandwichs

3. les enfants / _____ / le chocolat chaud

4. nous / _____ / souvent

5. tu / _____ / de l'hôpital

Communication

4 **La question** Vincent parle au téléphone avec sa mère. Vous entendez (*hear*) ses réponses, mais pas les questions. À tour de rôle, reconstruisez leur conversation.

> **MODÈLE**
>
> *Comment vas-tu?* Ça va bien, merci.

1. _____ Oui, je sors ce soir.
2. _____ Je sors avec Marc et Audrey.
3. _____ Nous partons à six heures.
4. _____ Oui, nous allons jouer au tennis.
5. _____ Après, nous allons au restaurant.
6. _____ Nous sortons du restaurant à neuf heures.
7. _____ Marc et Audrey partent pour Nice le week-end prochain.
8. _____ Non. Moi, je pars dans deux semaines.

5 **Indiscrétions** Votre partenaire est curieux/curieuse et désire savoir (*to know*) ce que vous faites chez vous. Répondez à ses questions.

1. Jusqu'à (*Until*) quelle heure dors-tu le week-end?
2. Dors-tu après les cours? Pourquoi?
3. À quelle heure sors-tu le samedi soir?
4. Avec qui sors-tu le samedi soir?
5. Est-ce que tu sors souvent avec des copains pendant la semaine?
6. Que sers-tu quand tu as des copains à la maison?
7. Pars-tu bientôt en vacances (*vacation*)? Où?

6 **Dispute** Laëtitia est très active. Son petit ami Bertrand ne sort pas beaucoup, alors ils ont souvent des disputes. Avec un(e) partenaire, jouez les deux rôles. Utilisez les mots et les expressions de la liste.

dormir	partir
faire des	un passe-temps
promenades	sentir
faire un tour	sortir
(en voiture)	rarement
par semaine	souvent

Révision

1 **Au parc** C'est dimanche. Avec un(e) partenaire, décrivez les activités de tous les personnages. Comparez vos observations avec les observations d'un autre groupe pour compléter votre description.

2 **Mes habitudes** Avec un(e) partenaire, parlez de vos habitudes de la semaine. Que faites-vous régulièrement? Utilisez tous les mots de la liste.

MODÈLE

Élève 1: *Je fais parfois de la gym le lundi. Et toi?*
Élève 2: *Moi, je fais parfois la cuisine le lundi.*

parfois le lundi	souvent à midi
le mercredi à midi	toujours le vendredi
le jeudi soir	tous les jours
le vendredi matin	trois fois par semaine
rarement le matin	une fois par semaine

3 **Mes vacances** Parlez de vos prochaines vacances (*vacation*) avec un(e) partenaire. Mentionnez cinq de vos passe-temps habituels en vacances et cinq nouvelles activités que vous allez essayer (*to try*). Comparez votre liste avec la liste de votre partenaire, puis présentez les réponses à la classe.

4 **Que faire ici?** Avec un(e) partenaire, trouvez au minimum quatre choses à faire dans chaque (*each*) endroit. Quel endroit préférez-vous et pourquoi? Parlez de vos préférences avec la classe.

MODÈLE

Élève 1: *À la campagne, on fait des randonnées à cheval.*
Élève 2: *Oui, et il faut marcher.*

1. à la campagne

3. au parc

2. à la plage

4. au gymnase

5 **Le conseiller** Un(e) conseiller/conseillère au lycée suggère des stratégies à un(e) élève pour l'aider (*help him or her*) à préparer les examens. Avec un(e) partenaire, jouez les deux rôles.

MODÈLE

Élève 1: *Qu'est-ce qu'il faut faire pour réussir les examens?*
Élève 2: *Il faut faire tous les devoirs.*

6 **Quelles activités?** Votre professeur va vous donner, à vous et à votre partenaire, deux feuilles d'activités différentes pour le week-end. À tour de rôle, interviewez votre partenaire pour compléter les feuilles. Attention! Ne regardez pas la feuille de votre partenaire.

MODÈLE

Élève 1: *Est-ce que tu fais une randonnée dimanche après-midi?*
Élève 2: *Oui, je fais une randonnée dimanche après-midi.*

Le Zapping

vhlcentral

Préparation Répondez aux questions.

1. Qu'est-ce que vous aimez faire pendant votre temps libre?
2. Quel est le rôle du sport dans votre vie?

Jeux régionaux de la jeunesse à Troyes

En France, les associations sportives offrent des activités physiques aux collégiens et lycéens, surtout le mercredi, parce que beaucoup d'écoles sont fermées° l'après-midi. L'UNSS, ou l'Union nationale du sport scolaire, dont le but° est de mettre en avant° la valeur éducative du sport, est ouverte° à tous les élèves français. Au travers de ses° compétitions locales, régionales et nationales, le comité régional olympique et sportif et l'UNSS offrent aux jeunes la possibilité de découvrir° des sports qu'ils n'ont pas l'habitude de° pratiquer dans leurs associations sportives. Les jeunes athlètes peuvent se découvrir de nouvelles passions sportives, et les organisateurs peuvent détecter de jeunes talents pour l'avenir°, de futurs sportifs qui pourraient° un jour aller aux Jeux olympiques.

une vingtaine *around twenty* **fermées** *closed* **dont le but** *whose goal* **mettre en avant** *showcase* **ouverte** *open* **Au travers de ses** *Through its* **découvrir** *discover* **n'ont pas l'habitude de** *don't usually* **avenir** *future* **pourraient** *could*

Reportage de Canal 32

...une vingtaine° de ligues sportives étaient présentes...

Vocabulaire utile

l'athlétisme (*m.*)	*track and field*
l'aviron (*m.*)	*rowing, crew*
conquis(e)	*won over*
le mot d'ordre	*key word*
le plaisir	*pleasure, enjoyment*
le vivier	*recruiting ground*

Compréhension Répondez aux questions.

1. Combien d'élèves participent aux jeux de Troyes?
2. Quels sports sont mentionnés?
3. Avec quelle fréquence les jeux de Troyes ont-ils lieu (*take place*)?

Conversation En petits groupes, discutez des questions suivantes.

1. Quel est le rôle du sport dans la vie des jeunes? De quelle manière (*How*) les activités physiques sont-elles importantes pour eux?
2. Quel est le rôle du gouvernement (régional ou national) dans les sports et compétitions dans votre pays? De quelle manière le rôle du gouvernement est-il différent en France?

Application En petits groupes, faites des recherches sur une association ou compétition sportive destinée aux jeunes dans votre région ou pays. Quels sports et activités sont offerts? Est-ce que la participation est gratuite (*free*)? Présentez vos recherches à la classe.

◁)) **vhl**central

Quel temps fait-il?

Vocabulaire

Il fait 18 degrés.	It is 18 degrees.
Il fait beau.	The weather is nice.
Il fait bon.	The weather is good/warm.
Il fait mauvais.	The weather is bad.
Il fait un temps épouvantable.	The weather is dreadful.
Le temps est orageux.	It is stormy.
Quel temps fait-il?	What is the weather like?
Quelle température fait-il?	What is the temperature?
une saison	season
en automne	in the fall
en été	in the summer
en hiver	in the winter
au printemps	in the spring
Quelle est la date?	What's the date?
C'est le 1ᵉʳ (premier) octobre.	It's the first of October.
C'est quand votre/ton anniversaire?	When is your birthday?
C'est le 2 mai.	It's the second of May.
C'est quand l'anniversaire de Paul?	When is Paul's birthday?
C'est le 15 mars.	It's March 15ᵗʰ.
un anniversaire	birthday

L'hiver (*m.*): décembre, janvier, février

L'été (*m.*): juin, juillet, août

Il pleut. (pleuvoir)

un parapluie

un imperméable

Le printemps (*m.*): mars, avril, mai

Il fait frais.

Le temps est nuageux.

13°C

Il fait du vent.

L'automne (*m.*): septembre, octobre, novembre

Mise en pratique

1 **Les fêtes et les jours fériés** Indiquez la date et la saison de chaque fête et jour férié (*holiday*).

		Date	Saison
1.	la fête nationale française	_____	_____
2.	l'indépendance des États-Unis	_____	_____
3.	Poisson d'avril (*April Fool's Day*)	_____	_____
4.	Noël	_____	_____
5.	la Saint-Valentin	_____	_____
6.	le Nouvel An	_____	_____
7.	Halloween	_____	_____
8.	l'anniversaire de Washington	_____	_____

2 **Quel temps fait-il?** Répondez aux questions par des phrases complètes.

1. Quel temps fait-il en été?
2. Quel temps fait-il en automne?
3. Quel temps fait-il au printemps?
4. Quel temps fait-il en hiver?
5. Où est-ce qu'il neige?
6. Quel est votre mois préféré de l'année? Pourquoi?
7. Quand est-ce qu'il pleut où vous habitez?
8. Quand est-ce que le temps est orageux où vous habitez?

3 **Écoutez** Écoutez le bulletin météorologique et répondez aux questions suivantes.

		Vrai	Faux
1.	C'est l'été.	☐	☐
2.	Le printemps commence le 21 mars.	☐	☐
3.	Il fait 11 degrés vendredi.	☐	☐
4.	Il fait du vent vendredi.	☐	☐
5.	Il faut utiliser le parapluie et l'imperméable vendredi.	☐	☐
6.	Il va faire soleil samedi.	☐	☐
7.	Il ne va pas faire chaud samedi.	☐	☐
8.	Il va faire un temps épouvantable dimanche.	☐	☐

Communication

4 **Conversez** Interviewez un(e) camarade de classe.

1. C'est quand ton anniversaire? C'est quand l'anniversaire de ton père? Et de ta mère?
2. En quelle saison est ton anniversaire? Quel temps fait-il?
3. Quelle est ta saison préférée? Pourquoi? Quelles activités aimes-tu pratiquer?
4. En quelles saisons utilises-tu un parapluie et un imperméable? Pourquoi?
5. À quel moment de l'année es-tu en vacances? Précise les mois. Pendant (*During*) quels mois de l'année préfères-tu voyager? Pourquoi?
6. À quelle période de l'année étudies-tu? Précise les mois.
7. Quelle saison détestes-tu? Pourquoi?
8. Quand est l'anniversaire de mariage de tes parents?

5 **Une lettre** Vous avez un(e) correspondant(e) (*pen pal*) en France qui va vous rendre visite (*to visit you*). Écrivez (*Write*) une lettre à votre ami(e) où vous décrivez (*describe*) le temps qu'il fait à chaque saison et les activités que vous pouvez (*can*) faire. Comparez votre lettre avec la lettre d'un(e) camarade de classe.

> Cher Thomas,
>
> Ici à Boston, il fait très froid en hiver et il neige souvent. Est-ce que tu aimes la neige? Moi, j'adore parce que je fais du ski tous les week-ends.
>
> Et toi, tu fais du ski? ...

6 **Quel temps fait-il en France?** Votre professeur va vous donner, à vous et à votre partenaire, deux feuilles d'activités différentes. Travaillez ensemble pour compléter les feuilles. Attention! Ne regardez pas la feuille de votre partenaire.

MODÈLE

Élève 1: *Quel temps fait-il à Paris?*
Élève 2: *À Paris, le temps est nuageux et la température est de dix degrés.*

7 **La météo** Préparez avec un(e) camarade de classe une présentation où vous:

- mentionnez le jour, la date et la saison.
- présentez la météo d'une ville francophone.
- présentez les prévisions météo (*weather forecasts*) pour le reste de la semaine.
- préparez une affiche pour illustrer votre présentation.

La météo d'Haïti en juillet — Port-au-Prince

samedi 23	dimanche 24	lundi 25
27°C	35°C	37°C
☀	⛅	⛈
soleil	nuageux	orageux

Aujourd'hui samedi, c'est le 23 juillet.
C'est l'été. Il va faire soleil...

Les sons et les lettres 🔊 vhlcentral

Open vs. closed vowels: Part 1

You have already learned that **é** is pronounced like the vowel *a* in the English word *cake*. This is a closed **e** sound.

étudiant   agr**é**able   nationalit**é**   enchant**é**

The letter combinations **–er** and **–ez** at the end of a word are pronounced the same way, as is the vowel sound in single-syllable words ending in **–es**.

travaill**er**   av**ez**   m**es**   l**es**

The vowels spelled **è** and **ê** are pronounced like the vowel in the English word *pet*, as is an **e** followed by a double consonant. These are open **e** sounds.

r**é**p**è**te   prem**iè**re   p**ê**che   ital**ie**nne

The vowel sound in *pet* may also be spelled **et**, **ai**, or **ei**.

secr**et**   fran**ç**ais   f**ai**t   s**ei**ze

Compare these pairs of words. To make the vowel sound in *cake*, your mouth should be slightly more closed than when you make the vowel sound in *pet*.

m**es**   m**ais**   c**es**   c**ette**   th**é**âtre   th**è**me

Prononcez Répétez les mots suivants à voix haute.

1. thé
2. lait
3. belle
4. été
5. neige
6. aider
7. degrés
8. anglais
9. cassette
10. discret
11. treize
12. mauvais

Articulez Répétez les phrases suivantes à voix haute.

1. Hélène est très discrète.
2. Céleste achète un vélo laid.
3. Il neige souvent en février et en décembre.
4. Désirée est canadienne; elle n'est pas française.

Dictons Répétez les dictons à voix haute.

Qui sème le vent récolte la tempête.[2]

Péché avoué est à demi pardonné.[1]

[1] An offense admitted is half pardoned.

[2] You reap what you sow. (lit. He who sows the wind reaps a storm.)

Quel temps! **vhl**central

PERSONNAGES

David

Rachid

Sandrine

Stéphane

Au parc...

RACHID Napoléon établit le Premier Empire en quelle année?

STÉPHANE Euh... mille huit cent quatre?

RACHID Exact! On est au mois de novembre et il fait toujours chaud.

STÉPHANE Oui, il fait bon!... dix-neuf, dix-huit degrés!

RACHID Et on a chaud aussi parce qu'on court.

STÉPHANE Bon, allez, je rentre faire mes devoirs d'histoire-géo.

RACHID Et moi, je rentre boire une grande bouteille d'eau.

RACHID À demain, Stéph! Et n'oublie pas: le cours du jeudi avec ton professeur, Monsieur Rachid Kahlid, commence à dix-huit heures, pas à dix-huit heures vingt!

STÉPHANE Pas de problème! Merci et à demain!

SANDRINE Et puis, en juillet, le Tour de France commence. J'aime bien le regarder à la télévision. Et après, c'est mon anniversaire, le 20. Cette année, je fête mes vingt et un ans. Tous les ans, pour célébrer mon anniversaire, j'invite mes amis et je prépare une super soirée. J'adore faire la cuisine, c'est une vraie passion!

DAVID Ah, oui?

SANDRINE En parlant d'anniversaire, Stéphane célèbre ses dix-huit ans samedi prochain. C'est un anniversaire important. ...On organise une surprise. Tu es invité!

DAVID Hmm, c'est très gentil, mais... Tu essaies de ne pas parler deux minutes, s'il te plaît? Parfait!

SANDRINE Pascal! Qu'est-ce que tu fais aujourd'hui? Il fait beau à Paris?

DAVID Encore un peu de patience! Allez, encore dix secondes... Voilà!

A C T I V I T É S

1 **Qui?** Identifiez les personnages pour chaque phrase. Écrivez **D** pour David, **R** pour Rachid, **S** pour Sandrine et **St** pour Stéphane

1. Cette personne aime faire la cuisine.

2. Cette personne sort quand il fait froid.

3. Cette personne aime le Tour de France.

4. Cette personne n'aime pas la pluie.

5. Cette personne va boire de l'eau.

6. Ces personnes ont rendez-vous tous les jeudis.

7. Cette personne fête son anniversaire en janvier.

8. Ces personnes célèbrent un joli portrait.

9. Cette personne fête ses dix-huit ans samedi prochain.

10. Cette personne prépare des crêpes pour le dîner.

Les anniversaires à travers (*through*) les saisons

À l'appartement de David et de Rachid...

SANDRINE C'est quand, ton anniversaire?

DAVID Qui, moi? Oh, c'est le quinze janvier.

SANDRINE Il neige en janvier, à Washington?

DAVID Parfois... et il pleut souvent à l'automne et en hiver.

SANDRINE Je déteste la pluie. C'est pénible. Qu'est-ce que tu aimes faire quand il pleut, toi?

DAVID Oh, beaucoup de choses! Dessiner, écouter de la musique. J'aime tellement la nature, je sors même quand il fait très froid.

SANDRINE Moi, je préfère l'été. Il fait chaud. On fait des promenades.

RACHID Oh là là, j'ai soif! Mais... qu'est-ce que vous faites, tous les deux?

DAVID Oh, rien! Je fais juste un portrait de Sandrine.

RACHID Bravo, c'est pas mal du tout! Hmm, mais quelque chose ne va pas, David. Sandrine n'a pas de téléphone dans la main!

SANDRINE Oh, Rachid, ça suffit! C'est vrai, tu as vraiment du talent, David. Pourquoi ne pas célébrer mon joli portrait? Vous avez faim, les garçons?

RACHID ET DAVID Oui!

SANDRINE Je prépare le dîner. Vous aimez les crêpes ou vous préférez une omelette?

RACHID ET DAVID Des crêpes... Miam!

Expressions utiles

Talking about birthdays

- **Cette année, je fête mes vingt et un ans.**
  This year, I celebrate my twenty-first birthday.

- **Pour célébrer mon anniversaire, je prépare une super soirée.**
  To celebrate my birthday, I plan a great party.

- **Stéphane célèbre ses dix-huit ans samedi prochain.**
  Stéphane celebrates his eighteenth birthday next Saturday.

- **On organise une surprise.**
  We are planning a surprise.

Talking about hopes and preferences

- **Tu essaies de ne pas parler deux minutes, s'il te plaît?**
  Could you try not to talk for two minutes, please?

- **J'aime tellement la nature, je sors même quand il fait très froid.**
  I like nature so much, I go out even when it's very cold.

- **Moi, je préfère l'été.**
  Me, I prefer summer.

- **Vous aimez les crêpes ou vous préférez une omelette?**
  Do you like crêpes or do you prefer an omelette?

Additional vocabulary

- **encore un peu**
  a little more
- **Quelque chose ne va pas.**
  Something's not right/working.
- **Allez.**
  Come on.
- **main**
  hand
- **Ça suffit!**
  That's enough!
- **Miam!**
  Yum!

---

2 **Faux!** Toutes ces phrases contiennent une information qui est fausse. Corrigez chaque phrase.

1. Stéphane a dix-huit ans.
2. David et Rachid préfèrent une omelette.
3. Il fait froid et il pleut.
4. On n'organise rien (*anything*) pour l'anniversaire de Stéphane.
5. L'anniversaire de Stéphane est au printemps.
6. Rachid et Stéphane ont froid.

3 **Conversez** Parlez avec vos camarades de classe pour découvrir (*find out*) qui a l'anniversaire le plus proche du vôtre (*closest to yours*). Qui est-ce? Quand est son anniversaire? En quelle saison? Quel mois? En général, quel temps fait-il le jour de son anniversaire?

A C T I V I T É S

CULTURE À LA LOUPE

Les jardins publics français

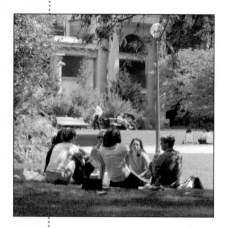

Dans toutes les villes françaises, la plupart° du temps au centre-ville, on trouve des jardins° publics. Les jardins à la française ou jardins classiques sont très célèbres° depuis° le 17ᵉ (dix-septième) siècle°. Les jardins de Versailles, créés° pour Louis XIV, le roi° Soleil, vont être copiés par toutes les cours° d'Europe. Dans le jardin à la française, l'ordre et la symétrie dominent: Il faut dompter° la nature «sauvage». La perspective et l'harmonie donnent une notion de grandeur absolue. De façon° très symbolique, la géométrie présente un monde° ordré où le contrôle règne°. Il y a beaucoup de châteaux qui ont de très beaux jardins.

À Paris, le jardin des Tuileries et le jardin du Luxembourg sont deux jardins publics de style classique. Il y a des parterres de fleurs° extraordinaires avec de savants° agencements° de couleurs. Dans les deux jardins, il n'y a pas de bancs° mais des chaises, où on peut° se reposer tranquillement à l'endroit de son choix, sous un arbre° ou près d'un bassin°. Il y a aussi deux grands parcs à côté de Paris: le bois° de Vincennes, qui a un zoo, et le bois de Boulogne, qui a un parc d'attractions° pour les enfants.

En général, les villes de France sont très fleuries°. Il y a même° des concours° pour la ville la plus° fleurie. Le concours des villes et villages fleuris a lieu° depuis 1959. Il est organisé pour promouvoir° le développement des espaces verts dans les villes.

Coup de main

In France and in most other countries, units of measurement are different than those used in the United States.

1 hectare = *2.47 acres*

1 kilomètre = *0.62 mile*

1 mètre = *approximately 1 yard (3 feet)*

la plupart *most* **jardins** *gardens, parks* **célèbres** *famous* **depuis** *since* **siècle** *century* **créés** *created* **roi** *king* **cours** *courts* **dompter** *to tame* **façon** *way* **monde** *world* **règne** *reigns* **parterres de fleurs** *flower beds* **savants** *clever* **agencements** *schemes* **bancs** *benches* **peut** *can* **arbre** *tree* **bassin** *fountain, pond* **bois** *forest, wooded park* **parc d'attractions** *amusement park* **fleuries** *decorated with flowers* **même** *even* **concours** *competitions* **la plus** *the most* **a lieu** *takes place* **promouvoir** *to promote* **superficie** *area* **Ferme** *Farm* **jardin d'acclimation** *playground/amusement park* **cascade** *waterfall* **de large** *wide* **de haut** *high* **hippodromes** *horse racetracks*

| Le bois de Vincennes et le bois de Boulogne ||
VINCENNES	BOULOGNE
• une superficie° totale de 995 hectares	• une superficie totale de 863 hectares
• un zoo de 15 hectares	• un jardin d'acclimation°
• 19 km de sentiers pour les promenades à cheval et à vélo	• 95 km d'allées
• 32 km d'allées pour le jogging	• une cascade° de 10 mètres de large° et 14 mètres de haut°
• la Ferme° de Paris, une ferme de 5 hectares	• deux hippodromes°

1 **Répondez** Répondez aux questions.

1. Où trouve-t-on, en général, des jardins publics?
2. Les jardins de Versailles sont créés pour quel roi?
3. Qu'est-ce qui domine dans le jardin à la française?
4. Quelle est la fonction de la perspective et de l'harmonie?
5. Qu'est-ce qu'il y a dans le jardin des Tuileries?

6. Qu'est-ce qu'il y a au jardin du Luxembourg pour se reposer (*to rest*)?
7. Quels deux grands parcs y a-t-il à côté de Paris?
8. Que peut-on (*can one*) faire au bois de Vincennes?
9. Comment les villes françaises sont-elles en général?
10. Pourquoi les concours de villes et villages fleuris sont-ils organisés?

Ça bouge° aux parcs!

flâner	to stroll, wander
faire de la luge	to sled
faire de la raquette	to snowshoe
faire du cerf-volant	to fly a kite
faire du patin à glace	to ice-skate
faire une balade	to go for a walk
jouer à la pétanque	to play **pétanque** (a lawn bowling game)
promener son chien	to walk one's dog
pique-niquer	to picnic

Ça bouge *Things are moving*

Des parcs publics

Voici quelques parcs publics du monde francophone.

Bruxelles, Belgique

le bois de la Cambre 123 hectares, un lac° avec une île° au centre

Casablanca, Maroc

le parc de la Ligue Arabe des palmiers°, un parc d'attractions pour enfants, des cafés et restaurants

Québec, Canada

le parc des Champs de Batailles («Plaines d'Abraham») 107 hectares, 6.000 arbres°

Tunis, Tunisie

le parc du Belvédère 110 hectares, un zoo de 13 hectares, 230.000 arbres (80 espèces° différentes), situé° sur une colline°

lac *lake* **île** *island* **palmiers** *palm trees* **arbres** *trees* **espèces** *species* **situé** *located* **colline** *hill*

Les Français et le vélo

Tous les étés, la course° cycliste du Tour de France attire° un grand nombre de spectateurs, Français et étrangers, surtout lors de° son arrivée sur les Champs-Élysées, à Paris. C'est le grand événement° sportif de l'année pour les amoureux du cyclisme. Les Français adorent aussi faire du vélo pendant° leur temps libre. Beaucoup de clubs organisent des randonnées en vélo de course° le week-end. Pour les personnes qui préfèrent le vélo tout terrain (VTT)°, il y a des sentiers° adaptés dans les parcs régionaux et nationaux. Certaines agences de voyages proposent aussi des vacances «vélo» en France ou à l'étranger°.

course *race* **attire** *attracts* **lors de** *at the time of* **événement** *event* **pendant** *during* **vélo de course** *road bike* **vélo tout terrain (VTT)** *mountain biking* **sentiers** *paths* **à l'étranger** *abroad*

le Tour de France sur les Champs-Élysées

Sur Internet

Qu'est-ce que Jacques Anquetil, Eddy Merckx et Bernard Hinault ont en commun?

Go to **vhlcentral.com** to find more information related to this **Culture** section.

2 **Vrai ou faux?** Indiquez si les phrases sont **vraies** ou **fausses**.

1. Les Français ne font pas de vélo.
2. Les membres de clubs de vélo font des promenades le week-end.
3. Les agences de voyages offrent des vacances «vélo».
4. On utilise un VTT quand on fait du vélo sur la route.
5. Le Tour de France arrive sur les Champs-Élysées à Paris.

3 **Les parcs publics** Comment sont les parcs publics dans votre région? Avec un(e) partenaire, choisissez un parc et utilisez les expressions du **français quotidien** pour le décrire (*describe it*) à vos camarades de classe. Qu'est-ce qu'on trouve dans le parc? Quelles activités fait-on dans le parc? Vos camarades peuvent-ils deviner (*can they guess*) de quel parc vous parlez?

5B.1

Numbers 101 and higher **vhl**central

Numbers 101 and higher	
101 cent un	**800** huit cents
125 cent vingt-cinq	**900** neuf cents
198 cent quatre-vingt-dix-huit	**1.000** mille
200 deux cents	**1.100** mille cent
245 deux cent quarante-cinq	**2.000** deux mille
300 trois cents	**5.000** cinq mille
400 quatre cents	**100.000** cent mille
500 cinq cents	**550.000** cinq cent cinquante mille
600 six cents	**1.000.000** un million
700 sept cents	**8.000.000** huit millions

- Note that French uses a period, rather than a comma, to indicate thousands and millions.

Agreement with *cent, mille,* and *million*

- The word **cent**, when used in multiples of one hundred, takes a final **-s**. However, if followed by another number, **cent** drops the **-s**.

J'ai **quatre cents** bandes dessinées. *I have 400 comic books.*	but	Cette bibliothèque a **neuf cent vingt** livres. *This library has 920 books.*
Il y a **cinq cents** animaux dans le zoo. *There are 500 animals in the zoo.*	but	Nous allons inviter **trois cent trente-huit** personnes. *We're going to invite 338 people.*

- The word **mille** is invariable. It never takes an **-s**.

Mille personnes habitent le village. *One thousand people live in the village.*

Onze mille étudiants sont inscrits. *Eleven thousand students are registered.*

- The word **million** takes an **s** when used in multiples of one million. **Million** and **millions** are followed by **de/d'** when used before a noun.

Un million de personnes sont ici. *One million people are here.*

Il y a **seize millions d'habitants** dans la capitale. *There are 16,000,000 inhabitants in the capital.*

Writing out years

- When writing out years, the word **mille** is often shortened to **mil**.

mil huit cent soixante-cinq *eighteen (hundred) sixty-five*

- In French, years before 2000 may be written out in two ways. Notice that in English, the word *hundred* can be omitted, but in French, the word **cent** is required.

mil neuf cent treize *one thousand nine hundred (and) thirteen*   or   **dix-neuf cent treize** *nineteen (hundred) thirteen*

À noter

Cent and **mille** do *not* take the number **un** before them to mean *one hundred* and *one thousand.*

Mathematical terms

- You can talk about mathematical operations both formally and informally.

Mathematical terms		
	informal	**formal**
plus	et	plus
minus	moins	moins
multiplied by	fois	multiplié par
divided by	sur	divisé par
equals	font	égale

À noter

Activities in **D'accord!** primarily use informal mathematical terms.

110 et 205 font 315
110 + 205 = 315

110 plus 205 égale 315
110 + 205 = 315

60 fois 3 font 180
60 × 3 = 180

60 multiplié par 3 égale 180
60 × 3 = 180

999 sur 9 font 111
999 ÷ 9 = 111

999 divisé par 9 égale 111
999 ÷ 9 = 111

Vérifiez

- In French, a comma (**une virgule**) is used instead of a decimal point and a period (**un point**) is used instead of a comma to indicate thousands and millions.

  5.419,32   **cinq mille quatre cent dix-neuf virgule trente-deux**
  5,419.32   *five thousand four hundred nineteen point thirty-two*

- The expression **pour cent** (*percent*) is two words, not one.

  Le magasin offre une réduction de cinquante **pour cent**.
  The store is offering a fifty percent discount.

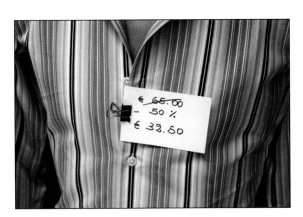

Essayez!   Écrivez les nombres en toutes lettres. (*Write out the numbers.*)

1. 10.000 ___dix mille___
2. 620 _____
3. 365 _____
4. 42.000 _____
5. 1.392.000 _____
6. 171 _____
7. 200.000.000 _____
8. 480 _____
9. 1.789 _____
10. 400 _____
11. 8.000.000 _____
12. 5.053 _____

Mise en pratique

1 **Quelle adresse?** Écrivez les adresses.

MODÈLE

cent deux, rue Lafayette
102, rue Lafayette

1. deux cent cinquante-deux, rue de Bretagne _____
2. quatre cents, avenue Malbon _____
3. cent soixante-dix-sept, rue Jeanne d'Arc _____
4. cinq cent quarante-six, boulevard St.-Marc _____
5. six cent quatre-vingt-huit, avenue des Gaulois _____
6. trois cent quatre-vingt-douze, boulevard Micheline _____
7. cent vingt-cinq, rue des Pierres _____
8. trois cent quatre, avenue St.-Germain _____

2 **Les maths** Faites les additions et écrivez les réponses.

MODÈLE

200 + 300 =
Deux cents plus trois cents font cinq cents.

1. 5.000 + 3.000 = _____
2. 650 + 750 = _____
3. 2.000.000 + 3.000.000 = _____
4. 4.400 + 3.600 = _____
5. 155 + 310 = _____
6. 7.000 + 3.000 = _____
7. 9.000.000 + 2.000.000 = _____
8. 1.250 + 2.250 = _____

3 **Quand?** Regardez les dates et dites quand ces événements culturels ont lieu (*take place*).

1. Le jardinier Le Nôtre commence les jardins de Versailles. _____
2. Le premier vol d'une Montgolfière, un ballon à air chaud, a lieu. _____
3. Avec l'invention du Cinématographe, le cinéma est né (*born*). _____
4. Le premier Tour de France a lieu. _____
5. Antoine de Saint-Exupéry publie *Le Petit Prince*. _____
6. On invente le Minitel, un précurseur de l'Internet. _____
7. Le film français, *The Artist*, gagne quatre Oscars. _____
8. Disneyland Paris fête ses 25 ans. _____

Communication

4 **Combien d'habitants?** À tour de rôle, demandez à votre partenaire combien d'habitants il y a dans chaque ville d'après (*according to*) les statistiques.

> **MODÈLE**
>
> Dijon: 153.003
> **Élève 1:** *Combien d'habitants y a-t-il à Dijon?*
> **Élève 2:** *Il y a cent cinquante-trois mille trois habitants.*

1. Toulouse: 466.219 _____
2. Abidjan: 6.783.906 _____
3. Lyon: 509.233 _____
4. Québec: 516.620 _____
5. Marseille: 864.323 _____
6. Papeete: 26.244 _____
7. Dakar: 2.682.158 _____
8. Nice: 346.251 _____

5 **Combien ça coûte?** Vous regardez un catalogue avec un(e) ami(e). À tour de rôle, demandez à votre partenaire le prix des choses.

> **MODÈLE**
>
> **Élève 1:** *Combien coûte l'ordinateur?*
> **Élève 2:** *Il coûte mille huit cents euros.*

1.   2.   3.   4.

6 **Dépensez de l'argent** Vous et votre partenaire avez 100.000€. Décidez quels articles de la liste vous allez prendre. Expliquez vos choix à la classe.

> **MODÈLE**
>
> **Élève 1:** *On prend un rendez-vous avec Brad Pitt parce que c'est mon acteur favori.*
> **Élève 2:** *Alors, nous avons encore (still) 50.000 euros. Prenons les 5 jours à Paris pour pratiquer le français.*

un ordinateur... 2.000€	des vacances à Tahiti... 7.000€
un rendez-vous avec Brad Pitt... 50.000€	un vélo... 1.000€
un rendez-vous avec Rihanna... 50.000€	une voiture de luxe... 80.000€
5 jours à Paris... 8.500€	un dîner avec Justin Bieber... 45.000€
un séjour ski en Suisse... 4.200€	un jour de shopping... 10.000€
une montre 6.800€	un bateau (boat)... 52.000€

5B.2 Spelling-change -er verbs vhlcentral

Point de départ Some **-er** verbs with regular endings have spelling changes in the verb stem.

- For many infinitives with an unaccented **e** in the next-to-last syllable, the **e** changes to **è** in all forms but **nous** and **vous**.

acheter (to buy)	
j'achète	nous achetons
tu achètes	vous achetez
il/elle/on achète	ils/elles achètent

Où est-ce que tu **achètes** des skis?
Where do you buy skis?

Ils **achètent** beaucoup sur Internet.
They buy a lot on the Internet.

Achetez-vous une nouvelle maison?
Are you buying a new house?

Je n'**achète** pas de lait.
I'm not buying any milk.

- For infinitives with an **é** in the next-to-last syllable, the **é** changes to **è** in all forms but **nous** and **vous**.

espérer (to hope)	
j'espère	nous espérons
tu espères	vous espérez
il/elle/on espère	ils/elles espèrent

Elle **espère** arriver tôt aujourd'hui.
She hopes to arrive early today.

Nos profs **espèrent** avoir de bons élèves en classe.
Our teachers hope to have good students in class.

Espérez-vous faire la connaissance de Joël?
Are you hoping to meet Joël?

J'**espère** avoir de bonnes notes.
I hope I get good grades.

- For infinitives ending in **-yer**, the **y** changes to **i** in all forms except **nous** and **vous**.

envoyer (to send)	
j'envoie	nous envoyons
tu envoies	vous envoyez
il/elle/on envoie	ils/elles envoient

J'**envoie** une lettre.
I'm sending a letter.

Tes amis **envoient** beaucoup d'e-mails.
Your friends send lots of e-mails.

Nous **envoyons** des bandes dessinées aux enfants.
We're sending the kids comic books.

Salima **envoie** un message à ses parents.
Salima is sending a message to her parents.

Elle achète quelque chose.

Ils répètent.

- The change of **y** to **i** is optional in verbs whose infinitives end in **-ayer**.

Comment est-ce que tu **payes**?
How do you pay?

Je **paie** avec une carte de crédit.
I pay with a credit card.

Other spelling change -*er* verbs

like espérer		like acheter	
célébrer	to celebrate	amener	to bring (someone)
considérer	to consider	emmener	to take (someone)
posséder	to possess, to own	**like envoyer**	
préférer	to prefer	employer	to use, to employ
protéger	to protect	essayer (de + [*inf.*])	to try (to)
répéter	to repeat; to rehearse	nettoyer	to clean
		payer	to pay

Je préfère l'été.
Il fait chaud.

Tu essaies de
ne pas parler?

Boîte à outils

Amener is used when you are bringing someone to the place where you are.

J'amène ma nièce chez moi.
I'm bringing my niece home.

Emmener is used when you are taking someone to a different location from where you are.

J'emmène ma grand-mère à l'hôpital.
I'm taking my grandmother to the hospital.

À noter

Use **apporter** instead of **amener** when you are bringing an object instead of a person or animal.

Qui apporte les cartes?
Who's bringing the cards?

- Note that the **nous** and **vous** forms of the verbs presented in this section have no spelling changes.

Vous **achetez** des sandwichs aussi.
You're buying sandwiches, too.

Nous **espérons** partir à huit heures.
We hope to leave at 8 o'clock.

Nous **envoyons** les enfants à l'école.
We're sending the children to school.

Vous **payez** avec une carte de crédit.
You pay with a credit card.

Essayez! **Complétez les phrases avec la forme correcte du verbe.**

1. Les bibliothèques *emploient* (employer) beaucoup d'étudiants.
2. Vous _____ (répéter) les phrases en français.
3. Nous _____ (payer) assez pour les livres.
4. Mon frère ne _____ (nettoyer) pas son bureau.
5. Est-ce que tu _____ (espérer) gagner?
6. Vous _____ (essayer) parfois d'arriver à l'heure.
7. Tu _____ (préférer) prendre du thé ou du café?
8. Elle _____ (emmener) sa mère au cinéma.
9. On _____ (célébrer) une occasion spéciale.
10. Les parents _____ (protéger) leurs enfants?

Mise en pratique

1 **Passe-temps** Chaque membre de la famille Desrosiers a son passe-temps préféré. Utilisez les éléments pour dire comment ils préparent leur week-end.

MODÈLE

Tante Manon fait une randonnée. (acheter / sandwichs)
Elle achète des sandwichs.

1. Nous faisons du vélo. (essayer / vélo) _____
2. Christiane aime chanter. (répéter) _____
3. Les filles jouent au foot. (espérer / gagner) _____
4. Vous allez à la pêche. (emmener / enfants) _____
5. Papa fait un tour en voiture. (nettoyer / voiture) _____
6. Mes frères font du camping. (préférer / partir tôt) _____
7. Ma petite sœur va à la piscine. (essayer de / plonger (*to dive*)) _____
8. Mon grand-père aime la montagne. (préférer / faire une randonnée) _____
9. J'adore les chevaux. (espérer / faire du cheval) _____
10. Mes parents vont faire un dessert. (acheter / fruits) _____

2 **Que font-ils?** Dites ce que font les personnages.

▶ **MODÈLE**

Il achète une baguette.

acheter

1. envoyer
2. payer
3. répéter
4. nettoyer

3 **Invitation au cinéma** Avec un(e) partenaire, jouez les rôles de Halouk et de Thomas. Ensuite, présentez la scène à la classe.

THOMAS J'ai envie d'aller au cinéma.

HALOUK Bonne idée. Nous (1) _____ (emmener, protéger) Véronique avec nous?

THOMAS J' (2) _____ (acheter, espérer) qu'elle a du temps libre.

HALOUK Peut-être, mais j' (3) _____ (envoyer, payer) des e-mails tous les jours et elle ne répond pas.

THOMAS Parce que son ordinateur ne fonctionne pas. Elle (4) _____ (essayer, préférer) parler au téléphone.

HALOUK D'accord. Alors toi, tu (5) _____ (acheter, répéter) les tickets et moi, je vais chercher Véronique.

Communication

4 **Questions** À tour de rôle, posez des questions à un(e) partenaire.

1. Qu'est-ce que tu achètes pour la fête des mères?
2. Qu'est-ce que tu achètes tous les mois?
3. Comment célèbres-tu l'anniversaire de ton/ta meilleur(e) ami(e)?
4. Est-ce que toi et ton/ta camarade de classe partagez vos livres?
5. Est-ce que tu possèdes un vélo?
6. Qui nettoie ta chambre?
7. À qui est-ce que tu envoies des e-mails?
8. Qu'est-ce que tu espères faire cet été?
9. Qu'est-ce que tu préfères faire le vendredi soir?
10. Quand tu vas au cinéma, est-ce que tu emmènes quelqu'un? Qui?
11. Est-ce que ta famille célèbre une occasion spéciale cet (*this*) été? Quand?
12. Aimes-tu essayer de nouveaux plats de cuisine (*food dishes*)?

5 **Réponses affirmatives** Votre professeur va vous donner une feuille d'activités. Trouvez au moins deux camarades de classe qui répondent oui à chaque question. Et si vous aussi, vous répondez oui aux questions, écrivez votre nom.

MODÈLE

Élève 1: *Est-ce que tu achètes tes livres sur Internet?*
Élève 2: *Oui, j'achète mes livres sur Internet.*

Questions	Noms
1. acheter ses livres sur Internet	Virginie, Éric
2. posséder un ordinateur	
3. envoyer des lettres à ses grands-parents	
4. célébrer une occasion spéciale demain	

6 **E-mail à l'oncle Marcel** Xavier va écrire un e-mail à son oncle pour raconter (*to tell*) ses activités de la semaine prochaine. Il prépare une liste des choses qu'il veut dire (*wants to say*). Avec un(e) partenaire, écrivez son e-mail.

- lundi: emmener maman chez le médecin
- mercredi: envoyer notes à Anne
- jeudi: répéter rôle Roméo et Juliette
- vendredi: célébrer anniversaire papa
- vendredi: essayer faire gym
- samedi: parents acheter voiture

Révision

1 **Le basket** Avec un(e) partenaire, utilisez les verbes de la liste pour compléter le paragraphe.

acheter	considérer	envoyer	essayer	préférer
amener	employer	espérer	payer	répéter

Je m'appelle Stéphanie et je joue au basket. Je/J' (1) _____ toujours (*always*) mes parents avec moi aux matchs le samedi. Ils (2) _____ que les filles sont de très bonnes joueuses. Mes parents font aussi du sport. Ma mère fait du vélo et mon père (3) _____ gagner son prochain match de foot! Le vendredi matin, je/j' (4) _____ un e-mail à ma mère pour lui rappeler (*remind her of*) le match. Mais elle n'oublie jamais! Ils ne/n' (5) _____ pas de tickets pour les matchs, parce que les parents des joueurs ne/n' (6) _____ pas. Nous (7) _____ toujours d'arriver une demi-heure avant le match, parce que maman et papa (8) _____ s'asseoir (*to sit*) tout près du terrain (*court*). Ils sont tellement fiers!

2 **Que font-ils?** Avec un(e) partenaire, parlez des activités des personnages et écrivez une phrase par illustration.

1. _____

2. _____

3. _____

4. _____

5. _____

6. _____

3 **Où partir?** Avec un(e) partenaire, choisissez cinq endroits intéressants à visiter où il fait le temps indiqué sur la liste. Ensuite, répondez aux questions.

Il fait chaud.	Il fait soleil.	Il fait du vent.	Il neige.	Il pleut.

1. Où essayez-vous d'aller cet été? Pourquoi?
2. Où préférez-vous partir cet hiver? Pourquoi?
3. Quelle est la première destination que vous espérez visiter? La dernière? Pourquoi?
4. Qui emmenez-vous avec vous? Pourquoi?

4 **Quelle générosité!** Imaginez que vous pouvez (*can*) payer un voyage aux membres de votre famille et à vos amis. À tour de rôle, choisissez un voyage et donnez à votre partenaire la liste des personnes qui partent. Votre partenaire va vous donner le prix à payer.

MODÈLE

Élève 1: *J'achète un voyage de dix jours dans les Pays de la Loire à ma cousine Pauline et à mon frère Alexandre.*
Élève 2: *D'accord. Tu paies deux mille cinq cent soixante-deux euros.*

Voyages	Prix par personne	Commission
Dix jours dans les Pays de la Loire	1.250€	62€
Deux semaines de camping	660€	35€
Sept jours au soleil en hiver	2.100€	78€
Trois jours à Paris en avril	500€	55€
Trois mois en Europe en été	10.400€	47€
Un week-end à Nice en septembre	350€	80€
Une semaine à la montagne en juin	990€	66€
Une semaine à la neige	1.800€	73€

5 **La vente aux enchères** Par groupes de quatre, organisez une vente aux enchères (*auction*) pour vendre les affaires (*things*) du professeur. À tour de rôle, un(e) élève joue le rôle du vendeur/de la vendeuse et les autres élèves jouent le rôle des enchérisseurs (*bidders*). Vous avez 5.000 euros et toutes les enchères (*bids*) commencent à cent euros.

MODÈLE

Élève 1: *J'ai le cahier du professeur. Qui paie cent euros?*
Élève 2: *Moi, je paie cent euros.*
Élève 1: *Qui paie cent cinquante euros?*

6 **À la bibliothèque** Votre professeur va vous donner, à vous et à votre partenaire, deux feuilles d'activités différentes. Posez-vous des questions pour compléter les feuilles. Attention! Ne regardez pas la feuille de votre partenaire.

MODÈLE

Élève 1: *Est-ce que tu as le livre «Candide»?*
Élève 2: *Oui, son numéro de référence est P, Q, deux cent soixante-six, cent quarante-sept, cent dix.*

À l'écoute vhlcentral

Listening for key words

By listening for key words (**mots-clés**) or phrases, you can identify the subject and main ideas of what you hear, as well as some of the details.

🔊 To practice this strategy, you will listen to a short paragraph. Jot down the key words that help you identify the subject of the paragraph and its main ideas.

Préparation

Regardez l'image. Où trouve-t-on ce type d'image? Manque-t-il des éléments (*Is anything missing*) sur cette carte? Faites une liste de mots-clés qui vont vous aider à trouver ces informations quand vous allez écouter la météo (*the forecast*).

🔊 À vous d'écouter

Écoutez la météo. Puis, écoutez une deuxième fois et complétez le tableau. Écrivez un **X** pour indiquer le temps qu'il fait dans chaque ville et notez la température.

Ville	☀️	🌤️	☁️	🌧️	🌬️	❄️	Température
Paris			X				8°C
Lille				X			
Strasbourg							5°C
Brest			X				10°C
Lyon							9°C
Bordeaux							11°C
Toulouse							12°C
Marseille				X			
Nice							13°C

Compréhension

Probable ou improbable? Indiquez si ces (*these*) phrases sont probables ou improbables, d'après la météo d'aujourd'hui.

	Probable	Improbable

Ève va nager à Strasbourg.   _____   ✓

1. Lucie fait du vélo à Lille. _____ _____
2. Il fait froid à Strasbourg. _____ _____
3. Émilien joue aux cartes à la maison à Lyon. _____ _____
4. À Lyon, on a besoin d'un imperméable. _____ _____
5. Jérome et Yves jouent au golf à Bordeaux. _____ _____
6. Il fait un temps épouvantable à Toulouse. _____ _____
7. Il va neiger à Marseille. _____ _____
8. Nous allons nager à Nice cet après-midi. _____ _____

Quelle ville choisir? Imaginez qu'aujourd'hui vous êtes en France. Décidez dans quelle ville vous avez envie de passer la journée. Pourquoi? Décrivez le temps qu'il fait et citez des activités que vous allez peut-être faire.

J'ai envie d'aller à Strasbourg parce que j'aime l'hiver et la neige. Aujourd'hui, il fait froid et il neige. Je vais faire une promenade en ville et après, je vais boire un chocolat chaud au café.

Panorama

vhlcentral

un marché en Afrique

L'Afrique de l'Ouest

La région en chiffres

- ▶ **Bénin:** *(10.880.000 habitants), Porto Novo*
- ▶ **Burkina-Faso:** *(18.106.000), Ouagadougou*
- ▶ **Côte d'Ivoire:** *(22.702.000), Yamoussoukro*
- ▶ **Guinée:** *(12.609.000), Conakry*
- ▶ **Mali:** *(17.600.000), Bamako*
- ▶ **Mauritanie:** *(4.068.000), Nouakchott*
- ▶ **Niger:** *(19.899.000), Niamey*
- ▶ **Sénégal:** *(15.129.000), Dakar*
- ▶ **Togo:** *(7.305.000), Lomé*
- SOURCE: Population Division, UN Secretariat

L'Afrique centrale

La région en chiffres

- ▶ **Burundi:** *(11.179.000), Bujumbura*
- ▶ **Cameroun:** *(23.344.000), Yaoundé*
- ▶ **Congo:** *(4.620.000), Brazzaville*
- ▶ **Gabon:** *(1.725.000), Libreville*
- ▶ **République centrafricaine:** *(4.900.000), Bangui*
- ▶ **République démocratique du Congo (R.D.C.):** *(77.267.000), Kinshasa*
- ▶ **Rwanda:** *(11.610.000), Kigali*
- ▶ **Tchad:** *(14.037.000), N'Djamena*

Personnes célèbres

- ▶ **Sonia Rolland,** *Rwanda, actrice et réalisatrice (1981–)*

- ▶ **Djimon Hounsou,** *Bénin, acteur (1964–)*
- ▶ **Françoise Mbango-Etone,** *Cameroun, athlète olympique (1976–)*

LA TUNISIE

LE MAROC

L'ALGÉRIE

LA LIBYE

LE SAHARA OCCIDENTAL

L E S A H A R A

le Nil

LA MAURITANIE
⊛ **Nouakchott**

LE MALI

LE NIGER

LE TCHAD

LE SÉNÉGAL
⊛ **Dakar**
LA GAMBIE

LE BURKINA-FASO

⊛ **Niamey**

⊛ **N'Djamena**

LE SOUDAN

LA GUINÉE
⊛ **Conakry**

⊛ **Bamako**

⊛ **Ouagadougou**

LE GHANA

LE NIGÉRIA

LA GUINÉE-BISSAU

LA SIERRA LEONE

Yamoussoukro ⊛

⊛ **Lomé**

LE BÉNIN

⊛ **Porto Novo**

LE CAMEROUN

LA RÉPUBLIQUE CENTRAFRICAINE

LE SOUDAN DU SUD

LE LIBÉRIA

LA CÔTE D'IVOIRE

LE TOGO

⊛ **Yaoundé**

⊛ **Bangui**

LE GOLFE DE GUINÉE

LA GUINÉE ÉQUATORIALE

⊛ **Libreville**
LE GABON

LE CONGO

LA RÉPUBLIQUE DÉMOCRATIQUE DU CONGO

L'OUGANDA

LE RWANDA

⊛ **Kigali**

Bujumbura ⊛

LA TANZANIE

L'OCÉAN ATLANTIQUE

Brazzaville ⊛

Kinshasa

LE BURUNDI

L'ANGOLA

LA ZAMBIE

la ville d'Abidjan

☐ Pays francophones

0 ——— 500 miles
0 ——— 500 kilomètres

la place des Artistes à Kinshasa

Incroyable mais vrai!

Où se trouve le paradis des hippopotames sur Terre°? Dans les rivières du plus ancien° parc d'Afrique, le parc national des Virunga, en République démocratique du Congo. En plus de° ses 20.000 hippopotames, le parc abrite° une biodiversité exceptionnelle due à la variété de ses paysages°, dominés par les deux volcans les plus actifs° du continent.

Terre *Earth* **plus ancien** *oldest* **En plus de** *On top of* **abrite** *houses*
paysages *landscapes* **les plus actifs** *the most active*

Les gens

Bineta Diop, la «vice-présidente» des femmes (Sénégal) (1950–)

Bineta Diop a appris de sa mère, Maréma Lo, une féministe pour le parti de Léopold Sédar Senghor au Sénégal, l'importance de la cause féminine, et elle dédie sa vie professionnelle à cette cause. En 1996, elle fonde une ONG° à Genève, Femmes Africa Solidarité, pour essayer d'encourager la solidarité entre femmes. Avec l'aide d'importantes avocates africaines, elle crée aussi un protocole pour les droits° de la femme qui naîtra° au Mozambique en 2003. Depuis janvier 2014, elle est l'envoyée spéciale pour les femmes, la paix et la sécurité à la Commission de l'Union Africaine, l'organisation principale des pays d'Afrique. Pas étonnant donc que le magazine *Times* la° nomme en 2011 l'une des cent personnalités les plus influentes au monde°!

La musique

Le reggae ivoirien

Alpha Blondy

La Côte d'Ivoire est un des pays d'Afrique où le reggae africain est le plus développé. Ce type de reggae se distingue du reggae jamaïcain par les instruments de musique utilisés et les thèmes abordés°. En fait, les artistes ivoiriens incorporent souvent des instruments traditionnels d'Afrique de l'Ouest et les thèmes sont souvent très politiques. Alpha Blondy, par exemple, est le plus célèbre des chanteurs ivoiriens de reggae et fait souvent des commentaires sociopolitiques. Le chanteur Tiken Jah Fakoly critique la politique occidentale et les gouvernants africains, et Ismaël Isaac dénonce les ventes d'armes° dans le monde. Le reggae ivoirien est chanté en français, en anglais et dans les langues africaines.

Les lieux

Les parcs nationaux du Cameroun

Avec la forêt, la savane et la montagne dans ses réserves et parcs nationaux, le Cameroun présente une des faunes et flores les plus riches et variées d'Afrique. Deux cent quarante empreintes° de dinosaures sont fossilisées au site de dinosaures de Manangia, dans la province du Nord. Les différentes réserves du pays abritent°, entre autres, éléphants, gorilles, chimpanzés, antilopes et plusieurs centaines d'espèces de reptiles, d'oiseaux et de poissons. Le parc national Korup est une des plus anciennes forêts tropicales du monde. Il est connu surtout récemment pour une liane°, découverte là-bas, qui pourrait avoir un effet sur la guérison° de certains cancers et du VIH°.

Les traditions

Les masques du Gabon

Les masques gabonais exposés° aujourd'hui dans les musées européens ont inspiré de grands artistes du vingtième siècle, comme Matisse et Picasso. Pourtant, ces masques ne sont pas à l'origine de simples décorations ou objets d'art. Ce sont des objets rituels, utilisés par les différents groupes ethniques et sociétés initiatiques du Gabon. Chaque° société produit ses propres° masques; ils ont donc des formes très variées. Les masques sont le plus souvent° portés par les hommes, dans des cérémonies et rituels de groupe. Leurs matériaux et apparences sont très symboliques. Ils sont surtout faits de bois°, mais aussi de plumes°, de raphia° ou de peaux°, et ils ont des formes anthropomorphiques, zoomorphiques ou abstraites.

Qu'est-ce que vous avez compris? Répondez aux questions.

1. Qui est Francoise Mbango-Etone?
2. Où est le paradis des hippopotames sur Terre?
3. À quoi Bineta Diop dédie-t-elle sa vie professionnelle?
4. Que fait Bineta Diop depuis 2014?
5. Qu'est-ce qui distingue le reggae de Côte d'Ivoire du reggae jamaicain?
6. Dans quelle langue est-ce qu'on chante le reggae en Côte d'Ivoire?
7. Qu'a-t-on trouvé sur le site de Manangia?
8. Où trouve-t-on une importante plante médicinale?
9. Quels artistes ont été inspirés par les masques du Gabon?
10. Pour quelles occasions porte-on les masques du Gabon?

Sur Internet

1. Cherchez plus d'information sur le parc national Korup. Pourquoi sa biodiversité est-elle considérée comme une des plus riches de l'Afrique?
2. Écoutez des chansons (*songs*) de reggae ivoirien. Quels sont leurs thèmes?
3. Trouvez des exemples de masques du Gabon. Aimez-vous leurs styles? Pourquoi ou pourquoi pas?

ONG *NGO* **droits** *rights* **naîtra** *will be born* **la** *her* **personnalités les plus influentes au monde** *most influential personalities in the world* **abordés** *dealt with* **ventes d'armes** *weapons sales* **empreintes** *footprints* **abritent** *provide a habitat for, shelter* **liane** *vine* **guérison** *cure* **VIH** *HIV* **exposés** *exhibited* **Chaque** *Each* **propres** *own* **le plus souvent** *most often* **bois** *wood* **plumes** *feathers* **raphia** *raffia* **peaux** *skins*

Lecture vhlcentral

Avant la lecture

Examinez le texte

Regardez rapidement le texte. Quel est le titre (*title*) du texte? En combien de parties le texte est-il divisé? Quels sont les titres des parties? Maintenant, regardez les photos. Quel est le sujet de l'article?

Catégories

Dans le texte, trouvez trois mots ou expressions qui représentent chaque catégorie.

les loisirs culturels

_____ _____ _____

les activités sportives

_____ _____ _____

les activités de plein air (*outdoor*)

_____ _____ _____

Trouvez

Regardez le document. Indiquez si vous trouvez ces informations.

_____ 1. où manger cette semaine

_____ 2. le temps qu'il va faire cette semaine

_____ 3. où aller à la pêche

_____ 4. des prix d'entrée (*entrance*)

_____ 5. des numéros de téléphone

_____ 6. des sports

_____ 7. des spectacles

_____ 8. des adresses

CETTE SEMAINE À MONTRÉAL ET DANS LA RÉGION

ARTS ET CULTURE

Festivals et autres manifestations culturelles à explorer:

- Festival de musique classique, samedi de 16h00 à 22h00, à la Salle de concerts Richelieu, à Montréal
- Festival du cinéma africain, dans tous les cinémas de Montréal
- Journée de la bande dessinée, samedi toute la journée, à la Librairie Rochefort, à Montréal
- Festival de reggae, dimanche tout l'après-midi, à l'Espace Lemay, à Montréal

Spectacle à voir°

- *La Cantatrice chauve*, pièce° d'Eugène Ionesco, samedi et dimanche à 20h00, au Théâtre du Chat Bleu, à Montréal

À ne pas oublier°

- Le musée des Beaux-Arts de Montréal, avec sa collection de plus de° 30.000 objets d'art du monde entier°

SPORTS ET JEUX

- L'Académie de golf de Montréal organise un grand tournoi° le mois prochain. Pour plus d'informations, contactez le (514) 846-1225.

- Tous les dimanches, le Club d'échecs de Montréal organise des tournois d'échecs en plein air° dans le parc Champellier. Pour plus d'informations, appelez le (514) 846-1085.

- Skiez! Passez la fin de semaine dans les Laurentides° ou dans les Cantons-de-l'Est!

- Et pour la famille sportive: essayez le parc Lafontaine, un centre d'amusement pour tous qui offre: volley-ball, tennis, football et baseball.

PASSIONNÉ° DE PÊCHE?
N'OUBLIEZ PAS LES NOMBREUX
LACS° OÙ LA PÊCHE EST AUTORISÉE.

EXPLORATION

Redécouvrez la nature grâce à° ces activités à ne pas manquer°:

Visite du parc national de la Jacques-Cartier°

- Camping
- Promenades et randonnées
- Observation de la faune et de la flore

Région des Laurentides et Gaspésie°

- Équitation°
- Randonnées à cheval de 2 à 5 jours en camping

voir *see* pièce (de théâtre) *play* À ne pas oublier *Not to be forgotten* plus de *more than* du monde entier *from around the world* tournoi *tournament* en plein air *outdoor* Laurentides *region of eastern Quebec* Passionné *Enthusiast* lacs *lakes* grâce à *thanks to* à ne pas manquer *not to be missed* la Jacques-Cartier *the Jacques-Cartier river in Quebec* Gaspésie *peninsula of Quebec* Équitation *Horseback riding*

Après la lecture

Répondez Répondez aux questions avec des phrases complètes.

1. Citez deux activités sportives qu'on peut pratiquer à l'extérieur.

2. À quel jeu est-ce qu'on joue dans le parc Champellier?

3. Où va peut-être aller un passionné de lecture et de dessin?

4. Où pratique-t-on des sports d'équipe?

5. Où y a-t-il de la neige au Québec en cette saison?

6. Si on aime beaucoup la musique, où peut-on aller?

Suggestions Lucille passe une année dans un lycée du Québec. Ce week-end, elle invite sa famille à explorer la région. Choisissez une activité à faire ou un lieu à visiter que chaque membre de sa famille va aimer.

MODÈLE

La sœur cadette de Lucille adore le ski.
Elle va aimer les Laurentides et les Cantons-de-l'Est.

1. La mère de Lucille est artiste.

2. Le frère de Lucille joue au volley-ball à l'université.

3. La sœur aînée de Lucille a envie de voir un film sénégalais.

4. Le grand-père de Lucille joue souvent aux échecs.

5. La grand-mère de Lucille est fan de théâtre.

6. Le père de Lucille adore la nature et les animaux, mais il n'est pas très sportif.

Une invitation Vous allez passer le week-end au Québec. Qu'est-ce que vous allez faire? Par groupes de quatre, discutez des activités qui vous intéressent (*that interest you*) et essayez de trouver trois ou quatre activités que vous avez en commun. Attention! Il va peut-être pleuvoir ce week-end, alors ne choisissez pas (*don't choose*) uniquement des activités de plein air!

Écriture

Using a dictionary

A common mistake made by beginning language learners is to use the dictionary as the ultimate resource for reading, writing, and speaking. While it is true that the dictionary is a useful tool that can provide valuable information about vocabulary, using the dictionary correctly requires that you understand the elements of each entry.

If you glance at a French-English dictionary, you will notice that the format is similar to that of an English dictionary. The word is listed first, usually followed by its pronunciation. Then come the definitions, organized by parts of speech. Sometimes, the most frequently used meanings are listed first.

To find the best word for your needs, you should refer to the abbreviations and the explanatory notes that appear next to the entries. For example, imagine that you are writing about your pastimes. You want to write *I want to buy a new racket for my match tomorrow*, but you don't know the French word for *racket*.

In the dictionary, you might find an entry like this one:

> **racket** n 1. boucan; 2. raquette (sport)

The abbreviation key at the front of the dictionary says that *n* corresponds to **nom** (*noun*). Then, the first word you see is **boucan**. The definition of **boucan** is *noise or racket,* so **boucan** is probably not the word you want. The second word is **raquette**, followed by the word *sport*, which indicates that it is related to **sports**. This detail indicates that the word **raquette** is the best choice for your needs.

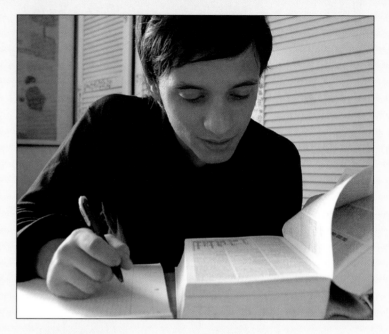

Thème

Écrire une brochure

Avant l'écriture

1. Choisissez le sujet de votre brochure:

    A. Vous travaillez à la Chambre de Commerce de votre région. Elle vous demande de créer (*asks you to create*) une petite brochure sur le temps qu'il fait dans votre région aux différentes saisons de l'année pour des hommes et femmes d'affaires francophones en visite. Pour chaque saison, décrivez le temps, les endroits qu'il faut visiter pendant cette (*during that*) saison et les activités culturelles et sportives à faire.

    B. Vous avez une réunion familiale pour décider où aller en vacances cette année. Choisissez un lieu de vacances où vous avez envie d'aller et créez une brochure pour montrer à votre famille pourquoi il faut y aller (*go there*). Décrivez la météo (*the weather*) de l'endroit et indiquez les différentes activités culturelles et sportives qu'on peut y faire.

    C. Vous passez un semestre dans le pays francophone de votre choix (*of your choice*). Deux élèves de votre cours de français ont aussi envie de visiter ce pays. Créez une petite brochure pour partager vos impressions du pays. Présentez le pays, donnez des informations sur le temps et décrivez vos activités préférées dans ce pays.

2. Choisissez le sujet de votre brochure et pensez au vocabulaire utile à son écriture. Utilisez le tableau (*chart*) pour noter tous les mots (*words*) en français qui vous viennent à l'esprit (*you can think of*). Ensuite (*Next*), regardez le tableau. Avez-vous besoin d'autres mots? Ajoutez-les (*Add them*) en anglais.

3. Cherchez les mots en anglais dans le dictionnaire. N'oubliez pas d'utiliser la procédure de **Stratégie**. Ajoutez les mots au tableau.

Mots en français (de moi)	Mots en anglais	Équivalent français des mots en anglais

Écriture

Utilisez le vocabulaire du tableau pour créer votre brochure. N'oubliez pas de penser à un titre (*title*). Ensuite, créez des sections et donnez-leur (*them*) aussi un titre, comme **Printemps, Été, ...; Ville, Campagne (Countryside), ...; France, Tunisie, ...** Vous pouvez (*can*) utiliser des photos pour illustrer.

La vallée de la Loire

Présentation
La vallée de la Loire est une magnifique région française. Son histoire et sa gastronomie sont exceptionnelles. Venez découvrir un lieu magique...

Météo
Été: Le temps est très agréable. Il fait soleil presque tous les jours...

Activités
À faire absolument:
- la visite de nombreux châteaux et musées
- des promenades à cheval
- des randonnées
...

Après l'écriture

1. Échangez votre brochure avec celle (*the one*) d'un(e) partenaire. Répondez à ces questions pour commenter son travail.

■ Votre partenaire a-t-il/elle couvert (*did cover*) le sujet?

■ A-t-il/elle donné (*did give*) un titre à la brochure et aux sections?

■ S'il (*If there*) y a des photos, illustrent-elles le texte?

■ Votre partenaire a-t-il/elle utilisé (*did use*) le vocabulaire approprié?

■ A-t-il/elle correctement conjugué (*did conjugate*) les verbes?

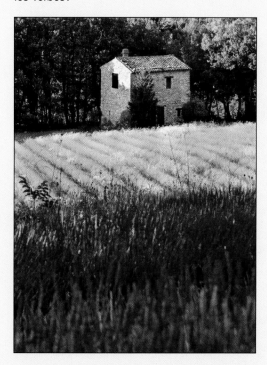

2. Corrigez votre brochure d'après (*according to*) les commentaires de votre partenaire. Relisez votre travail pour éliminer ces problèmes:

■ des fautes (*errors*) d'orthographe

■ des fautes de ponctuation

■ des fautes de conjugaison

■ des fautes d'accord (*agreement*) des adjectifs

■ un mauvais emploi (*use*) de la grammaire

Leçon 5A

Activités sportives et loisirs

aider	to help
aller à la pêche	to go fishing
bricoler	to tinker; to do odd jobs
chanter	to sing
désirer	to want; to desire
gagner	to win
indiquer	to indicate
jouer (à/de)	to play
marcher	to walk (person); to work (thing)
pratiquer	to practice; to play (a sport)
skier	to ski
une bande dessinée (B.D.)	comic strip
le baseball	baseball
le basket(-ball)	basketball
les cartes (f.)	cards
le cinéma	movies
les échecs (m.)	chess
une équipe	team
le foot(ball)	soccer
le football américain	football
le golf	golf
un jeu	game
un joueur/une joueuse	player
un loisir	leisure activity
un match	game
un passe-temps	pastime, hobby
un spectacle	show
le sport	sport
un stade	stadium
le temps libre	free time
le tennis	tennis
le volley(-ball)	volleyball

La fréquence

une/deux fois	one/two time(s)
par jour, semaine, mois, an, etc.	per day, week, month, year, etc.
déjà	already
encore	again; still
jamais	never
longtemps	a long time
maintenant	now
parfois	sometimes
rarement	rarely
souvent	often

Expressions utiles

See p. 27.

faire

faire	to do, to make
je fais, tu fais, il/elle/on fait, nous faisons, vous faites, ils/elles font	

Expressions with *faire*

faire de l'aérobic	to do aerobics
faire attention (à)	to pay attention (to)
faire du camping	to go camping
faire du cheval	to go horseback riding
faire la connaissance de...	to meet (someone) for the first time
faire la cuisine	to cook
faire de la gym	to work out
faire du jogging	to go jogging
faire de la planche à voile	to go windsurfing
faire une promenade	to go for a walk
faire une randonnée	to go for a hike
faire du ski	to go skiing
faire du sport	to play sports
faire un tour (en voiture)	to go for a walk (drive)
faire du vélo	to go bike riding

Il faut...

il faut...	it is necessary to...; one must...

Verbes irréguliers en *-ir*

courir	to run
dormir	to sleep
partir	to leave
sentir	to feel; to smell; to sense
servir	to serve
sortir	to go out, to leave

Leçon 5B

Le temps qu'il fait

Il fait 18 degrés.	It is 18 degrees.
Il fait beau.	The weather is nice.
Il fait bon.	The weather is good/warm.
Il fait chaud.	It is hot (out).
Il fait (du) soleil.	It is sunny.
Il fait du vent.	It is windy.
Il fait frais.	It is cool.
Il fait froid.	It is cold.
Il fait mauvais.	The weather is bad.
Il fait un temps épouvantable.	The weather is dreadful.
Il neige. (neiger)	It is snowing. (to snow)
Il pleut. (pleuvoir)	It is raining. (to rain)
Le temps est nuageux.	It is cloudy.
Le temps est orageux.	It is stormy.
Quel temps fait-il?	What is the weather like?
Quelle température fait-il?	What is the temperature?
un imperméable	rain jacket
un parapluie	umbrela

Les saisons, les mois, les dates

une saison	season
l'automne (m.)/à l'automne	fall/in the fall
l'été (m.)/en été	summer/in the summer
l'hiver (m.)/en hiver	winter/in the winter
le printemps (m.)/au printemps	spring/in the spring
janvier	January
février	February
mars	March
avril	April
mai	May
juin	June
juillet	July
août	August
septembre	September
octobre	October
novembre	November
décembre	December
Quelle est la date?	What's the date?
C'est le 1er (premier) octobre.	It's the first of October.
C'est quand votre/ton anniversaire?	When is your birthday?
C'est le 2 mai.	It's the second of May.
C'est quand l'anniversaire de Paul?	When is Paul's birthday?
C'est le 15 mars.	It's March 15th.
un anniversaire	birthday

Expressions utiles

See p. 45.

Numbers 101 and higher

See p. 48.

Mathematical terms

et	plus
divisé par	divided by
égale	equals
fois	times
font	equals
moins	minus
multiplié par	multiplied by
plus	plus
sur	divided by

Verbes

acheter	to buy
amener	to bring (someone)
célébrer	to celebrate
considérer	to consider
emmener	to take (someone)
employer	to use
envoyer	to send
espérer	to hope
essayer (de + *inf.*)	to try (to)
nettoyer	to clean
payer	to pay
posséder	to possess, to own
préférer	to prefer
protéger	to protect
répéter	to repeat; to rehearse

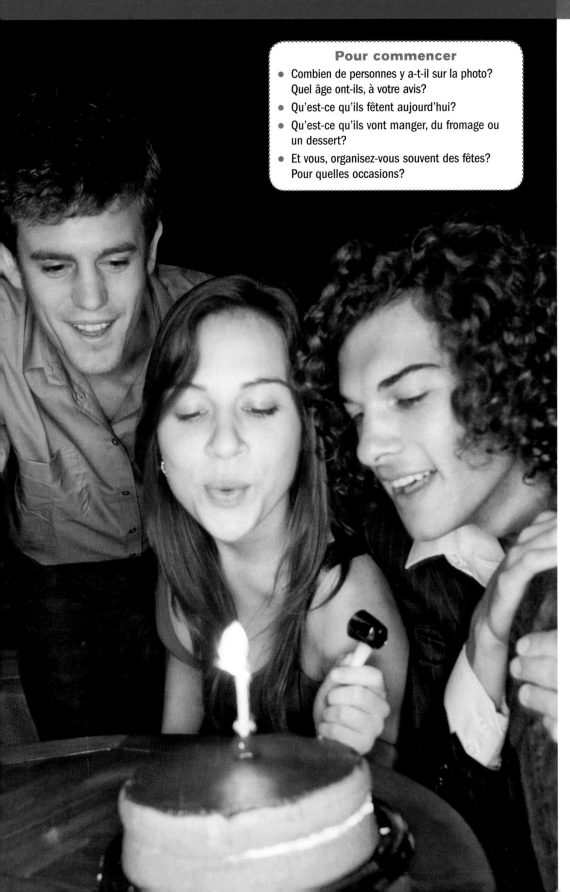

Les fêtes

Pour commencer

- Combien de personnes y a-t-il sur la photo? Quel âge ont-ils, à votre avis?
- Qu'est-ce qu'ils fêtent aujourd'hui?
- Qu'est-ce qu'ils vont manger, du fromage ou un dessert?
- Et vous, organisez-vous souvent des fêtes? Pour quelles occasions?

You will learn how to...
- talk about celebrations
- talk about the stages of life

🔊 **vhl**central

Surprise!

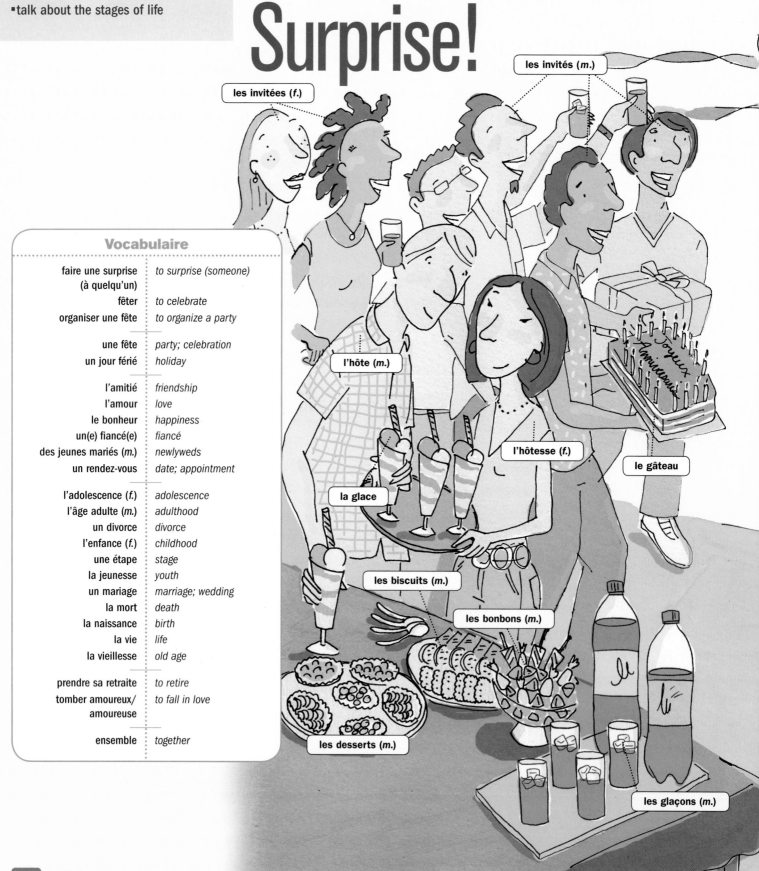

les invitées (f.)

les invités (m.)

l'hôte (m.)

l'hôtesse (f.)

le gâteau

la glace

les biscuits (m.)

les bonbons (m.)

les desserts (m.)

les glaçons (m.)

Vocabulaire

faire une surprise (à quelqu'un)	to surprise (someone)
fêter	to celebrate
organiser une fête	to organize a party
une fête	party; celebration
un jour férié	holiday
l'amitié	friendship
l'amour	love
le bonheur	happiness
un(e) fiancé(e)	fiancé
des jeunes mariés (m.)	newlyweds
un rendez-vous	date; appointment
l'adolescence (f.)	adolescence
l'âge adulte (m.)	adulthood
un divorce	divorce
l'enfance (f.)	childhood
une étape	stage
la jeunesse	youth
un mariage	marriage; wedding
la mort	death
la naissance	birth
la vie	life
la vieillesse	old age
prendre sa retraite	to retire
tomber amoureux/ amoureuse	to fall in love
ensemble	together

Mise en pratique

1 **Chassez l'intrus** Indiquez le mot ou l'expression qui n'appartient pas (*doesn't belong*) à la liste.

1. l'amour, tomber amoureux, un fiancé, un divorce
2. un mariage, un couple, un jour férié, une fiancée
3. un biscuit, un glaçon un dessert, un gâteau
4. la retraite l'amitié, le bonheur, l'amour
5. la vieillesse, la naissance, l'enfance, la jeunesse
6. faire la fête, un hôte, des invités, une étape
7. fêter, un cadeau, la vie, une surprise
8. la glace l'âge adulte la mort, l'adolescence

2 **Écoutez** Écoutez la conversation entre Anne et Nathalie. Indiquez si les affirmations sont **vraies** ou **fausses**.

	Vrai	Faux
1. Jean-Marc va prendre sa retraite dans six mois.	☐	☐
2. Nathalie a l'idée d'organiser une fête pour Jean-Marc.	☐	☐
3. Anne va acheter un gâteau.	☐	☐
4. Nathalie va apporter de la glace.	☐	☐
5. La fête est une surprise.	☐	☐
6. Nathalie va envoyer les invitations par e-mail.	☐	☐
7. La fête va avoir lieu (*take place*) dans le bureau d'Anne.	☐	☐
8. La maison d'Anne n'est pas belle.	☐	☐
9. Tout le monde va donner des idées pour le cadeau.	☐	☐
10. Les invités vont acheter le cadeau.	☐	☐

3 **Associez** Faites correspondre les mots et expressions de la colonne de gauche avec les définitions de la colonne de droite. Notez que tous les éléments ne sont pas utilisés. Ensuite (*Then*), avec un(e) partenaire, donnez votre propre définition de quatre expressions de la première colonne. Votre partenaire doit deviner (*must guess*) de quoi vous parlez.

____ 1. la naissance
____ 2. l'enfance
____ 3. l'adolescence
____ 4. l'âge adulte
____ 5. tomber amoureux
____ 6. un jour férié
____ 7. le mariage
____ 8. le divorce
____ 9. prendre sa retraite
____ 10. la mort

a. C'est une date importante, comme le 4 juillet aux États-Unis.
b. C'est la fin de l'étape prénatale.
c. C'est l'étape de la vie pendant laquelle (*during which*) on va au lycée.
d. C'est un événement très triste.
e. C'est soudain (*suddenly*) aimer une personne.
f. C'est le futur probable d'un couple qui se dispute (*fights*) tout le temps.
g. C'est un jour de bonheur et de célébration de l'amour.
h. C'est quand une personne décide de ne plus travailler.

Communication

4 **Le mot juste** Complétez les phrases par le mot illustré. Faites les accords nécessaires. Ensuite (*Then*), avec deux personnes, créez (*create*) une phrase pour laquelle (*for which*) vous illustrez trois mots de **CONTEXTES**. Échangez votre phrase avec celle d'un autre groupe et résolvez le rébus (*puzzle*).

1. Caroline est une amie d' _____ . Je vais lui faire une _____ samedi.

   C'est son anniversaire.

2. Marc et Sophie sont inséparables. Ils sont toujours _____ . C'est le bonheur et

   le grand _____ .

3. Les _____ aiment beaucoup les desserts: un _____ au chocolat

   et des _____ .

4. Les _____ ont beaucoup de _____ .

5. La _____ de ma sœur est un grand _____ pour mes parents.

5 **Sept différences** Votre professeur va vous donner, à vous et à votre partenaire, deux feuilles d'activités différentes. À tour de rôle, posez-vous des questions pour trouver les sept différences entre les illustrations de l'anniversaire des jumeaux (*twins*) Boniface. Attention! Ne regardez pas la feuille de votre partenaire.

MODÈLE
Élève 1: *Sur mon image, il y a trois cadeaux. Combien de cadeaux y a-t-il sur ton image?*
Élève 2: *Sur mon image, il y a quatre cadeaux.*

6 **C'est la fête!** Vous avez envie d'organiser une fête! Avec un(e) partenaire, écrivez une conversation au sujet de la préparation de cette fête. N'oubliez pas de répondre aux questions suivantes. Ensuite (*Then*), jouez (*act out*) votre dialogue devant la classe.

1. Quand allez-vous organiser la fête?
2. Qui vont être les invités?
3. Où la fête va-t-elle avoir lieu (*take place*)?
4. Qu'allez-vous manger? Qu'allez-vous boire?
5. Qui va apporter quoi?
6. Qui est responsable de la musique? De la décoration?
7. Qu'allez-vous faire pendant (*during*) la fête?
8. Qui va nettoyer après la fête?

Les sons et les lettres 🔊 **vhl**central

Open vs. closed vowels: Part 2

The letter combinations **au** and **eau** are pronounced like the vowel sound in the English word *coat*, but without the glide heard in English. These are closed **o** sounds.

chaud	**aussi**	**beaucoup**	**tableau**

When the letter **o** is followed by a consonant sound, it is usually pronounced like the vowel in the English word *raw*. This is an open **o** sound.

homme	**téléphone**	**ordinateur**	**orange**

When the letter **o** occurs as the last sound of a word or is followed by a z sound, such as a single **s** between two vowels, it is usually pronounced with the closed **o** sound.

trop	**héros**	**rose**	**chose**

When the letter **o** has an **accent circonflexe**, it is usually pronounced with the closed **o** sound.

drôle	**bientôt**	**pôle**	**côté**

Prononcez Répétez les mots suivants à voix haute.

1. rôle
2. porte
3. dos
4. chaud
5. prose
6. gros
7. oiseau
8. encore
9. mauvais
10. nouveau
11. restaurant
12. bibliothèque

Articulez Répétez les phrases suivantes à voix haute.

1. En automne, on n'a pas trop chaud.
2. Aurélie a une bonne note en biologie.
3. Votre colocataire est d'origine japonaise?
4. Sophie aime beaucoup l'informatique et la psychologie.
5. Nos copains mangent au restaurant marocain aujourd'hui.
6. Comme cadeau, Robert et Corinne vont préparer un gâteau.

Dictons Répétez les dictons à voix haute.

La fortune vient en dormant.[2]

Tout nouveau, tout beau.[1]

[1] Shiny and new.
[2] Fortune comes while you sleep.

Les cadeaux vhlcentral

PERSONNAGES

Amina

Astrid

Rachid

Sandrine

Valérie

Vendeuse

À l'appartement de Sandrine...

SANDRINE Allô, Pascal? Tu m'as téléphoné? Écoute, je suis très occupée, là. Je prépare un gâteau d'anniversaire pour Stéphane... Il a dix-huit ans aujourd'hui... On organise une fête surprise au P'tit Bistrot.

SANDRINE J'ai fait une mousse au chocolat, comme pour ton anniversaire. Stéphane adore ça! J'ai aussi préparé des biscuits que David aime bien.

SANDRINE Quoi? David!... Mais non, il n'est pas marié. C'est un bon copain, c'est tout!... Désolée, je n'ai pas le temps de discuter. À bientôt.

RACHID Écoute, Astrid. Il faut trouver un cadeau... un *vrai* cadeau d'anniversaire.
ASTRID Excusez-moi, Madame. Combien coûte cette montre, s'il vous plaît?
VENDEUSE Quarante euros.
ASTRID Que penses-tu de cette montre, Rachid?
RACHID Bonne idée.

VENDEUSE Je fais un paquet cadeau?
ASTRID Oui, merci.
RACHID Eh, Astrid, il faut y aller!
VENDEUSE Et voilà dix euros. Merci, Mademoiselle, bonne fin de journée.

Au café...

VALÉRIE Ah, vous voilà! Astrid, aide-nous avec les décorations, s'il te plaît. La fête commence à six heures. Sandrine a tout préparé.
ASTRID Quelle heure est-il? Zut, déjà? En tout cas, on a trouvé des cadeaux.
RACHID Je vais chercher Stéphane.

A C T I V I T É S

1 **Vrai ou faux?** Indiquez si ces (*these*) affirmations sont vraies ou fausses.

1. Sandrine prépare un gâteau d'anniversaire pour Stéphane.

2. Sandrine est désolée parce qu'elle n'a pas le temps de discuter avec Rachid.

3. Pour aider Sandrine, Valérie va apporter les desserts.

4. Rachid ne comprend pas la blague.

5. Rachid et Astrid trouvent un cadeau pour Valérie.

6. Rachid n'aime pas l'idée de la montre pour Stéphane.

7. La fête d'anniversaire pour Stéphane commence à huit heures.

8. Sandrine va chercher Stéphane.

9. Amina a apporté de la glace au chocolat.

10. Les parents d'Amina vont passer l'été en France.

Tout le monde prépare la surprise pour Stéphane.

VALÉRIE Oh là là! Tu as fait tout ça pour Stéphane?!
SANDRINE Oh, ce n'est pas grand-chose.
VALÉRIE Tu es un ange! Stéphane va bientôt arriver. Je t'aide à apporter ces desserts?
SANDRINE Oh, merci, c'est gentil.

Dans un magasin...

ASTRID Eh Rachid, j'ai eu une idée géniale... Des cadeaux parfaits pour Stéphane. Regarde! Ce matin, j'ai acheté cette calculatrice et ces livres.
RACHID Mais enfin, Astrid, Stéphane n'aime pas les livres.
ASTRID Oh, Rachid, tu ne comprends rien. C'est une blague.

AMINA Bonjour! Désolée, je suis en retard!
VALÉRIE Ce n'est pas grave. Tu es toute belle ce soir!

AMINA Vous trouvez? J'ai acheté ce cadeau pour Stéphane. Et j'ai apporté de la glace au chocolat aussi.
VALÉRIE Oh, merci! Il faut aider Astrid avec les décorations.
ASTRID Salut, Amina. Ça va?
AMINA Oui, super. Mes parents ont téléphoné du Sénégal ce matin! Ils vont passer l'été ici. C'est le bonheur!

Expressions utiles

Talking about celebrations

- **J'ai fait une mousse au chocolat, comme pour ton anniversaire.**
  I made a chocolate mousse, (just) like for your birthday.
- **J'ai aussi préparé des biscuits que David aime bien.**
  I have also prepared some cookies that David likes.
- **Je fais un paquet cadeau?**
  Shall I wrap the present?
- **En tout cas, on a trouvé des cadeaux.**
  In any case, we have found some presents.
- **Et j'ai apporté de la glace au chocolat.**
  And I brought some chocolate ice cream.

Talking about the past

- **Tu m'as téléphoné?**
  Did you call me?
- **Tu as fait tout ça pour Stéphane?!**
  You did all that for Stéphane?!
- **J'ai eu une idée géniale.**
  I had a great idea.
- **Sandrine a tout préparé.**
  Sandrine prepared everything.

Pointing out things

- **Je t'aide à apporter ces desserts?**
  Can I help you to carry these desserts?
- **J'ai acheté cette calculatrice et ces livres.**
  I bought this calculator and these books.
- **J'ai acheté ce cadeau pour Stéphane.**
  I bought this present for Stéphane.

Additional vocabulary

- **Ce n'est pas grave.**
  It's okay./No problem.
- **Tu ne comprends rien.**
  You don't understand a thing.
- **désolé(e)**
  sorry
- **discuter**
  to talk
- **zut**
  darn

---

2 **Le bon mot** Choisissez le bon mot entre **ce** (*m.*), **cette** (*f.*) et **ces** (*pl.*) pour compléter les phrases. Attention, les phrases ne sont pas identiques aux dialogues!

1. Je t'aide à apporter _____ gâteau?
2. Ce matin, j'ai acheté _____ calculatrices et _____ livre.
3. Rachid ne comprend pas _____ blague.
4. Combien coûtent _____ montres?
5. À quelle heure commence _____ classe?

3 **Imaginez** Avec un(e) partenaire, imaginez qu'Amina soit (*is*) dans un grand magasin et qu'elle téléphone à Valérie pour l'aider à choisir le cadeau idéal pour Stéphane. Amina propose plusieurs possibilités de cadeaux et Valérie donne son avis (*opinion*) sur chacune d'entre elles (*each of them*).

A C T I V I T É S

vhlcentral | *Flash culture*

Le carnaval

Tous les ans, beaucoup de pays° et de régions francophones célèbrent le carnaval. Cette tradition est l'occasion de fêter la fin° de l'hiver et l'arrivée° du printemps. En général, la période de fête commence la semaine avant le Carême° et finit le jour du Mardi gras. Le carnaval demande très souvent des mois de préparation. La ville organise des défilés° de musique, de masques, de costumes et de chars fleuris°. La fête finit souvent par la crémation du roi° Carnaval, personnage de papier qui représente le carnaval et l'hiver.

Certaines villes et certaines régions sont réputées° pour leur carnaval: Nice, en France, la ville de Québec, au Canada, La Nouvelle-Orléans, aux États-Unis, et la Martinique. Chaque ville a ses traditions particulières. La ville de Nice, lieu du plus grand° carnaval français, organise une grande bataille de fleurs° où des jeunes, sur des chars, envoient des fleurs aux spectateurs. À Québec, le climat intense transforme le carnaval en une célébration de l'hiver. Le symbole officiel

le roi du carnaval de Nice

de la fête est le «Bonhomme» (de neige°) et les gens font du ski, de la pêche sous la glace° ou des courses de traîneaux à chiens°. À la Martinique, le carnaval continue jusqu'au° mercredi des Cendres°, à minuit: les gens, tout en noir et blanc°, regardent la crémation de Vaval, le roi Carnaval. Le carnaval de La Nouvelle-Orléans est célébré avec de nombreux bals° et défilés costumés. Ses couleurs officielles sont l'or°, le vert° et le violet.

pays *countries* **fin** *end* **arrivée** *arrival* **Carême** *Lent* **défilés** *parades*
chars fleuris *floats decorated with flowers* **roi** *king* **réputées** *famous*
plus grand *largest* **bataille de fleurs** *flower battle* **«Bonhomme» (de neige)** *snowman*
pêche sous la glace *ice-fishing* **courses de traîneaux à chiens** *dogsled races*
jusqu'au *until* **mercredi des Cendres** *Ash Wednesday* **noir et blanc** *black and white*
bals *balls (dances)* **or** *gold* **vert** *green* **reine** *queen* **a eu lieu** *took place* **pendant** *during*

Le carnaval en détail

Martinique	Chaque ville choisit une reine°.
Nice	La première bataille de fleurs a eu lieu° en 1876. Chaque année, on envoie entre 80.000 et 100.000 fleurs aux spectateurs.
La Nouvelle-Orléans	Il y a plus de 70 défilés pendant° le carnaval.
la ville de Québec	Le premier carnaval a eu lieu en 1894.

ACTIVITÉS

1 **Compréhension** Répondez aux questions.

1. En général, quel est le dernier jour du carnaval?

2. Dans quelle ville des États-Unis est-ce qu'on célèbre le carnaval?

3. Où a lieu le plus grand (*largest*) carnaval français?

4. Qu'est-ce que les jeunes envoient aux spectateurs du carnaval de Nice?

5. Quel est le symbole officiel du carnaval de Québec?

6. Que fait-on pendant (*during*) le carnaval de Québec?

7. Quand est-ce que le carnaval de la Martinique finit?

8. Comment s'appelle le roi du carnaval à la Martinique?

9. Comment est-ce qu'on célèbre le carnaval à La Nouvelle-Orléans?

10. Quelles sont les couleurs officielles du carnaval de La Nouvelle-Orléans?

LE FRANÇAIS QUOTIDIEN

Les vœux

À votre santé!	To your health!
Bonne année!	Happy New Year!
Bravo! Félicitations!	Bravo! Congratulations!
Joyeuses fêtes!	Have a good holiday!
Meilleurs vœux!	Best wishes!
Santé!	Cheers!
Tous mes vœux de bonheur!	All the best!

LE MONDE FRANCOPHONE

Fêtes et festivals

Voici d'autres fêtes et festivals francophones.

En Côte d'Ivoire

La fête des Ignames (plusieurs dates) On célèbre la fin° de la récolte° des ignames°, une ressource très importante pour les Ivoiriens.

Au Maroc

La fête du Trône (le 30 juillet) Tout le pays honore le roi° avec des parades et des spectacles.

À la Martinique/À la Guadeloupe

La fête des Cuisinières (en août) Les femmes défilent° en costumes traditionnels et présentent des spécialités locales qu'elles ont préparées pour la fête.

Dans de nombreux pays

L'Aïd el-Fitr C'est la fête musulmane° de la rupture du jeûne° à la fin du Ramadan.

fin end **récolte** harvest **ignames** yams **roi** king **défilent** parade **musulmane** Muslim **jeûne** fast

PORTRAIT

Le 14 juillet

Le 14 juillet 1789, sous le règne° de Louis XVI, les Français se sont rebellés contre° la monarchie et ont pris° la Bastille, une forteresse utilisée comme prison. Cette date est très importante dans l'histoire de France parce qu'elle représente le début de la Révolution. Le 14 juillet symbolise la fondation de la République française et a donc° été sélectionné comme date de la Fête nationale. Tous les ans, il y a un grand défilé° militaire sur les Champs-Élysées, la plus grande° avenue parisienne. Partout° en France, les gens assistent à des défilés et à des fêtes dans les rues°. Le soir, il y a de nombreux bals populaires° où les Français dansent et célèbrent cette date historique. Le soir, on assiste aux feux d'artifices° traditionnels.

règne reign **se sont rebellés contre** rebelled against **ont pris** stormed **donc** therefore **défilé** parade **la plus grande** the largest **Partout** Everywhere **rues** streets **bals populaires** public dances **feux d'artifices** fireworks

Sur Internet

Qu'est-ce que c'est, la fête des Rois?

Go to **vhlcentral.com** to find more information related to this **Culture** section and to watch the corresponding **Flash culture** video.

---

2 **Les fêtes** Complétez les phrases.

1. Le 14 juillet 1789 est la date _____.

2. Aujourd'hui, le 14 juillet est la _____.

3. En France, le soir du 14 juillet, il y a _____.

4. À plusieurs dates, les Ivoiriens fêtent _____.

5. Au Maroc, il y a un festival au mois de _____.

6. Dans les pays musulmans, l'Aïd el-Fitr célèbre _____.

3 **Faisons la fête ensemble!** Vous êtes en vacances dans un pays francophone et vous invitez un(e) ami(e) à aller à une fête ou à un festival francophone avec vous. Expliquez à votre partenaire ce que vous allez faire. Votre partenaire va vous poser des questions.

A C T I V I T É S

6A.1 Demonstrative adjectives **vhl**central

Point de départ To identify or point out a noun with the French equivalent of *this/these* or *that/those*, use a demonstrative adjective before the noun. In French, the form of the demonstrative adjective depends on the gender and number of the noun that it goes with.

Demonstrative adjectives			
	singular		**plural**
	Before consonant	Before vowel sound	
masculine	**ce** café	**cet** éclair	**ces** cafés, **ces** éclairs
feminine	**cette** surprise	**cette** amie	**ces** surprises, **ces** amies

Ce copain organise une fête.
That friend is planning a party.

Cet hôpital est trop loin du centre-ville.
That hospital is too far from downtown.

Cette glace est excellente.
This ice cream is excellent.

Je préfère **ces** cadeaux.
I prefer those gifts.

Combien coûte cette montre?

J'ai ce cadeau pour Stéphane.

- Note that the forms of **ce** can refer to a noun that is near (*this/these*) or far (*that/those*). The meaning will usually be clear from context.

Ce dessert est délicieux.
This dessert is delicious.

Joël préfère **cet** éclair.
Joël prefers that éclair.

Ils vont aimer **cette** surprise.
They're going to like this surprise.

Ces glaçons sont pour la limonade.
Those ice cubes are for the lemon soda.

La maison Julien

Pour toutes ces occasions...

pour célébrer tout ce bonheur...

nous pensons à tous les détails.

- To make it especially clear that you're referring to something near versus something far, add **-ci** or **-là**, respectively, to the noun following the demonstrative adjective.

  ce couple-**ci**
  this couple (here)

  ces biscuits-**ci**
  these cookies (here)

  cette invitée-**là**
  that guest (there)

  ces fêtes-**là**
  those parties (there)

- Use **-ci** and **-là** in the same sentence to contrast similar items.

  On prend **cette glace-ci**, pas **cette glace-là**.
  We'll have this ice cream, not that ice cream.

  Tu achètes **ce fromage-ci** ou **ce fromage-là**?
  Are you buying this cheese or that cheese?

  J'aime **ce** cadeau-**ci** mais je préfère **ce** cadeau-**là**.
  I like this gift, but I prefer that gift.

  Nous achetons **ces** bonbons-ci et Isabelle achète **ce** gâteau-**là**.
  We're buying these candies, and Isabelle is buying that cake.

J'aime bien **cette robe-ci**.
I like this dress.

Je n'aime pas **ces chaussures-là**.
I don't like those shoes.

Essayez!   **Complétez les phrases avec la forme correcte de l'adjectif démonstratif.**

1. ___Cette___ glace au chocolat est très bonne!

2. Qu'est-ce que tu penses de _____ cadeau?

3. _____ homme-là est l'hôte de la fête.

4. Tu préfères _____ biscuits-ci ou _____ biscuits-là?

5. Vous aimez mieux _____ dessert-ci ou _____ dessert-là?

6. _____ année-ci, on va fêter l'anniversaire de mariage de nos parents en famille.

7. Tu achètes _____ éclair-là.

8. Vous achetez _____ montre?

9. _____ surprise va être géniale!

10. _____ invité-là est antipathique.

11. Ma mère fait _____ gâteaux pour mon anniversaire.

12. _____ robe coûte 100 euros.

13. _____ exercice est très difficile pour les enfants.

Mise en pratique

1 **Monsieur Parfait** Juste avant la fête, l'hôte fait le tour de la salle et donne son opinion. Complétez ce texte avec **ce**, **cette** ou **ces**.

Mmm! (1) _____ glace est parfaite. Ah! (2) _____ gâteaux sont magnifiques,
(3) _____ biscuits sont délicieux et j'adore (4) _____ chocolats. Bah!
(5) _____ bonbons sont originaux, mais pas très bons. Ouvrez (*Open*) (6) _____ bouteille.
(7) _____ café sur (8) _____ table sent très bon. (9) _____ plante a besoin d'eau.
(10) _____ tableau n'est pas droit (*straight*)! Oh là là! Arrangez (11) _____ chaises autour de
(*around*) (12) _____ trois tables!

2 **Magazine** Vous regardez un vieux magazine. Complétez les phrases.

▶ **MODÈLE**

<u>Ce cheval</u> est très grand.

1. _____ au chocolat
et _____ sont
délicieux.

2. _____ aime
beaucoup _____.

3. _____ sont
très heureux.

4. _____ va
prendre sa retraite.

5. _____ n'est
plus (*no longer*)
ensemble.

6. _____ adorent
le chocolat chaud!

7. _____ est très
méchant.

8. _____ est
absolument super!

3 **Remplacez** Remplacez les noms au singulier par des noms au pluriel et vice versa. Faites tous les autres changements nécessaires.

MODÈLE

J'aime mieux ce dessert.
J'aime mieux ces desserts.

1. Ces glaces au chocolat sont délicieuses.

2. Ce gâteau est énorme.

3. Ces biscuits ne sont pas bons.

4. Ces invitées sont gentilles.

5. Ces hôtes parlent japonais.

6. Cette fille est allemande.

7. Maman achète ces imperméables pour Julie.

8. Ces bonbons sont délicieux.

Communication

4 **Comparez** Avec un(e) partenaire, regardez les illustrations. À tour de rôle, comparez les personnages et les objets.

MODÈLE

Élève 1: *Comment sont ces hommes?*
Élève 2: *Cet homme-ci est petit et cet homme-là est grand.*

1.   2.   3.   4.

5 **Préférences** Demandez à votre partenaire ses préférences, puis donnez votre opinion. Employez des adjectifs démonstratifs et présentez vos réponses à la classe.

MODÈLE

Élève 1: *Quel film est-ce que tu aimes?*
Élève 2: *J'aime bien Star Wars.*
Élève 1: *Moi, je n'aime pas du tout ce vieux film.*

acteur/actrice	passe-temps
chanteur/chanteuse	restaurant
dessert	saison
film	sport
magasin	ville
?	?

6 **Invitation** Nathalie est au supermarché avec sa soeur. Elles organisent une fête, mais elles ne sont pas d'accord sur ce qu'elles vont acheter. Avec un(e) partenaire, jouez les rôles.

MODÈLE

Élève 1: *On achète cette glace-ci?*
Élève 2: *Je n'aime pas cette glace-ci. Je préfère cette glace-là!*
Élève 1: *Mais cette glace-là coûte dix euros!*
Élève 2: *D'accord! On prend cette glace-ci.*

7 **Quelle fête!** Vous êtes à la fête d'un(e) voisin(e) et il y a des personnes célèbres (*famous*). Avec un(e) partenaire, faites une liste des célébrités présentes et puis parlez d'elles. Employez des adjectifs démonstratifs.

MODÈLE

Élève 1: *Qui est cet homme-ci?*
Élève 2: *Ça, c'est Justin Timberlake. Il est sympa, mais cet homme-là est vraiment génial.*
Élève 1: *Oui, c'est...*

6A.2

The *passé composé* with *avoir* **vhl**central

Point de départ French uses two main tenses to talk about past events: the **passé composé** and the **imparfait**. In this lesson, you will learn how to use the **passé composé** to express actions that began and ended in the past.

- The **passé composé** has three possible translations in English and is composed of two parts: the *auxiliary verb* (present tense of **avoir** or **être**) and the *past participle* of the main verb. Most verbs in French take **avoir** as the auxiliary verb in the **passé composé**.

> AUXILIARY PAST
> VERB PARTICIPLE
> Nous **avons fêté**.
> *We celebrated.*
> *We have celebrated.*
> *We did celebrate.*

- The past participle of a regular **-er** verb is formed by replacing the **-er** ending of the infinitive with **-é**.

infinitive		past participle
fêt**er**	▶	fêt**é**
oubli**er**		oubli**é**
cherch**er**		cherch**é**

- Most regular **-er** verbs are conjugated in the **passé composé** as shown below for the verb **parler**.

> **parler *au passé composé***
>
> | j'ai parlé | nous avons parlé |
> |---|---|
> | tu as parlé | vous avez parlé |
> | il/elle/on a parlé | ils/elles ont parlé |

- The past participles of **-er** verbs with spelling changes in the present tense do not have spelling changes in the **passé composé**.

> Laurent a **acheté** le cadeau.
> *Laurent bought a gift.*
>
> Vous avez **envoyé** des bonbons.
> *You sent the candies.*

- The past participle of most regular and irregular **-ir** verbs is formed by replacing the **-ir** ending with **i**. These include such verbs as **choisir**, **finir**, **grandir**, **obéir**, and **réussir** as well as **dormir**, **servir**, and **sentir**.

> Nous avons **fini** le gâteau.
> *We finished the cake.*
>
> Sylvie a **dormi** jusqu'à dix heures.
> *Sylvie slept until 10 o'clock.*

- The adverbs **hier** (*yesterday*) and **avant-hier** (*the day before yesterday*) are used often with the **passé composé**.

> Hier, Marie **a retrouvé** ses amis au stade.
> *Marie met her friends at the stadium yesterday.*
>
> Ses parents **ont téléphoné** avant-hier.
> *Her parents called the day before yesterday.*

🔊 Vérifiez

- The past participles of many common verbs are irregular. You will need to memorize them.

 Boîte à outils

Some verbs, like **aller**, **sortir**, and **tomber**, use **être** instead of **avoir** to form the **passé composé**. You will learn more about these verbs in **Leçon 7A**.

Some irregular past participles			
apprendre	appris	être	été
avoir	eu	faire	fait
boire	bu	pleuvoir	plu
comprendre	compris	prendre	pris
courir	couru	surprendre	surpris

Nous avons **bu** de la limonade.
We drank lemonade.

Ils ont **été** très en retard.
They were very late.

- The **passé composé** of **il faut** is **il a fallu**; that of **il y a** is **il y a eu**.

Il **a fallu** passer par le supermarché.
It was necessary to stop by the supermarket.

Il y a eu deux fêtes hier soir.
There were two parties last night.

Vérifiez

Negation and asking questions with the *passé composé*

- To make a verb negative in the **passé composé**, place **ne/n'** and **pas** around the conjugated form of **avoir**.

On **n'**a **pas** fêté mon anniversaire.
We didn't celebrate my birthday.

Elles **n'**ont **pas** servi de biscuits hier.
They didn't serve any cookies yesterday.

- There are three ways to ask yes or no questions in the **passé composé**: simply add a question mark and use rising intonation, add **est-ce que** in front of the subject, or invert the subject pronoun and the conjugated form of **avoir**. For the subject pronouns **il(s)**, **elle(s)**, and **on**, you will need to insert a **t** between the conjugated from of **avoir** and the subject pronoun.

Elles ont acheté du fromage hier?
Did they buy the cheese yesterday?

Est-ce que tu as mangé les biscuits?
Did you eat the cookies?

Avez-vous fêté votre anniversaire?
Did you celebrate your birthday?

Luc **a-t-il** aimé son cadeau?
Did Luc like his gift?

Essayez!   Indiquez les formes du passé composé des verbes.

1. j' ___ai commencé, je n'ai pas servi___ (commencer, ne pas servir)
2. tu _____ (donner, finir)
3. on _____ (parler, ne pas dormir)
4. nous _____ (adorer, choisir)
5. vous _____ (ne pas employer, grossir)
6. elles _____ (espérer, sentir)
7. je _____ (avoir, ne pas faire)
8. tu _____ (être, boire)
9. il _____ (ne pas comprendre, courir)

Reformulez ces phrases en questions.

1. Tu as payé 10 euros pour le gâteau. ___Est-ce que tu as payé 10 euros pour le gâteau? As-tu payé 10 euros pour le gâteau?___
2. Il a oublié les boissons. _____
3. Vous avez grossi. _____

Mise en pratique

1 **Qu'est-ce qu'ils ont fait?** Laurent parle de son week-end en ville avec sa famille. Complétez ses phrases avec le **passé composé** du verbe correct.

1. Nous _____ (nager, manger) des escargots.

2. Papa _____ (acheter, apprendre) une nouvelle montre.

3. J' _____ (prendre, oublier) une glace à la terrasse d'un café.

4. Vous _____ (enseigner, essayer) un nouveau restaurant.

5. Mes parents _____ (dessiner, célébrer) leur anniversaire de mariage.

6. Ils _____ (fréquenter, faire) une promenade.

7. Ma sœur _____ (boire, nettoyer) un chocolat chaud.

8. Le soir, nous _____ (écouter, avoir) sommeil.

2 **Pas encore** Un copain pose des questions pénibles. Écrivez ses questions puis donnez des réponses négatives.

MODÈLE

inviter vos amis (vous)
Vous avez déjà invité vos amis? Non, nous n'avons pas encore invité nos amis.

1. écouter mon CD (tu)

2. faire ses devoirs (Matthieu)

3. courir dans le parc (elles)

4. parler aux profs (tu)

5. apprendre les verbes irréguliers (André)

6. être à la piscine (Marie et Lise)

7. emmener Yassim au cinéma (vous)

8. avoir le temps d'étudier (tu)

Coup de main

Adverbs, such as **déjà**, **encore**, **bien**, **mal**, and **beaucoup** are placed between the auxiliary verb or **pas** and the past participle.

Tu as *déjà* mangé?
(*Have you already eaten?*)

Non, je n'ai pas *encore* mangé.
(*No, I haven't eaten yet.*)

3 **La semaine** Assemblez les éléments des colonnes pour expliquer ce que (*what*) tout le monde (*everyone*) a fait cette semaine.

A	B	C
je	acheter	bonbons
Luc	apprendre	café
mon prof	boire	cartes
Sylvie	enseigner	l'espagnol
mes parents	étudier	famille
mes copains et moi	faire	foot
tu	jouer	glace
vous	manger	jogging
?	parler	les maths
	prendre	promenade
	regarder	vélo
	?	?

Communication

4 **L'été dernier** Vous avez passé l'été dernier avec deux amis, mais vos souvenirs (*memories*) diffèrent. Par groupes de trois, utilisez les expressions de la liste et imaginez le dialogue.

> **MODÈLE**
>
> **Élève 1:** *Nous avons fait du cheval tous les matins.*
> **Élève 2:** *Mais non! Moi, j'ai fait du cheval. Vous deux, vous avez fait du jogging.*
> **Élève 3:** *Je n'ai pas fait de jogging. J'ai dormi!*

acheter	essayer	faire une promenade
courir	faire du cheval	jouer au foot
dormir	faire du jogging	jouer aux cartes
emmener	faire la fête	manger

5 **Vendredi soir** Vous et votre partenaire avez assisté à une fête vendredi soir. Parlez de la fête à tour de rôle. Qu'est-ce que les invités ont fait? Quelle a été l'occasion?

6 **Qu'est-ce que tu as fait?** Avec un(e) partenaire, posez-vous les questions à tour de rôle. Ensuite, présentez vos réponses à la classe.

1. As-tu fait la fête samedi dernier? Où? Avec qui?

2. Est-ce que tu as célébré une occasion importante cette année? Quelle occasion?

3. As-tu organisé une fête? Pour qui?

4. Qui est-ce que tu as invité à ta dernière fête?

5. Qu'est-ce que tu as fait pour fêter ton dernier anniversaire?

6. Est-ce que tu as préparé quelque chose à manger pour une fête ou un dîner? Quoi?

7 **Ma fête** Votre partenaire a organisé une fête le week-end dernier. Posez sept questions pour avoir plus de détails sur la fête. Ensuite, alternez les rôles.

> **MODÈLE**
>
> **Élève 1:** *Pour qui est-ce que tu as organisé la fête samedi dernier?*
> **Élève 2:** *Pour ma sœur.*

Révision

1 **L'année dernière et cette année** Décrivez vos dernières fêtes de Thanksgiving à votre partenaire. Utilisez les verbes de la liste. Parlez aussi des projets (*plans*) de votre famille pour le prochain Thanksgiving.

MODÈLE

Élève 1: *L'année dernière, nous avons fêté Thanksgiving chez mes grands-parents. Cette année, nous allons manger au restaurant.*

Élève 2: *Moi, j'ai fait la fête avec toute la famille l'année dernière. Cette année, nous allons visiter New York avec ma tante.*

aller	donner	fêter	préparer
acheter	dormir	manger	regarder
boire	faire	prendre	téléphoner

2 **Ce musée, cette ville** Faites une liste de cinq lieux (villes, musées, restaurants, etc.) que vous avez visités. Avec un(e) partenaire, comparez vos listes. Utilisez des adjectifs démonstratifs dans vos phrases.

MODÈLE

Élève 1: *Ah, tu as visité Bruxelles. Moi aussi, j'ai visité cette ville. Elle est belle.*

Élève 2: *Tu as mangé au restaurant La Douce France. Je n'aime pas du tout ce restaurant!*

3 **La fête** Vous et votre partenaire avez préparé une fête avec vos amis. Vous avez acheté des cadeaux, des boissons et des snacks. À tour de rôle, parlez de ce qu'il y a sur l'illustration.

MODÈLE

Élève 1: *J'aime bien ces biscuits-là.*

Élève 2: *Moi, j'ai apporté cette glace-ci.*

4 **Enquête** Qu'est-ce que vos camarades ont fait de différent dans leur vie? Votre professeur va vous donner une feuille d'activités. Parlez à vos camarades pour trouver une personne différente pour chaque expérience, puis écrivez son nom.

MODÈLE

Élève 1: *As-tu déjà parlé à une actrice?*

Élève 2: *Oui! Une fois, j'ai parlé à Jennifer Lawrence!*

Expérience	Noms
1. parler à un(e) acteur/actrice	*Julien*
2. passer une nuit entière sans dormir	
3. dépenser plus de $100 pour de la musique en une fois	
4. faire la fête un lundi soir	
5. courir cinq kilomètres ou plus	
6. faire une surprise à un(e) ami(e) pour son anniversaire	

5 **Conversez** Avec un(e) partenaire, imaginez une conversation entre deux ami(e)s qui ont mangé dans un restaurant le week-end dernier. À tour de rôle, racontez:

- où ils ont mangé
- les thèmes de la conversation
- qui a parlé de quoi
- qui a payé
- la date du prochain dîner

6 **Magali fait la fête** Votre professeur va vous donner, à vous et à votre partenaire, deux feuilles d'activités différentes. Attention! Ne regardez pas la feuille de votre partenaire.

MODÈLE

Élève 1: *Magali a parlé avec un homme. Cet homme n'a pas l'air intéressant du tout!*

Élève 2: *Après, ...*

vhlcentral

Préparation Répondez aux questions suivantes.

1. Quelles fêtes célébrez-vous? Quelles fêtes sont les plus (*the most*) importantes dans votre famille ou votre communauté?

2. Comment sont ces célébrations? Décrivez les repas, la musique, les activités, les décorations et les vêtements qu'on porte.

Reportage de ResoNews

C'est du pain d'épices artisanal°.

Les marchés de Noël

Les marchés de Noël ont commencé en Europe centrale, dans des pays comme l'Allemagne, l'Autriche et la Suisse. En France on ne les trouvait qu'°en Alsace. Mais depuis° quelques années, ces marchés sont arrivés° dans d'autres régions ou villes, et en particulier, à Paris.

La ville a plusieurs marchés de Noël pendant les fêtes, mais celui° des Champs-Élysées est situé sur l'avenue la plus célèbre° de la capitale. Ses nombreux petits chalets° vendent toutes sortes de produits et de sa grande roue°, on a une belle vue panoramique de l'avenue.

artisanal *handcrafted* **ne les trouvait qu'** *only found them* **depuis** *since* **sont arrivés** *arrived* **celui** *the one* **la plus célèbre** *the most famous* **chalets** *cabins* **grande roue** *Ferris wheel*

Vocabulaire utile

le pain d'épices	*gingerbread*
de la présence	*people (in attendance)*
faible	*weak, underhwelming*
un conseil	*piece of advice*
un sapin de Noël	*Christmas tree*
un bilan	*assessment*
mitigé	*mixed*
la féerie	*wonder*

Compréhension Répondez aux questions.

1. Quels éléments dans la vidéo indiquent qu'on fête Noël?

2. Quelles activités sont mentionnées ou filmées dans la vidéo?

3. Qu'est-ce qu'on achète sur le marché de Noël des Champs-Élysées?

Conversation En petits groupes, répondez aux questions.

1. Partagez vos réponses aux questions de **Préparation**. En quoi ces célébrations se ressemblent-elles? Comment sont-elles différentes?

2. Quels éléments du marché de Noël de la vidéo ressemblent-ils aux éléments d'une fête célébrée dans votre communauté? Décrivez les points communs et les différences.

Application Préparez une présentation écrite ou orale dans laquelle (*in which*) vous décrivez et illustrez les activités, les objets et d'autres éléments d'une fête importante dans votre communauté ou votre tradition.

You will learn how to...
- describe clothing
- offer and accept gifts

🔊 **vhl**central

Très chic!

un chapeau (chapeaux *pl.*)

un maillot de bain

cher (chère *f.*)

une cravate

Vocabulaire

aller avec	*to go with*
un anorak	*ski jacket, parka*
une chaussette	*sock*
une chemise (à manches courtes/longues)	*shirt (short-/long-sleeved)*
un chemisier	*blouse*
un gant	*glove*
un jean	*jeans*
une jupe	*skirt*
un manteau	*coat*
un pantalon	*pants*
un pull	*sweater*
un sous-vêtement	*underwear*
une taille	*clothing size*
un tailleur	*(woman's) suit; tailor*
un tee-shirt	*tee shirt*
un vendeur/une vendeuse	*salesman/saleswoman*
des vêtements (*m.*)	*clothing*
De quelle couleur...?	*In what color...?*
des soldes (*m.*)	*sales*
chaque	*each*
large	*loose; big*
serré(e)	*tight*

une ceinture

une robe

un short

une robe

un sac à main

Il porte un costume. (porter)

des baskets (*f.*)

des chaussures (*f.*)

violet (violette *f.*)

vert (verte *f.*)

rose

gris (grise *f.*)

jaune

noir (noire *f.*)

orange

bleu (bleue *f.*)

marron

blanc (blanche *f.*)

rouge

Mise en pratique

Attention!

Note that the adjectives **orange** and **marron** are invariable; they do not vary in gender or number to match the noun they modify.

J'aime l'anorak **orange**.

Il porte des chaussures **marron**.

1 Les vêtements Choisissez le mot qui ne va pas avec les autres.

1. des baskets, une cravate, une chaussure
2. un jean, un pantalon, une jupe
3. un tailleur, un costume, un short
4. des lunettes, un chemisier, une chemise
5. un tee-shirt, un pull, un anorak
6. une casquette, une ceinture, un chapeau
7. un sous-vêtement, une chaussette, un sac à main
8. une jupe, une robe, une écharpe

2 Écoutez Guillaume prépare ses vacances d'hiver (*winter vacation*). Indiquez quels vêtements il va acheter pour son voyage.

		Oui	Non
1.	des baskets	☑	☐
2.	un maillot de bain	☐	☑
3.	des chemises	☑	☐
4.	un pantalon noir	☑	☐
5.	un manteau	☑	☐
6.	un anorak	☐	☑
7.	un jean	☑	☐
8.	un short	☑	☐
9.	un pull	☐	☑
10.	une robe	☐	☑

Guillaume

des lunettes (de soleil) (f.)

une casquette

une écharpe

un blouson

bon marché

3 De quelle couleur? Indiquez de quelle(s) couleur(s) sont ces choses.

MODÈLE

l'océan
Il est bleu.
la statue de la Liberté
Elle est verte.

1. le drapeau français _____
2. les dollars américains _____
3. les pommes (*apples*) _____
4. le soleil _____
5. la nuit _____
6. le zèbre _____
7. la neige _____
8. les oranges _____
9. le café _____
10. les bananes _____

Communication

4 **Qu'est-ce qu'ils portent?** Avec un(e) camarade de classe, regardez les images et à tour de rôle, décrivez ce que les personnages portent.

MODÈLE

Elle porte un maillot de bain rouge.

1.   2.   3.   4.

5 **On fait du shopping** Avec deux partenaires, préparez une conversation. Deux client(e)s et un vendeur/une vendeuse sont dans un grand magasin. Les client(e)s sont invité(e)s à un événement (*event*) très chic, mais ils ou elles n'ont pas envie de dépenser beaucoup d'argent.

Client(e)s

- Décrivez l'événement auquel (*to which*) vous êtes invité(e)s.
- Parlez des vêtements que vous cherchez, de vos couleurs préférées, de votre taille. Trouvez-vous le vêtement trop large, trop serré, etc.?
- Demandez les prix et dites si vous trouvez que c'est cher, bon marché, etc.

Vendeur/Vendeuse

- Demandez les tailles, préférences, etc. des client(e)s.
- Répondez à toutes les questions de vos client(e)s.
- Suggérez des vêtements appropriés.

> **Coup de main**
>
> To compare French and American sizes, see the chart on p. 90.

6 **Conversez** Interviewez un(e) camarade de classe.

1. Qu'est-ce que tu portes l'hiver? Et l'été?
2. Qu'est-ce que tu portes pour aller au lycée?
3. Qu'est-ce que tu portes pour aller à la plage (*beach*)?
4. Qu'est-ce que tu portes pour faire une randonnée?
5. Qu'est-ce que tu portes pour aller en ville?
6. Qu'est-ce que tu portes quand il pleut?
7. Quelle est ta couleur préférée? Pourquoi?
8. Qu'est-ce que tu portes pour aller dans un restaurant très élégant?
9. Où est-ce que tu achètes tes vêtements? Pourquoi?
10. Est-ce que tu prêtes (*lend*) tes vêtements à tes ami(e)s?

7 **Défilé de mode** Votre classe a organisé un défilé de mode (*fashion show*). Votre partenaire est mannequin (*model*) et vous représentez la marque (*brand*) de vêtements. Pendant que votre partenaire défile, vous décrivez à la classe les vêtements qu'il ou elle porte. Après, échangez les rôles.

MODÈLE

Et voici la charmante Julie, qui porte les modèles de la dernière collection H&M®: une chemise à manches courtes et un pantalon noir, ensemble idéal pour sortir le soir. Ses chaussures blanches vont parfaitement avec l'ensemble. Cette collection H&M est très à la mode et très bon marché.

Les sons et les lettres 🔊 vhlcentral

Open vs. closed vowels: Part 3

The letter combination **eu** can be pronounced two different ways, open and closed. Compare the pronunciation of the vowel sounds in these words.

chev**eu**x	nev**eu**	h**eu**re	meill**eu**r

When **eu** is followed by a pronounced consonant, it has an open sound. The open **eu** sound does not exist in English. To pronounce it, say **è** with your lips only slightly rounded.

p**eu**r	j**eu**ne	chant**eu**r	b**eu**rre

The letter combination **œu** is usually pronounced with an open **eu** sound.

s**œu**r	b**œu**f	**œu**f	ch**œu**r

When **eu** is the last sound of a syllable, it has a closed vowel sound, similar to the vowel sound in the English word *full*. While this exact sound does not exist in English, you can make the closed **eu** sound by saying **é** with your lips rounded.

d**eu**x	bl**eu**	p**eu**	mi**eu**x

When **eu** is followed by a *z* sound, such as a single **s** between two vowels, it is usually pronounced with the closed **eu** sound.

chant**eu**se	génér**eu**se	séri**eu**se	curi**eu**se

Prononcez Répétez les mots suivants à voix haute.

1. leur
2. veuve
3. neuf
4. vieux
5. curieux
6. acteur
7. monsieur
8. coiffeuse
9. ordinateur
10. tailleur
11. vendeuse
12. couleur

Articulez Répétez les phrases suivantes à voix haute.

1. Le professeur Heudier a soixante-deux ans.
2. Est-ce que Matthieu est jeune ou vieux?
3. Monsieur Eustache est un chanteur fabuleux.
4. Eugène a les yeux bleus et les cheveux bruns.

Dictons Répétez les dictons à voix haute.

Qui vole un œuf, vole un bœuf.[1]

Les conseilleurs ne sont pas les payeurs.[2]

[1] He who steals an egg would steal an ox.
[2] Those who give advice are not the ones who pay the price.

L'anniversaire vhlcentral

PERSONNAGES

Amina

Astrid

Rachid

Sandrine

Stéphane

Valérie

Au café...

VALÉRIE, SANDRINE, AMINA, ASTRID ET RACHID Surprise! Joyeux anniversaire, Stéphane!
STÉPHANE Alors là, je suis agréablement surpris!
VALÉRIE Bon anniversaire, mon chéri!
SANDRINE On a organisé cette surprise ensemble...

VALÉRIE Pas du tout! C'est Sandrine qui a presque tout préparé.
SANDRINE Oh, je n'ai fait que les desserts et ton gâteau d'anniversaire.
STÉPHANE Tu es un ange.
RACHID Bon anniversaire, Stéphane. Tu sais, à ton âge, il ne faut pas perdre son temps. Alors cette année, tu travailles sérieusement, c'est promis?
STÉPHANE Oui, oui.

AMINA Rachid a raison. Dix-huit ans, c'est une étape importante dans la vie! Il faut fêter ça.
ASTRID Joyeux anniversaire, Stéphane.
STÉPHANE Oh, et en plus, vous m'avez apporté des cadeaux!

AMINA Oui. J'ai tout fait moi-même: ce tee-shirt, cette jupe et j'ai acheté ces chaussures.
SANDRINE Tu es une véritable artiste, Amina! Ta jupe est très originale! J'adore!
AMINA J'ai une idée. Tu me prêtes ta robe grise samedi et je te prête ma jupe. D'accord?
SANDRINE Bonne idée!

STÉPHANE Eh! C'est super cool, ce blouson en cuir noir. Avec des gants en plus! Merci, maman!
AMINA Ces gants vont très bien avec le blouson! Très à la mode!
STÉPHANE Tu trouves?

RACHID Tiens, Stéphane.
STÉPHANE Mais qu'est-ce que c'est? Des livres?
RACHID Oui, la littérature, c'est important pour la culture générale!
VALÉRIE Tu as raison, Rachid.
STÉPHANE Euh oui... euh... c'est gentil... euh... merci, Rachid.

A C T I V I T É S

1 **Vrai ou faux?** Indiquez si ces affirmations sont **vraies** ou **fausses**.

1. David ne veut pas (*doesn't want*) aller à la fête.
2. Sandrine porte une jupe bleue.
3. Amina a fait sa jupe elle-même (*herself*).
4. Le tee-shirt d'Amina est en soie.
5. Valérie donne un blouson en cuir et une ceinture à Stéphane.
6. Sandrine n'aime pas partager ses vêtements.
7. Pour Amina, 18 ans, c'est une étape importante.
8. Sandrine n'a rien fait (*didn't do anything*) pour la fête.
9. Rachid donne des livres de littérature à Stéphane.
10. Stéphane pense que ses amis sont drôles.

Les amis fêtent l'anniversaire de Stéphane.

SANDRINE Ah au fait, David est désolé de ne pas être là. Ce week-end, il visite Paris avec ses parents. Mais il pense à toi.
STÉPHANE Je comprends tout à fait. Les parents de David sont de Washington, n'est-ce pas?
SANDRINE Oui, c'est ça.

AMINA Merci, Sandrine. Je trouve que tu es très élégante dans cette robe grise! La couleur te va très bien.
SANDRINE Vraiment? Et toi, tu es très chic. C'est du coton?
AMINA Non, de la soie.
SANDRINE Cet ensemble, c'est une de tes créations, n'est-ce pas?

STÉPHANE Une calculatrice rose... pour moi?
ASTRID Oui, c'est pour t'aider à répondre à toutes les questions en maths, et avec le sourire.
STÉPHANE Euh, merci beaucoup! C'est très... utile.
ASTRID Attends! Il y a encore un cadeau pour toi...

STÉPHANE Ouah, cette montre est géniale, merci!
ASTRID Tu as aimé notre petite blague? Nous, on a bien ri.
RACHID Eh Stéphane! Tu as vraiment aimé tes livres et ta calculatrice?
STÉPHANE Ouais, vous deux, ce que vous êtes drôles.

2 **Identifiez** Indiquez qui a dit (*said*) ces phrases: Amina (**A**), Astrid (**As**), Rachid (**R**), Sandrine (**S**), Stéphane (**St**) ou Valérie (**V**).

_____ 1. Tu es une véritable artiste.

_____ 2. On a bien ri.

_____ 3. Très à la mode.

_____ 4. Je comprends tout à fait.

_____ 5. C'est Sandrine qui a presque tout préparé.

_____ 6. C'est promis?

3 **À vous!** Ce sont les soldes. Sandrine, David et Amina vont dans un magasin pour acheter des vêtements. Ils essaient différentes choses, donnent leur avis (*opinion*) et parlent de leurs préférences, des prix et des matières (*fabrics*). Avec un(e) partenaire, écrivez la conversation et jouez la scène devant la classe.

A C T I V I T É S

vhlcentral   CULTURE À LA LOUPE

La mode° en France

Pour la majorité des Français, la mode est un moyen° d'expression. Les jeunes adorent les marques°, surtout les marques américaines. Avoir un *hoody* de style américain est considéré comme à la mode. C'est pareil° pour les chaussures. Bien sûr, les styles varient beaucoup. Il y a le style BCBG (bon chic bon genre), par exemple, plus classique avec la prédominance de la couleur bleu marine°. Il y a aussi le style «baba cool», c'est-à-dire° *hippie*.

Les marques coûtent cher, mais en France il y a encore beaucoup de boutiques indépendantes où les vêtements sont bon marché. Souvent les vendeurs et les vendeuses sont aussi propriétaires° du magasin. Ils encouragent plus les clients à acheter. Mais il y a aussi beaucoup de chaînes françaises comme Lacoste, Promod et Camaïeu. Et les chaînes américaines sont de plus en plus présentes dans les villes. Les Français achètent aussi des vêtements dans les hypermarchés°, comme Monoprix, Auchan ou Carrefour, et dans les centres commerciaux.

L'anthropologue américain Lawrence Wylie a écrit° sur les différences entre les vêtements français et américains. Les Américains portent des vêtements plus amples et plus confortables. Pour les Français, l'aspect esthétique est plus important que le confort. Les femmes mettent des baskets uniquement pour faire du sport. Les costumes français sont plus serrés et plus près du corps° et les épaules° sont en général plus étroites°.

Coup de main

Comparaison des tailles°

FEMMES						
France	32	34	36	38	40	42
USA	2	4	6	8	10	12
HOMMES (PANTALONS)						
France	36	38	40	42	44	46
USA	26	28	30	32	34	36

(handwritten: y = x + 30)
(handwritten: y = x + 10)

Évolution des dépenses des Français pour la mode (en % du budget)

	1960	1970	1980	1990	2000	2010
(10,0)	10,0	8,5	6,5	5,5	3,3	3,3

La mode *Fashion* **moyen** *means* **marques** *brand names* **pareil** *the same* **marine** *navy* **c'est-à-dire** *in other words* **propriétaires** *owners* **hypermarchés** *large supermarkets* **a écrit** *wrote* **corps** *body* **épaules** *shoulders* **étroites** *narrow* **tailles** *sizes*

ACTIVITÉS

1 Vrai ou faux? Indiquez si les phrases sont **vraies** ou **fausses**.

1. Pour beaucoup de Français, la mode est un moyen d'expression.
2. Un *hoody* de style américain est considéré comme du mauvais goût (*taste*) par les jeunes.
3. La couleur bleu marine prédomine dans le style BCBG.
4. En France les boutiques indépendantes sont rares.
5. Les vendeurs et les vendeuses des boutiques indépendantes sont souvent aussi propriétaires.
6. Lacoste, Promod et Camaïeu sont des chaînes françaises.
7. Il est possible d'acheter des vêtements dans les hypermarchés.
8. Lawrence Wylie a écrit sur la mode italienne.
9. Les Français portent des vêtements plus amples et plus confortables.
10. Les costumes français sont très larges.

LE FRANÇAIS QUOTIDIEN

Les vêtements et la mode

fringues (*f.*)	*clothes*
look (*m.*)	*style*
vintage (*m.*)	*vintage clothing*
BCBG (bon chic bon genre)	*chic and preppy*
ringard(e)	*out-of-style*
être bien/ mal sapé(e)	*to be well/ badly dressed*
être sur son 31	*to be well dressed*

LE MONDE FRANCOPHONE

Vêtements et tissus

Voici quelques vêtements et tissus° traditionnels du monde francophone.

En Afrique centrale et de l'Ouest

Le boubou tunique plus ou moins° longue et souvent très colorée

Les batiks tissus traditionnels très colorés

En Afrique du Nord

La djellaba longue tunique à capuche°

Le kaftan sorte de djellaba portée à la maison

À la Martinique

Le madras tissu typique aux couleurs vives

À Tahiti

Le paréo morceau° de tissu attaché au-dessus de la poitrine° ou à la taille°

tissus *fabrics* **plus ou moins** *more or less* **à capuche** *hooded*
morceau *piece* **poitrine** *chest* **taille** *waist*

PORTRAIT

Coco Chanel, styliste° parisienne

«La mode se démode°, le style jamais.»
—*Coco Chanel*

Coco Chanel (1883–1971) est considérée comme l'icône du parfum et de la mode du vingtième siècle°. Dans les années 1910, elle a l'idée audacieuse° d'intégrer la mode «à la garçonne» dans ses créations: les lignes féminines empruntent aux° éléments de la mode masculine. C'est la naissance du fameux tailleur Chanel. Pour «Mademoiselle Chanel», l'important dans la mode, c'est que les vêtements permettent de bouger°; ils doivent° être simples et confortables. Son invention de «la petite robe noire» illustre l'esprit° classique et élégant de ses collections. De nombreuses célébrités ont immortalisé le nom de Chanel: Jacqueline Kennedy avec le tailleur et Marilyn Monroe avec le parfum No. 5, par exemple.

styliste *designer* **vingtième siècle** *twentieth century*
idée audacieuse *daring idea* **empruntent aux** *borrow from*
bouger *move* **doivent** *have to* **esprit** *spirit*

Sur Internet

Combien de couturiers présentent leurs collections dans les défilés de mode, à Paris, chaque hiver?

Go to **vhlcentral.com** to find more information related to this **Culture** section.

---

2 **Coco Chanel** Complétez les phrases.

1. Coco Chanel était (*was*) _____.

2. Le style Chanel est inspiré de _____.

3. Les vêtements Chanel sont _____.

4. Jacqueline Kennedy portait souvent des _____ Chanel.

5. D'après «Mademoiselle Chanel», il est très important de pouvoir (*to be able to*) _____ dans ses vêtements.

6. C'est Coco Chanel qui a inventé _____.

3 **Le «relookage»** Vous êtes conseiller/conseillère en image (*image counselors*), spécialisé(e) dans le «relookage». Votre nouveau (nouvelle) client(e), une célébrité, vous demande de l'aider à sélectionner un nouveau style. Discutez de ce nouveau look avec un(e) partenaire.

A C T I V I T É S

6B.1 Indirect object pronouns vhlcentral

Point de départ An indirect object expresses *to whom* or *for whom* an action is done. It is always a person or animal and preceded by the preposition **à** in French. In the example below, the indirect object answers this question: **À qui parle Gisèle?** (*To whom does Gisèle speak?*)

SUBJECT	VERB	INDIRECT OBJECT NOUN
Gisèle	**parle**	**à sa mère.**
Gisèle	*speaks*	*to her mother.*

- Indirect object pronouns replace indirect object nouns and the prepositions that precede them.

Indirect object pronouns			
me	*to/for me*	nous	*to/for us*
te	*to/for you*	vous	*to/for you*
lui	*to/for him/her*	leur	*to/for them*

Gisèle parle **à sa mère**.
Gisèle speaks to her mother.

Gisèle **lui** parle.
Gisèle speaks to her.

J'envoie des cadeaux **à mes nièces**.
I send gifts to my nieces.

Je **leur** envoie des cadeaux.
I send them gifts.

Vous m'avez apporté des cadeaux!

Je te prête ma jupe. D'accord?

- The indirect object pronoun usually precedes the conjugated verb.

Antoine, je **te** parle.
Antoine, I'm talking to you.

Notre père **nous** a envoyé un e-mail.
Our father sent us an e-mail.

- In a negative statement, place the indirect object pronoun between **ne** and the conjugated verb.

Antoine, je ne **te** parle pas de ça.
Antoine, I'm not talking to you about that.

Notre père ne **nous** a pas envoyé d'e-mail.
Our father didn't send us an e-mail.

- When an infinitive follows a conjugated verb, the indirect object pronoun precedes the infinitive.

Nous allons **lui** donner une cravate.
We're going to give him a tie.

Il ne va pas **vous** prêter le costume.
He's not going to lend you the suit.

- In the **passé composé**, the indirect object pronoun comes before the auxiliary verb **avoir**.

Tu **lui** as parlé?
Did you speak to her?

Non, je ne **lui** ai pas parlé.
No, I didn't speak to her.

Boîte à outils

When asking a question using inversion, follow the same rules outlined on this page for the placement of the indirect object pronoun.

Lui parles-tu?

Lui as-tu parlé?

Vas-tu lui parler?

- The indirect object pronouns **me** and **te** become **m'** and **t'** before a verb beginning with a vowel sound.

Ton petit ami **t'**envoie des e-mails.
Your boyfriend sends you e-mails.

Isabelle **m'**a prêté son sac à main.
Isabelle lent me her handbag.

M'a-t-il acheté ce pull?
Did he buy me this sweater?

Elles ne **t'**ont pas téléphoné hier?
Didn't they call you yesterday?

🔊 **Vérifiez**

Verbs used with indirect object pronouns			
demander à	*to ask, to request*	**parler à**	*to speak/talk to*
donner à	*to give to*	**poser une question à**	*to pose/ask a question (to)*
envoyer à	*to send to*	**prêter à**	*to lend to*
montrer à	*to show to*	**téléphoner à**	*to phone, to call*

Disjunctive pronouns

- Disjunctive pronouns can be used alone or in phrases without a verb.

Qui prend du café?
Who's having coffee?

Moi!
Me!

Eux aussi?
Them, too?

- Disjunctive pronouns emphasize the person to whom they refer.

Moi, je porte souvent une casquette.
Me, I often wear a cap.

Mon frère, **lui**, il déteste les casquettes.
My brother, he hates caps.

- To say *myself, ourselves,* etc., add **-même(s)** after the disjunctive pronoun.

Tu fais ça **toi-même**?
Are you doing that yourself?

Ils organisent la fête **eux-mêmes**.
They're planning the party themselves.

- Some French verbs and expressions use a stressed pronoun instead of an indirect object pronoun to replace people or animals that follow the preposition **à**. One such expression is **penser à**.

Il **pense** souvent **à** ses grands-parents, n'est-ce pas?
He often thinks about his grandparents, doesn't he?

DISJUNCTIVE PRONOUN
Oui, il **pense** souvent **à** eux.
Yes, he often thinks about them.

🏃 **Boîte à outils**

The following are disjunctive pronouns, which can be used alone or after a preposition:

moi	*me*	**nous**	*us*
toi	*you*	**vous**	*you*
lui	*him*	**eux**	*them*
elle	*her*	**elles**	*them*

🔊 **Vérifiez**

Essayez! **Complétez les phrases avec le pronom d'objet indirect approprié.**

1. Tu ___nous___ montres tes photos? (*us*)

2. Luc, je _____ donne ma nouvelle adresse. (*you, fam.*)

3. Vous _____ posez de bonnes questions. (*me*)

4. Nous _____ avons demandé. (*them*)

5. On _____ achète une nouvelle robe. (*you, form.*)

6. Ses parents _____ ont acheté un tailleur. (*her*)

7. Je vais _____ téléphoner à dix heures. (*him*)

8. Elle va _____ prêter sa jupe. (*me*)

9. Je _____ envoie des vêtements. (*you, plural*)

10. Est-ce que tu _____ as apporté ces chaussures? (*them*)

11. Il ne _____ donne pas son anorak? (*you, fam.*)

12. Nous ne _____ parlons pas! (*them*)

Mise en pratique

1 Complétez Corinne fait du shopping avec sa copine Célia. Trouvez le bon pronom d'objet indirect ou disjonctif pour compléter ses phrases.

1. Je _____ achète des baskets. (à mes cousins)
2. Je _____ prends une ceinture. (à toi, Célia)
3. Nous _____ achetons une jupe. (à notre copine Christelle)
4. Célia _____ prend des lunettes de soleil. (à ma mère et à moi)
5. Je _____ achète des gants. (à ta mère et à toi, Célia)
6. Célia _____ achète un pantalon. (à moi)
7. Et, c'est l'annversaire de Magalie demain. Tu penses à _____, j'espère! (à Magalie)

2 Dialogues Complétez les dialogues.

1. **M. SAUNIER** Tu m'as posé une question, chérie?

   MME SAUNIER Oui. Je _____ ai demandé l'heure.

2. **CLIENT** Je cherche un beau pull.

   VENDEUSE Je vais _____ montrer ce pull noir.

3. **VALÉRIE** Tu as l'air triste. Tu penses à ton petit ami?

   MÉGHANE Oui, je pense à _____.

4. **PROF 1** Mes étudiants ont passé l'examen.

   PROF 2 Tu _____ envoies les résultats?

5. **MÈRE** Qu'est-ce que vous allez faire?

   ENFANTS On va aller au cinéma. Tu _____ donnes de l'argent?

6. **PIERRE** Tu _____ téléphones ce soir?

   CHARLOTTE D'accord. Je te téléphone.

7. **GÉRARD** Christophe a oublié son pull. Il a froid!

   VALENTIN Je _____ prête mon blouson.

8. **MÈRE** Tu ne penses pas à Théo et Sophie?

   PÈRE Mais si, je pense souvent à _____.

3 Assemblez Avec un(e) partenaire, assemblez les éléments pour comparer vos familles et vos amis.

MODÈLE

Élève 1: *Mon père me prête souvent ses pulls.*
Élève 2: *Mon père, lui, il nous prête de l'argent.*

A	B	C
je	acheter	argent
tu	apporter	biscuits
mon père	envoyer	cadeaux
ma mère	expliquer	devoirs
mon frère	faire	e-mails
ma sœur	montrer	problèmes
mon/ma	parler	vêtements
meilleur(e) ami(e)	payer	vélo
mes copains	prêter	?
?	?	

Communication

4 **Qu'allez-vous faire?** Avec un(e) partenaire, dites ce que vous allez faire dans ces situations. Employez les verbes de la liste et présentez vos réponses à la classe.

MODÈLE

Un ami a soif.
On va lui donner de l'eau.

acheter	montrer
apporter	parler
demander	poser des questions
donner	préparer
envoyer	prêter
faire	téléphoner

1. Une personne âgée a froid.

2. Des touristes sont perdus (*lost*).

3. Un homme est sans abri (*homeless*).

4. Votre tante est à l'hôpital.

5. Vos cousins vous invitent à manger chez eux.

6. Votre chien a faim.

7. Un(e) ami(e) fête son anniversaire.

8. Votre meilleur(e) (*best*) ami(e) a des problèmes.

9. Vous ne comprenez pas le prof.

10. Vos parents voyagent en France pendant (*for*) un mois.

5 **Les cadeaux de l'année dernière** Par groupes de trois, parlez des cadeaux que vous avez achetés à votre famille et à vos amis l'année dernière. Que vous ont-ils acheté? Présentez vos réponses à la classe.

MODÈLE

Élève 1: *Qu'est-ce que tu as acheté à ta mère?*
Élève 2: *Je lui ai acheté un ordinateur.*
Élève 3: *Ma copine Dominique m'a donné une montre.*

6 **Au grand magasin** Par groupes de trois, jouez les rôles de deux client(e)s et d'un(e) vendeur/vendeuse. Les client(e)s cherchent des vêtements pour faire des cadeaux. Ils parlent de ce qu'ils (*what they*) cherchent et le/la vendeur/vendeuse leur fait des suggestions.

6B.2 Regular and irregular *-re* verbs vhlcentral

Point de départ You've already learned the present tense and **passé composé** forms for infinitives that end in **-er** and **-ir**. Now you will learn the forms for a family of verbs that end in **-re**.

- Many **-re** verbs, such as **attendre** (*to wait*), follow a regular pattern of conjugation, as shown below.

attendre	
j'attends	nous attendons
tu attends	vous attendez
il/elle/on attend	ils/elles attendent

Tu **attends** devant le café?
Are you waiting in front of the café?

Où **attendez**-vous?
Where are you waiting?

Nous **attendons** dans le magasin.
We're waiting in the store.

Il faut **attendre** dans la bibliothèque.
You have to wait in the library.

- The verb **attendre** means *to wait* or *to wait for*. Unlike English, it does not require a preposition.

Marc **attend le bus**.
Marc is waiting for the bus.

Il **attend** ses parents à l'école.
He's waiting for his parents at school.

Ils **attendent Robert**.
They're waiting for Robert.

J'**attends** les soldes.
I'm waiting for a sale.

Other regular *-re* verbs			
descendre	to go down; to take down	rendre (à)	to give back, to return (to)
entendre	to hear	rendre visite (à)	to visit someone
perdre (son temps)	to lose; to waste (one's time)	répondre (à)	to answer, to respond (to)
		vendre	to sell

- **Rendre visite à** means *to visit a person*, while **visiter** means *to visit a place*.

Tu **rends visite à ta grand-mère** le lundi.
You visit your grandmother on Mondays.

Vous **rendez visite à vos cousins**?
Are you visiting your cousins?

Cécile va **visiter le musée** aujourd'hui.
Cécile is going to visit the museum today.

Nous **visitons Rome** ce week-end.
We are visiting Rome this weekend.

- To form the past participle of regular **-re** verbs, drop the **-re** from the infinitive and add **-u**.

Les étudiants ont **vendu** leurs livres.
The students sold their books.

J'ai **répondu** à ton e-mail.
I answered your e-mail.

Il a **entendu** arriver la voiture de sa femme.
He heard his wife's car arrive.

Nous avons **perdu** patience.
We lost patience.

Vérifiez

- Some verbs whose infinitives end in **-re** are irregular.

	conduire *(to drive)*	**mettre** *(to put (on))*	**rire** *(to laugh)*
je	conduis	mets	ris
tu	conduis	mets	ris
il/elle/on	conduit	met	rit
nous	conduisons	mettons	rions
vous	conduisez	mettez	riez
ils/elles	conduisent	mettent	rient

Irregular -re verbs

Je **conduis** la voiture.
I'm driving the car.

Thérèse **met** ses gants.
Thérèse puts on her gloves.

Elles **rient** pendant le spectacle.
They laugh during the show.

Other irregular -re verbs

like *conduire*		like *mettre*	
construire	*to build, to construct*	**permettre**	*to allow*
détruire	*to destroy*	**promettre**	*to promise*
produire	*to produce*		
réduire	*to reduce*	like *rire*	
traduire	*to translate*	**sourire**	*to smile*

- The past participle of the verb **mettre** is **mis**. Verbs derived from **mettre** (**permettre**, **promettre**) follow the same pattern: **permis, promis**.

  Où est-ce que tu **as mis** mes livres?
  Where did you put my books?

  Je lui **ai promis** de faire la cuisine.
  I promised her that I'd cook.

- The past participle of **conduire** is **conduit**. Verbs like **conduire** follow the same pattern: **construire → construit; détruire → détruit; produire → produit; traduire → traduit**.

- The past participle of **rire** is **ri**. The past participle of **sourire** is **souri**.

- Like for the other verb groups, use present tense verb forms to give commands.

  Conduis moins vite!
  Drive more slowly!

  Souriez!
  Smile!

  Mets ta jupe noire!
  Wear your black skirt!

 Boîte à outils

The French verbs **permettre** and **promettre** are followed by the preposition **à** and an indirect object to mean *to allow someone* or *to promise someone*: **permettre à quelqu'un** and **promettre à quelqu'un**.

***Leur* avez-vous permis de commencer à dix heures?**
Did you allow them to start at 10 o'clock?

Je *te* promets de ne pas partir.
I promise you I won't leave.

Vérifiez

Essayez!   **Complétez les phrases avec la forme correcte du présent du verbe.**

1. Ils ___attendent___ (attendre) l'arrivée du train.

2. Nous _____ (répondre) aux questions du professeur.

3. Je _____ (sourire) quand je suis heureuse.

4. Si on _____ (construire) trop, on _____ (détruire) la nature.

5. Quand il fait froid, vous _____ (mettre) un pull.

6. Est-ce que les élèves _____ (entendre) le professeur?

7. Keiko _____ (conduire) sa voiture ce week-end.

8. Si le sandwich n'est pas bon, je _____ (mettre) du sel (salt).

Mise en pratique

1 Qui fait quoi? Quelles phrases vont avec les illustrations?

1.   2.   3.   4.

_____ a. Martin attend ses copains.

_____ b. Nous rendons visite à notre grand-mère.

_____ c. Vous vendez de jolis vêtements.

_____ d. Je ris en regardant un film.

2 Les clients difficiles Henri et Gilbert travaillent pour un grand magasin. Complétez leur conversation.

GILBERT Tu n'as pas encore mangé?

HENRI Non, j' (1) _____ (attendre) Jean-Michel.

GILBERT Il ne (2) _____ (descendre) pas tout de suite. Il (3) _____ (perdre) son temps avec un client difficile. Il (4) _____ (mettre) des cravates, des costumes, des chaussures...

HENRI Nous ne (5) _____ (vendre) pas souvent à des clients comme ça.

GILBERT C'est vrai. Ils (6) _____ (promettre) d'acheter quelque chose, puis ils partent les mains vides (*empty*).

3 Au centre commercial Daniel et ses copains ont passé (*spent*) la journée au centre commercial hier. Utilisez le passé composé et les éléments donnés pour faire des phrases complètes. Ajoutez d'autres éléments nécessaires.

1. Mon frère et moi / conduire / centre commercial
2. Guillaume / attendre / dix minutes / devant / cinéma
3. Hervé et Thérèse / vendre / pulls
4. Lise / perdre / sac à main
5. tu / mettre / robe / bleu
6. Sandrine et toi / ne pas répondre / vendeur

4 La journée de Béatrice Hier, Béatrice a fait une liste des choses à faire. Avec un(e) partenaire, utilisez les verbes de la liste au passé composé pour dire (*to say*) tout ce qu'elle a fait.

attendre	mettre
conduire	rendre visite
entendre	traduire

1. devoir d'espagnol
2. parler d'un CD super
3. e-mail de Sébastien
4. tante Albertine
5. gants dans mon sac
6. vieille voiture

Communication

5 **Fréquence** Employez les verbes de la liste et d'autres verbes pour dire (*to tell*) à un(e) partenaire ce que (*what*) vous faites tous les jours, une fois par mois et une fois par an. Alternez les rôles.

MODÈLE

Élève 1: *J'attends mes copains à la cantine tous les jours.*
Élève 2: *Moi, je rends visite à mes grands-parents une fois par mois.*

attendre	perdre
conduire	rendre
entendre	répondre
mettre	sourire

6 **Les charades** Par groupes de quatre, jouez aux charades. Chaque élève pense à une phrase différente avec un des verbes en **-re**. La première personne qui devine (*guesses*) propose la prochaine charade.

7 **Questions personnelles** Avec un(e) partenaire, posez-vous ces questions à tour de rôle.

1. Réponds-tu tout de suite (*immediately*) à tes e-mails?
2. As-tu promis à tes parents de faire quelque chose? Quoi?
3. Que mets-tu quand tu vas à un mariage? Pour aller à l'école? Pour sortir avec des copains?
4. Tes parents te permettent-ils de sortir tard pendant la semaine?
5. Tes parents conduisent une voiture? Comment conduisent-ils?
6. À qui rends-tu visite pendant les vacances?
7. Quelle est la dernière fois que tu as beaucoup ri? Avec qui?
8. As-tu déjà vendu quelque chose sur Internet? Quoi?

8 **La journée des vendeuses** Votre professeur va vous donner, à vous et à votre partenaire, une série d'illustrations qui montrent la journée d'Aude et d'Aurélie. Attention! Ne regardez pas la feuille de votre partenaire.

MODÈLE

Élève 1: *Le matin, elles ont conduit pour aller au magasin.*
Élève 2: *Après,…*

Révision

1 Je leur téléphone Par groupes de quatre, interviewez vos camarades. Préparez dix questions avec un verbe et une personne de la liste. Écrivez les réponses.

MODÈLE

Élève 1: Est-ce que tu parles souvent à tes cousines?
Élève 2: Oui, je leur parle toutes les semaines.

verbes	personnes
donner un cadeau	copain ou copine
envoyer une carte/un e-mail	cousin ou cousine
parler	grands-parents
rendre visite	petit(e) ami(e)
téléphoner	sœur ou frère

2 Mes e-mails Ces personnes vous envoient des e-mails. Que faites-vous? Vous ne répondez pas, vous attendez quelques jours, vous leur téléphonez? Par groupes de trois, comparez vos réactions.

MODÈLE

Élève 1: Ma sœur m'envoie un e-mail tous les jours.
Élève 2: Tu lui réponds tout de suite?
Élève 3: Tu préfères ne pas lui répondre?

1. un e-mail anonyme
2. un e-mail d'un(e) camarade de classe
3. un e-mail d'un professeur
4. un e-mail d'un(e) ami(e) d'enfance
5. un e-mail d'un(e) copain (copine)
6. un e-mail de vos grands-parents

3 Une liste Des membres de votre famille ou des amis vous ont donné ou acheté des vêtements que vous n'aimez pas du tout. Faites une liste de quatre ou cinq de ces vêtements. Comparez votre liste à la liste d'un(e) camarade.

MODÈLE

Élève 1: Ma soeur m'a donné une écharpe verte et laide et mon père m'a acheté des chaussettes marron trop petites!
Élève 2: L'année dernière, un ami m'a donné...

4 Quoi mettre? Vous et votre partenaire allez faire des choses différentes. Un(e) partenaire va fêter la retraite de ses grands-parents à Tahiti. L'autre va skier dans les Alpes. Qu'allez-vous porter? Demandez des vêtements à votre partenaire si vous n'aimez pas tous les vêtements de votre ensemble.

MODÈLE

Élève 1: Est-ce que tu me prêtes ton tee-shirt violet?
Élève 2: Ah non, j'ai besoin de ce tee-shirt. Tu me prêtes ton pantalon?

Ensemble 1

Ensemble 2

5 S'il te plaît Votre ami(e) a acheté un nouveau vêtement que vous aimez beaucoup. Vous essayez de convaincre (*to convince*) cet(te) ami(e) de vous prêter ce vêtement. Préparez un dialogue avec un(e) partenaire où vous employez tous les verbes. Jouez la scène pour la classe.

aller avec	montrer
aller bien	prêter
donner	promettre
mettre	rendre

6 Bon anniversaire, Nicolas! Votre professeur va vous donner, à vous et à votre partenaire, deux feuilles d'activités différentes. Attention! Ne regardez pas la feuille de votre partenaire.

MODÈLE

Élève 1: Les amis de Nicolas lui téléphonent.
Élève 2: Ensuite, ...

À l'écoute vhlcentral

 To practice listening for linguistic cues, you will listen to four sentences. As you listen, note whether each sentence refers to a past, present, or future action.

Préparation

Regardez la photo. Où sont Pauline et Sarah? Que font-elles? Décrivez les vêtements qu'elles regardent. À votre avis, pour quelle occasion cherchent-elles des vêtements?

À vous d'écouter

Écoutez la conversation entre Pauline et Sarah. Après une deuxième écoute, indiquez si les actions suivantes sont du **passé (p)**, du **présent (pr)** ou du **futur (f)**.

____ 1. la fête de la cousine de Pauline

____ 2. beaucoup danser

____ 3. rencontrer un musicien

____ 4. déjeuner avec un garçon intéressant

____ 5. chercher de nouveaux vêtements

____ 6. mettre des chaussures en cuir noir

____ 7. aimer une robe bleue

____ 8. acheter la robe bleue

Compréhension

Complétez Complétez les phrases.

1. Pauline cherche des vêtements pour ____.
   a. un dîner   **b.** une fête   **c.** un rendez-vous

2. Pauline va acheter un pantalon noir et ____.
   a. un tee-shirt   **b.** une chemise rose   **c.** un maillot de bain

3. Sarah pense que ____ ne vont pas avec les nouveaux vêtements.
   a. l'écharpe verte   **b.** les baskets roses   **c.** les lunettes de soleil

4. D'après Sarah, les chaussures ____ sont élégantes.
   a. en cuir noir   **b.** roses   **c.** en soie

5. La couleur préférée de Sarah n'est pas le ____.
   a. rose   **b.** jaune   **c.** vert

6. Sarah cherche un vêtement pour ____.
   a. un déjeuner   **b.** la fête de retraite de son père   **c.** un mariage

7. Sarah va acheter une robe en soie ____.
   a. à manches courtes   **b.** à manches longues   **c.** rouge

8. La robe existe en vert, en bleu et en ____.
   a. noir   **b.** marron   **c.** blanc

Une occasion spéciale Décrivez la dernière fois que vous avez fêté une occasion spéciale. Qu'est-ce que vous avez fêté? Où? Comment? Avec qui? Qu'est-ce que vous avez mis comme vêtements? Et les autres?

MODÈLE

Samedi, nous avons fêté l'anniversaire de mon frère. Mes parents ont invité nos amis Paul, Marc, Julia et Naomi dans un restaurant élégant. Moi, j'ai mis une belle robe verte en coton. Mon frère a mis un costume gris. Paul a mis...

vhlcentral
Panorama

L'OCÉAN ATLANTIQUE

LE PORTUGAL

L'ESPAGNE

LA MER MÉDITERRANÉE

le marché de Douz, en Tunisie

Bizerte

⊛ Sétif
Alger ● Constantine
Tanger ● ⊛ Tunis
Rabat ● Oran
Fès Sfax
Casablanca LA TUNISIE

Marrakech LES CHAÎNES DE L'ATLAS

LE MAROC

L'ALGÉRIE

LA LIBYE

LE SAHARA OCCIDENTAL

LA MAURITANIE

LE SAHARA

LE MALI LE NIGER

la mosquée Hassan II à Casablanca, au Maroc

0   500 miles
0   500 kilomètres

un café à Tlemcen, en Algérie

L'Algérie

Le pays en chiffres

▶ **Superficie:** 2.381.741 km²
▶ **Population:** 40.263.711
▶ **Industries principales:** agriculture, gaz naturel, pétrole°
▶ **Ville capitale:** Alger   ▶ **Monnaie:** dinar algérien
▶ **Langues:** arabe, français, tamazight

Le Maroc

Le pays en chiffres

▶ **Superficie:** 446.550 km²
▶ **Population:** 33.655.786
▶ **Industries principales:** agriculture, exploitation minière°
▶ **Ville capitale:** Rabat   ▶ **Monnaie:** dirham
▶ **Langues:** arabe, tamazight, français

La Tunisie

Le pays en chiffres

▶ **Superficie:** 163.610 km²
▶ **Population:** 11.134.588
▶ **Industries principales:** agriculture, exploitation minière
▶ **Ville capitale:** Tunis   ▶ **Monnaie:** dinar tunisien
▶ **Langues:** arabe, français, tamazight

Personnes célèbres

▶ Albert Memmi, Tunisie, écrivain (1920–)
▶ Nezha Chekrouni, Maroc, politicienne (1955–)
▶ Khaled, Algérie, chanteur (1960–)

pétrole oil **exploitation minière** mining **ne... que** only
Grâce aux Thanks to **sources** springs **sable** sand
faire pousser grow **En plein milieu** Right in the middle

Incroyable mais vrai!

Des oranges du Sahara? Dans ce désert, il ne tombe que° 12 cm de pluie par an. Grâce aux° sources° et aux rivières sous le sable°, les Sahariens ont développé un système d'irrigation pour faire pousser° des fruits et des légumes dans les oasis. En plein milieu° du désert, on peut trouver des tomates, des abricots ou des oranges!

Les régions

Le Maghreb

La région du Maghreb, en Afrique du Nord, se compose° du Maroc, de l'Algérie et de la Tunisie. Envahis° aux 7e et 8e siècles par les Arabes, les trois pays deviennent plus tard des colonies françaises avant de retrouver leur indépendance dans les années 1950–1960. La population du Maghreb est composée d'Arabes, d'Européens et de Berbères, les premiers résidents de l'Afrique du Nord. Le Grand Maghreb inclut ces trois pays, plus la Libye et la Mauritanie. En 1989, les cinq pays ont formé l'Union du Maghreb Arabe dans l'espoir° de créer une union politique et économique, mais des tensions entre l'Algérie et le Maroc ont ralenti° le projet.

Les arts

Assia Djebar (1936–2015)

Lauréate de nombreux prix littéraires et cinématographiques, Assia Djebar était° une écrivaine et cinéaste algérienne très talenteuse. Dans ses œuvres°, Djebar présente le point de vue° féminin avec

l'intention de donner une voix° aux femmes algériennes. *La Soif*, son premier roman°, sort en 1957. C'est plus tard, pendant qu'elle enseigne l'histoire à l'Université d'Alger, qu'elle devient cinéaste et sort son premier film, *La Nouba des femmes du Mont Chenoua*, en 1979. Le film reçoit le prix de la critique internationale au festival du film de Venise. En 2005, Assia Djebar devient le premier écrivain du Maghreb, homme ou femme, à être élue° à l'Académie française.

Les destinations

Marrakech

La ville de Marrakech, fondée en 1062, est un grand symbole du Maroc médiéval. Sa médina, ou vieille ville, est entourée° de fortifications et fermée aux automobiles. On y trouve la mosquée de Kutubiyya et la place Djem'a el-Fna. La mosquée est le joyau° architectural de la ville, et la place Djem'a el-Fna est la plus active de toute l'Afrique à tout moment de la journée, avec ses nombreux artistes et vendeurs. La médina a aussi le plus grand souk (grand marché couvert°) du Maroc, où toutes sortes d'objets sont proposés, au milieu de délicieuses odeurs de thé à la menthe°, d'épices et de pâtisseries au miel°.

Les traditions

Les hammams

Inventés par les Romains et adoptés par les Arabes, les hammams, ou «bains turcs», sont très nombreux et populaires en Afrique du Nord. Ce sont des bains de vapeur° composés de plusieurs pièces—souvent trois—où la chaleur est plus ou moins forte. L'architecture des hammams varie d'un endroit à un autre, mais ces bains de vapeur servent tous de lieux où se laver° et de centres sociaux très importants dans la culture régionale. Les gens s'y réunissent aux grandes occasions de la vie, comme les mariages et les naissances, et y vont aussi de manière habituelle pour se détendre et parler entre amis.

Qu'est-ce que vous avez appris? Répondez aux questions par des phrases complètes.

1. Qui est un chanteur algérien célèbre?
2. Où fait-on pousser des fruits et des légumes dans le Sahara?
3. Pourquoi le français est-il parlé au Maghreb?
4. Combien de pays composent le Grand Maghreb? Lesquels?
5. Qui est Assia Djebar?
6. Qu'essaie-t-elle de faire dans ses œuvres?
7. Qu'est-ce qu'un souk?
8. Quel est l'autre nom pour la vieille ville de Marrakech?
9. Où peut-on aller au Maghreb pour se détendre et parler entre amis?
10. Qui a inventé les hammams?

Sur Internet

1. Cherchez plus d'information sur les Berbères. Où se trouvent les grandes populations de Berbères? Ont-ils encore une identité commune?
2. Le henné est une tradition dans le monde maghrébin. Comment et pourquoi est-il employé?
3. Cherchez des informations sur les oasis du Sahara. Comment est la vie là-bas? Que peut-on y faire?

se compose *is made up* **Envahis** *Invaded* **espoir** *hope* **ont ralenti** *slowed down* **était** *was* **œuvres** *works* **point de vue** *point of view* **voix** *voice* **roman** *novel* **élue** *elected* **entourée** *surrounded* **joyau** *jewel* **couvert** *covered* **menthe** *mint* **miel** *honey* **bains de vapeur** *steam baths* **se laver** *to wash oneself*

Lecture vhlcentral

Avant la lecture

STRATÉGIE

Recognizing word families

Recognizing related words can help you guess the meaning of words in context, ensuring better comprehension of a reading selection. Using this strategy will enrich your French vocabulary.

Examinez le texte

Voici quelques mots que vous avez déjà appris. Pour chaque mot, trouvez un terme de la même famille dans le texte et utilisez un dictionnaire pour donner son équivalent en anglais.

MODÈLE

ami   *amitié*   *friendship*

1. diplôme _____ _____
2. commencer _____ _____
3. sortir _____ _____
4. timide _____ _____
5. difficile _____ _____
6. préférer _____ _____

Familles de mots

Avec un(e) partenaire, trouvez le bon mot pour compléter chaque famille de mots. (Note: vous avez appris tous les mots qui manquent (*all the missing words*) dans cette unité et il y a un mot de chaque famille dans le texte.)

MODÈLE

attendre   l'attente   attendu(e)

VERBE	NOM	ADJECTIF
1. boire	la boisson	_____
2. _____	la fête	festif/festive
3. vivre	_____	vif/vive
4. rajeunir	_____	jeune
5. surprendre	_____	surpris(e)
6. _____	la réponse	répondu(e)

Ça y est,° c'est officiel!

Bravo, jeunes diplômés°! C'est le commencement d'une nouvelle vie. Il est maintenant temps de fêter ça!

Pour faire retomber la pression°, **Mathilde, Christophe, Alexandre et Laurence vous invitent à fêter entre amis votre diplôme bien mérité°!**

À laisser chez vous:
La timidité, la fatigue, les soucis° et les difficultés des études et de la vie quotidienne° pour une ambiance festive

Quoi d'autre?
Un groupe de musique (le frère de Mathilde et sa bande) va venir° jouer pour nous!

À apporter:
Nourriture° et boissons: Chaque invité apporte quelque chose pour le buffet: salades, plats° froids/chauds, fruits, desserts, boissons
Activités: Jeux de cartes, ballons°, autres jeux selon° vos préférences, chaises pliantes°, maillot de bain (pour la piscine), crème solaire
Surprenez-nous!

Quand:
Le samedi 16 juillet (de 16h00 à minuit)

Où:
Chez les parents de Laurence, 14 route des Mines, Allouagne, Nord-Pas-de-Calais

Comment y aller°:
À la sortie d'Allouagne, prenez la route de Lozinghem. Tournez à gauche sur la route des Mines. Le numéro 14 est la grande maison sur la droite. (Nous allons mettre des ballons° de couleurs sur la route pour indiquer l'endroit.)

Au programme:
Faire la fête, bien sûr! Manger (buffet et barbecue), rire, danser et fêter la fin des cours! Attendez-vous à passer un bon moment!

Autres activités:
Activités en plein air° (football, badminton, volley, piscine... et surtout détente°!)

Pour répondre à cette invitation:
Téléphonez à Laurence (avant le 6 juillet, SVP°) au 06.14.55.85.80 ou par e-mail:
laurence@courriel.fr

Ça y est! *That's it!* **diplômés** *graduates* **faire retomber la pression** *to unwind* **bien mérité** *well deserved* **soucis** *worries* **vie quotidienne** *daily life* **va venir** *is going to come* **Nourriture** *Food* **plats** *dishes* **ballons** *balls* **selon** *depending on* **pliantes** *folding* **y aller** *get there* **ballons** *balloons* **en plein air** *outdoor* **détente** *relaxation* **svp** *please*

Après la lecture

Vrai ou faux? Indiquez si les phrases sont **vraies** ou **fausses**. Corrigez les phrases fausses.

1. C'est une invitation à une fête d'anniversaire.
2. Les invités vont passer un mauvais moment.
3. On va manger des salades et des desserts.
4. Les invités vont faire toutes les activités dans la maison.
5. Un groupe de musique va jouer à la fête.
6. La fête commence à 16h00.

Conseillez Vous êtes Laurence, l'organisatrice de la fête. Les invités veulent (*want*) assister à la fête, mais ils vous contactent pour parler de leurs soucis respectifs. Donnez-leur des conseils (*advice*) pour les mettre à l'aise (*at ease*).

MODÈLE

Isabelle: J'ai beaucoup de soucis cette semaine.
Vous: *Tu vas laisser tes soucis à la maison et venir (*come*) à la fête.*

1. Thomas: Je ne sais (*know*) pas quoi apporter.
   Vous: _____
2. Sarah: Je me perds (*get lost*) facilement quand je conduis.
   Vous: _____
3. Sylvie: Je ne fais pas de sport.
   Vous: _____
4. Salim: Je veux (*want*) répondre à l'invitation, mais je n'ai pas d'ordinateur.
   Vous: _____
5. Sandra: Je n'aime pas le barbecue.
   Vous: _____
6. Véronique: J'aime faire du sport en plein air, mais je n'aime pas le football.
   Vous: _____

On va à la fête? Vous êtes invité(e) à cette fête et vous allez amener un(e) ami(e). Téléphonez à cet(te) ami(e) (votre partenaire) pour l'inviter. Donnez des détails et répondez aux questions de votre ami(e) sur les hôtes, les invités, les activités de l'après-midi et de la soirée, les choses à apporter, etc.

Écriture

How to report an interview

There are several ways to prepare a written report about an interview. For example, you can transcribe the interview, or you can summarize it. In any event, the report should begin with an interesting title and a short introduction that answers the five *W*'s (*who, what, when, where, why*) and the *H* (*how*) of the interview. The report should end with an interesting conclusion. Note that when you transcribe a conversation in French, you should pay careful attention to format and punctuation.

Écrire une interview en français

- Pour indiquer qui parle dans une interview, on peut mettre le nom de la personne qui parle devant sa phrase.

  MONIQUE Lucie, qu'est-ce que tu vas mettre pour l'anniversaire de Julien?

  LUCIE Je vais mettre ma robe en soie bleue à manches courtes. Et toi, tu vas mettre quoi?

  MONIQUE Eh bien, une jupe en coton et un chemisier, je pense. Ou peut-être mon pantalon en cuir avec... Tiens, tu me prêtes ta chemise jaune et blanche?

  LUCIE Oui, si tu me la rends (*return it to me*) dimanche. Elle va avec le pantalon que je vais porter la semaine prochaine.

- On peut aussi commencer les phrases avec des tirets (*dashes*) pour indiquer quand une nouvelle personne parle.

— Qu'est-ce que tu as acheté comme cadeau pour Julien?

— Une cravate noire et violette. Elle est très jolie. Et toi?

— Je ne lui ai pas encore acheté de cadeau. Des lunettes de soleil peut-être?

— Oui, c'est une bonne idée! Et il y a des soldes à Saint-Louis Lunettes.

Thème
Écrire une interview
Avant l'écriture

1. Clarisse Deschamps est une styliste suisse. Elle dessine des vêtements pour les jeunes et va présenter sa nouvelle collection sur votre campus. Vous allez interviewer Clarisse pour le journal de votre lycée.

   Préparez une liste de questions à poser à Clarisse Deschamps sur elle ou sur sa nouvelle collection. Vous pouvez (*can*) poser des questions sur:

   - les types de vêtements
   - les couleurs
   - le style
   - les prix

Quoi?	
Comment?	
Pour qui?	
Combien?	
Pourquoi?	
Où?	
Quand?	

2. Vérifiez que vous avez au moins (*at least*) une question pour chaque mot interrogatif du tableau (*chart*).

3. Ensuite (*Then*), choisissez 5-6 questions à poser pendant (*during*) l'interview.

Écriture

Écrivez un compte rendu (*report*) de l'interview.

■ Commencez par une courte introduction.

> **MODÈLE** *Voici une interview de Clarisse Deschamps, styliste suisse. Elle va présenter sa nouvelle collection sur notre campus vendredi, le 10 novembre.*

■ Inventez une conversation de 10 à 12 lignes entre vous et Clarisse. Indiquez qui parle, avec des tirets (*dashes*) ou avec les noms des personnes.

> **MODÈLE** *—Quel genre de vêtements préférez-vous porter pour sortir?*
> *—Moi, je préfère porter une robe noire. C'est très élégant.*

■ Terminez par une brève (*brief*) conclusion.

> **MODÈLE** *On vend la collection de Clarisse Deschamps à Vêtements & Co à côté du lycée. Cette semaine, il y a des soldes!*

Tête-à-tête avec Clarisse Deschamps

Voici une interview de Clarisse Deschamps, styliste suisse. Elle va présenter sa nouvelle collection sur notre campus vendredi, le 10 novembre.

- Quel genre de vêtements préférez-vous porter pour sortir?
- Moi, je préfère porter une robe noire. C'est très élégant...

On vend la collection de Clarisse Deschamps à Vêtements & Co dans le magasin qui est à côté de notre lycée. Cette semaine, il y a des soldes!

Après l'écriture

1. Échangez votre compte rendu avec celui (*the one*) d'un(e) partenaire. Répondez à ces questions pour commenter son travail.

■ Votre partenaire a-t-il/elle organisé les questions de manière logique?

■ A-t-il/elle inclu une introduction, une interview de 10 à 12 lignes et une conclusion?

■ A-t-il/elle utilisé le bon style pour écrire l'interview?

■ A-t-il/elle utilisé les bonnes formes verbales?

2. Corrigez votre compte rendu d'après (*according to*) les commentaires de votre partenaire. Relisez votre travail pour éliminer ces problèmes:

■ des fautes (*errors*) d'orthographe

■ des fautes de ponctuation

■ des fautes de conjugaison

■ des fautes d'accord (*agreement*) des adjectifs

■ un mauvais emploi (*use*) de la grammaire

Leçon 6A

Les fêtes

faire une surprise (à quelqu'un)	to surprise (someone)
fêter	to celebrate
organiser une fête	to plan a party
un biscuit	cookie
un bonbon	candy
un dessert	dessert
un gâteau	cake
la glace	ice cream
un glaçon	ice cube
un cadeau	present, gift
une fête	party; celebration
un hôte/une hôtesse	host(ess)
un(e) invité(e)	guest
un jour férié	holiday
une surprise	surprise

Les relations

l'amitié (f.)	friendship
l'amour (m.)	love
le bonheur	happiness
un couple	couple
un(e) fiancé(e)	fiancé; fiancée
des jeunes mariés (m.)	newlyweds
un rendez-vous	date; appointment
ensemble	together

Périodes de la vie

l'adolescence (f.)	adolescence
l'âge adulte (m.)	adulthood
un divorce	divorce
l'enfance (f.)	childhood
une étape	stage
la jeunesse	youth
un mariage	marriage; wedding
la mort	death
la naissance	birth
la vie	life
la vieillesse	old age
prendre sa retraite	to retire
tomber amoureux/amoureuse	to fall in love
avant-hier	the day before yesterday
hier	yesterday

Expressions utiles

See p. 71.

Demonstrative adjectives

ce(t)(te)/ces	this/these; that/those
...-ci	...here
...-là	...there

Leçon 6B

Les vêtements

aller avec	to go with
porter	to wear
un anorak	ski jacket, parka
des baskets (f.)	des baskets (f.)
un blouson	jacket
une casquette	(baseball) cap
une ceinture	belt
un chapeau	hat
une chaussette	sock
une chaussure	shoe
une chemise (à manches courtes/longues)	shirt (short-/long-sleeved)
un chemisier	blouse
un costume	(man's) suit
une cravate	tie
une écharpe	scarf
un gant	glove
un jean	jeans
une jupe	skirt
des lunettes (de soleil) (f.)	(sun)glasses
un maillot de bain	swimsuit, bathing suit
un manteau	coat
un pantalon	pants
un pull	sweater
une robe	dress
un sac à main	purse, handbag
un short	shorts
un sous-vêtement	underwear
une taille	clothing size
un tailleur	(woman's) suit; tailor
un tee-shirt	tee shirt
des vêtements (m.)	clothing
des soldes (m.)	sales
un vendeur/une vendeuse	salesman/saleswoman
bon marché	inexpensive
chaque	each
cher/chère	expensive
large	loose; big
serré(e)	tight

Les couleurs

De quelle couleur...?	In what color...?
blanc(he)	white
bleu(e)	blue
gris(e)	gray
jaune	yellow
marron	brown
noir(e)	black
orange	orange
rose	pink
rouge	red
vert(e)	green
violet(te)	purple; violet

Expressions utiles

See p. 89.

Indirect object pronouns

me	to/for me
te	to/for you
lui	to/for him/her
nous	to/for us
vous	to/for you
leur	to/for them

Disjunctive pronouns

moi	me
toi	you
lui/elle	him/her
nous	us
vous	you
eux/elles	them
moi-même	myself
toi-même	yourself
lui-/elle-même	him-/herself
nous-mêmes	ourselves
vous-même(s)	yourself/(yourselves)
eux-/elles-mêmes	themselves

Verbes en -re

attendre	to wait
conduire	to drive
construire	to build; to construct
descendre	to go down; to take down
détruire	to destroy
entendre	to hear
mettre	to put (on); to place
perdre (son temps)	to lose; to waste (one's time)
permettre	to allow
produire	to produce
promettre	to promise
réduire	to reduce
rendre (à)	to give back; to return (to)
rendre visite (à)	to visit someone
répondre (à)	to respond, to answer (to)
rire	to laugh
sourire	to smile
traduire	to translate
vendre	to sell

En vacances

Pour commencer

- Indiquez les couleurs qu'on voit (*sees*) sur la photo.
- Quel temps fait-il? C'est quelle saison, à votre avis?
- Où a été prise cette photo? Dans un hôtel à la plage? Dans une maison de campagne? À la montagne?
- Avez-vous envie de passer vos vacances dans cet endroit? Pourquoi ou pourquoi pas?

You will learn how to...
- describe trips you have taken
- tell where you went

 vhlcentral

Bon voyage!

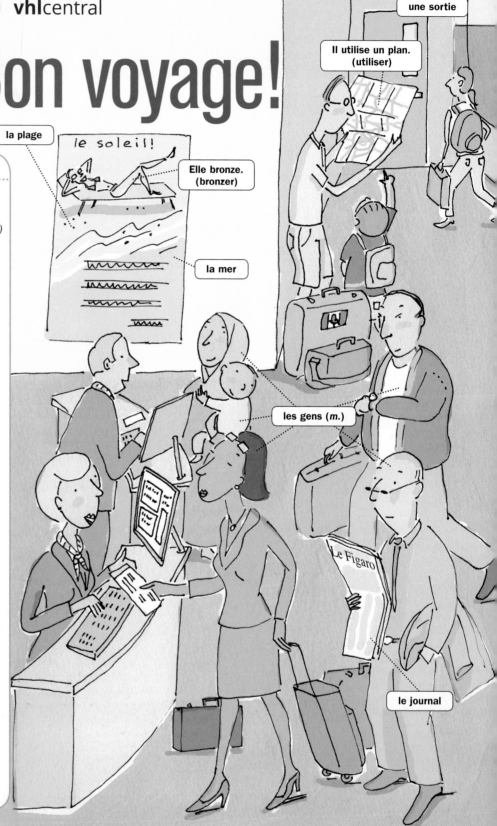

Vocabulaire	
faire du shopping	to go shopping
faire les valises	to pack one's bags
faire un séjour	to spend time (somewhere)
partir en vacances	to go on vacation
prendre un train (un taxi, un (auto)bus, un bateau)	to take a train (taxi, bus, boat)
rouler en voiture	to ride in a car
un aéroport	airport
un arrêt d'autobus (de bus)	bus stop
un billet aller-retour	round-trip ticket
un billet (d'avion, de train)	(plane, train) ticket
un congé	time off, leave
une douane	customs
une gare (routière)	train station (bus terminal)
un passager/une passagère	passenger
une station (de métro)	(subway) station
une station de ski	ski resort
un ticket (de bus, de métro)	(bus, subway) ticket
des vacances (f.)	vacation
un vol	flight
à l'étranger	abroad, overseas
la campagne	country(side)
une capitale	capital
le monde	world
un pays	country
(en/l') Allemagne (f.)	(to/in) Germany
(en/l') Angleterre (f.)	(to/in) England
(en/la) Belgique (belge)	(to/in) Belgium (Belgian)
(au/le) Brésil (brésilien(ne))	(to/in) Brazil (Brazilian)
(en/la) Chine (chinois(e))	(to/in) China (Chinese)
(en/l') Irlande (irlandais(e)) (f.)	(to/in) Ireland (Irish)
(en/l') Italie (f.)	(to/in) Italy
(au/le) Japon	(to/in) Japan
(en/la) Suisse	(to/in) Switzerland

Mise en pratique

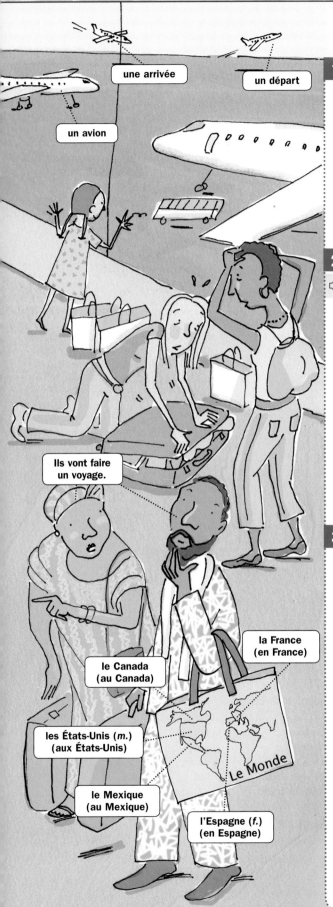

une arrivée

un départ

un avion

Ils vont faire un voyage.

le Canada
(au Canada)

les États-Unis (*m.*)
(aux États-Unis)

le Mexique
(au Mexique)

la France
(en France)

l'Espagne (*f.*)
(en Espagne)

Le Monde

1 **Chassez l'intrus** Indiquez le mot ou l'expression qui ne convient pas.

1. faire un séjour, partir en vacances, un jour de congé, une station de ski
2. un aéroport, une station de métro, une arrivée, une gare routière
3. une douane, un départ, une arrivée, une sortie
4. le monde, un pays, le journal, une capitale
5. la campagne, la mer, la plage, des gens
6. prendre un bus, un arrêt de bus, utiliser un plan, une gare routière
7. bronzer, prendre un avion, un vol, un passager
8. prendre un taxi, rouler en voiture, un vol, une gare routière

2 **Écoutez** Écoutez Cédric et Nathalie parler de leurs vacances. Ensuite (*Then*), complétez les phrases. Notez que toutes les options ne sont pas utilisées.

_____ 1. Nathalie va partir...
_____ 2. Nathalie a déjà...
_____ 3. Nathalie va peut-être...
_____ 4. La famille de Cédric...
_____ 5. Paul pense que l'Espagne est...
_____ 6. Pour Cédric, les plages du Brésil...
_____ 7. Un jour, Cédric va faire...
_____ 8. Nathalie va utiliser...

a. sont idéales pour bronzer.
b. son billet d'avion.
c. le plan de Paris de Cédric.
d. la capitale du Mexique.
e. le tour du monde.
f. à l'étranger.
g. n'a pas encore décidé entre l'Espagne, le Mexique et le Brésil.
h. un pays superbe.
i. faire un séjour en Italie.

3 **Les vacances** Justine va partir en vacances demain. Complétez le paragraphe avec les mots et expressions de la liste. Toutes les options ne sont pas utilisées.

aller-retour	faire ma valise	sortie
une arrivée	pays	station
faire un séjour	plage	taxi
faire du shopping	prendre un bus	vol

Demain, je pars en vacances. Je vais (1) _Prendre un bus_ avec mon frère à l'île Maurice, une petite île (*island*) tropicale dans l'océan Indien. Nous allons (2) _aller-retour_ pour l'aéroport à 7h00. Mon frère veut (*wants*) prendre un (3) _sortie_, mais moi, je pense qu'il faut économiser parce que j'ai envie de (4) _une arrivée_ au marché et dans les boutiques de Port-Louis, la capitale. Le (5) _le taxi_ est à 10h. Nous n'avons pas besoin de visa pour le voyage; pour entrer dans le (6) _sortie_, il faut seulement montrer un passeport et un billet (7) _plage_. J'ai acheté un nouveau maillot de bain pour aller à la (8) _pays_. Et maintenant, je vais (9) _station_!

Communication

4 **Répondez** Avec un(e) partenaire, posez-vous ces questions et répondez-y (*them*) à tour de rôle.

1. Où pars-tu en vacances cette année? Quand?
2. Quand fais-tu tes valises? Avec combien de valises voyages-tu?
3. Préfères-tu la mer, la campagne ou les stations de ski?
4. Comment vas-tu à l'aéroport? Prends-tu l'autobus? Le métro?

5. Quelles sont tes vacances préférées?
6. Quand utilises-tu un plan?
7. Quel est ton pays favori? Pourquoi?
8. Dans quel(s) pays as-tu envie de voyager?

5 **Décrivez** Avec un(e) partenaire, écrivez (*write*) une description des images. Donnez beaucoup de détails. Ensuite (*Then*), rejoignez un autre groupe et lisez vos descriptions. L'autre groupe doit deviner (*must guess*) quelle image vous décrivez (*describe*).

1.

2.

3.

4.

5.

6.

6 **Conversez** Votre professeur va vous donner, à vous et à votre partenaire, une feuille d'activités. L'un de vous est client(e), et l'autre est agent(e) de voyages. Travaillez ensemble pour finaliser la réservation et compléter vos feuilles respectives. Attention! Ne regardez pas la feuille de votre partenaire.

7 **Un voyage** Vous allez faire un voyage en Europe et rendre visite à votre cousin, Jean-Marc, qui étudie en Belgique. Écrivez-lui (*Write him*) un e-mail et utilisez les mots de la liste.

un aéroport	la France
la Belgique	prendre un taxi
un billet	la Suisse
faire un séjour	un vol
faire les valises	un voyage

- Parlez des détails de votre départ.
- Expliquez votre tour d'Europe.
- Organisez votre arrivée en Belgique.
- Parlez de ce que (*what*) vous allez faire ensemble.

Les sons et les lettres 🔊 vhlcentral

Diacriticals for meaning

Some French words with different meanings have nearly identical spellings except for a diacritical mark (*accent*). Sometimes a diacritical does not affect pronunciation at all.

ou	**où**	**a**	**à**
or	*where*	*has*	*to, at*

Sometimes, you can clearly hear the difference between the words.

côte	**côté**	**sale**	**salé**
coast	*side*	*dirty*	*salty*

Very often, two similar-looking words are different parts of speech. Many similar-looking word pairs are those with and without an **-é** at the end.

âge	**âgé**	**entre**	**entré (entrer)**
age (n.)	*elderly* (adj.)	*between* (prep.)	*entered* (p.p.)

In such instances, context should make their meaning clear.

Tu as quel âge?   **C'est un homme âgé.**
How old are you? / What is your age?   *He's an elderly man.*

Prononcez Répétez les mots suivants à voix haute.

1. la (*the*)   là (*there*)
2. êtes (*are*)   étés (*summers*)
3. jeune (*young*)   jeûne (*fasting*)
4. pêche (*peach*)   pêché (*fished*)

Articulez Répétez les phrases suivantes à voix haute.

1. J'habite dans une ferme (*farm*).
   Le magasin est fermé (*closed*).
2. Les animaux mangent du maïs (*corn*).
   Je suis suisse, mais il est belge.
3. Est-ce que tu es prête?
   J'ai prêté ma voiture (*car*) à Marcel.
4. La lampe est à côté de la chaise.
   J'adore la côte ouest de la France.

Dictons Répétez les dictons à voix haute.

C'est un prêté pour un rendu.[2]

À vos marques, prêts, partez! [1]

[2] One good turn deserves another. (lit. It it is one loaned for one returned.)

[1] On your mark, get set, go!

cent treize **113**

De retour au P'tit Bistrot **vhl**central

PERSONNAGES

David

Rachid

Sandrine

Stéphane

À la gare...

RACHID Tu as fait bon voyage?

DAVID Salut! Excellent, merci.

RACHID Tu es parti pour Paris avec une valise et te voici avec ces énormes sacs en plus!

DAVID Mes parents et moi sommes allés aux Galeries Lafayette. On a acheté des vêtements et des trucs pour l'appartement aussi.

RACHID Ah ouais?

DAVID Mes parents sont arrivés des États-Unis jeudi soir. Ils ont pris une chambre dans un bel hôtel, tout près de la tour Eiffel.

RACHID Génial!

DAVID Moi, je suis arrivé à la gare vendredi soir. Et nous sommes allés dîner dans une excellente brasserie. Mmm!

DAVID Samedi, on a pris un bateau-mouche sur la Seine. J'ai visité un musée différent chaque jour: le musée du Louvre, le musée d'Orsay...

RACHID En résumé, tu as passé de bonnes vacances dans la capitale... Bon, on y va?

DAVID Ah, euh, oui, allons-y!

STÉPHANE Pour moi, les vacances idéales, c'est un voyage à Tahiti. Ahhh... la plage, et moi en maillot de bain avec des lunettes de soleil... et les filles en bikini!

DAVID Au fait, je n'ai pas oublié ton anniversaire.

STÉPHANE Ouah! Super, ces lunettes de soleil! Merci, David, c'est gentil.

DAVID Désolé de ne pas avoir été là pour ton anniversaire, Stéphane. Alors, ils t'ont fait la surprise?

STÉPHANE Oui, et quelle belle surprise! J'ai reçu des cadeaux trop cool. Et le gâteau de Sandrine, je l'ai adoré.

DAVID Ah, Sandrine... elle est adorable... Euh, Stéphane, tu m'excuses une minute?

DAVID Coucou! Je suis de retour!

SANDRINE Oh! Salut, David. Alors, tu as aimé Paris?

DAVID Oui! J'ai fait plein de choses... de vraies petites vacances! On a fait...

A C T I V I T É S

1 **Les événements** Mettez ces événements dans l'ordre chronologique.

_____ a. Rachid va chercher David.

_____ b. Stéphane parle de son anniversaire.

_____ c. Sandrine va faire une réservation.

_____ d. David donne un cadeau à Stéphane.

_____ e. Rachid mentionne que David a beaucoup de sacs.

_____ f. Stéphane met les lunettes de soleil.

_____ g. Stéphane décrit (*describes*) ses vacances idéales.

_____ h. David parle avec Sandrine.

_____ i. Sandrine pense à ses vacances.

_____ j. Rachid et David repartent en voiture.

David parle de ses vacances.

STÉPHANE Alors, ces vacances? Tu as fait un bon séjour?

DAVID Oui, formidable!

STÉPHANE Alors, vous êtes restés combien de temps à Paris?

DAVID Quatre jours. Ce n'est pas très long, mais on a visité pas mal d'endroits.

STÉPHANE Comment est-ce que vous avez visité la ville? En voiture?

DAVID En voiture!? Tu es fou! On a pris le métro, comme tout le monde.

STÉPHANE Tes parents n'aiment pas conduire?

DAVID Si, à la campagne, mais pas en ville, surtout une ville comme Paris. On a visité les monuments, les musées...

STÉPHANE Et Monsieur l'artiste a aimé les musées de Paris?

DAVID Je les ai adorés!

SANDRINE Oh! Des vacances!

DAVID Oui... Des vacances? Qu'est-ce qu'il y a?

SANDRINE Je vais à Albertville pour les vacances d'hiver. On va faire du ski!

SANDRINE Est-ce que tu skies?

DAVID Un peu, oui...

SANDRINE Désolée, je dois partir. J'ai une réservation à faire! Rendez-vous ici demain, David. D'accord? Ciao!

Expressions utiles

Talking about vacations

- **Tu es parti pour Paris avec une valise et te voici avec ces énormes sacs en plus!**
  You left for Paris with one suitcase and here you are with these huge extra bags!

- **Nous sommes allés aux Galeries Lafayette.**
  We went to Galeries Lafayette.

- **On a acheté des trucs pour l'appartement aussi.**
  We also bought some things for the apartment.

- **Moi, je suis arrivé à la gare vendredi soir et nous sommes allés dîner.**
  I got to/arrived at the station Friday night and we went to dinner.

- **On a pris un bateau-mouche sur la Seine.**
  We took a sightseeing boat on the Seine.

- **Vous êtes restés combien de temps à Paris?**
  How long did you stay in Paris?

- **On a pris le métro, comme tout le monde.**
  We took the subway, like everyone else.

- **J'ai fait plein de choses.**
  I did a lot of things.

- **Les musées de Paris, je les ai adorés!**
  The museums in Paris, I loved them!

Additional vocabulary

- **Alors, ils t'ont fait la surprise?**
  So, they surprised you?

- **J'ai reçu des cadeaux trop cool.**
  I got the coolest gifts.

- **Le gâteau, je l'ai adoré.**
  I loved the cake.

- **Tu m'excuses une minute?**
  Would you excuse me a minute?

- **Oui, formidable!**
  Yes, wonderful!

- **Qu'est-ce qu'il y a?**
  What is the matter?

- **Désolé(e), je dois partir.**
  Sorry, I have to leave.

---

2 **Questions** Répondez aux questions.

1. David est parti pour Paris avec combien de valises? À son retour (*Upon his return*), est-ce qu'il a le même nombre de valises?

2. Qu'est-ce que David a fait pour ses vacances?

3. Qu'est-ce que David donne à Stéphane comme cadeau d'anniversaire? Stéphane aime-t-il le cadeau?

4. Quelles sont les vacances idéales de Stéphane?

5. Qu'est-ce que Sandrine va faire pour ses vacances d'hiver?

3 **Écrivez** Imaginez: vous êtes David, Stéphane ou Sandrine et vous allez en vacances à Paris, Tahiti ou Albertville. Écrivez un e-mail à Valérie. Quel temps fait-il? Où est-ce que vous séjournez? Quels vêtements est-ce que vous avez apportés? Qu'est-ce que vous faites chaque jour?

A C T I V I T É S

vhlcentral | *Flash culture*

CULTURE À LA LOUPE

Tahiti

Tahiti, dans le sud° de l'océan Pacifique, est la plus grande île° de la Polynésie française. Elle devient° un protectorat français en 1842, puis° une colonie française en 1880. Depuis 1959, elle fait partie° de la collectivité d'outre-mer° de Polynésie française. Les langues officielles de Tahiti sont le français et le tahitien.

Le tourisme est une source d'activité très importante pour l'île. Ses hôtels de luxe et leurs fameux bungalows sur l'eau accueillent° près de 170.000 visiteurs par an. Les touristes apprécient Tahiti pour son climat chaud, ses plages superbes et sa culture riche en traditions. À Tahiti, il y a la possibilité de faire toutes sortes d'activités aquatiques comme du bateau, de la pêche, de la planche à voile ou de la plongée°. On peut aussi faire des randonnées en montagne ou explorer les nombreux lagons bleus de l'île. Si on n'a pas envie de faire de sport, on peut se détendre° dans un spa, bronzer à la plage ou se promener° sur l'île. Papeete, capitale de la Polynésie française et ville principale de Tahiti, offre de bons restaurants, des boutiques variées et un marché.

sud *south* **la plus grande île** *the largest island* **devient** *becomes* **puis** *then* **fait partie** *is part of* **collectivité d'outre-mer** *overseas territory* **accueillent** *welcome* **plongée** *scuba diving* **se détendre** *relax* **se promener** *go for a walk*

> ## Coup de main
>
> Si introduces a hypothesis. It may come at the beginning or at the middle of a sentence.
>
> **si** + *subject* + *verb* + *subject* + *verb*
>
> **Si on n'a pas envie de faire de sport, on peut se détendre dans un spa.**
>
> *subject* + *verb* + **si** + *subject* + *verb*
>
> **On peut se détendre dans un spa si on n'a pas envie de faire de sport.**

ACTIVITÉS

1 **Répondez** Répondez aux questions par des phrases complètes.

1. Où est Tahiti? *L'océan Pacifique*
2. Quand est-ce que Tahiti devient une colonie française? *1880*
3. De quoi fait partie Tahiti? *de la collectivité française*
4. Quelles langues parle-t-on à Tahiti? *français et le tahitien*
5. Quelle particularité ont les hôtels de luxe à Tahiti? *170.000 visiteurs*

6. Combien de personnes par an visitent Tahiti? *170.000*
7. Pourquoi est-ce que les touristes aiment visiter Tahiti? *climat chaud*
8. Quelles sont deux activités sportives que les touristes aiment faire à Tahiti? *la pêche, de la planche*
9. Comment s'appelle la ville principale de Tahiti? *Papeete*
10. Où va-t-on à Papeete pour acheter un cadeau pour un ami? *des boutiques variées*

LE FRANÇAIS QUOTIDIEN

LE FRANÇAIS QUOTIDIEN

À la gare

contrôleur	*ticket inspector*
couchette	*berth*
guichet	*ticket window*
horaire	*schedule*
quai	*train/metro platform*
voie	*track*
wagon-lit	*sleeper car*
composter	*to punch one's (train) ticket*

LE MONDE FRANCOPHONE

Les transports

Voici quelques faits insolites° dans les transports.

Au Canada Inauguré en 1966, le métro de Montréal est le premier du monde à rouler sur des pneus° et non sur des roues° en métal. Chaque station a été conçue° par un architecte différent.

En France Le tunnel sous la Manche° permet aux trains Eurostar de transporter des voyageurs et des marchandises entre la France et l'Angleterre.

En Mauritanie Le train du désert, en Mauritanie, en Afrique, est peut-être le train de marchandises le plus long° du monde. Long de 2 km en général, le train fait six voyages chaque jour du Sahara à la côte ouest°. C'est un voyage de plus de 700 km qui dure jusqu'à° 18 heures. Un des seuls moyens° de transport dans la région, ce train est aussi un train de voyageurs.

faits insolites *unusual facts* **pneus** *tires* **roues** *wheels* **conçue** *designed* **Manche** *English Channel* **le plus long** *the longest* **côte ouest** *west coast* **dure jusqu'à** *lasts up to* **seuls moyens** *only means*

PORTRAIT

Le musée d'Orsay

Le musée d'Orsay est un des musées parisiens les plus° visités. Le lieu n'a pourtant° pas toujours été un musée. À l'origine, ce bâtiment° est une gare, construite par l'architecte Victor Laloux et inaugurée en 1900 à l'occasion de l'Exposition universelle°. Les voies de la gare d'Orsay deviennent° trop courtes et en 1939, on décide de limiter le service aux trains de banlieue. Plus tard, la gare sert de décor à des films, comme *Le Procès* de Kafka adapté par Orson Welles, puis° elle devient théâtre, puis salle de ventes aux enchères°. En 1986, le bâtiment est transformé en musée. Il est principalement dédié° à l'art du dix-neuvième siècle°, avec une magnifique collection d'art impressionniste.

les plus *the most* **pourtant** *however* **bâtiment** *building* **Exposition universelle** *World's Fair* **deviennent** *become* **puis** *then* **ventes aux enchères** *auction* **principalement dédié** *mainly dedicated* **siècle** *century*

Danseuses en bleu,
Edgar Degas

Sur Internet

Qu'est-ce que le funiculaire de Montmartre?

Go to **vhlcentral.com** to find more information related to this **Culture** section and to watch the corresponding **Flash culture** video.

---

2 **Vrai ou faux?** Indiquez si les phrases sont **vraies** ou **fausses**. Corrigez les phrases fausses.

1. Le musée d'Orsay a été un théâtre.
2. Le musée d'Orsay a été une station de métro.
3. Le musée d'Orsay est dédié à la sculpture moderne.
4. Il y a un tunnel entre la France et la Guyane française.
5. Le métro de Montréal roule sur des roues en métal.
6. Le train du désert transporte aussi des voyageurs.

3 **Comment voyager?** Vous allez passer deux semaines en France. Vous avez envie de visiter Paris et deux autres régions. Par petits groupes, parlez des moyens (*means*) de transport que vous allez utiliser pendant votre voyage. Expliquez vos choix (*choices*).

A C T I V I T É S

7A.1

The *passé composé* with *être* vhlcentral

Point de départ In **Leçon 6A**, you learned to form the **passé composé** with **avoir**. Some verbs, however, form the **passé composé** with **être**. Many such verbs involve motion. You already know a few: **aller, arriver, descendre, partir, sortir, passer, rentrer,** and **tomber**.

- To form the **passé composé** of these verbs, use a present-tense form of the auxiliary verb **être** and the past participle of the verb that expresses the action.

PRESENT TENSE	PAST PARTICIPLE		PRESENT TENSE	PAST PARTICIPLE
Je **suis**	**allé.**		Il **est**	**sorti.**

Tu es parti pour Paris.

Mes parents sont arrivés des États-Unis.

- The past participles of verbs conjugated with **être** agree with their subjects in number and gender.

aller au passé composé	
je suis allé(e)	nous sommes allé(e)s
tu es allé(e)	vous êtes allé(e)(s)
il/on est allé	ils sont allés
elle est allée	elles sont allées

Charles, tu **es allé** à Montréal?
Charles, did you go to Montreal?

Florence **est partie** en vacances.
Florence went on vacation.

Mes frères **sont rentrés**.
My brothers came back.

Elles **sont arrivées** hier soir.
They arrived last night.

- Here is a list of verbs that take **être** in the **passé composé**.

Verbs that take *être* in the *passé composé*			
aller	*to go*	passer	*to pass by; to spend time*
arriver	*to arrive*	rentrer	*to return (home)*
partir	*to leave*	sortir	*to go out*
descendre	*to go down*	tomber	*to fall*
entrer	*to enter*	rester	*to stay*
monter	*to go up; to get in/on*	retourner	*to return*
mourir	*to die*	naître	*to be born*

- These verbs have irregular past participles in the **passé composé**.

naître ▶ **né**

Mes parents **sont nés** en 1958 à Paris.
My parents were born in Paris in 1958.

mourir ▶ **mort**

Ma grand-mère **est morte** l'année dernière.
My grandmother died last year.

🔗 **Vérifiez**

Asking questions and negation

- To form a question using inversion in the **passé composé**, invert the subject pronoun and the conjugated form of **être**.

Est-elle restée à l'hôtel Aquabella?
Did she stay at the Aquabella Hotel?

Êtes-vous arrivée ce matin, Madame Roch?
Did you arrive this morning, Mrs. Roch?

- To make a verb negative in the **passé composé**, place **ne/n'** and **pas** around the auxiliary verb, in this case, **être**.

Marie-Thérèse **n'est pas sortie**?
Marie-Thérèse didn't go out?

Nous **ne sommes pas allées** à la plage.
We didn't go to the beach.

Je **ne suis pas passé** chez mon amie.
I didn't drop by my friend's house.

Tu **n'es pas rentré** à la maison hier.
You didn't come home yesterday.

Verbs that can take *avoir* or *être*

- Note that the verb **passer** takes **être** when it means *to pass by*, but it takes **avoir** when it means *to spend time*.

Maryse **est passée** à la douane.
Maryse passed through customs.

Maryse **a passé** trois jours à la campagne.
Maryse spent three days in the country.

Je **suis passé** par là hier.
I went by there yesterday.

J'**ai passé** l'après-midi avec lui.
I spent the afternoon with him.

- The verb **sortir** takes **être** in the **passé composé** when it means *to go out* or *to leave*, but it takes **avoir** when it means *to take someone or something out*.

Elle **est sortie** de chez elle.
She left her house.

Elle **a sorti** la voiture du garage.
She took the car out of the garage.

Essayez! **Choisissez le participe passé approprié.**

1. Vous êtes (nés/né) en 1959, Monsieur?
2. Les élèves sont (partis/parti) le 2 juin.
3. Les filles sont (rentrées/rentrés) de vacances.
4. Simone de Beauvoir est-elle (mort/morte) en 1986?
5. Mes frères sont (sortis/sortie).
6. Paul n'est pas (resté/restée) chez sa grand-mère.
7. Tu es (arrivés/arrivée) avant dix heures, Sophie.
8. Jacqueline a (passée/passé) une semaine en Suisse.
9. Nous sommes (descendu/descendus) à l'arrêt d'autobus.
10. Maman est (monté/montée) dans la voiture.

Mise en pratique

1 Un week-end sympa Carole raconte son week-end à Paris. Complétez l'histoire avec les formes correctes des verbes au passé composé.

Thomas et moi, nous (1) _____ (partir) de Lyon samedi et nous (2) _____ (arriver) à Paris à onze heures. Nous (3) _____ (passer) à l'hôtel et puis je (4) _____ (aller) au Louvre. En route, je (5) _____ (tomber) sur un vieil ami, et nous (6) _____ (aller) prendre un café. Ensuite, je (7) _____ (entrer) dans le musée. Samedi soir, Thomas et moi (8) _____ (monter) au sommet de la tour Eiffel et après nous (9) _____ (sortir) danser. Dimanche, nous (10) _____ (retourner) au Louvre. Alors aujourd'hui, je suis fatiguée.

2 La routine Voici ce que Nadia et Éric font aujourd'hui. Dites qu'ils ont fait les mêmes activités samedi dernier.

1. Ils vont au parc.
2. Nadia fait du cheval.
3. Éric passe une heure à la bibliothèque.
4. Nadia sort avec ses amis.
5. Ils rentrent tard le soir.
6. Ils jouent au golf.

3 Dimanche dernier Dites ce que (*what*) ces personnes ont fait dimanche dernier. Utilisez les verbes de la liste.

Laure

▶ **MODÈLE**

Laure est allée à la piscine.

aller	rentrer
arriver	rester
monter	sortir

1. je

2. tu

3. nous

4. Pamela et Caroline

4 L'accident Le mois dernier, Djénaba et Safiatou sont allées au Sénégal. Complétez les phrases au passé composé. Ensuite, mettez-les dans l'ordre chronologique.

a. les filles / partir pour Dakar en avion
b. Djénaba / tomber de vélo
c. elles / aller faire du vélo dimanche matin
d. elles / arriver à Dakar tard le soir
e. elles / rester à l'hôtel Sofitel
f. elle / aller à l'hôpital

Communication

5 **Les vacances de printemps** Avec un(e) partenaire, parlez de vos dernières vacances. Répondez à toutes ses questions.

MODÈLE

quand / partir
Élève 1: *Quand es-tu parti(e)?*
Élève 2: *Je suis parti(e) vendredi soir.*

1. où / aller
2. avec qui / partir
3. comment / voyager
4. à quelle heure / arriver
5. où / dormir

6. combien de temps / rester
7. que / visiter
8. sortir / souvent le soir
9. que / acheter
10. quand / rentrer

6 **Enquête** Votre professeur va vous donner une feuille d'activités. Circulez dans la classe et demandez à différents camarades s'ils ont fait ces choses récemment (*recently*). Présentez les résultats de votre enquête à la classe.

MODÈLE

Élève 1: *Es-tu allé(e) au musée récemment?*
Élève 2: *Oui, je suis allé(e) au musée jeudi dernier.*

Questions	Nom
1. aller au musée	François
2. passer chez ses amis	
3. sortir au cinéma	
4. rester à la maison pour écouter de la musique	
5. partir en week-end avec sa famille	
6. monter en avion	

7 **À l'aéroport** Imaginez une mauvaise expérience dans un aéroport et parlez-en (*talk about it*) en petits groupes. À tour de rôle, racontez (*tell*) vos aventures et posez le plus (*most*) de questions possible. Utilisez les expressions de la liste et d'autres aussi.

MODÈLE

Élève 1: *Quand je suis rentré(e) de la Martinique, j'ai attendu trois heures à la douane.*
Élève 2: *Quelle horreur! Pourquoi?*

aller	passer
arriver	perdre
attendre	plan
avion	prendre un avion
billet (aller-retour)	sortir
douane	tomber
partir	valise
passagers	vol

7A.2 | Direct object pronouns vhlcentral

Point de départ In **Leçon 6B**, you learned about indirect objects. You are now going to learn about direct objects.

- A direct object is a noun that receives the action of a verb. An indirect object is usually the person or thing that receives the direct object.

DIRECT   INDIRECT
OBJECT   OBJECT

J'ai fait **un cadeau à ma sœur**.
I gave a present to my sister.

- While indirect objects are frequently preceded by the preposition **à**, no preposition is needed before a direct object.

DIRECT OBJECT   *but*   INDIRECT OBJECT

J'emmène **mes parents**.   Je parle **à mes parents**.
I'm taking my parents.   *I'm talking to my parents.*

Direct object pronouns

singular		plural	
me/m'	*me*	nous	*us*
te/t'	*you*	vous	*you*
le/la/l'	*him/her/it*	les	*them*

Boîte à outils

Some French verbs do not take a preposition although their English equivalents do: **écouter** (*to listen to*), **chercher** (*to look for*) and **attendre** (*to wait for*). In deciding whether an object is direct or indirect, always check if the French verb takes the preposition **à**.

Boîte à outils

Like indirect objects, the direct object pronouns **me**, **te**, **nous**, and **vous** replace people. However, the direct objects **le**, **la**, and **les** can replace a person, a place, or a thing.

Vérifiez

- You can use a direct object pronoun in the place of a direct object noun.

Tu fais **les valises**?
Are you packing the suitcases?
→ Tu **les** fais?
Are you packing them?

Ils retrouvent **Luc** à la gare.
They're meeting Luc at the train station.
→ Ils **le** retrouvent à la gare.
They're meeting him at the train station.

Tu visites souvent **la Belgique**?
Do you visit Belgium often?
→ Tu **la** visites souvent?
Do you visit there often?

Direct object pronouns with the present tense

- In the present tense, the direct object pronoun precedes the conjugated verb unless that verb is followed by an infinitive.

Les langues? Laurent et Xavier **les** étudient.
Languages? Laurent and Xavier study them.

Les élèves ne **vous** entendent pas.
The students don't hear you.

M'attendez-vous à l'aéroport?
Are you waiting for me at the airport?

Et Daniel? Tu ne **le** retrouves pas au cinéma?
And Daniel? Aren't you meeting him at the movies?

- When an infinitive follows a conjugated verb, the direct object pronoun precedes the infinitive.

Marcel va **nous écouter**.
Marcel will listen to us.

Tu ne préfères pas **la porter** demain?
Wouldn't you rather wear it tomorrow?

Direct object pronouns with the *passé composé*

- In the **passé composé**, place the direct object pronoun before the conjugated form of the auxiliary verb **avoir**.

  Le billet? Je **l'**ai acheté.
  The ticket? I bought it.

  Elle ne **l'a** pas pris à 14 heures?
  She didn't take it at 2 o'clock?

  Comment est-ce que tu **m'**as trouvé?
  How did you find me?

  Le plan? Non, nous ne **l'**avons pas utilisé.
  The map? No, we didn't use it.

- When a direct object pronoun is used with the **passé composé**, the past participle must agree with it in both gender and number.

  J'ai mis **la valise** dans la voiture ce matin.
  I put the suitcase in the car this morning.
  ▶ Je **l'ai mise** dans la voiture ce matin.
  I put it in the car this morning.

  J'ai attendu **les filles** à la gare.
  I waited for the girls at the train station.
  ▶ Je **les** ai **attendues** à la gare.
  I waited for them at the train station.

- When the gender of the direct object pronoun is ambiguous, the past participle agreement will indicate the gender of the direct object to which it refers.

  Ses copains ne **l'**ont pas **trouvée**.
  Her friends didn't find her.

  Mon père **nous** a **entendus**.
  My father heard us.

Et le gâteau, je l'ai adoré!

Les musées, je les ai adorés!

À noter

Verbs that take **être** in the **passé composé** are intransitive verbs. This means that they do not take objects.

Vérifiez

Boîte à outils

When a direct object precedes a form of the **passé composé**, the past participle must agree in number and gender with the direct object.

Quelle plage as-tu préférée?
Which beach did you prefer?

Voilà les pays que j'ai visités.
Here are the countries I visited.

Vérifiez

Essayez! **Répondez aux questions en remplaçant l'objet direct par un pronom d'objet direct.**

1. Thierry prend le train? Oui, il ____*le*____ prend.
2. Tu attends ta mère? Oui, je _____ attends.
3. Vous entendez Olivier et Vincent? Oui, on _____ entend.
4. Le professeur te cherche? Oui, il _____ cherche.
5. Barbara et Caroline retrouvent Linda? Oui, elles _____ retrouvent.
6. Vous m'invitez? Oui, nous _____ invitons.
7. Tu nous as compris? Oui, je __*les*__ ai compris.
8. Elles ont regardé les gens? Oui, elles __*les*__ ont regardés.
9. Chloé a aimé le concert? Oui, elle _____ a aimé.
10. Vous avez regardé le film *Chacun cherche son chat*? Oui, nous __*l*__ avons regardé.

Mise en pratique

1 **À l'aéroport** Jules est à l'aéroport et il parle à sa mère. Choisissez le pronom d'objet direct approprié pour compléter ses phrases.

1. Ton CD préféré? Marie (le, la, l') écoute.

2. Le plan? Les Cartier (la, les, le) regardent.

3. Notre amie? Roger et Emma (l', le, la) cherchent.

4. Le journal français? Papa (la, l', le) achète.

5. Nos billets? Coralie (le, l', les) a pris.

2 **Des activités** Dites ce que (*what*) ces gens font le week-end. Employez des pronoms d'objet direct.

▶ **MODÈLE**

Il l'écoute.

Dominique / ce CD

1. Benoît / ses films

2. ma mère / cette robe

3. Philippe / son gâteau

4. Stéphanie et Marc / ces lunettes

[handwritten: Il la ... Elle la admireIl le mangeIs les chosis]

3 **À la plage** La famille de Dalila a passé une semaine à la mer. Dalila parle de ce que (*what*) chaque membre de sa famille a fait. Employez des pronoms d'objet direct.

MODÈLE

J'ai conduit Ahmed à la plage. *Je l'ai conduit à la plage.*

1. Mon père a acheté le journal tous les matins. *[handwritten: Mon père l'ai journal]*

2. Ma sœur a retrouvé son petit ami au café. *[handwritten: ma sœur l']*

3. Mes parents ont emmené les enfants au cinéma. *[handwritten: l'ont]*

4. Mon frère a invité sa fiancée au restaurant. *[handwritten: l'a]*

5. Anissa a porté ses lunettes de soleil. *[handwritten: l'a]*

6. Noah a pris les cartes. *[handwritten: l'a]*

4 **Des doutes** Julie est au parc avec son amie Caroline et répond à ses questions sur leurs vacances avec les parents de Julie. Formez les questions que pose Caroline. Avec un(e) partenaire, jouez les deux rôles. Ensuite, présentez la scène à la classe.

1. Oui, mes parents t'invitent au bord de la mer.

2. Oui, je vais t'attendre à l'aéroport.

3. Oui, mon frère va nous emmener sur son bateau.

4. Oui, je pense que ma famille va bien t'aimer.

5. J'ai choisi d'emporter (*take*) les chaussures vertes.

6. J'ai pris le maillot de bain bleu.

[handwritten notes in margins: Vais-tu l'attendre à aéroport; Pense-tu que ma famille va bien t'aimer; te parents t'invitent au bord la mer; sa frère va nous emmener sur son bateau?; Chaussures vertes tu chosi?; Ptis de bain bleau?]

Communication

5 **Le départ** Clémentine va partir au Cameroun chez sa correspondante (*pen pal*) Léa. Sa mère veut (*wants*) être sûre qu'elle est prête, mais Clémentine n'a encore rien (*nothing*) fait. Avec un(e) partenaire, jouez leur conversation en utilisant les phrases de la liste.

Coup de main

Place short adverbs, such as **déjà** and **encore**, between the auxiliary verb and the past participle when using the **passé composé**.

MODÈLE

Élève 1: *Tu as acheté le cadeau pour ton amie?*
Élève 2: *Non, je ne l'ai pas encore acheté.*
Élève 1: *Quand vas-tu l'acheter?*
Élève 2: *Je vais l'acheter cet après-midi.*

acheter ton billet d'avion	faire tes valises
avoir l'adresse de Léa	finir ton shopping
chercher un maillot de bain	prendre tes lunettes
choisir le cadeau de Léa	préparer tes vêtements
confirmer l'heure de l'arrivée	trouver ton passeport

6 **À Tahiti** Imaginez que vous alliez partir à Tahiti. Avec un(e) partenaire, posez-vous ces questions. Il/Elle vous répond en utilisant le pronom d'objet direct approprié. Ensuite, changez de rôles.

MODÈLE

Est-ce que tu prends le bus pour aller à la plage?
Non, je ne le prends pas.

1. Aimes-tu la mer?
2. Est-ce que tu prends l'avion?
3. Qui va t'attendre à l'aéroport?
4. Quand as-tu fait tes valises?
5. Est-ce que tu as acheté ton maillot de bain?
6. Est-ce que tu prends ton appareil photo?
7. Où as-tu acheté tes vêtements?
8. As-tu déjà choisi ton hôtel à Tahiti?
9. Est-ce que tu as réservé ta chambre d'hôtel?
10. Tu vas regarder la télévision tahitienne?
11. Vas-tu essayer les plats typiques de Tahiti?
12. As-tu regardé le plan de Tahiti?

Révision

1 **Il y a dix minutes** Avec un(e) partenaire, décrivez (*describe*) dans cette scène les actions qui se sont passées (*happened*) il y a dix minutes. Utilisez les verbes de la liste pour écrire (*write*) des phrases. Ensuite, comparez vos phrases avec les phrases d'un autre groupe.

MODÈLE

Élève 1: *Il y a dix minutes, M. Hamid est parti.*
Élève 2: *Il y a dix minutes, …*

aller	partir
arriver	rentrer
descendre	sortir
monter	tomber

2 **Qui aime quoi?** Votre professeur va vous donner une feuille d'activités. Circulez dans la classe pour trouver un(e) camarade différent(e) qui aime ou qui n'aime pas chaque lieu de la liste.

MODÈLE

Élève 1: *Est-ce que tu aimes les aéroports?*
Élève 2: *Je ne les aime pas du tout; je les déteste.*

3 **À l'étranger** Par groupes de quatre, interviewez vos camarades. Dans quels pays sont-ils déjà allés? Dans quelles villes? Comparez vos destinations, puis présentez toutes les réponses à la classe. N'oubliez pas de demander:

- quand vos camarades sont parti(e)s
- où ils/elles sont allé(e)s
- où ils/elles sont resté(e)s
- combien de temps ils/elles ont passé là-bas

4 **La valise** Sandra et John sont partis en vacances. Voici leur valise. Avec un(e) partenaire, faites une description écrite (*written*) de leurs vacances. Où sont-ils allés? Comment sont-ils partis?

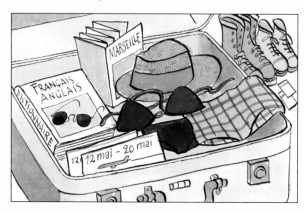

5 **Un long week-end** Avec un(e) partenaire, préparez huit questions sur le dernier long week-end. Utilisez les verbes de la liste. Ensuite, par groupes de quatre, répondez à toutes les questions.

MODÈLE

Élève 1: *Où es-tu allé(e) vendredi soir?*
Élève 2: *Vendredi soir, je suis resté(e) chez moi. Mais samedi, je suis sorti(e)!*

aller	rentrer
arriver	rester
partir	retourner
passer	sortir

6 **Mireille et les Girard** Votre professeur va vous donner, à vous et à votre partenaire, une feuille sur le week-end de Mireille et de la famille Girard. Posez des questions à votre partenaire pour compléter votre feuille. Attention! Ne regardez pas la feuille de votre partenaire.

MODÈLE

Élève 1: *Qu'est-ce que Mireille a fait vendredi soir?*
Élève 2: *Elle est allée au cinéma.*

Le Zapping

vhlcentral

Reportage de CETELEM

Oubliez les dortoirs° de 10 à 15 lits°...

Préparation Répondez aux questions suivantes.

1. Qu'est-ce que vous aimez faire pendant les vacances?
2. Préférez-vous faire du camping, descendre (*stay*) dans un hôtel ou rester chez des amis pendant les vacances? Pourquoi?

Des auberges de jeunesse° nouvelle génération

Après avoir terminé° leurs études à l'université et avant de commencer leur vie professionnelle, beaucoup de jeunes partent en voyage à l'étranger. Avec très peu d'argent, ils arrivent à° passer plusieurs semaines, quelques mois, ou même une année entière à visiter les pays du monde. Ils voyagent seuls ou avec des amis et souvent, ils passent la nuit dans une auberge de jeunesse pour économiser de l'argent. Autrefois°, ces auberges offraient° peu de confort. Il fallait° dormir dans de grands dortoirs et partager la salle de bains au bout du couloir°. Mais aujourd'hui, les auberges s'adaptent aux jeunes qui sont de plus en plus exigeants°. Elles sont beaucoup plus confortables, mais restent bon marché°.

dortoirs *dormitories* **lits** *beds* **auberges de jeunesse** *youth hostels* **Après avoir terminé** *After having finished* **arrivent à** *manage to* **Autrefois** *In the past* **offraient** *offered* **Il fallait** *It was necessary* **au bout du couloir** *at the end of the hall* **exigeants** *demanding* **bon marché** *inexpensive*

Vocabulaire utile

la douche	*shower*
la couverture	*blanket, cover*
la chambre	*room*
l'armoire (*f.*)	*wardrobe*
sécurisé(e)	*locked*
gratuit(e)	*free*
privé(e)	*private*

Compréhension Indiquez toutes les phrases qui décrivent une auberge de jeunesse nouvelle génération.

_____ 1. Il y a des dortoirs de 10 à 15 lits.

_____ 2. Les douches sont dans le couloir.

_____ 3. Il y a des armoires sécurisées et du Wi-Fi gratuit.

_____ 4. Le petit-déjeuner (*breakfast*) est gratuit.

_____ 5. Les chambres coûtent entre 60–100 euros la nuit.

 Conversation Avec un partenaire, décidez si vous êtes d'accord avec ces déclarations et expliquez pourquoi.

1. Voyager forme (*shapes*) la jeunesse.
2. C'est important d'aider financièrement les jeunes à voyager.

Application Trouvez sur Internet deux auberges de jeunesse dans une région ou un pays francophone. Notez les services qu'elles offrent. Ensuite, utilisez ces informations pour préparer une présentation qui propose la construction d'une auberge de jeunesse dans votre région. Dans votre présentation, expliquez les services que l'auberge de jeunesse va offrir et les différents avantages qu'elle peut apporter aux jeunes et la communauté.

You will learn how to...
- make hotel reservations
- give instructions

vhlcentral

À l'hôtel

Vocabulaire

annuler une réservation	to cancel a reservation
réserver	to reserve, to book
premier/première	first
cinquième	fifth
neuvième	ninth
vingt et unième	twenty-first
vingt-deuxième	twenty-second
trente et unième	thirty-first
centième	hundredth
une agence de voyages	travel agency
un agent de voyages	travel agent
une auberge de jeunesse	youth hostel
une chambre individuelle	single room
un hôtel	hotel
complet/complète	full (no vacancies)
libre	available
alors	so, then; at that moment
après (que)	after
avant (de)	before
d'abord	first
donc	therefore
enfin	finally, at last
ensuite	then, next
finalement	finally
pendant (que)	during, while
puis	then
tout à coup	suddenly
tout de suite	right away

la réception

Bienvenue!

le lit

l'hôtelière (f.)

l'hôtelier (m.)

le passeport

la clé

les client(e)s

Attention!

In French, form ordinal numbers by placing –ième at the end of the cardinal number. If the cardinal number ends in an –e, drop it before adding –ième. Note the spelling changes in **cinquième** and **neuvième**. Also note that the French word for *first*, **premier/première (1er/1ère)**, is an exception.

onze → onzième (11e)
vingt → vingtième (20e)

le premier étage

le rez-de-chaussée

l'ascenseur (m.)

les étages (m.)

le troisième   le premier

1er   le deuxième
2e 100–110
3e 200–210
4e 300–310
     400–410

le quatrième

0

Mise en pratique

1 Remplissez Complétez les phrases avec le nombre ordinal qui convient (*fits*).

MODÈLE

B est la ___deuxième___ lettre de l'alphabet.

1. Décembre est le ___douzième___ mois de l'année.
2. Mercredi est le ___premier___ jour de la semaine.
3. Aux États-Unis, le rez-de-chaussée est le ___quarante et____ étage.
4. Ma classe de français est au ___quatrième___ (étage).
5. Octobre est le ___deuxième___ mois de l'année.
6. Z est la ___vingt-sixième___ lettre de l'alphabet.
7. Samedi est le ___septième___ jour de la semaine.
8. Barack Obama a été le ___quarante___ président des États-Unis.
9. Mon prénom (*first name*) commence avec la ___onzième___ lettre de l'alphabet.
10. La fête nationale américaine est le ___quatrième___ jour du mois de juillet.

2 Écoutez Écoutez la conversation entre Mme Renoir et un hôtelier et décidez si les phrases sont **vraies** ou **fausses**.

	Vrai	Faux
1. Mme Renoir est à l'agence de voyages.	☐	☒
2. Mme Renoir a fait une réservation.	☒	☐
3. Mme Renoir prend la chambre au cinquième étage.	☐	☒
4. Il y a un ascenseur dans l'hôtel.	☐	☒
5. Mme Renoir a réservé une chambre à deux lits.	☐	☒
6. La cliente s'appelle Margot Renoir.	☒	☐
7. L' hôtel a des chambres libres.	☐	☒
8. L' hôtelier donne à Mme Renoir la clé de la chambre 27.	☒	☐

3 Hôtel Paradis Virginie téléphone à l'hôtel Paradis pour faire une réservation. Mettez les phrases dans l'ordre chronologique.

__6__ a. Finalement, il me demande le numéro de ma carte bancaire (*credit card*) pour finaliser la réservation.

__2__ b. Pendant la conversation, je demande une chambre individuelle au troisième étage.

__1__ c. D'abord, j'appelle l'hôtel Paradis pour faire une réservation.

__4__ d. Je ne veux (*want*) pas dormir au rez-de-chaussée, donc je demande une chambre au deuxième étage.

__3__ e. Ensuite, l'hôtel me rappelle (*calls me back*) pour annoncer qu'il n'y a plus de (*any*) chambre libre au troisième étage, donc ma réservation est annulée.

__5__ f. C'est alors que l'hôtelier me donne une chambre au deuxième étage à côté de l'ascenseur.

Communication

4 **Conversez** Interviewez votre camarade à propos de (*about*) ses vacances idéales dans un hôtel.

1. Quelles sont les dates de ton séjour?
2. Où vas-tu? Dans quel pays, quelle région ou quelle ville? Vas-tu à la mer, à la campagne, ...?
3. À quel hôtel descends-tu (*do you stay*)?
4. Qui fait la réservation?
5. Comment est l'hôtel? Est-ce que l'hôtel a un ascenseur, une piscine, ...?
6. À quel étage est ta chambre?
7. Combien de lits a ta chambre?
8. Laisses-tu ton passeport à la réception?

5 **Notre réservation** Par groupes de trois, travaillez pour préparer une présentation où deux touristes font une réservation dans un hôtel ou une auberge de jeunesse francophone. N'oubliez pas d'ajouter (*add*) les informations de la liste.

- le nom de l'hôtel
- le nombre de lits
- le type de chambre(s)
- les dates
- l'étage
- le prix

6 **Mon hôtel** Vous allez ouvrir (*open*) votre propre hôtel. Par groupes de quatre, créez une affiche (*poster*) pour le promouvoir (*promote*) avec l'information de la liste et présentez votre hôtel au reste de la classe. Votre professeur va ensuite donner à chaque groupe un budget. Avec ce budget, vous allez faire la réservation à l'hôtel qui convient le mieux (*best suits*) à votre groupe.

- le nom de votre hôtel
- le nombre d'étoiles (*stars*)
- les services offerts
- le prix pour une nuit

★	★★	★★★	★★★★	★★★★★
une étoile	deux étoiles	trois étoiles	quatre étoiles	cinq étoiles

7 **Pour faire une réservation** Écrivez un paragraphe où vous décrivez (*describe*) ce qu'un touriste doit (*must*) faire pour réserver une chambre. Utilisez au moins cinq mots de la liste. Échangez et comparez votre paragraphe avec celui (*the one*) d'un camarade de classe.

alors	d'abord	puis
après (que)	donc	tout à coup
avant (de)	enfin	tout de suite

Les sons et les lettres 🔊 **vhl**central

ti, sti, and ssi

The letters **ti** followed by a consonant are pronounced like the English word *tea*, but without the puff released in the English pronunciation.

ac**ti**f	pe**ti**t	**ti**gre	u**ti**les

When the letter combination **ti** is followed by a vowel sound, it is often pronounced like the sound linking the English words *miss you*.

dic**ti**onnaire	pa**ti**ent	ini**ti**al	addi**ti**on

Regardless of whether it is followed by a consonant or a vowel, the letter combination **sti** is pronounced *stee*, as in the English word *steep*.

ge**sti**on	que**sti**on	Séba**sti**en	arti**sti**que

The letter combination **ssi** followed by another vowel or a consonant is usually pronounced like the sound linking the English words *miss you*.

pa**ssi**on	expre**ssi**on	mi**ssi**on	profe**ssi**on

Words that end in **-sion** or **-tion** are often cognates with English words, but they are pronounced quite differently. In French, these words are never pronounced with a *sh* sound.

compre**ssi**on	na**ti**on	atten**ti**on	addi**ti**on

Prononcez Répétez les mots suivants à voix haute.

1. artiste
2. mission
3. réservation
4. impatient
5. position
6. initiative
7. possession
8. nationalité
9. compassion
10. possible

Articulez Répétez les phrases suivantes à voix haute.

1. L'addition, s'il vous plaît.
2. Christine est optimiste et active.
3. Elle a fait une bonne première impression.
4. Laëtitia est impatiente parce qu'elle est fatiguée.
5. Tu cherches des expressions idiomatiques dans le dictionnaire.

Dictons Répétez les dictons à voix haute.

De la discussion jaillit la lumière.[1]

Il n'est de règle sans exception.[2]

[1] Discussion brings light.
[2] The exception proves the rule.

La réservation d'hôtel vhlcentral

PERSONNAGES

Agent de voyages

Amina

Pascal

Sandrine

À l'agence de voyages...

SANDRINE J'ai besoin d'une réservation d'hôtel, s'il vous plaît. C'est pour les vacances de Noël.

AGENT Où allez-vous? En Italie?

SANDRINE Nous allons à Albertville.

AGENT Et c'est pour combien de personnes?

SANDRINE Nous sommes deux, mais il nous faut deux chambres individuelles.

AGENT Très bien. Quelles sont les dates du séjour, Mademoiselle?

SANDRINE Alors, le 25, c'est Noël, donc je fête en famille. Disons du 26 décembre au 2 janvier.

AGENT Ce n'est pas possible à Albertville, mais à Megève, j'ai deux chambres à l'hôtel Le Vieux Moulin pour 143 euros par personne. Ou alors, à l'hôtel Le Mont Blanc pour 171 euros par personne.

SANDRINE Oh non, mais Megève, ce n'est pas Albertville... et ces prix! C'est vraiment trop cher.

AGENT C'est la saison, Mademoiselle. Les hôtels les moins chers sont déjà complets.

SANDRINE Oh là là. Je ne sais pas quoi faire... J'ai besoin de réfléchir. Merci, Monsieur. Au revoir!

AGENT Au revoir, Mademoiselle.

Chez Sandrine...

SANDRINE Oui, Pascal. Amina nous a trouvé une auberge à Albertville. C'est génial, non? En plus, c'est pas cher!

PASCAL Euh, en fait... Albertville, maintenant, c'est impossible.

SANDRINE Qu'est-ce que tu dis?

PASCAL C'est que... j'ai du travail.

SANDRINE Du travail! Mais c'est Noël! On ne travaille pas à Noël! Et Amina a déjà tout réservé... Oh! C'est pas vrai!

PASCAL *(à lui-même)* Elle n'est pas très heureuse maintenant, mais quelle surprise en perspective!

Un peu plus tard...

AMINA On a réussi, Sandrine! La réservation est faite. Tu as de la chance! Mais, qu'est-ce qu'il y a?

SANDRINE Tu es super gentille, Amina, mais Pascal a annulé pour Noël. Il dit qu'il a du travail... Lui et moi, c'est fini. Tu as fait beaucoup d'efforts pour faire la réservation, je suis désolée.

A C T I V I T É S

1 **Vrai ou faux?** Indiquez si ces affirmations sont **vraies** ou **fausses**.

1. Sandrine fait une réservation à l'agence de voyages.

2. Sandrine a envie de voyager le 25 décembre.

3. Amina fait une réservation à l'hôtel Le Mont Blanc.

4. Cent soixante et onze euros, c'est beaucoup d'argent pour Sandrine.

5. Amina ne peut pas (*can't*) aider Sandrine.

6. Il y a beaucoup de touristes à Albertville en décembre.

7. Pascal dit qu'il travaille à Noël.

8. Pascal est fâché contre Sandrine.

9. Sandrine est fâchée contre Pascal.

10. Il faut annuler la réservation à l'auberge de la Costaroche.

Sandrine essaie d'organiser son voyage.

Au P'tit Bistrot...

SANDRINE Amina, je n'ai pas réussi à faire une réservation pour Albertville. Tu peux m'aider?

AMINA C'est que... je suis connectée avec Cyberhomme.

SANDRINE Avec qui?

AMINA J'écris un e-mail à... Bon, je t'explique plus tard. Dis-moi, comment est-ce que je peux t'aider?

Un peu plus tard...

AMINA Bon, alors... Sandrine m'a demandé de trouver un hôtel pas cher à Albertville. Pas facile à Noël... Je vais essayer... Voilà! L'auberge de la Costaroche... 39 euros la nuit pour une chambre individuelle. L'hôtel n'est pas complet et il y a deux chambres libres. Quelle chance, cette Sandrine! Bon, nom... Sandrine Aubry...

AMINA Bon, la réservation, ce n'est pas un problème. C'était facile de réserver. Mais toi, Sandrine, c'est évident, ça ne va pas.

SANDRINE C'est vrai. Mais, alors, c'est qui, ce «Cyberhomme»?

AMINA Oh, c'est juste un ami virtuel. On correspond sur Internet, c'est tout. Ce soir, c'est son dixième message!

SANDRINE Lis-le-moi!

AMINA Euh non, c'est personnel...

SANDRINE Alors, dis-moi comment il est!

AMINA D'accord... Il est étudiant, sportif mais sérieux. Très intellectuel.

SANDRINE S'il te plaît, écris-lui: «Sandrine cherche aussi un cyberhomme»!

Expressions utiles

Getting help

- **Je ne sais pas quoi faire... J'ai besoin de réfléchir.**
  I don't know what to do... I have to think.

- **Je n'ai pas réussi à faire une réservation pour Albertville.**
  I didn't manage to make a reservation for Albertville.

- **Tu peux m'aider?**
  Can you help me?

- **Dis-moi, comment est-ce que je peux t'aider?**
  Tell me, how can I help you?

- **Qu'est-ce que tu dis?**
  What are you saying/did you say?

- **On a réussi.**
  We succeeded./We got it.

- **S'il te plaît, écris-lui.**
  Please, write to him.

Additional vocabulary

- **C'est trop tard?**
  Is it too late?

- **Disons...**
  Let's say...

- **La réservation est faite.**
  The reservation has been made.

- **C'est fini.**
  It's over.

- **Je suis connectée avec...**
  I am online with...

- **Lis-le-moi.**
  Read it to me.

- **Il dit que...**
  He says that...

- **les moins chers**
  the least expensive

- **en fait**
  in fact

---

2 **Questions** Répondez aux questions.

1. Pourquoi est-il difficile de faire une réservation pour Albertville?
2. Pourquoi est-ce que Sandrine ne veut pas (*doesn't want*) descendre à l'hôtel Le Vieux Moulin?
3. Pourquoi Pascal dit-il qu'il ne peut pas (*can't*) aller à Albertville?
4. Qui est Cyberhomme?
5. À votre avis (*In your opinion*), Sandrine va-t-elle rester (*stay*) avec Pascal?

3 **Devinez** Inventez-vous une identité virtuelle. Écrivez un paragraphe dans lequel (*in which*) vous vous décrivez, vous et vos loisirs préférés. Donnez votre nom d'internaute (*cybername*). Votre professeur va afficher (*post*) vos messages. Devinez (*Guess*) à qui correspondent les descriptions.

ACTIVITÉS

vhlcentral

CULTURE À LA LOUPE

Les vacances des Français

Cassis

Les Français, aujourd'hui, ont beaucoup de vacances.
En 1936, les Français obtiennent° leurs premiers congés payés: deux semaines par an. En 1956, les congés payés passent à trois semaines, puis à quatre en 1969, et enfin à cinq semaines en 1982. Aujourd'hui, les Français sont parmi ceux qui° ont le plus de vacances en Europe. Pendant longtemps, les Français prenaient° un mois de congés l'été, en août, et beaucoup d'entreprises°, de bureaux et de magasins fermaient° tout le mois (la fermeture annuelle). Aujourd'hui, les Français ont tendance à prendre des vacances plus courtes (sept jours en moyenne°), mais plus souvent. Quant aux° destinations de vacances, 70,2% (pour cent) des Français restent en France métropolitaine°. S'ils partent à l'étranger, leurs destinations préférées sont l'Espagne, l'Italie et l'Afrique. Environ° 23% des Français vont à la campagne, 31% vont en ville, 22% vont à la mer, et 20% vont à la montagne.

Ce sont les personnes âgées et les agriculteurs° qui partent le moins souvent en vacances et les étudiants qui voyagent le plus, parce qu'ils ont beaucoup de vacances. Pour eux, les cours commencent en septembre ou octobre avec la rentrée des classes. Puis, il y a deux semaines de vacances plusieurs fois dans l'année: les vacances de Noël en décembre-janvier, les vacances d'hiver en février-mars et les vacances de printemps en avril-mai. Les élèves (de la maternelle° au lycée) ont une semaine en plus pour les vacances de la Toussaint en octobre-novembre. L'été, les étudiants et les élèves ont les grandes vacances de juin jusqu'à° la rentrée.

Les destinations de vacances des Français aujourd'hui	
PAYS / CONTINENT	SÉJOURS
France	70,2%
Espagne	4,1%
Italie	3,0%
Afrique	2,2%
Royaume-Uni	1,8%
Belgique et Luxembourg	1,8%
Allemagne	1,5%
Amérique	1,8%
Asie et Océanie	1,4%
Les DOM°	0,7%

SOURCE: Direction Générale des Entreprises (DGE)

Coup de main

To form the superlative of nouns, use **le plus (de)** + (*noun*) to say *the most* and **le moins (de)** + (*noun*) to say *the least*.

Les étudiants ont le plus de vacances.

Les personnes âgées prennent le moins de congés.

obtiennent *obtain* **parmi ceux qui** *among the ones who* **prenaient** *took* **entreprises** *companies* **fermaient** *closed* **en moyenne** *on average* **Quant aux** *As for* **métropolitaine** *mainland* **Environ** *Around* **agriculteurs** *farmers* **maternelle** *pre-school* **jusqu'à** *until* **DOM** *Overseas Departments*

A C T I V I T É S

1 **Complétez** Complétez les phrases.

1. C'est en 1936 que les Français obtiennent leurs premiers _____.

2. Depuis (*Since*) 1982, les Français ont _____ de congés payés.

3. Pendant longtemps, les Français ont pris leurs vacances au mois _____.

4. Pendant _____, beaucoup de magasins sont fermés.

5. _____ est la destination de vacances préférée de 70,2% des Français.

6. Les destinations étrangères préférées des Français sont _____.

7. Le lieu de séjour favori des Français est _____.

8. _____ ne partent pas souvent en vacances.

9. Ce sont _____ qui ont beaucoup de vacances.

10. Les étudiants ont _____ plusieurs fois par an.

LE FRANÇAIS QUOTIDIEN

À l'auberge de jeunesse

bagagerie (*f.*)	*baggage check room*
cadenas (*m.*)	*padlock*
casier (*m.*)	*locker*
couvre-feu (*m.*)	*curfew*
dortoir (*m.*)	*dormitory*
espace détente	*relaxation area*
laverie	*laundry*
sac (*m.*) **de couchage**	*sleeping bag*

LE MONDE FRANCOPHONE

Des vacances francophones

Si votre famille veut° partir en vacances dans un pays francophone, vous pouvez° aller en France, bien sûr, mais il y a aussi beaucoup d'autres destinations.

Près des États-Unis

En hiver, dans les Antilles, il y a la Guadeloupe et la Martinique. Ces deux îles° tropicales sont des départements français. Leurs habitants ont donc des passeports français.

Dans l'océan Pacifique

De la Côte Ouest des États-Unis, au sud° de Hawaï, vous pouvez aller dans les îles de la Polynésie française: les îles Marquises; les îles du Vent, avec Tahiti; les îles Tuamotu. Au total il y a 118 îles, dont° 67 sont habitées°.

veut *wants* **pouvez** *can* **îles** *islands* **sud** *south* **dont** *of which* **habitées** *inhabited*

PORTRAIT

Les Alpes et le ski

Les Français qui partent à la montagne pendant les vacances d'hiver privilégient° les stations de ski des Alpes françaises. La chaîne° des Alpes est la plus grande chaîne de montagnes d'Europe. Elle fait plus de 1.000 km de long et va de la Méditerranée à l'Autriche°. Plusieurs pays la partagent: entre autres° la France, la Suisse, l'Allemagne et l'Italie. Le Mont-Blanc, le sommet° le plus haut° d'Europe occidentale°, est à plus de 4.800 mètres d'altitude.

On trouve d'excellentes pistes° de ski dans les Alpes, comme à Chamonix, Tignes, Val d'Isère et aux Trois Vallées.

privilégient *favor* **chaîne** *range* **l'Autriche** *Austria* **entre autres** *among others* **sommet** *peak* **le plus haut** *the highest* **occidentale** *Western* **pistes** *trails*

Sur Internet

Chaque année, depuis (*since*) 1982, plus de 4 millions de Français utilisent des Chèques-Vacances pour payer leurs vacances. Qu'est-ce que c'est, un Chèque-Vacances?

Go to **vhlcentral.com** to find more information related to this **Culture** section.

---

2 **Répondez** Répondez aux questions par des phrases complètes.

1. Que peut-on (*can one*) utiliser à la place des draps?
2. Quand on passe la nuit dans le dortoir d'une auberge de jeunesse, où met-on ses affaires (*belongings*)?
3. Qu'est-ce que c'est, les Alpes?
4. Quel est le sommet le plus haut d'Europe occidentale?
5. Quelles îles des Antilles sont françaises?

3 **À l'agence de voyages** Vous travaillez dans une agence de voyages en France. Votre partenaire, un(e) client(e), va vous parler des activités et du climat qu'il/elle aime. Faites quelques suggestions de destinations. Votre client(e) va vous poser des questions sur les différents voyages que vous suggérez.

A C T I V I T É S

7B.1 Adverbs and the verbs vhlcentral
dire, *écrire*, and *lire*

Point de départ Adverbs modify verbs, adjectives, and other adverbs. Adverbs you have already learned include **bien**, **déjà**, **encore**, **surtout**, and **très**.

- To form an adverb from an adjective that ends in a consonant, take the feminine form and add **-ment**. This ending is equivalent to the English *-ly*.

masc. adjective		fem. adjective		adverb	
actif		active		activement	*actively*
franc		franche		franchement	*frankly, honestly*
heureux		heureuse		heureusement	*fortunately*

Malheureusement, il ne va pas être là.
Unfortunately, he is not going to be there.

Il n'est pas passé **dernièrement**.
He hasn't passed by lately.

- If an adjective's masculine form ends in a vowel, just add **-ment**.

masc. adjective		adverb	
absolu		absolument	*absolutely*
vrai		vraiment	*really*

J'ai **vraiment** sommeil aujourd'hui.
I'm really sleepy today.

Le musée est **absolument** magnifique.
The museum is absolutely magnificent.

- If an adjective's masculine form ends in **-ant** or **-ent**, replace the ending with **-amment** or **-emment**, respectively.

masc. adjective		adverb	
constant		constamment	*constantly*
courant		couramment	*fluently*
évident		évidemment	*obviously*

Elle parle **couramment** français.
She speaks French fluently.

Vous pensez **différemment**.
You think differently.

- Some adverbs are irregular.

masc. adjective		adverb	
bon		bien	*well*
gentil		gentiment	*nicely*
mauvais		mal	*badly*
petit		peu	*little*

Son français est bon; il le parle **bien**.
His French is good; he speaks it well.

Leurs devoirs sont mauvais; ils écrivent **mal**.
Their homework is bad; they write badly.

- Although the adverb **rapidement** can be formed from the adjective **rapide**, you can also use the adverb **vite** to say *fast*.

M. Bellay parle trop **rapidement**.
Mr. Bellay speaks too quickly.

Bérénice court **vite**.
Bérénice runs fast.

Boîte à outils

The exception to this rule is the adjective **lent**. Its adverb is **lentement** (*slowly*).

Il marche lentement.
He walks slowly.

Vérifiez

- You've learned **jamais, parfois, rarement,** and **souvent**. Three more adverbs of frequency are: **de temps en temps** (*from time to time*), **en général** (*in general*), and **quelquefois** (*sometimes*).

  Elle visite la capitale **de temps en temps**.
  She visits the capital from time to time.

  En général, nous prenons le bus.
  In general, we take the bus.

- Place an adverb that modifies an adjective or adverb before the word it modifies.

  La chambre est **assez** grande.
  The room is pretty big.

  Ils courent **très** vite.
  They run very fast.

- Place an adverb that modifies a verb immediately after the verb.

  Elle parle **bien** le français?
  Does she speak French well?

  Ils parlent **constamment**.
  They talk constantly.

- In the **passé composé**, short adverbs are typically placed before the past participle.

  Ils sont **vite** partis.   *but*
  They left quickly.

  Ils ont gagné **facilement**.
  They won easily.

The verbs *dire, lire,* and *écrire*

	dire (to say)	lire (to read)	écrire (to write)
je/j'	dis	lis	écris
tu	dis	lis	écris
il/elle/on	dit	lit	écrit
nous	disons	lisons	écrivons
vous	dites	lisez	écrivez
ils/elles	disent	lisent	écrivent

Elle m'**écrit**.
She writes to me.

Ne **dis** pas ton secret.
Don't tell your secret.

Lisez cet e-mail.
Read that e-mail.

- The past participles of **dire, écrire,** and **décrire**, respectively, are **dit, écrit,** and **décrit**. The past participle of **lire** is **lu**.

  Ils l'**ont dit**.
  They said it.

  Tu l'**as écrit**.
  You wrote it.

  Nous l'**avons lu**.
  We read it.

Essayez! Donnez les adverbes qui correspondent à ces adjectifs. Ensuite, donnez la forme correcte des verbes.

1. complet _complètement_
2. sérieux _____
3. séparé _____
4. constant _____
5. mauvais _____
6. actif _____
7. gentil _____
8. Je _____ (lire) le journal.
9. Nous _____ (dire) la vérité (*truth*).
10. Viviane _____ (écrire) bien.
11. Les filles _____ (décrire) l'accident.
12. Vous _____ (dire) ce que (*what*) vous pensez.
13. As-tu déjà _____ (lire) ce livre?
14. Je l'ai _____ (décrire) comme je l'ai vu.

Mise en pratique

1 **Assemblez** Trouvez l'adverbe opposé.

_____ 1. gentiment   a. rarement

_____ 2. bien   b. faiblement

_____ 3. lentement   c. impatiemment

_____ 4. patiemment   d. mal

_____ 5. fréquemment   e. méchamment

_____ 6. fortement   f. vite

2 **Invitation aux vacances** Béatrice parle de ses vacances chez sa cousine. Complétez les phrases avec les adverbes qui correspondent aux adjectifs entre parenthèses.

Ma cousine Caroline m'a invitée à passer les vacances chez elle, à Nice. (1) _____ (Évident), j'ai été très contente et j'ai (2) _____ (rapide) accepté son invitation. J'ai lu (3) _____ (attentif) les brochures touristiques et j'ai parlé (4) _____ (constant) de mon voyage. (5) _____ (Final), le jour de mon départ est arrivé. J'ai fait (6) _____ (prudent) ma valise. À Paris, j'ai attendu le train très (7) _____ (impatient). (8) _____ (Franc), j'avais hâte (_was eager_) d'arriver!

3 **On le fait comment?** Décrivez comment Gilles et ses amis font ces actions. Employez l'adverbe logique correspondant à un des adjectifs.

1. Marc et Marie écrivent. (bon, gentil)
2. J'attends mon ami. (rapide, impatient)
3. Ousmane dit des secrets. (fréquent, intelligent)
4. Tu conduis ta voiture. (fort, prudent)
5. Salima lit le texte. (courant, attentif)

4 **Les activités** Avec un(e) partenaire, assemblez les éléments des colonnes pour décrire à tour de rôle comment on fait ces activités pendant les vacances.

MODÈLE

Élève 1: _Je ne travaille pas sérieusement._
Élève 2: _Mon frère joue constamment._

A	B	C
je	aider	constamment
mon frère	dire	facilement
ma sœur	écrire	franchement
mon ami(e)	jouer	gentiment
mes profs	lire	patiemment
ma mère	travailler	rapidement
mon père	voyager	sérieusement
?	?	?

Communication

5 **Au lycée** Vous désirez mieux connaître (*know better*) vos camarades de classe. Répondez aux questions de votre partenaire avec les adverbes de la liste ou d'autres.

attentivement	lentement	rapidement
bien	mal	rarement
difficilement	parfois	sérieusement
élégamment	patiemment	souvent
facilement	prudemment	quelquefois

1. Quand vas-tu à la cantine?

2. Comment étudies-tu en général?

3. Quand tes amis et toi étudiez-vous ensemble?

4. Comment les élèves écoutent-ils leur prof?

5. Comment ton prof de français parle-t-il?

6. Quand les élèves ne disent-ils pas la vérité (*truth*) au prof?

7. Quand lisez-vous pour le plaisir (*pleasure*)?

8. Quand allez-vous au cinéma, tes amis et toi?

9. Tes amis et toi, mangez-vous toujours (*always*) à la cantine?

10. Quand écrivez-vous des messages à vos amis?

6 **Fréquences** Votre professeur va vous donner une feuille d'activités. Circulez dans la classe et demandez à vos camarades à quelle fréquence ils/elles font ces choses. Trouvez une personne différente pour chaque réponse, puis présentez-les à la classe.

MODÈLE

Élève 1: *À quelle fréquence pars-tu en vacances?*
Élève 2: *Je pars fréquemment en vacances.*

7 **Notre classe** Par groupes de quatre, choisissez les camarades de votre classe qui correspondent à ces descriptions. Trouvez le plus (*most*) de personnes possible.

Qui dans la classe...

1. ... bavarde constamment avec ses voisins?

2. ... parle bien français?

3. ... chante bien?

4. ... apprend facilement les langues?

5. ... lit attentivement les instructions?

6. ... travaille sérieusement après les cours?

7. ... aime beaucoup les maths?

8. ... travaille trop?

9. ... écrit souvent des messages pendant le cours?

10. ... dort parfois pendant le cours?

11. ... oublie fréquemment ses devoirs?

12. ... mange rarement à la cantine?

7B.2

The *imparfait* vhlcentral

Point de départ You've learned how the **passé composé** can express past actions. Now you'll learn another past tense, the **imparfait** *(imperfect)*.

- The **imparfait** can be translated into English in several ways.

Hakim **buvait** beaucoup de thé.	Nina **chantait** sous la douche tous les matins.
Hakim drank a lot of tea.	*Nina sang in the shower every morning.*
Hakim used to drink a lot of tea.	*Nina used to sing in the shower every morning.*
Hakim would drink a lot of tea.	*Nina would sing in the shower every morning.*
Hakim was drinking a lot of tea.	*Nina was singing in the shower every morning.*

Boîte à outils

Note that the forms ending in **-ais**, **-ait**, and **-aient** are all pronounced identically. To avoid confusion when writing these forms, remember that the **je** and **tu** forms never end in a **-t**.

- To form the **imparfait**, drop the **-ons** ending from the **nous** form of the present tense and replace it with these endings.

The *imparfait*				
	parler (parl~~ons~~)	finir (finiss~~ons~~)	vendre (vend~~ons~~)	boire (buv~~ons~~)
je	parlais	finissais	vendais	buvais
tu	parlais	finissais	vendais	buvais
il/elle/on	parlait	finissait	vendait	buvait
nous	parlions	finissions	vendions	buvions
vous	parliez	finissiez	vendiez	buviez
ils/elles	parlaient	finissaient	vendaient	buvaient

- Verbs whose infinitives end in **-ger** add an **e** before all endings of the **imparfait** except in the **nous** and **vous** forms. Verbs whose infinitives end in **-cer** change **c** to **ç** before all endings except in the **nous** and **vous** forms.

tu **déménageais**	*but*	nous **déménagions**
les invités **commençaient**	*but*	vous **commenciez**

Mes parents **voyageaient** en Afrique.	Vous **mangiez** toujours des pâtes le soir?
My parents used to travel to Africa.	*Did you always have pasta for dinner?*
À quelle heure **commençait** l'école?	Nous **commencions** notre journée à huit heures.
What time did school start?	*We used to start our day at 8 o'clock.*

- The **nous** and **vous** forms of infinitives ending in **-ier** have a double **i** in the **imparfait**.

Vous **skiiez** dans les Alpes en janvier.	Nous **étudiions** parfois jusqu'à minuit.
You used to ski in the Alps in January.	*We studied until midnight sometimes.*

- The **imparfait** is used to talk about actions that took place repeatedly or habitually in the past.

À noter

You'll learn more about the uses of the **imparfait** and the **passé composé** in **Unité 8**.

Je **passais** l'hiver à Lausanne.	Vous m'**écriviez** tous les jours.
I spent the winters in Lausanne.	*You would write to me every day.*
Nous **achetions** des fleurs au marché.	Il **vendait** des meubles.
We used to buy flowers at the market.	*He used to sell furniture.*

- The **imparfait** is also used to talk about ongoing actions over an unspecified period of time in the past.

  Nous **parlions** à l'hôtelier.
  We were talking to the hotel clerk.

  Il **bronzait** sur la plage.
  He was tanning on the beach.

  Vous **écriviez** dans votre journal de voyage.
  You were writing in your travel journal.

  Je **faisais** du shopping en Chine.
  I was shopping in China.

- The **imparfait** is used for description as well, often with the verb **être**, which is irregular in this tense.

The *imparfait* of *être*	
j'étais	nous étions
tu étais	vous étiez
il/elle/on était	ils/elles étaient

  La cuisine **était** à côté du salon.
  The kitchen was next to the living room.

  Les toilettes **étaient** au rez-de-chaussée.
  The restrooms were on the ground floor.

  Étiez-vous heureux avec Francine?
  Were you happy with Francine?

  Nous **étions** dans le jardin.
  We were in the garden.

- Note the imperfect forms of these expressions.

  Il **pleuvait** chaque matin.
  It rained every morning.

  Il **neigeait** parfois au printemps.
  It snowed sometimes in the spring.

  Il **y avait** deux lits et une lampe.
  There were two beds and a lamp.

  Il **fallait** payer le loyer.
  We had to pay rent.

Essayez!   Choisissez la réponse correcte pour compléter les phrases.

1. Muriel (louait/louais) un appartement en ville.
2. Rodrigue (partageait/partagiez) une chambre avec un autre étudiant.
3. Nous (écrivait/écrivions) beaucoup à nos amis.
4. Il y (avait/était) des balcons au premier étage.
5. Vous (mangeait/mangiez) chez Arnaud le samedi.
6. Je n'(avais/étais) pas peur du chien.
7. Il (neigeait/fallait) mettre le chauffage (*heat*) quand il (faisaient/faisait) froid.
8. Qu'est-ce que tu (faisait/faisais) dans le couloir?
9. Vous (aimiez/aimaient) beaucoup le quartier?
10. Nous (étaient/étions) trois dans le petit studio.
11. Rémy et Nathalie (voyagiez/voyageaient).
12. Il (avais/pleuvait) constamment en juillet.
13. Il (pleuvait/neigeait) beaucoup dans les Alpes en décembre.
14. Jean-Luc (finissait/finissais) toujours les devoirs en premier.
15. Tous les étés, nous (vendaient/vendions) des bonbons pour notre équipe de futbol.

Mise en pratique

1 **Nos voyages** La famille d'Emmanuel voyageait souvent quand il était petit. Complétez son histoire en mettant les verbes à l'imparfait.

Quand j' (1) _____ (être) jeune, mon père (2) _____ (travailler) pour une société canadienne et nous (3) _____ (voyager) souvent. Quand nous (4) _____ (partir), je (5) _____ (faire) ma valise et je (6) _____ (préparer) toutes mes affaires. Ma petite sœur (7) _____ (détester) voyager. Elle (8) _____ (dire) qu'elle (9) _____ (aimer) rester chez nous près de ses amis et que ce n' (10) _____ (être) pas juste!

2 **Rien n'a changé** Laurent parle de l'école à son grand-père, qui lui explique que les choses n'ont pas changé. Employez l'imparfait pour transformer les phrases de Laurent et donner les phrases de son grand-père.

Laurent: Les cours commencent à 7h30. Je prends le bus pour aller à l'école. J'ai beaucoup d'amis. Mes copains et moi, nous mangeons à midi. Mon dernier cours finit à 16h00. Mon école est très sympa et je l'adore!

Grand-père: Les cours... _____
_____
_____

3 **Le samedi** Dites ce que (*what*) ces personnes faisaient habituellement le samedi.

▶ **MODÈLE**

Paul dormait.

Paul

1. je _____   2. ils _____   3. vous _____   4. tu _____

4 **Maintenant et avant** Qu'est-ce qu'Emmanuel et sa famille font différemment aujourd'hui? Écrivez des phrases à l'imparfait et trouvez les adverbes opposés.

MODÈLE

beaucoup travailler (je)
Maintenant je travaille beaucoup, mais avant je travaillais peu.

1. rarement voyager (je)

2. facilement prendre le train (nous)

3. souvent aller à la piscine (on)

4. parfois acheter des cartes postales (mes parents)

5. bien bricoler (vous)

6. patiemment attendre son anniversaire (ma sœur)

Communication

5 Quand tu avais dix ans À tour de rôle, posez ces questions à votre partenaire pour savoir (*to know*) les détails de sa vie quand il/elle avait dix ans.

1. Où habitais-tu?
2. Est-ce que tu faisais beaucoup de vélo?
3. Où est-ce que ta famille et toi alliez en vacances?
4. Pendant combien de temps partiez-vous en vacances?
5. Est-ce que tes amis et toi, vous sortiez tard le soir?
6. Que faisaient tes parents le week-end?
7. Quels sports pratiquais-tu?
8. Quel genre de musique écoutais-tu?
9. Comment était ton école?
10. Aimais-tu l'école? Pourquoi?

6 Discutez Regardez l'image. Votre partenaire et vous avez passé vos vacances à Saint-Barthélemy. À deux, écrivez un paragraphe d'au moins six phrases pour décrire le temps qu'il faisait et ce que (*what*) vous faisiez le plus souvent quand vous étiez là-bas. Utilisez l'imparfait dans votre description.

7 Chez les grands-parents Quand vous étiez petit(e), vous passiez toujours les vacances à la campagne chez vos grands-parents. À tour de rôle, décrivez à votre partenaire une journée typique de vacances.

MODÈLE

Notre journée commençait très tôt le matin. Mémé préparait du pain...

8 Une énigme La nuit dernière, quelqu'un est entré dans le bureau de votre professeur et a emporté (*took away*) l'examen de français. Vous devez (*must*) trouver qui. Qu'est-ce que vos camarades de classe faisaient hier soir? Interviewez-les. Ensuite, relisez vos notes et dites qui est le voleur (*thief*). Présentez vos conclusions à la classe.

Révision

1 **Mes affaires** Vous cherchez vos affaires (*belongings*). À tour de rôle, demandez de l'aide à votre partenaire. Où étaient-elles la dernière fois?

MODÈLE

Élève 1: *Je cherche mes clés. Où sont-elles?*

Élève 2: *Tu n'as pas cherché à la réception? Elles étaient à la réception.*

baskets	passeport
journal	pull
livre	sac à dos
parapluie	valise

à la réception	sur la chaise
au rez-de-chaussée	sous le lit
dans la chambre	dans ton sac
au deuxième étage	à l'auberge de jeunesse

2 **Les anniversaires** Avec un(e) partenaire, préparez huit questions pour savoir (*know*) comment vos camarades de classe célébraient leur anniversaire quand ils étaient enfants. Employez l'imparfait et des adverbes dans vos questions, puis posez-les à un autre groupe.

MODÈLE

Élève 1: *Que faisais-tu souvent pour ton anniversaire?*

Élève 2: *Quand j'étais petit, mes parents organisaient souvent une fête.*

3 **Sports et loisirs** Votre professeur va vous donner une feuille d'activités. Circulez dans la classe et demandez à vos camarades s'ils pratiquaient ces activités avant d'entrer au lycée. Trouvez une personne différente qui dise (*says*) oui pour chaque activité. Présentez les réponses à la classe.

MODÈLE

Élève 1: *Est-ce que tu faisais souvent du jogging avant d'entrer au lycée?*

Élève 2: *Oui, je courais souvent le matin.*

4 **Pendant les vacances** Par groupes de trois, créez le texte d'un article qui décrit ce que (*what*) faisaient ces gens. Utilisez des verbes à l'imparfait et des adverbes dans vos descriptions. Ensuite, présentez vos articles à la classe.

5 **Mes mauvaises habitudes** Vous aviez de mauvaises habitudes, mais vous les avez changées. Maintenant, vous parlez avec votre ancien prof de français que vous rencontrez dans la rue. Avec un(e) partenaire, préparez la conversation.

MODÈLE

Élève 1: *Vous dormiez tout le temps en cours!*

Élève 2: *Je dormais souvent, mais je travaillais aussi. Maintenant, je travaille sérieusement.*

6 **Un week-end en vacances** Votre professeur va vous donner, à vous et à votre partenaire, une feuille de dessins sur le week-end de M. et Mme Bardot et de leur fille Alexandra. Attention! Ne regardez pas la feuille de votre partenaire.

MODÈLE

Élève 1: *En général, ils logeaient dans un hôtel.*

Élève 2: *Tous les jours, ...*

À l'écoute vhlcentral

Recognizing the genre of spoken discourse

You will encounter many different types of spoken discourse in French. For example, you may hear a political speech, a radio interview, a commercial, a message on an answering machine, or a news broadcast. Try to identify the context of what you hear so that you can activate your background knowledge about that type of discourse and identify the speaker's motives and intentions.

 To practice this strategy, you will listen to two short selections. Identify the genre of each one.

Préparation

Quand vous partez en vacances, qui décide où aller? Qui fait les réservations? Est-ce que vous utilisez les services d'une agence de voyages? Internet?

À vous d'écouter

Écoutez la publicité. Puis écoutez une deuxième fois et notez les informations qui manquent (*that are missing*). Notez aussi un détail supplémentaire pour chaque voyage.

Pays (ville/région)	Nombre de jours/semaines	Prix par personne	Détail supplémentaire
1.	3 jours		
2.	1 semaine		
3. Irlande (Dublin)			
4.			
5. France (Avignon)			

Compréhension

Où vont-ils? Vous travaillez pour l'agence Vacances Pour Tous cet été. Indiquez où chaque personne va aller.

1. Madame Dupuis n'a pas envie d'aller à l'étranger.

   _____

2. Le fils de Monsieur Girard a besoin de pratiquer son espagnol et son anglais.

   _____

3. Madame Leroy a envie de visiter une capitale européenne.

   _____

4. Yves Marignaud a seulement trois jours de congé.

   _____

5. Justine adore la plage et le soleil.

   _____

6. La famille Abou a envie de passer ses vacances à la campagne.

   _____

Votre voyage Vous avez fait un des voyages proposés par l'agence Vacances Pour Tous. C'est le dernier jour et vous écrivez une carte postale (*postcard*) à un(e) ami(e) francophone. Parlez-lui de votre séjour. Quel voyage avez-vous fait? Pourquoi? Comment avez-vous voyagé? Qu'est-ce que vous avez fait pendant votre séjour? Est-ce que vous avez aimé vos vacances? Expliquez pourquoi.

Panorama

vhlcentral

le fleuve° Mékong au Laos

La Polynésie française

Les archipels en chiffres

▶ Îles Australes: *(7.112), Tubuai*
▶ Îles de la Société: *(239.852), Papeete*
▶ Îles Marquises: *(9.835), Nuku Hiva*
▶ Îles Tuamotu-Gambier: *(16.664), Fakarava, Rankiroa*
SOURCE: INSEE

Personnages célèbres

▶ Henri Hiro, *Tahiti, îles de la Société, poète (1944–1991)*
▶ Rodolphe Vinh Tung, *Raiatea, îles de la Société, professionnel du wakeboard (1974–)*
▶ Célestine Hitiura Vaite, *Tahiti, îles de la Société, écrivaine° (1966–)*

L'Asie du Sud-Est

Les pays en chiffres

▶ Le Viêt-Nam: *(85.789.573), Hanoï, Hô Chi Minh, Haïphong*
▶ Le Cambodge: *(13.400.000), Phnom Penh, Battambang, Siem Reap*
▶ Le Laos: *(6.700.000), Luang Prabang, Savannakhet, Paksé*

Personnages célèbres

▶ Hô Chi Minh, *Viêt-Nam, révolutionnaire et homme d'État° (1890–1969)*
▶ Soma Serei Norodom, *Cambodge, chroniqueuse et philanthrope (1969–)*
▶ Bryan Thao Worra, *Laos, écrivain (1973–)*

écrivaine *writer* homme d'État *statesman* redécouvre *rediscovers* caché *hidden* ouvriers *workers* d'après certains *according to some* courses de pirogues *dugout canoe races*

LA CHINE

Hanoï

Luang Prabang

LE LAOS

Vientiane

Savannakhet

THAÏLANDE

Pakxé

Hué
Da Nang

LA MER DE CHINE DU SUD

LE VIÊT-NAM

Siem Reap

Battambang

LE CAMBODGE

le Tonlé Sap

Phnom Penh

LE GOLFE DE THAÏLANDE

Sihanoukville

Can Tho

Hô-Chi-Minh-Ville

le delta du Mékong

les courses de pirogues° en Polynésie française

La Polynésie française

0 — 1000 miles
0 — 1000 kilomètres

Taiohae
LES ÎLES MARQUISES

LES ÎLES DE LA SOCIÉTÉ

LES ÎLES TUAMOTU

Papeete
Tahiti

LES ÎLES GAMBIER

LES ÎLES AUSTRALES

0 — 200 miles
0 — 200 kilomètres

Incroyable mais vrai!

En 1860 l'explorateur français Henri Mouhot redécouvre° un temple gigantesque caché° par la forêt dans le nord du Cambodge: Angkor Vat. Construit au XIIe siècle par 300.000 ouvriers° et 6.000 éléphants d'après certains°, ce «Temple Cité Royale» est le plus grand temple religieux du monde. Aujourd'hui il est aussi le symbole emblématique du pays et son attraction touristique principale.

Les arts

Les peintures° de Gauguin

En 1891, le peintre Paul Gauguin (1848–1903) vend ses œuvres° à Paris et déménage° à Tahiti, dans les îles de la Société, pour échapper à° la vie moderne. Il y reste° deux ans avant de rentrer en France et, en 1895, il retourne en Polynésie française pour y habiter jusqu'à sa mort° en 1903. Inspirée par le nouvel environnement du peintre et la nature qui l'entoure°, l'œuvre «tahitienne» de Gauguin est célèbre° pour sa représentation du peuple indigène et l'emploi° de couleurs vives°. Ses peintures de femmes font partie de ses meilleurs tableaux°.

L'histoire

L'Indochine française

Le Viêt-Nam, le Laos et le Cambodge faisaient autrefois partie° de l'Indochine, ancienne colonie de la France. Bien que° la présence française sur la péninsule date du 17e siècle, les Français ne s'y installent définitivement qu'à partir de° 1858, moment où ils sont intervenus° pour protéger les missionnaires catholiques contre l'harcèlement gouvernementale. Ils y resteront°, développant leurs intérêts économiques en exploitant les ressources du territoire, jusqu'à leur défaite° dans la guerre° d'Indochine en 1954. Aujourd'hui, on voit toujours des traces de la langue et de la culture françaises dans l'architecture, l'urbanisation des villes et la gastronomie de la région.

L'économie

La perle° noire

La Polynésie française est le principal producteur de perles noires. Dans la nature, les perles sont très rares; on en trouve dans une huître° sur 15.000. Par contre°, aujourd'hui, la Polynésie française produit plusieurs tonnes de perles noires chaque année. Des milliers de Tahitiens vivent de° l'industrie perlière. Parce qu'elle se trouve dans les lagons, la perliculture° aide à repeupler° certaines îles et certains endroits ruraux, abandonnés par les gens partis° en ville. Les perles sont très variées et présentent différentes formes et nuances de noir.

La gastronomie

La fusion des cuisines

Avant l'arrivée des colons° français au Viêt-Nam au 19e siècle, la viande de bœuf et les produits laitiers° ne figuraient pas dans sa gastronomie. Les Français, habitués° à ces produits, les y ont introduit ainsi que° le café, la baguette et certains légumes, fruits et herbes tels que les fraises, le chou° et le basilic. Aujourd'hui, ces ingrédients maintenant font partie° des plats traditionnels comme *le pho*, une soupe de bouillon et nouilles°, et *le banh-mi*, un sandwich de baguette au porc rôti°.

Qu'est-ce que vous avez appris? Répondez aux questions.

1. Où se trouve Angkor Vat et qui le redécouvre?
2. Quelle est la principale particularité d'Angkor Vat?
3. Pour quelle raison Gauguin déménage-t-il à Tahiti?
4. Pour quelles raisons l'œuvre «tahitienne» de Gauguin est-elle célèbre?
5. Pendant combien de temps dure (*last*) la colonie de l'Indochine française?
6. Où trouve-t-on des traces de la culture française dans l'Asie du Sud-Est?
7. D'où viennent la majorité des perles noires?
8. Comment la perliculture influence la population de la Polynésie?
9. Quels aliments (*foods*) les Français ont-ils introduit au Viêt-Nam?
10. Quels sont deux plats qui représentent la fusion des gastronomies françaises et vietnamiennes?

Sur Internet

1. Cherchez des informations sur la gastronomie vietnamienne. Quels sont les ingrédients principaux des plats traditionnels?
2. Trouvez des informations sur Angkor Vat. Dans quel état (*state*) se trouve les ruines aujourd'hui?
3. Cherchez des informations sur les courses de pirogues en Polynésie française. Quelle est leur signification?

peinture *painting* **vend ses oeuvres** *sells his artwork* **déménage** *moves* **échapper à** *escape* **y reste** *stays there* **jusqu'à sa mort** *until his death* **entoure** *surrounds* **célèbre** *famous* **emploi** *use* **vives** *bright* **peintures** *paintings* **tableaux** *paintings* **anciennement faisaient partie** *was formerly part of* **Bien que** *Although* **qu'à partir de** *beginning only* **intervenus** *intervened* **resteront** *will stay* **défaite** *defeat* **perle** *pearl* **huître** *oyster* **Par contre** *On the other hand* **vivent de** *make a living from* **perliculture** *pearl farming* **repeupler** *repopulate* **gens partis** *people who left* **colons** *colonists* **laitiers** *dairy* **habitués** *used to* **ainsi que** *as well as* **chou** *cabbage* **font partie** *are part of* **nouilles** *noodles* **porc rôti** *roasted pork*

Lecture vhlcentral

Avant la lecture

STRATÉGIE

Predicting content from the title

Prediction is an invaluable strategy in reading for comprehension. We can usually predict the content of a newspaper article from its headline, for example. More often than not, we decide whether or not to read the article based on its headline. Predicting content from the title will help you increase your reading comprehension in French.

Examinez le texte

Regardez le titre (*title*) et les sous-titres (*subtitles*) du texte. À votre avis, quel type de document est-ce? Avec un(e) camarade, faites une liste des informations que vous allez probablement trouver dans chaque section du document.

Des titres

Regardez ces titres et indiquez en quelques mots le sujet possible du texte qui suit (*follows*) chaque titre. Où pensez-vous qu'on trouve ces titres (dans un journal, un magazine, une brochure, un guide, etc.)?

Cette semaine à Paris:

Encore un nouveau restaurant pour chiens

L'Égypte des pyramides en 8 jours

À L'AÉROPORT CHARLES-DE-GAULLE, 155 BAGAGES D'UN VOL ALLEMAND PERDUS

Plan du centre-ville

France-Angleterre: Résultats du 7ᵉ match de foot

Hôtel confortable près de la gare routière

TOUR DE CORSE

Voyage organisé de 12 jours

3.000 euros tout compris°
Promotion spéciale de
Vacances–Voyages,
agence de voyages certifiée

ITINÉRAIRE

JOUR 1   Paris–Ajaccio

Rendez-vous à l'aéroport CDG et embarquement° sur votre vol à destination d'Ajaccio. Transfert en bus à votre hôtel. Votre séjour commence avec une visite de la ville à pied°. Dîner à l'hôtel.

JOUR 2   Ajaccio–Bonifacio

Le matin, départ en autobus pour Bonifacio, la belle ville côtière° où vous déjeunez dans un petit restaurant italien avant de visiter la ville. L'après-midi, promenade en mer à bord° d'un bateau, occasion idéale d'observer les falaises rocailleuses° et les plages blanches de l'île°. Le soir, installation à l'hôtel à Bonifacio et dîner sur place.

JOUR 3   Bonifacio–Corte

Départ pour la forêt de l'Ospédale, l'endroit idéal pour une randonnée à pied. Pique-nique à Zonza, petite ville montagneuse, avant de continuer vers Corte, l'ancienne° capitale de la Corse. Vous passez la soirée et la nuit à Corte.

JOUR 4   Corte–Bastia

Arrivée à Bastia. Journée libre pour visiter la ville. Spectacle de danse à 20h et nuit à l'hôtel.

JOUR 5   Bastia–Calvi

Visite du Cap Corse, la péninsule au nord° de la Corse. Puis, vous continuez vers le désert des Agriates, zone de montagnes désertiques où la chaleur est très forte. Ensuite, c'est l'Île-Rousse et une promenade à vélo dans la ville de Calvi. Vous dînez à votre hôtel.

JOUR 6 Calvi–Porto

Départ en bus le matin pour la vallée du Fango et le golfe de Galéria à l'ouest° de l'île. Puis, visite du parc naturel régional et du golfe de Porto. Ensuite, promenade en bateau avant de passer la soirée dans la ville de Porto.

JOUR 7 Porto–Ajaccio

Visite en bateau des calanques°, particularité géographique de la région méditerranéenne, avant de retourner à Ajaccio.

JOURS 8 à 11 Ajaccio

À Ajaccio, vous avez trois jours pour explorer la ville. Vous avez la possibilité de visiter la cathédrale, la maison natale° de Napoléon ou des musées, et aussi de faire du shopping ou d'aller à la plage.

JOUR 12 Ajaccio–Paris

Retour à Paris en avion.

tout compris *all-inclusive* **embarquement** *boarding* **à pied** *on foot* **côtière** *coastal*
à bord *aboard* **falaises rocailleuses** *rocky cliffs* **île** *island* **ancienne** *former*
nord *north* **ouest** *west* **calanques** *rocky coves or creeks* **natale** *birth*

Après la lecture

Les questions du professeur Vous avez envie de faire ce voyage en Corse et vous parlez du voyage organisé avec votre professeur de français. Répondez à ses questions par des phrases complètes, d'après la brochure.

1. Comment allez-vous aller en Corse?
   _____

2. Où le vol arrive-t-il en Corse?
   _____

3. Combien de temps est-ce que vous allez passer en Corse?
   _____

4. Est-ce que vous allez dormir dans des auberges de jeunesse?
   _____

5. Qu'est-ce que vous allez faire à Bastia?
   _____

6. Est-ce que vous retournez à Ajaccio le neuvième jour?
   _____

7. Qu'est-ce que vous allez prendre comme transports en Corse?
   _____

8. Avez-vous besoin de faire toutes les réservations?
   _____

Partons en Corse! Vous allez en France avec votre famille pour trois semaines et vous aimeriez *(would like)* faire le voyage organisé en Corse au départ de Paris. Vous téléphonez à l'agence de voyages pour avoir plus de détails. Posez des questions sur le voyage et demandez des précisions sur les villes visitées, les visites et les activités au programme, les hôtels, les transports, etc. Votre conversation doit aussi aborder *(should also touch on)* ces points:

- Vous aimez faire des randonnées, mais votre frère/sœur préfère voir *(to see)* des spectacles et faire du shopping.

- L'agent va expliquer pourquoi vous allez aimer ce voyage en Corse.

- Demandez à l'agent de vous trouver des billets d'avion aller-retour pour aller de votre ville à Paris.

- Demandez aussi un hôtel à Paris pour la troisième semaine de votre séjour en France.

- Vous expliquez à l'agent que votre famille veut *(wants)* avoir du temps libre pendant le voyage.

Écriture

Making an outline

When we write to share information, an outline can serve to separate topics and subtopics, providing a framework for presenting the data. Consider the following excerpt from an outline of the tourist brochure on pages 148–149.

I. Itinéraire et description du voyage
   A. Jour 1
      1. ville: Ajaccio
      2. visites: visite de la ville à pied
      3. activités: dîner
   B. Jour 2
      1. ville: Bonifacio
      2. visites: la ville de Bonifacio
      3. activités: promenade en bateau, dîner
II. Description des hôtels et des transports
   A. Hôtels
   B. Transports

Schéma d'idées

Idea maps can be used to create outlines. The major sections of an idea map correspond to the Roman numerals in an outline. The minor sections correspond to the outline's capital letters, and so on. Consider the idea map that led to the outline above.

Thème

Écrivez une brochure

Avant l'écriture

1. Vous allez préparer une brochure pour un voyage organisé que vous avez envie de faire dans un pays francophone. Utilisez un schéma d'idées pour vous aider. Voici des exemples d'informations que votre brochure peut (*can*) donner.

- le pays et la ville/les villes

- le nombre de jours

- la date et l'heure du départ et du retour

- les transports utilisés (train, avion, ...) et le lieu de départ (aéroport JFK, gare de Lyon, ...)

- le temps qu'il va faire et quelques suggestions de vêtements à porter

- où on va dormir (hôtel, auberge de jeunesse, camping, ...)

- où on va manger (restaurant, café, pique-nique dans un parc, ...)

- les visites culturelles (monuments, musées, ...)

- les autres activités au programme (explorer la ville, aller au marché, faire du sport, ...)

- le prix du voyage par personne

2. Complétez le schéma d'idées pour vous aider à visualiser ce que (*what*) vous allez présenter dans votre brochure.

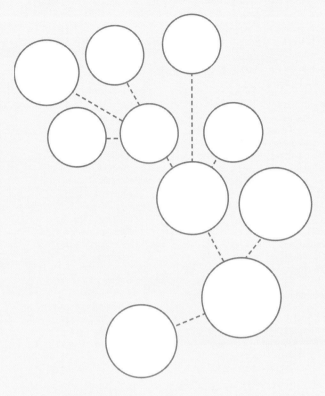

3. Une fois (*Once*) votre schéma d'idées créé, pensez à d'autres informations importantes pour la création de votre brochure.

Écriture

Utilisez votre schéma d'idées pour créer la brochure de votre voyage. Donnez un titre (*title*) à la présentation et aux différentes catégories. Chaque section et sous-section (*minor section*) doit (*must*) avoir son titre et être présentée séparément. Incorporez au moins (*at least*) quatre sous-sections. Vous pouvez inclure (*can include*) des visuels. Faites attention à bien les placer dans les sections correspondantes. Utilisez les constructions grammaticales et le vocabulaire que vous avez appris dans cette unité.

Après l'écriture

1. Échangez votre brochure avec celle (*the one*) d'un(e) partenaire. Répondez à ces questions pour commenter son travail.

- La brochure de votre partenaire correspond-elle au schéma d'idées qu'il/elle a créé?

- Votre partenaire a-t-il/elle inclu au moins quatre sections?

- Toutes les sections et sous-sections ont-elles un titre?

- Votre partenaire a-t-il/elle décrit en détail chaque catégorie?

- Chaque sous-section présente-t-elle des informations supplémentaires sur le sujet?

- Si votre partenaire a ajouté (*added*) des visuels, illustrent-ils vraiment le texte qu'ils accompagnent?

- Votre partenaire a-t-il/elle correctement utilisé les constructions grammaticales et le vocabulaire de l'unité?

2. Corrigez votre brochure d'après (*according to*) les commentaires de votre partenaire. Relisez votre travail pour éliminer ces problèmes:

- des fautes (*errors*) d'orthographe

- des fautes de ponctuation

- des fautes de conjugaison

- des fautes d'accord (*agreement*) des adjectifs

- un mauvais emploi (*use*) de la grammaire

Leçon 7A

Partir en voyage

partir en vacances	to go on vacation
prendre un train (un avion, un taxi, un (auto)bus, un bateau)	to take a train (plane, taxi, bus, boat)
un aéroport	airport
un arrêt d'autobus (de bus)	bus stop
une arrivée	arrival
un avion	plane
un billet aller-retour	round-trip ticket
un billet (d'avion, de train)	(plane, train) ticket
un départ	departure
une douane	customs
une gare (routière)	train station (bus station)
un passager/une passagère	passenger
une sortie	exit
une station (de métro)	(subway) station
un vol	flight
un voyage	trip
à l'étranger	abroad, overseas
le monde	world
un pays	country

Les pays

(en/l') Allemagne (f.)	(to, in) Germany
(en/l') Angleterre (f.)	(to, in) England
(en/la) Belgique (belge)	(to, in) Belgium (Belgian)
(au/le) Brésil (brésilien(ne))	(to, in) Brazil (Brazilian)
(au/le) Canada	(to, in) Canada
(en/la) Chine (chinois(e))	(to, in) China (Chinese)
(en/l') Espagne (f.)	(to, in) Spain
(aux/les) États-Unis (m.)	(to, in) the United States
(en/la) France	(to, in) France
(en/l') Irlande (f.) (irlandais(e))	(to, in) Ireland (Irish)
(en/l') Italie (f.)	(to, in) Italy
(au/le) Japon	(to, in) Japan
(au/le) Mexique	(to, in) Mexico
(en/la) Suisse	(to, in) Switzerland

Les vacances

bronzer	to tan
faire du shopping	to go shopping
faire les valises	to pack one's bags
faire un séjour	to spend time (somewhere)
rouler en voiture	to ride in a car
utiliser un plan	to use/read a map
la campagne	country(side)
une capitale	capital
un congé	time off, leave
des gens (m.)	people
le journal	newspaper
la mer	sea
une plage	beach
une station de ski	ski resort
un ticket de bus, de métro	bus, subway ticket
des vacances (f.)	vacation

Expressions utiles

See p. 115.

Verbes

aller	to go
arriver	to arrive
descendre	to go/take down
entrer	to enter
monter	to go/come up; to get in/on
mourir	to die
naître	to be born
partir	to leave
passer	to pass by; to spend time
rentrer	to return
rester	to stay
retourner	to return
sortir	to go out; to take someone or something out
tomber (sur quelqu'un)	to fall (to run into somebody)

Direct object pronouns

me/m'	me
te/t'	you
le/la/l'	him/her/it
nous	us
vous	you
les	them

Leçon 7B

Faire une réservation

annuler une réservation	to cancel a reservation
réserver	to reserve
une agence/un agent de voyages	travel agency/agent
un ascenseur	elevator
une auberge de jeunesse	youth hostel
une chambre individuelle	single room
une clé	key
un(e) client(e)	client; guest
un étage	floor
un hôtel	hotel
un hôtelier/une hôtelière	hotel keeper
un lit	bed
un passeport	passport
la réception	reception desk
le rez-de-chaussée	ground floor
complet/complète	full (no vacancies)
libre	available

Adverbes et locutions de temps

alors	so, then; at that moment
après (que)	after
avant (de)	before
d'abord	first
donc	therefore
enfin	finally, at last
ensuite	then, next
finalement	finally
pendant (que)	during, while
puis	then
tout à coup	suddenly
tout de suite	right away

Ordinal numbers

premier/première	first
deuxième	second
troisième	third
quatrième	fourth
cinquième	fifth
neuvième	ninth
onzième	eleventh
vingtième	twentieth
vingt et unième	twenty-first
vingt-deuxième	twenty-second
trente et unième	thirty-first
centième	hundredth

Expressions utiles

See p. 133.

Adverbes

absolument	absolutely
constamment	constantly
couramment	fluently
de temps en temps	from time to time
dernièrement	lately
en général	in general
évidemment	obviously
franchement	frankly
gentiment	nicely
heureusement	fortunately
lentement	slowly
malheureusement	unfortunately
rapidement	quickly
quelquefois	sometimes
vite	fast
vraiment	really

Verbes irréguliers

décrire	to describe
dire	to say
écrire	to write
lire	to read

Chez nous

Pour commencer
- Où sont ces personnes?
  a. dans la cuisine b. dans la salle de bains
  c. dans la chambre
- Qu'est-ce qu'il y a sur la photo?
  a. une lampe b. une table c. une télévision
- Que font ces personnes?
  a. Elles étudient. b. Elles cuisinent.
  c. Elles regardent la télé.

vhlcentral

La maison

Vocabulaire

déménager	to move out
emménager	to move in
louer	to rent
un appartement	apartment
une cave	cellar; basement
un couloir	hallway
une cuisine	kitchen
un escalier	staircase
un immeuble	building
un jardin	garden; yard
un logement	housing
un loyer	rent
une pièce	room
un quartier	area, neighborhood
une salle à manger	dining room
un salon	formal living/sitting room
un studio	studio (apartment)
une armoire	armoire, wardrobe
une douche	shower
un lavabo	bathroom sink
un meuble	piece of furniture
un placard	closet, cupboard
un tiroir	drawer
un(e) propriétaire	owner

le balcon

la salle de bains

les toilettes (f.)/ les W.C. (m.)

le miroir

la lampe

la baignoire

le canapé

le tapis

le fauteuil

une fleur

le sous-sol

la salle de séjour

les rideaux (m.)

le mur

les affiches (f.)

les étagères (f.)

la commode

la chambre

le garage

Mise en pratique

1 **Chassez l'intrus** Indiquez le mot ou l'expression qui ne va pas avec les autres (*that doesn't belong*).

1. un appartement, un quartier, un logement, un studio
2. une baignoire, une douche, un sous-sol, un lavabo
3. un salon, une salle à manger, une salle de séjour, un jardin
4. un meuble, un canapé, une armoire, une affiche
5. un placard, un balcon, un jardin, un garage
6. une chambre, une cuisine, un rideau, une pièce
7. des étagères une commode, un couloir, un lit
8. un miroir, un tapis, une fenêtre, une affiche

2 **Écoutez** Patrice cherche un appartement. Écoutez sa conversation téléphonique et dites si les affirmations sont **vraies** ou **fausses**.

	Vrai	Faux
1. Madame Dautry est la propriétaire de l'appartement.	☐	☐
2. L'appartement est au 24, rue Pasteur.	☐	☐
3. L'appartement est au cinquième étage.	☐	☐
4. L'appartement est dans un vieil immeuble.	☐	☐
5. L'appartement n'a pas de balcon, mais il a un garage.	☐	☐
6. Il y a une baignoire dans la salle de bains.	☐	☐
7. Les toilettes ne sont pas dans la salle de bains.	☐	☐
8. L'appartement est un studio.	☐	☐
9. Le loyer est de 490€.	☐	☐
10. Patrice va tout de suite emménager.	☐	☐

3 **Définitions** Complétez les définitions avec les mots ou expressions qui correspondent.

1. C'est ce que (*what*) vous payez chaque mois quand vous n'êtes pas propriétaire de votre appartement. _____
2. Vous passez par ici pour aller d'une pièce à une autre. _____
3. C'est le fait de (*act of*) partir de votre appartement. _____
4. C'est là que vous mettez vos livres. _____
5. En général, il y en a quatre dans une pièce et ils séparent les pièces de votre appartement. _____
6. C'est ce que vous utilisez pour lire le soir. _____
7. C'est là que vous mettez votre voiture. _____
8. C'est ce que vous utilisez pour aller du premier au deuxième étage d'un immeuble. _____
9. Quand vous avez des invités, c'est la pièce dans laquelle (*in which*) vous dînez. _____
10. En général, il est sur le sol (*floor*) d'une pièce. _____

Communication

4 **Répondez** À tour de rôle avec un(e) partenaire, posez-vous ces questions et répondez-y (*them*).

1. Où est-ce que tu habites?
2. Combien de pièces y a-t-il chez toi?
3. Quand est-ce que ta famille a emménagé?
4. Est-ce qu'il y a un jardin? Un garage?
5. Combien de placards est-ce qu'il y a? Où sont-ils?
6. Quels meubles avez-vous? Comment sont-ils?
7. Quels meubles est-ce que tu voudrais (*would like*) avoir dans ta chambre?
   (Répondez: **Je voudrais...**)
8. Qu'est-ce que tu n'aimes pas au sujet de ta chambre?

5 **Votre chambre** Écrivez une description de votre chambre. À tour de rôle, lisez votre description à votre partenaire. Il/Elle va vous demander d'autres détails et dessiner un plan. Ensuite, regardez le dessin (*drawing*) de votre partenaire et dites s'il correspond à votre chambre ou non. N'oubliez pas d'utiliser des prépositions pour indiquer où sont certains meubles et objets.

6 **Sept différences** Votre professeur va vous donner, à vous et à votre partenaire, deux feuilles d'activités différentes. Il y a sept différences entre les deux images. Comparez vos dessins et faites une liste de ces différences. Attention! Ne regardez pas la feuille de votre partenaire.

 MODÈLE

Élève 1: *Dans mon appartement, il y a un lit. Il y a une lampe à côté du lit.*
Élève 2: *Dans mon appartement aussi, il y a un lit, mais il n'y a pas de lampe.*

7 **La décoration** Formez un groupe de trois. L'un de vous est un décorateur d'intérieur qui a rendez-vous avec deux clients qui veulent (*want*) redécorer leur maison. Les clients sont très difficiles. Imaginez votre conversation et jouez la scène devant la classe. Utilisez les mots de la liste.

un canapé	un fauteuil
une chambre	un meuble
une cuisine	un mur
un escalier	un placard
une étagère	un tapis

Les sons et les lettres 🔊 **vhl**central

s and ss

You've already learned that an **s** at the end of a word is usually silent.

| lavabo**s** | copain**s** | va**s** | placard**s** |

An **s** at the beginning of a word, before a consonant, or after a pronounced consonant is pronounced like the *s* in the English word *set*.

| **s**oir | **s**alon | **s**tudio | ab**s**olument |

A double **s** is pronounced like the *ss* in the English word *kiss*.

| gro**ss**e | a**ss**ez | intére**ss**ant | rou**ss**e |

An **s** at the end of a word is often pronounced when the following word begins with a vowel sound. An **s** in a liaison sounds like a *z*, like the *s* in the English word *rose*.

| trè**s** élégant | troi**s** hommes |

The other instance where the French **s** has a *z* sound is when there is a single **s** between two vowels within the same word. The **s** is pronounced like the *s* in the English word *music*.

| mu**s**ée | amu**s**ant | oi**s**eau | be**s**oin |

These words look alike, but have different meanings. Compare the pronunciations of each word pair.

| poi**s**on | poi**ss**on | dé**s**ert | de**ss**ert |

Prononcez Répétez les mots suivants à voix haute.

1. sac
2. triste
3. suisse
4. chose
5. bourse
6. passer
7. surprise
8. assister
9. magasin
10. expressions
11. sénégalaise
12. sérieusement

Articulez Répétez les phrases suivantes à voix haute.

1. Le spectacle est très amusant et la chanteuse est superbe.
2. Est-ce que vous habitez dans une maison?
3. De temps en temps, Suzanne assiste à l'inauguration d'expositions au musée.
4. Heureusement, mes professeurs sont sympathiques, sociables et très sincères.

Dictons Répétez les dictons à voix haute.

Les oiseaux de même plumage s'assemblent sur le même rivage.[2]

Si jeunesse savait, si vieillesse pouvait.[1]

[1] Youth is wasted on the young.
(lit. If youth but knew, if old age but could.)
[2] Birds of a feather flock together.

La visite surprise vhlcentral

PERSONNAGES

David

Pascal

Rachid

Sandrine

En ville, Pascal fait tomber (drops) ses fleurs.

PASCAL Aïe!

RACHID Tenez. *(Il aide Pascal.)*

PASCAL Oh, merci.

RACHID Aïe!

PASCAL Oh pardon, je suis vraiment désolé!

RACHID Ce n'est rien.

PASCAL Bonne journée!

Chez Sandrine...

RACHID Eh, salut, David! Dis donc, ce n'est pas un logement d'étudiants ici! C'est grand chez toi! Tu ne déménages pas, finalement?

DAVID Heureusement, Sandrine a décidé de rester.

SANDRINE Oui, je suis bien dans cet appartement. Seulement, les loyers sont très chers au centre-ville.

RACHID Oui, malheureusement! Tu as combien de pièces?

SANDRINE Il y a trois pièces: le salon, la salle à manger, ma chambre. Bien sûr, il y a une cuisine et j'ai aussi une grande salle de bains. Je te fais visiter?

SANDRINE Et voici ma chambre.

RACHID Elle est belle!

SANDRINE Oui... j'aime le vert.

RACHID Dis, c'est vrai, Sandrine, ta salle de bains est vraiment grande.

DAVID Oui! Et elle a un beau miroir au-dessus du lavabo et une baignoire!

RACHID Chez nous, on a seulement une douche.

SANDRINE Moi, je préfère les douches, en fait.

Le téléphone sonne (rings).

RACHID Comparé à cet appartement, le nôtre, c'est une cave! Pas de décorations, juste des affiches, un canapé, des étagères et mon bureau.

DAVID C'est vrai. On n'a même pas de rideaux.

A C T I V I T É S

1 **Vrai ou faux?** Indiquez si ces affirmations sont **vraies** ou **fausses**. Corrigez les phrases fausses.

1. C'est la première fois que Rachid visite l'appartement.

2. Sandrine ne déménage pas.

3. Les loyers au centre-ville ne sont pas chers.

4. Sandrine invite ses amis chez elle.

5. Rachid préfère son appartement à l'appartement de Sandrine.

6. Chez les garçons, il y a une baignoire et des rideaux.

7. Quand Pascal arrive, Sandrine est contente *(pleased)*.

8. Pascal doit *(must)* travailler ce week-end.

Pascal arrive à Aix-en-Provence.

SANDRINE Voici la salle à manger.
RACHID Ça, c'est une pièce très importante pour nous, les invités.

SANDRINE Et puis, la cuisine.
RACHID Une pièce très importante pour Sandrine...
DAVID Évidemment!

SANDRINE Mais Pascal... je pensais que tu avais du travail... Quoi? Tu es ici, maintenant? C'est une blague!
PASCAL Mais ma chérie, j'ai pris le train pour te faire une surprise...

SANDRINE Une surprise! Nous deux, c'est fini! D'abord, tu me dis que les vacances avec moi, c'est impossible et ensuite tu arrives à Aix sans me téléphoner!
PASCAL Bon, si c'est comme ça, reste où tu es. Ne descends pas. Moi, je m'en vais. Voilà tes fleurs. Tu parles d'une surprise!

Expressions utiles

Talking about your home

- **Tu ne déménages pas, finalement?**
  You are not moving, after all?
- **Heureusement, Sandrine a décidé de rester.**
  Thankfully/Happily, Sandrine has decided to stay.
- **Seulement, les loyers sont très chers au centre-ville.**
  However, rents are very expensive downtown.
- **Je te fais visiter?**
  Shall I give you a tour?
- **Ta salle de bains est vraiment grande.**
  Your bathroom is really big.
- **Elle a un beau miroir au-dessus du lavabo.**
  It has a nice mirror above the sink.
- **Chez nous, on a seulement une douche.**
  At our place, we only have a shower.

Additional vocabulary

- **Aïe!**
  Ouch!
- **Tenez.**
  Here.
- **Je pensais que tu avais du travail.**
  I thought you had work to do.
- **Mais ma chérie, j'ai pris le train pour te faire une surprise.**
  But sweetie, I took the train to surprise you.
- **sans**
  without
- **Moi, je m'en vais.**
  I am leaving/getting out of here.

---

2 **Quel appartement?** Indiquez si ces objets sont dans l'appartement de Sandrine **(S)** ou dans l'appartement de David et Rachid **(D & R)**.

1. baignoire
2. douche
3. rideaux
4. canapé
5. trois pièces
6. étagères
7. miroir
8. affiches

3 **Conversez** Sandrine décide que son loyer est vraiment trop cher. Elle cherche un appartement à partager avec Amina. Avec deux partenaires, écrivez leur conversation avec un agent immobilier (*real estate agent*). Elles décrivent l'endroit idéal, le prix et les meubles qu'elles préfèrent. L'agent décrit plusieurs possibilités.

A C T I V I T É S

CULTURE À LA LOUPE

Le logement en France

Il y a différents types de logements. En ville, on habite dans une maison ou un appartement. À la campagne, on peut° habiter dans une villa, un château, un chalet ou un mas° provençal.

Vous avez peut-être remarqué° dans un film français qu'il y a une grande diversité de style d'habitation°. En effet°, le style et l'architecture varient d'une région à l'autre, souvent en raison° du climat et des matériaux disponibles°. Dans le Nord°, les maisons sont traditionnellement en briques° avec des toits en ardoise°. Dans l'Est°, en Alsace-Lorraine, il y a de vieilles maisons à colombages° avec des parties de mur en bois°. Dans le Sud°, il y a des villas de style méditerranéen avec des toits en tuiles° rouges et des mas provençaux (de vieilles maisons en pierre°). Dans les Alpes, en Savoie, les chalets sont en bois avec de grands balcons très fleuris°, comme en Suisse. Les maisons traditionnelles de l'Ouest° ont des toits en chaume°. Presque toutes les maisons françaises ont des volets° et les fenêtres sont assez différentes aussi des fenêtres aux États-Unis. Très souvent il n'y a pas de moustiquaire°, même° dans le sud de la France où il fait très chaud en été.

En France les trois quarts des gens habitent en ville. Beaucoup habitent dans la banlieue, où il y a beaucoup de grands immeubles mais aussi de petits pavillons individuels (maisons avec de petits jardins). Dans les centres-villes et dans les banlieues, il y a des HLM. Ce sont des habitations à loyer modéré°. Les HLM sont construits par l'État°. Ce sont souvent des logements réservés aux familles qui ont moins d'argent.

peut *can* mas *farmhouse* remarqué *noticed* habitation *housing* En effet *Indeed* en raison du *due to the* disponibles *available* Nord *North* en briques *made of bricks* toits en ardoise *slate roofs* Est *East* à colombages *half-timbered* en bois *made of wood* Sud *South* en tuiles *made of tiles* en pierre *made of stone* fleuris *full of flowers* Ouest *West* en chaume *thatched* volets *shutters* moustiquaire *window screen* même *even* habitations à loyer modéré *low-cost housing* construits par l'État *built by the State (government)*

Coup de main

Here are some terms commonly used in statistics.

un quart = *one quarter*

un tiers = *one third*

la moitié = *half*

la plupart de = *most of*

un sur cinq = *one in five*

A C T I V I T É S

1 **Vrai ou faux?** Indiquez si les phrases sont **vraies** ou **fausses**.

1. Les maisons sont similaires dans les différentes régions françaises.
2. Dans le Nord les maisons sont traditionnellement en briques.
3. En Alsace-Lorraine il y a des chalets.
4. Dans les Alpes il y a des mas provençaux.
5. Les mas provençaux sont des maisons en bois.
6. Presque toutes les maisons francaises ont des volets.

7. Les maisons françaises n'ont pas toujours des moustiquaires.
8. La plupart (*majority*) des Français habite à la campagne.
9. Le pavillon individuel est une sorte de grand immeuble.
10. Les millionnaires habitent dans des HLM.

LE FRANÇAIS QUOTIDIEN

Location d'un logement

agence (f.) de location	rental agency
bail (m.)	lease
caution (f.)	security deposit
charges (f.)	basic utilities
chauffage (m.)	heating
électricité (f.)	electricity
locataire (m./f.)	tenant
petites annonces (f.)	(rental) ads

LE MONDE FRANCOPHONE

L'architecture

Voici quelques exemples d'habitations traditionnelles.

En Afrique centrale et de l'Ouest des maisons construites sur pilotis°, avec un grenier à riz°

En Afrique du Nord des maisons en pisé (de la terre° rouge mélangée° à de la paille°) construites autour d'un patio central et avec, souvent, une terrasse sur le toit°

Aux Antilles des maisons en bois de toutes les couleurs avec des toits en métal

En Polynésie française des bungalows, construits sur pilotis ou sur le sol, souvent en bambou avec des toits en paille ou en feuilles de cocotier°

Au Viêt-nam des maisons sur pilotis construites sur des lacs, des rivières ou simplement au-dessus du sol°

pilotis *stilts* **grenier à riz** *rice loft* **terre** *clay* **mélangée** *mixed* **paille** *straw* **toit** *roof* **feuilles de cocotier** *coconut palm leaves* **au-dessus du sol** *off the ground*

PORTRAIT

Le château Frontenac

Le château Frontenac est un hôtel de luxe et un des plus beaux° sites touristiques de la ville de Québec. Construit entre la fin° du

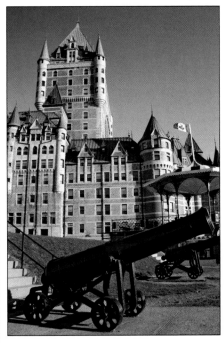

XIXe siècle et le début° du XXe siècle sur le Cap Diamant, dans le quartier du Vieux-Québec, le château offre une vue° spectaculaire sur la ville. Aujourd'hui, avec ses 618 chambres sur 18 étages, ses restaurants gastronomiques, sa piscine et son centre sportif, le château Frontenac est classé parmi° les 500 meilleurs° hôtels du monde.

un des plus beaux *one of the most beautiful* **fin** *end* **début beginning* **vue** *view* **classé parmi** *ranked among* **meilleurs** *best*

Sur Internet

Qu'est-ce qu'une pendaison de crémaillère? D'où vient cette expression?

Go to **vhlcentral.com** to find more information related to this **Culture** section and to watch the corresponding **Flash culture** video.

---

2 **Répondez** Répondez aux questions, d'après les informations données dans les textes.

1. Qu'est-ce que le château Frontenac?
2. De quel siècle date le château Frontenac?
3. Dans quel quartier de la ville de Québec le trouve-t-on?
4. Où trouve-t-on des maisons sur pilotis?
5. Quelles sont les caractéristiques des maisons d'Afrique du Nord?

3 **Une année en France** Vous allez habiter en France. Téléphonez à un agent immobilier (*real estate*) (votre partenaire) et expliquez-lui le type de logement que vous recherchez. Il/Elle va vous donner des renseignements sur les logements disponibles (*available*). Posez des questions pour avoir plus de détails.

A C T I V I T É S

8A.1 The *passé composé* vs. vhlcentral the *imparfait* (Part 1)

Point de départ Although the **passé composé** and the **imparfait** are both past tenses, they have very distinct uses and are not interchangeable. The choice between these two tenses depends on the context and on the point of view of the speaker.

À noter

The two basic uses of the **passé composé** are:

· to express completed actions in the past

· to describe changes in state of being

The explanations on this page point out further details regarding these two basic uses.

Boîte à outils

You have learned that **pendant** can mean *while* or *during*. When used with a time expression, however, it means *for*.

Pendant combien de temps as-tu habité à Paris?

For how long did you live in Paris?

J'ai habité à Paris pendant un an.

I lived in Paris for a year.

Uses of the *passé composé*

To express specific actions that started and ended in the past	J'**ai nettoyé** la salle de bains deux fois. *I cleaned the bathroom twice.*
	Nous **avons acheté** un tapis. *We bought a rug.*
	L'enfant **est né** à la maison. *The child was born at home.*
	Il **a plu** hier. *It rained yesterday.*
To tell about events that happened at a specific point in time or within a specific length of time in the past	Je **suis allé** à la pêche avec papa **l'année dernière**. *I went fishing with dad last year.*
	Il **est allé** au concert **vendredi**. *He went to the concert on Friday.*
	Nous **avons passé une journée** fantastique à la plage. *We spent a fantastic day at the beach.*
	Elle **a étudié** à Paris **pendant six mois**. *She studied in Paris for six months.*
To express the beginning or end of a past action	Le film **a commencé** à huit heures. *The movie began at 8 o'clock.*
	Ils **ont fini** leurs devoirs samedi matin. *They finished their homework Saturday morning.*
To narrate a series of past actions or events	Ce matin, j'**ai fait** du jogging, j'**ai nettoyé** ma chambre et j'**ai fait** la cuisine. *This morning, I jogged, I cleaned my bedroom, and I cooked.*
	Pour la fête d'anniversaire de papa, maman **a envoyé** les invitations, elle **a acheté** un cadeau et elle **a fait** les décorations. *For dad's birthday party, mom sent out the invitations, bought a gift, and did the decorations.*
To signal a change in someone's mental, physical, or emotional state	Il **est mort** dans un accident. *He died in an accident.*
	J'**ai eu** peur quand j'ai vu le serpent. *I got scared when I saw the snake.*
	Elle **a eu** soif. *She got thirsty.*

Uses of the *imparfait*

To describe an ongoing past action with no reference to its beginning or end	Vous **dormiez** sur le canapé. *You were sleeping on the couch.* Tu **attendais** dans le café? *You were waiting in the café?* Nous **regardions** la télé chez Fanny. *We were watching TV at Fanny's house.* Les enfants **lisaient** tranquillement. *The children were reading peacefully.*
To express habitual or repeated past actions and events	Nous **faisions** un tour en voiture le dimanche matin. *We used to go for a drive on Sunday mornings.* Elle **mettait** toujours la voiture dans le garage. *She always put the car in the garage.* Maman **travaillait** souvent dans le jardin. *Mom would often work in the garden.*
To describe an ongoing mental, physical, or emotional state or condition	Karine **était** très inquiète. *Karine was very worried.* Simon et Marion **étaient** fatigués et ils **avaient** sommeil. *Simon and Marion were tired and sleepy.* Mon ami **avait** faim et il **avait** envie de manger quelque chose. *My friend was hungry and felt like eating something.* Quand j'**étais** jeune, j'**aimais** faire du camping. *When I was young, I used to like to go camping.*

Boîte à outils

Note that the verb **avoir** has a different meaning when used in the **imparfait** versus the **passé composé**:

J'avais sommeil.
I was sleepy.

J'ai eu sommeil.
I got sleepy.

Essayez! **Complétez chaque phrase avec le verbe correct.**

1. Avant de partir, ils (donnaient / ont donné) leurs clés aux voisins. _____

2. Vous (étiez / avez été) souvent fatigué. _____

3. Je (naissait / suis né) en 2003. _____

4. On (rendait / a rendu) visite à oncle Marc deux fois le mois dernier. _____

5. Tu es rentré à la maison, et ensuite tu (regardais / as regardé) la télé. _____

6. Quand j'étais petite, j' (habitais / ai habité) une grande maison. _____

7. À minuit, la température (tombait / est tombée) et nous avons eu froid. _____

8. Papa (lisait / a lu) le journal tranquillement et Maman écrivait un email. _____

Mise en pratique

1 **Une surprise désagréable** Récemment, Benoît a fait un séjour à Strasbourg avec sa grande sœur. Complétez ses phrases avec l'imparfait ou le passé composé.

Ce matin, il (1) _____ (faire) chaud. J' (2) _____ (être) content de partir pour Strasbourg. Je (3) _____ (partir) pour la gare, où j' (4) _____ (retrouver) Émile. Le train (5) _____ (arriver) à Strasbourg à midi. Nous (6) _____ (commencer) notre promenade en ville. Nous (7) _____ (avoir) besoin d'un plan. J' (8) _____ (chercher) mon portefeuille (*wallet*), mais il (9) _____ (être) toujours dans le train! Émile et moi, nous (10) _____ (courir) à la gare!

2 **Le week-end dernier** Qu'est-ce que la famille Tran a fait le week-end dernier? Utilisez les éléments donnés et le passé composé ou l'imparfait pour écrire des phrases.

MODÈLE nous / passer le week-end / chez des amis
Nous avons passé le week-end chez des amis.

1. faire / beau / quand / nous / arriver
2. nous / être / fatigué / mais content
3. Audrey et son amie / aller / à la piscine
4. moi, je / décider de / dormir un peu
5. samedi soir / pleuvoir / quand / nous / sortir / cinéma
6. nous / rire / beaucoup / parce que / film / être / amusant
7. minuit / nous / rentrer / chez nous
8. Lanh / regarder / télé / quand / nous / arriver
9. dimanche matin / nous / passer / chez des amis
10. nous / passer / cinq heures / chez eux
11. ce / être / très / sympa

3 **Vacances à la montagne** Hugo raconte ses vacances. Complétez ses phrases avec un des verbes de la liste au passé composé ou à l'imparfait.

aller	neiger	retourner
avoir	passer	skier
faire	rester	venir

1. L'hiver dernier, nous _____ les vacances à la montagne.
2. Quand nous sommes arrivés sur les pistes de ski, il _____ beaucoup et il _____ un temps épouvantable.
3. Ce jour-là, nous _____ à l'hôtel tout l'après-midi.
4. Le jour suivant, nous _____ sur les pistes.
5. Nous _____ et papa _____ faire une randonnée.
6. Quand ils _____ mon âge, papa et oncle Hervé _____ tous les hivers à la montagne.

Communication

4   **Situations** Avec un(e) partenaire, parlez de ces situations en utilisant le passé composé ou l'imparfait. Comparez vos réponses, puis présentez-les à la classe.

MODÈLE

Le premier jour de cours...
Élève 1: *Le premier jour de cours, j'étais tellement nerveux/nerveuse que j'ai oublié mes livres.*
Élève 2: *Moi, j'étais nerveux/nerveuse aussi, alors j'ai quitté la maison très tôt.*

1. Quand j'étais petit(e),...
2. L'été dernier,...
3. Hier soir, mon/ma meilleur(e) ami(e)...
4. Hier, le professeur...
5. La semaine dernière, mon/ma camarade de classe...
6. Ce matin, au lycée,...
7. Quand j'avais dix ans,...
8. La dernière fois que j'étais en vacances,...

5   **Votre premier/première ami(e)** Posez ces questions à un(e) partenaire. Ajoutez (*Add*) d'autres questions si vous le voulez (*want*).

1. Qui a été ton/ta premier/première ami(e)?
2. Quel âge avais-tu quand tu as fait sa connaissance?
3. Comment était-il/elle?
4. Est-ce que tu as fait la connaissance de sa famille?
5. Pendant combien de temps avez-vous resté(e)s ami(e)s?
6. À quoi jouiez-vous ensemble?
7. Aviez-vous les mêmes (*same*) centres d'intérêt?
8. Avez-vous perdu contact?

6   **Conversation** Sébastien est sorti avec des amis hier. Quand il est rentré plus tard que prévu (*later than planned*), sa mère était furieuse. Préparez leur conversation et présentez-la à la classe.

MODÈLE

Élève 1: *Que faisais-tu cet après-midi?*
Élève 2: *Mes copains et moi, nous sommes allés manger une pizza...*

7   **Un crime** Vous avez été témoin (*witness*) d'un crime dans votre quartier et la police vous pose beaucoup de questions. Avec un(e) partenaire et à tour de rôle, jouez le détective et le témoin.

MODÈLE

Élève 1: *Où étiez-vous vers huit heures hier soir?*
Élève 2: *Chez moi.*
Élève 1: *Avez-vous vu quelque chose?*

The *passé composé* vs. the *imparfait* (Part 2) and the verb *vivre* vhlcentral

Point de départ You have already seen some uses of the **passé composé** versus the **imparfait** for talking about actions and events in the past. Here are some other contexts in which the choice of tense is important.

- The **passé composé** and the **imparfait** are often used together to narrate a story or describe an incident. The **imparfait** provides the background description, such as time, weather, and location. The **passé composé** highlights specific events in the story.

Uses of the *passé composé* and the *imparfait*	
Le passé composé *is used to talk about:*	**L' imparfait** *is used to describe:*
• main facts	• the framework of the story: *weather, date, time, background scenery*
• specific, completed events	• descriptions of people: *age, physical and personality traits, clothing, feelings, state of mind*
• actions that advance the plot	• background setting: *what was going on, what others were doing*

Il **était** minuit et le temps **était** orageux. J'**avais** peur parce que j'**étais** seule dans la maison. Soudain, quelqu'un **a frappé** à la porte. J'**ai regardé** par la fenêtre et j'**ai vu** un vieil homme habillé en noir...
It was midnight and the weather was stormy. I was afraid because I was home alone. Suddenly, someone knocked at the door. I looked through the window and I saw an old man dressed in black...

- When the **passé composé** and the **imparfait** occur in the same sentence, the action in the **passé composé** often interrupts the ongoing action in the **imparfait**.

ACTION IN PROGRESS	INTERRUPTING ACTION
Je **chantais**	quand mon ami **est arrivé**.
I was singing	*when my friend arrived.*
Céline et Maxime **dormaient**	quand le téléphone **a sonné**.
Céline and Maxime were sleeping	*when the phone rang.*

- Sometimes the use of the **passé composé** and the **imparfait** in the same sentence expresses a cause and effect.

CAUSE	EFFECT
J'avais faim,	alors j'ai mangé un sandwich.
I was hungry,	*so I ate a sandwich.*
Elle est partie	parce qu'elle était fatiguée.
She left	*because she was tired.*

⟶ Vérifiez

Expressions that signal a past tense

- Use **pendant que** to indicate that one action was completed while another was still happening.

  Mes parents **sont arrivés** pendant que nous **répétions** dans le sous-sol.
  My parents arrived while we were rehearsing in the basement.

- Certain adverbs often indicate a particular past tense.

Expressions that signal a past tense			
passé composé		**imparfait**	
soudain	*suddenly*	d'habitude	*usually*
tout d'un coup/ tout à coup	*all of a sudden*	parfois	*sometimes*
une (deux, etc.) fois	*once (twice, etc.)*	souvent	*often*
		toujours	*always*
un jour	*one day*	tous les jours	*every day*

🔗 **Vérifiez**

The verb *vivre*

- While talking about the past or narrating a story, you might use the verb **vivre** (*to live*) which is irregular.

vivre	
je vis	nous vivons
tu vis	vous vivez
il/elle/on vit	ils/elles vivent

Les enfants **vivent** avec leurs grands-parents.   Je **vis** à Paris.
The children live with their grandparents.   *I live in Paris.*

- The past participle of **vivre** is **vécu**. The **imparfait** is formed like that of other **–re** verbs, by dropping **–ons** from the **nous** form, and adding the imperfect endings.

  Rémi **a vécu** à Nice pendant deux ans.   Nous **vivions** avec mon oncle.
  Rémi lived in Nice for two years.   *We used to live with my uncle.*

🔗 **Vérifiez**

Essayez!	**Choisissez la forme correcte du verbe au passé.**

1. Lise (a étudié /étudiait) toujours avec ses amis.
2. Anne (lisait /a lu) quand le téléphone à sonné.
3. Les garçons avaient soif, alors ils (buvaient /ont bu).
4. D'habitude, ils (arrivaient /sont arrivés) toujours en retard.
5. Tout à coup, le professeur (entrait /est entré) dans la classe.
6. Autrefois, plusieurs générations (vivaient /ont vécu) dans la même maison.

Mise en pratique

1 Pourquoi? Expliquez pourquoi Sabine a fait ou n'a pas fait ces choses.

> **MODÈLE** ne pas faire de tennis / être fatigué
> *Sabine n'a pas fait de tennis parce qu'elle était fatiguée.*

1. aller au centre commercial / aimer faire les soldes
2. ne pas travailler / avoir sommeil
3. ne pas sortir / pleuvoir
4. mettre un pull / faire froid
5. manger une pizza / avoir faim
6. acheter une nouvelle robe / sortir avec des amis
7. vendre son fauteuil / déménager
8. ne pas bien dormir / être inquiet

2 Qu'est-ce qu'ils faisaient quand...? Dites ce qui (*what*) est arrivé quand ces personnes faisaient ces activités. Utilisez les mots donnés et d'autres mots.

▶ **MODÈLE**

Tu nageais quand ton oncle est arrivé.

tu / oncle / arriver

1. Tristan / entendre / chien

2. nous / petite fille / tomber

3. vous / perdre / billet

4. Paul et Éric / téléphone / sonner

_____
_____

3 Rien d'extraordinaire Matthieu a passé une journée assez banale (*ordinary*). Réécrivez ce paragraphe au passé.

Il est 6h30. Il pleut. Je prends mon petit-déjeuner, je mets mon imperméable et je quitte la maison. J'attends une demi-heure à l'arrêt de bus et finalement, je cours au restaurant où je travaille. J'arrive en retard. Le patron (*boss*) n'est pas content. Le soir, après mon travail, je rentre à la maison et je vais directement au lit.

Communication

4   La curiosité Votre tante Louise veut tout savoir. Elle vous pose beaucoup de questions. Avec un(e) partenaire, répondez aux questions d'une manière logique et échangez les rôles.

> **MODÈLE** retourner au lycée
> **Élève 1:** *Pourquoi est-ce que tu es retourné(e) au lycée?*
> **Élève 2:** *Je suis retourné(e) au lycée parce que j'avais beaucoup de devoirs.*

1. aller à la bibliothèque
2. aller au magasin
3. sortir avec des amis
4. téléphoner à ton cousin
5. rentrer tard
6. aller au café
7. inviter des gens
8. être triste

5   Une entrevue Avec un(e) partenaire, posez-vous ces questions à tour de rôle.

1. Où allais-tu souvent quand tu étais petit(e)?
2. Qu'est-ce que tu aimais lire?
3. Est-ce que tu as vécu dans un autre pays?
4. Comment étais-tu quand tu avais dix ans?
5. Qu'est-ce que ta sœur/ton frère faisait quand tu es rentré(e) hier?
6. Qu'est-ce que tu as fait hier soir?
7. Qu'est-ce que tu as pris au petit-déjeuner ce matin?
8. Qu'est-ce que tu as porté hier?

6   Je me souviens! Racontez à votre partenaire un événement spécial de votre vie qui s'est déjà passé. Votre partenaire vous pose des questions pour avoir plus de détails sur cet événement. Vous pouvez (*can*) parler d'un anniversaire, d'une fête familiale, d'un mariage ou d'un concert.

> **MODÈLE**
>
> **Élève 1:** *Nous avons fait une grande fête d'anniversaire*
>   *pour ma grand-mère l'année dernière.*
> **Élève 2:** *Quel âge a-t-elle eu?*

7   Scénario Par groupes de trois, créez une histoire au passé. La première personne commence par une phrase. La deuxième personne doit (*must*) continuer l'histoire. La troisième personne reprend la suite d'une manière logique. Continuez l'histoire une personne à la fois jusqu'à ce que vous ayez (*until you have*) un petit scénario. Soyez créatif! Ensuite, présentez votre scénario à la classe.

Révision

1 **Mes affaires** Vous cherchez vos affaires (*belongings*). À tour de rôle, demandez de l'aide à votre partenaire. Où étaient-elles? Utilisez l'illustration pour les trouver.

MODÈLE

Élève 1: *Je cherche mes baskets. Où sont-elles?*
Élève 2: *Tu n'as pas cherché sur l'étagère? Elles étaient sur l'étagère.*

baskets	ordinateur
casquette	parapluie
journal	pull
livre	sac à dos

2 **Un bon témoin** Il y a eu un cambriolage (*burglary*) chez votre voisin M. Cachetout. Le détective vous interroge parce que vous avez vu deux personnes suspectes sortir de la maison du voisin. Avec un(e) partenaire, créez cette conversation et jouez cette scène devant la classe. Utilisez ces éléments dans votre scène.

- une description physique des suspects
- leurs attitudes
- leurs vêtements
- ce que (*what*) vous faisiez quand vous avez vu les suspects

MODÈLE

Élève 1: *À quelle heure est-ce que vous avez vu les deux personnes sortir?*
Élève 2: *À dix heures. Elles sont sorties du garage.*

3 **Quel séjour!** Vous venez de passer une semaine de vacances dans une maison à la campagne et votre partenaire veut tout savoir (*wants to know everything*). Répondez à ses questions sur la maison, le temps, les activités dans la région et votre opinion en général. Utilisez l'imparfait et le passé composé. Ensuite, changez de rôle.

MODÈLE

Élève 1: *Combien de pièces y avait-il dans cette maison?*
Élève 2: *Il y avait six pièces dans la maison.*

4 **Avant et après** Voici la chambre d'Annette avant et après une visite de sa mère. Comment était sa chambre à l'origine? Avec un(e) partenaire, décrivez la pièce et cherchez les différences entre les deux illustrations.

MODÈLE

Avant, la lampe était à côté de l'ordinateur. Maintenant, elle est à côté du canapé.

5 **La maison de mon enfance** Décrivez l'appartement ou la maison de votre enfance à un(e) partenaire. Où se trouvait-il/elle? Comment les pièces étaient-elles orientées? Y avait-il une piscine, un sous-sol? Qui vivait avec vous dans cet appartement ou cette maison? Racontez (*Tell*) des anecdotes.

MODÈLE

Ma maison se trouvait au bord de la mer.
C'était une maison à deux étages (floors).
Au rez-de-chaussée, il y avait...

Le Zapping

vhlcentral

Préparation Répondez aux questions.

1. Aimez-vous bricoler? Créez-vous des objets ou des meubles? Ou préférez-vous acheter les meubles et la décoration? Expliquez.

2. De quelle manière votre chambre reflète-t-elle votre personnalité?

Créatrice de meubles en carton°

La passion de Caroline Martial est la création de meubles en carton. Elle fait toutes les tables, les chaises, et les armoires dans sa maison. Le carton est une matière° que d'autres voient comme laide et inutile, mais elle y voit plein de possibilités. Il suffit d'°un peu d'imagination pour le transformer en objet utile et beau. De quelques bouts° de carton ondulé°, elle peut construire un fauteuil et utiliser des plumes°, des boutons° ou des paillettes° pour le décorer. Des meubles en carton pour toute la maison? Pourquoi pas! Grâce à° Caroline Martial, les possibilités sont illimitées.

table de chevet bedside table **carton** cardboard **matière** material **Il suffit de** All that's necessary is **bouts** bits **ondulé** corrugated **plumes** feathers **boutons** buttons **paillettes** glitter **Grâce à** Thanks to

Reportage de France 3
Côte d'Azur

Ça va être un petit meuble...
une petite table de chevet.°

Vocabulaire utile

l'emballage (*m.*)	packaging
une niche	small space
ultraléger	very lightweight
laisser libre cours	to give free reign
une réalisation	creation

Compréhension Indiquez si les phrases sont vraies ou fausses.

1. Au début de la vidéo, Caroline Martial crée une commode.

2. Les meubles peuvent (*can*) résister à un poids (*weight*) important.

3. Les meubles sont faciles à décorer.

4. On voit une commode, une table de chevet et une mini-bibliothèque en carton dans les chambres des enfants de Caroline Martial.

5. Le carton impose certaines limites à ce qu'on peut (*what one can*) créer.

Conversation En petits groupes, discutez des questions.

1. Aimez-vous les créations de Caroline Martial? Pourquoi ou pourquoi pas?

2. Quels sont des exemples de l'art fonctionnel dans votre vie?

3. Quels artistes admirez-vous? Pourquoi les admirez-vous? Quelle influence ont-ils sur la société?

Application Choisissez un(e) artiste qui vous intéresse et préparez un reportage sur son œuvre (*work*). Montrez une de ses créations et expliquez leur impact sur la société.

You will learn how to...
- talk about chores
- talk about appliances

🔊 **vhl**central

Les tâches ménagères

Vocabulaire

débarrasser la table	*to clear the table*
enlever/faire la poussière	*to dust*
essuyer la vaisselle/ la table	*to dry the dishes/ to wipe the table*
faire la lessive	*to do the laundry*
faire le ménage	*to do the housework*
laver	*to wash*
mettre la table	*to set the table*
passer l'aspirateur	*to vacuum*
ranger	*to tidy up; to put away*
salir	*to soil, to make dirty*
propre	*clean*
sale	*dirty*
un appareil électrique/ ménager	*electrical/household appliance*
une cafetière	*coffeemaker*
une cuisinière	*stove*
un grille-pain	*toaster*
un lave-linge	*washing machine*
un lave-vaisselle	*dishwasher*
un sèche-linge	*clothes dryer*
une tâche ménagère	*household chore*

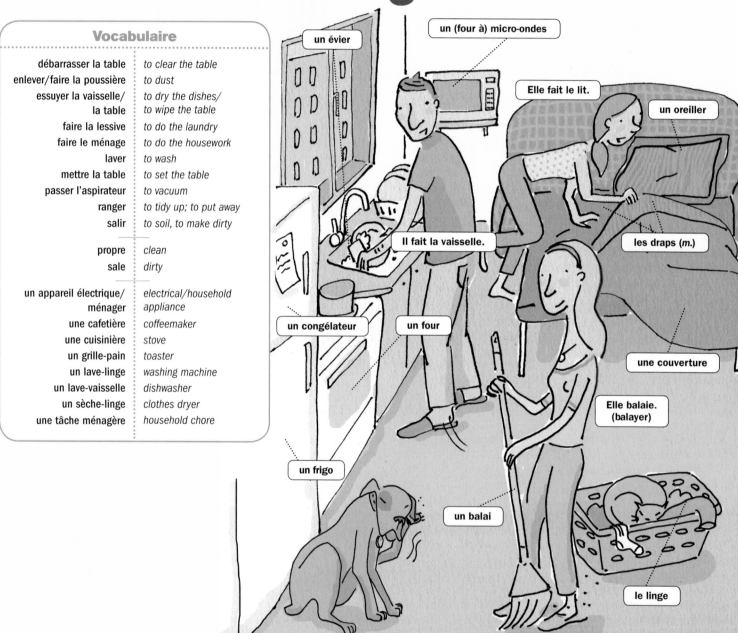

un évier

un (four à) micro-ondes

Elle fait le lit.

un oreiller

Il fait la vaisselle.

les draps (m.)

un congélateur

un four

une couverture

Elle balaie. (balayer)

un frigo

un balai

le linge

Mise en pratique

1 **On fait le ménage** Complétez les phrases avec le bon mot.

1. On balaie avec _____.
2. On repasse le linge avec _____.
3. On fait la lessive avec _____.
4. On lave la vaisselle avec _____.
5. On prépare le café avec _____.
6. On sèche les vêtements avec _____.
7. On met la glace dans _____.
8. Pour faire le lit, on doit arranger _____, _____ et _____.

2 **Écoutez** Écoutez la conversation téléphonique (*phone call*) entre Laurent et un conseiller à la radio (*radio psychologist*). Ensuite, indiquez les tâches ménagères que faisaient Laurent et Paul l'année dernière.

	Laurent	Paul
1. Il mettait la table.	☐	☐
2. Il faisait les lits.	☐	☐
3. Il passait l'aspirateur.	☐	☐
4. Il sortait la poubelle.	☐	☐
5. Il balayait.	☐	☐
6. Il faisait la lessive.	☐	☐
7. Il faisait la vaisselle.	☐	☐
8. Il nettoyait le frigo.	☐	☐

3 **Les tâches ménagères** Avec un(e) partenaire, indiquez quelles tâches ménagères vous faites dans chaque pièce ou partie de votre logement. Il y a plus d'une réponse possible.

1. La chambre: _____
2. La cuisine: _____
3. La salle de bains: _____
4. La salle à manger: _____
5. La salle de séjour: _____
6. Le garage: _____

Il sort la poubelle. (sortir)

un fer à repasser

Il repasse. (repasser)

Communication

4 **Qui fait quoi?** Votre professeur va vous donner une feuille d'activités. Dites si vous faites les tâches indiquées en écrivant (*by writing*) **Oui** ou **Non** dans la première colonne. Ensuite, posez des questions à vos camarades de classe, et écrivez leur nom dans la deuxième colonne quand ils répondent **Oui**. Présentez vos réponses à la classe.

MODÈLE

mettre la table pour prendre le petit-déjeuner

Élève 1: *Est-ce que tu mets la table pour prendre le petit-déjeuner?*
Élève 2: *Oui, je mets la table chaque matin./ Non, je ne prends pas de petit-déjeuner, donc je ne mets pas la table.*

Activités	Moi	Mes camarades de classe
1. mettre la table pour prendre le petit-déjeuner		
2. passer l'aspirateur tous les jours		
3. salir ses vêtements quand on mange		
4. nettoyer les toilettes		
5. balayer la cuisine		
6. débarrasser la table après le dîner		
7. souvent enlever la poussière sur son ordinateur		
8. laver les vitres (*windows*)		

5 **Conversez** Interviewez un(e) camarade de classe.

1. Qui fait la vaisselle chez toi?
2. Qui fait la lessive chez toi?
3. Fais-tu ton lit tous les jours?
4. Quelles tâches ménagères as-tu faites le week-end dernier?
5. Repasses-tu tous tes vêtements?
6. Quelles tâches ménagères détestes-tu faire?
7. Quels appareils électriques as-tu chez toi?
8. Ranges-tu souvent ta chambre?

6 **Au pair** Vous partez dans un pays francophone pour vivre dans une famille pendant (*for*) un an. Travaillez avec deux camarades de classe et préparez un dialogue dans lequel (*in which*) vous:

- parlez des tâches ménagères que vous détestez/aimez faire.
- posez des questions sur vos nouvelles responsabilités.
- parlez de vos passions et de vos habitudes.
- décidez si cette famille vous convient.

7 **Écrivez** L'appartement de Martine est un désastre: la cuisine est sale et le reste de l'appartement est encore pire (*worse*). Préparez un paragraphe où vous décrivez les problèmes que vous voyez (*see*) et que vous imaginez. Ensuite, écrivez la liste des tâches que Martine va faire pour tout nettoyer.

Les sons et les lettres 🔊 vhlcentral

Semi-vowels

French has three semi-vowels. Semi-vowels are sounds that are produced in much the same way as vowels, but also have many properties in common with consonants. Semi-vowels are also sometimes referred to as *glides* because they glide from or into the vowel they accompany.

Luci**en** **ch**i**en** **so**i**f** **nu**i**t**

The semi-vowel that occurs in the word **bien** is very much like the *y* in the English word *yes*. It is usually spelled with an **i** or a **y** (pronounced *ee*), then glides into the following sound. This semi-vowel sound is also produced when **ll** follows an **i**.

nati**on** **bala**y**er** **b**i**en** **br**i**llant**

The semi-vowel that occurs in the word **soif** is like the *w* in the English words *was* and *we*. It usually begins with **o** or **ou**, then glides into the following vowel.

tro**is** **fr**o**id** **ou**i **ou**i**stiti**

The third semi-vowel sound occurs in the word **nuit**. It is spelled with the vowel **u**, as in the French word **tu**, then glides into the following sound.

lu**i** **s**u**is** **cru**e**l** **intellect**u**el**

Prononcez Répétez les mots suivants à voix haute.

1. oui
2. taille
3. suisse
4. fille
5. mois
6. cruel
7. minuit
8. jouer
9. cuisine
10. juillet
11. échouer
12. croissant

Articulez Répétez les phrases suivantes à voix haute.

1. Voici trois poissons noirs.
2. Louis et sa famille sont suisses.
3. Parfois, Grégoire fait de la cuisine chinoise.
4. Aujourd'hui, Matthieu et Damien vont travailler.
5. Françoise a besoin de faire ses devoirs d'histoire.
6. La fille de Monsieur Poirot va conduire pour la première fois.

Dictons Répétez les dictons à voix haute.

Vouloir, c'est pouvoir.[2]

La nuit, tous les chats sont gris.[1]

[1] All cats are gray in the dark.
[2] Where there's a will, there's a way.

La vie sans Pascal **vhl**central

PERSONNAGES

Amina

Michèle

Sandrine

Stéphane

Valérie

Au P'tit Bistrot...

MICHÈLE Tout va bien, Amina?

AMINA Oui, ça va, merci. (*Au téléphone*) Allô?... Qu'est-ce qu'il y a, Sandrine?... Non, je ne le savais pas, mais franchement, ça ne me surprend pas... Écoute, j'arrive chez toi dans quinze minutes, d'accord? ... À tout à l'heure!

MICHÈLE Je débarrasse la table?

AMINA Oui, merci, et apporte-moi l'addition, s'il te plaît.

MICHÈLE Tout de suite.

VALÉRIE Tu as fait ton lit, ce matin?

STÉPHANE Oui, maman.

VALÉRIE Est-ce que tu as rangé ta chambre?

STÉPHANE Euh... oui, ce matin, pendant que tu faisais la lessive.

Chez Sandrine...

SANDRINE Salut, Amina! Merci d'être venue.

AMINA Mmmm. Qu'est-ce qui sent si bon?

SANDRINE Il y a des biscuits au chocolat dans le four.

AMINA Oh, est-ce que tu les préparais quand tu m'as téléphoné?

SANDRINE Tu as soif?

AMINA Un peu, oui.

SANDRINE Sers-toi, j'ai des jus de fruits au frigo.

Sandrine casse (breaks) une assiette.

SANDRINE Et zut!

AMINA Ça va, Sandrine?

SANDRINE Oui, oui... passe-moi le balai, s'il te plaît.

AMINA N'oublie pas de balayer sous la cuisinière.

SANDRINE Je sais! Excuse-moi, Amina. Comme je t'ai dit au téléphone, Pascal et moi, c'est fini.

A
C
T
I
V
I
T
É
S

1 **Questions** Répondez aux questions par des phrases complètes.

1. Avec qui Amina parle-t-elle au téléphone?

2. Comment va Sandrine aujourd'hui? Pourquoi?

3. Est-ce que Stéphane a fait toutes ses tâches ménagères?

4. Qu'est-ce que Sandrine préparait quand elle a téléphoné à Amina?

5. Amina a faim et a soif. À votre avis (*opinion*), que va-t-elle prendre?

6. Pourquoi Amina n'est-elle pas fâchée (*angry*) contre Sandrine?

7. Pourquoi Amina pense-t-elle que Sandrine aimerait (*would like*) un cyberhomme américain?

8. Sandrine pense qu'Amina devrait (*should*) rencontrer Cyberhomme, mais Amina pense que ce n'est pas une bonne idée. À votre avis, qui a raison?

Amina console Sandrine.

VALÉRIE Hmm... et la vaisselle? Tu as fait la vaisselle?
STÉPHANE Non, pas encore, mais...
MICHÈLE Il me faut l'addition pour Amina.
VALÉRIE Stéphane, tu dois faire la vaisselle avant de sortir.
STÉPHANE Bon, ça va, j'y vais!

VALÉRIE Ah, Michèle, il faut sortir les poubelles pour ce soir!
MICHÈLE Oui, comptez sur moi, Madame Forestier.
VALÉRIE Très bien! Moi, je rentre, il est l'heure de préparer le dîner.

Expressions utiles

Talking about what you know

- **Je ne le savais pas, mais franchement, ça ne me surprend pas.**
  I didn't know that, but frankly, I'm not surprised.
- **Je sais!**
  I know!
- **Je ne sais pas si c'est une bonne idée.**
  I don't know if that's a good idea.
- **Je ne le connais pas vraiment, tu sais.**
  I don't really know him, you know.

Additional vocabulary

- **Comptez sur moi.**
  Count on me.
- **Ne t'en fais pas.**
  Don't worry about it.
- **J'y vais!**
  I'm going there!/I'm on my way!
- **pas encore**
  not yet
- **tu dois**
  you must
- **être de bonne/mauvaise humeur**
  to be in a good/bad mood

SANDRINE Il était tellement pénible. Bref, je suis de mauvaise humeur aujourd'hui.
AMINA Ne t'en fais pas, je comprends.
SANDRINE Toi, tu as de la chance.
AMINA Pourquoi tu dis ça?
SANDRINE Tu as ton Cyberhomme. Tu vas le rencontrer un de ces jours?
AMINA Oh... Je ne sais pas si c'est une bonne idée.

SANDRINE Pourquoi pas?
AMINA Sandrine, il faut être prudent dans la vie, je ne le connais pas vraiment, tu sais.
SANDRINE Comme d'habitude, tu as raison. Mais finalement, un cyberhomme, c'est peut-être mieux qu'un petit ami. Ou alors, un petit ami artistique, charmant et beau garçon.
AMINA Et américain?

2 **Le ménage** Indiquez qui a fait ou va faire ces tâches ménagères: Amina (**A**), Michèle (**M**), Sandrine (**S**), Stéphane (**St**), Valérie (**V**) ou personne (*no one*) (**P**).

1. sortir la poubelle
2. balayer
3. passer l'aspirateur
4. faire la vaisselle
5. faire le lit
6. débarrasser la table
7. faire la lessive
8. ranger sa chambre

3 **Écrivez** Vous avez gagné un pari (*bet*) avec votre grande sœur et elle doit faire (*must do*) en conséquence toutes les tâches ménagères que vous lui indiquez pendant un mois. Écrivez une liste de dix tâches minimum. Pour chaque tâche, précisez la pièce du logement et combien de fois par semaine elle doit l'exécuter.

A C T I V I T É S

vhlcentral

CULTURE À LA LOUPE

L'intérieur des logements français

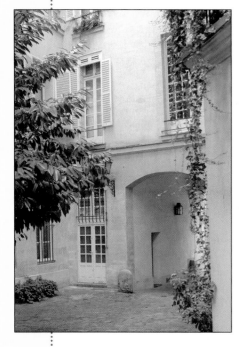

L'intérieur des maisons et des appartements français est assez° différent de celui chez les Américains. Quand on entre dans un immeuble ancien en France, on est dans un hall° où il y a des boîtes aux lettres°. Ensuite, il y a souvent une deuxième porte. Celle-ci conduit à° l'escalier. Il n'y a pas souvent d'ascenseur, mais s'il y en a un°, en général, il est très petit et il est au milieu de° l'escalier. Le hall de l'immeuble peut aussi avoir une porte qui donne sur une cour° ou un jardin, souvent derrière le bâtiment°.

À l'intérieur des logements, les pièces sont en général plus petites que° les pièces américaines, surtout les cuisines et les salles de bains. Dans la cuisine, on trouve tous les appareils ménagers nécessaires (cuisinière, four, four à micro-ondes, frigo), mais ils sont plus petits qu'aux États-Unis. Les lave-vaisselle sont assez rares dans les appartements et plus communs dans les maisons. On a souvent une seule° salle de bains et les toilettes sont en général dans une autre petite pièce séparée°. Les lave-linge sont aussi assez petits et on les trouve, en général, dans la cuisine ou dans la salle de bains. Dans les chambres, en France, il n'y a pas de grands placards et les vêtements sont rangés la plupart° du temps dans une armoire ou une commode. Les fenêtres s'ouvrent° sur l'intérieur, un peu comme des portes, et il est très rare d'avoir des moustiquaires°. Par contre°, il y a presque toujours des volets°.

assez *rather* **hall** *entryway* **boîtes aux lettres** *mailboxes* **conduit à** *leads to* **s'il y en a un** *if there is one* **au milieu de** *in the middle of* **cour** *courtyard* **bâtiment** *building* **plus petites que** *smaller than* **une seule** *only one* **séparée** *separate* **la plupart** *most* **s'ouvrent** *open* **moustiquaires** *screens* **Par contre** *On the other hand* **volets** *shutters*

Combien de logements ont ces appareils ménagers?

Réfrigérateur	99,8%
Cuisinière / Four	96,4%
Lave-linge	95,6%
Congélateur	91,2%
Four à micro-ondes	88,3%
Lave-vaisselle	57,1%
Sèche-linge	28,7%

SOURCE: INSEE

Coup de main

Demonstrative pronouns help to avoid repetition.

	S.	P.
M.	celui	ceux
F.	celle	celles

Ce lit est grand, mais le lit de Monique est petit.

Ce lit est grand, mais **celui** de Monique est petit.

---

1 **Complétez** Complétez chaque phrase logiquement.

1. Dans le hall d'un immeuble français, on trouve...
2. Au milieu de l'escalier, dans les vieux immeubles français, ...
3. Derrière les vieux immeubles, on trouve souvent...
4. Les cuisines et les salles de bains françaises sont...
5. Dans les appartements français, il est assez rare d'avoir...
6. Les logements français ont souvent une seule...
7. En France, les toilettes sont souvent...
8. Les Français rangent souvent leurs vêtements dans une armoire parce qu'ils...
9. On trouve souvent le lave-linge...
10. En général, les fenêtres dans les logements français...

Quelles conditions!

boxon (*m.*)	*shambles*
piaule (*f.*)	*pad, room*
souk (*m.*)	*mess*
impeccable	*spic-and-span*
nickel	*spotless*
ringard	*cheesy, old-fashioned*
crécher	*to live*
semer la pagaille	*to make a mess*

Architecture moderne et ancienne

Architecte suisse

Le Corbusier Originaire du canton de Neuchâtel, il est l'un des principaux représentants du mouvement moderne au début° du 20ᵉ siècle. Il est connu° pour être l'inventeur de l'unité d'habitation°, concept sur les logements collectifs qui rassemblent dans un même lieu garderie° d'enfants, piscine, écoles, commerces et lieux de rencontre. Il est naturalisé français en 1930.

Architecture du Maroc

Les riads, mot° qui à l'origine signifie «jardins» en arabe, sont de superbes habitations anciennes° construites pour préserver la fraîcheur°. On les trouve au cœur° des ruelles° de la médina (quartier historique). **Les kasbahs,** bâtisses° de terre° dans le Sud marocain, sont des exemples d'un art typiquement berbère et rural.

début *beginning* **connu** *known* **unité d'habitation** *housing unit* **garderie** *daycare center* **mot** *word* **anciennes** *old* **fraîcheur** *coolness* **cœur** *heart* **ruelles** *alleyways* **bâtisses** *dwellings* **terre** *earth*

Le Vieux Carré

Le Vieux Carré, aussi appelé le Quartier Français, est le centre historique de La Nouvelle-Orléans. Il a conservé le souvenir° des époques° coloniales du 18ᵉ siècle°. La culture française est toujours présente avec des noms de rues° français comme *Toulouse* ou *Chartres*, qui sont de grandes villes françaises. Cependant° le style architectural n'est pas français; il est espagnol. Les maisons avec les beaux balcons sont l'héritage de l'occupation espagnole de la deuxième moitié° du 18ᵉ siècle. Mardi gras, en février, est la fête la plus populaire de La Nouvelle-Orléans, qui est aussi très connue° pour son festival de jazz, en avril.

souvenir *memory* **époques** *times* **siècle** *century* **noms de rues** *street names* **Cependant** *However* **moitié** *half* **connue** *known*

Sur Internet

Qu'est-ce qu'on peut voir (*see*) au musée des Arts décoratifs de Paris?

Go to **vhlcentral.com** to find more information related to this **Culture** section.

---

2 **Complétez** Complétez les phrases.

1. Le Vieux Carré est aussi appelé _____.
2. _____ et _____ sont deux noms de rues français à La Nouvelle-Orléans.
3. Le style architectural du Vieux Carré n'est pas français mais _____.
4. La Nouvelle-Orléans est connue pour son festival de _____.
5. Le Corbusier est l'inventeur de _____.
6. On trouve les riads parmi (*among*) les ruelles de _____.

3 **C'est le souk!** Votre oncle favori vient vous rendre visite et votre petit frère a semé la pagaille dans votre chambre. C'est le souk! Avec un(e) partenaire, inventez une conversation où vous lui donnez des ordres pour nettoyer avant l'arrivée de votre oncle. Jouez la scène devant la classe.

A C T I V I T É S

8B.1

The *passé composé* vs. vhlcentral the *imparfait* (Summary)

Point de départ You have learned the uses of the **passé composé** versus the **imparfait** to talk about things and events in the past. These tenses are distinct and are not used in the same way. Remember always to keep the context and the message you wish to convey in mind while deciding which tense to use.

Uses of the *passé composé*

To talk about events that happened at a specific moment or for a precise duration in the past	Je **suis allé** au concert vendredi. *I went to the concert on Friday.*
To express an action or a sequence of actions that started and ended in the past	Tu **as fait** le lit, tu **as sorti** la poubelle et tu **as mis** la table. *You made the bed, took out the trash, and set the table.*
To indicate a change in the mental, emotional or physical state of a person	Tout à coup, elle **a eu** soif. *Suddenly, she got thirsty.*
To narrate the facts in a story	Nous **avons passé** une journée fantastique à la plage. *We spent a fantastic day at the beach.*
To describe actions that move the plot forward in a narration	Soudain, Thomas **a trouvé** la réponse à leur question. *Suddenly, Thomas found the answer to their question.*

Uses of the *imparfait*

To talk about actions that lasted for an unspecified duration of time	Elle **dormait** tranquillement. *She was sleeping peacefully.*
To relate habitual or repeated past actions and events	Nous **faisions** une promenade au parc tous les dimanches matins. *We used to walk in the park every Sunday morning.*
To describe mental, emotional or physical states or conditions	Elle **avait** toujours soif. *She was always thirsty.*
To describe the background scene and setting of a story	Il **faisait** beau et le ciel **était** bleu. *The weather was nice and the sky was blue.*
To describe people and things	C'**était** une photo d'une jolie fille. *It was a photograph of a pretty girl.*

- The **imparfait** and the **passé composé** are sometimes used in the same sentence to say what was going on when something else happened. Use the **imparfait** to say what was going on and the **passé composé** to say what happened to interrupt that action.

Je **travaillais** dans le jardin
　quand mon amie **a téléphoné**.
I was working in the garden
　when my friend called.

Ils **faisaient** de la planche à
　voile quand j'**ai pris** cette photo.
They were wind-surfing when
　I took this photo.

- A cause and effect relationship is sometimes expressed by using the **passé composé** and the **imparfait** in the same sentence.

Marie **avait** envie de faire du
　shopping, alors elle **est allée**
　au centre commercial.
Marie felt like shopping so she
　went to the mall.

Mon ami **a balayé** la maison
　parce qu'elle **était** sale.

My friend swept the house
　because it was dirty.

- The verb **avoir** has a different meaning when used in the **imparfait** versus the **passé composé**.

J'**avais** sommeil.
I was sleepy.

J'**ai eu** sommeil.
I got sleepy.

Expressions that signal a past tense

- Certain expressions like **soudain**, **tout à coup**, **autrefois**, **une fois**, **d'habitude**, **souvent**, **toujours**, etc. serve as clues to signal a particular past tense.

Autrefois, mes parents et moi
　vivions en Belgique.
In the past, my parents and I
　used to live in Belgium.

Un jour, j'**ai rencontré** Nathalie
　au cinéma.
One day, I met Nathalie
　at the movies.

D'habitude, j'**allais** au centre-ville
　avec mes amis.
Usually, I used to go downtown
　with my friends.

J'**ai fait** du cheval deux fois
　dans ma vie.
I have gone horseback riding
　two times in my life.

| **Essayez!** | **Écrivez la forme correcte du verbe au passé.** |

1. D'habitude, vous _mangiez_ (manger) dans la salle à manger.
2. Quand mes copines étaient petites, elles _____ (jouer) de la guitare.
3. Tout à coup, ma sœur _____ (arriver) à l'école.
4. Ce matin, Matthieu _____ (repasser) le linge.
5. Ils _____ (vivre) en France pendant un mois.
6. Les chats _____ (dormir) toujours sur le tapis.
7. Je/J' _____ (louer) un studio en ville pendant trois semaines.
8. Vous _____ (laver) toujours les rideaux?
9. Lise _____ (avoir) quinze ans quand elle a démenagé.
10. Soudain, nous _____ (avoir) peur.

Mise en pratique

1 **À l'étranger!** Choisissez l'imparfait ou le passé composé pour compléter cette histoire.

Lise (1) _____ (avoir) vraiment envie de travailler en France après le lycée. Alors, un jour, elle (2) _____ (quitter) son petit village près de Bruxelles et elle (3) _____ (prendre) le train pour Paris. Elle (4) _____ (arriver) à Paris. Elle (5) _____ (trouver) une chambre dans un petit hôtel. Pendant six mois, elle (6) _____ (balayer) le couloir et (7) _____ (nettoyer) les chambres. Au bout de (*After*) six mois, elle (8) _____ (prendre) des cours au Cordon Bleu et maintenant, elle est chef dans un petit restaurant!

2 **Explique-moi!** Dites pourquoi vous et vos amis n'avez pas fait les choses qu'il fallait faire. Utilisez le passé composé pour dire ce que (*what*) vous n'avez pas fait et l'imparfait pour expliquer la raison. Faites des phrases complètes.

MODÈLE

Élise / étudier / avoir sommeil
Élise n'a pas étudié parce qu'elle avait sommeil.

1. Carla / faire une promenade / pleuvoir
2. Alexandre et Mia / ranger la chambre / regarder la télé
3. nous / répondre au prof / ne pas faire attention
4. Jade et Noémie / venir au café / nettoyer la maison
5. Léo / mettre un short / aller à un entretien (*interview*)
6. je / manger au restaurant / ne pas avoir d'argent
7. Amadou / promener son chien / neiger
8. Marc et toi, vous / aller à la piscine / laver la voiture
9. on / téléphoner à nos amis / ne pas avoir de portable
10. toi, tu / faire du surf / avoir peur

3 **Qu'est-ce qu'ils faisaient quand...?** Que faisaient ces personnes au moment de l'interruption?

▶ **MODÈLE**

Papa débarrassait la table quand mon frère est arrivé.

débarrasser / arriver

1. sortir / dire

2. passer / tomber

3. faire / partir

4. laver / commencer

Communication

4 **Situations** Avec un(e) partenaire, complétez ces phrases avec le passé composé ou l'imparfait. Comparez vos réponses, puis présentez-les à la classe.

1. Autrefois, ma famille...
2. Je faisais une promenade quand...
3. Mon/Ma meilleur(e) ami(e)... tous les jours.
4. D'habitude, au petit-déjeuner, je...
5. Une fois, mon copain et moi...
6. Hier, je rentrais des cours quand...
7. Parfois, ma mère...
8. Hier, il faisait mauvais. Soudain, ...
9. Souvent, quand j'étais petit(e)...
10. La semaine dernière, en cours de français, nous...

5 **À votre tour** Demandez à un(e) partenaire de compléter ces phrases avec le passé composé ou l'imparfait. Ensuite, présentez ses phrases à la classe.

1. Mes profs l'année dernière...
2. Quand je suis rentré(e) chez moi hier, ...
3. Le week-end dernier, ...
4. Quand j'ai fait la connaissance de mon/ma meilleur(e) ami(e), ...
5. La première fois que mon/ma meilleur(e) ami(e) et moi sommes sorti(e)s, ...
6. Quand j'avais dix ans, ...
7. Le jour de mon dernier anniversaire, ...
8. Pendant les vacances d'été, ...
9. Quand Leonardo DiCaprio a gagné son premier Oscar, ...
10. Hier soir, je regardais la télé quand...
11. Quand mes parents étaient plus jeunes, ...
12. La dernière fois que j'ai fait un voyage, ...

6 **Je me souviens!** Racontez à votre partenaire un événement spécial de votre vie qui s'est déjà passé. Votre partenaire vous pose des questions pour avoir plus de détails sur cet événement. Vous pouvez (can) parler d'un anniversaire, d'une fête familiale, d'un mariage ou d'un concert. Utilisez le passé composé et l'imparfait.

MODÈLE

Élève 1: Nous avons fait une grande fête d'anniversaire pour ma grand-mère l'année dernière.
Élève 2: Quel âge a-t-elle eu?
Élève 1: Elle a eu soixante ans.
Élève 2: Vous avez fait la fête chez toi?
Élève 1: Nous avons fait la fête dans le jardin parce qu'il faisait très beau.

8B.2

The verbs *savoir* and *connaître*   **vhl**central

Point de départ **Savoir** and **connaître** both mean *to know*. The choice of verb in French depends on the context in which it is being used.

> N'oublie pas de balayer sous la cuisinière.

> Je sais!

> Je ne le connais pas vraiment, tu sais.

savoir	
je	sais
tu	sais
il/elle/on	sait
nous	savons
vous	savez
ils/elles	savent

Boîte à outils

Always use the construction **savoir** + [*infinitive*] to mean *to know how to do something*.

- **Savoir** means *to know a fact* or *to know how to do something*.

  Je **sais** tout sur lui.
  I know everything about him.

  Elle **sait** jouer du piano
  She knows how to play piano.

  Ils ne **savent** pas qu'il est parti.
  They don't know that he left.

  Savez-vous faire la cuisine?
  Do you know how to cook?

- The verb **savoir** is often followed by **que**, **qui**, **où**, **quand**, **comment**, or **pourquoi**.

  Nous **savons que** tu arrives mardi.
  We know that you're arriving on Tuesday.

  Je **sais où** je vais.
  I know where I am going.

  Vous **savez quand** on part?
  Do you know when we're leaving?

  Ils **savent comment** aller à la gare.
  They know how to get to the train station.

  Tu **sais qui** a fait la lessive?
  Do you know who did the laundry?

  Elle **comprend pourquoi** tu es en colère.
  She understands why you're angry.

- The past participle of **savoir** is **su**. When used in the **passé composé**, **savoir** means *found out*.

  J'**ai su** qu'il y avait une fête.
  I found out there was a party.

  Je **savais** qu'il y avait une fête.
  I knew there was a party.

connaître	
je	connais
tu	connais
il/elle/on	connaît
nous	connaissons
vous	connaissez
ils/elles	connaissent

- **Connaître** means *to know* or *be familiar with a person, place, or thing.*

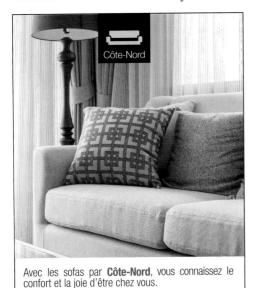

Avec les sofas par **Côte-Nord**, vous connaissez le confort et la joie d'être chez vous.

Vous **connaissez** le prof.
You know the teacher.

Nous **connaissons** bien Paris.
We know Paris well.

Tu **connais** ce quartier?
Do you know that neighborhood?

Je ne **connais** pas ce magasin.
I don't know this store.

🏃 **Boîte à outils**

The verb **connaître** is never followed by an infinitive. It is always followed by a noun.

- The past participle of **connaître** is **connu**. **Connaître** in the **passé composé** means *met* (*for the first time*).

Nous **avons connu** son père.
We met his father.

Nous **connaissions** son père.
We knew his father.

- **Reconnaître** means *to recognize.* It follows the same conjugation patterns as **connaître**.

Mes anciens profs me
  reconnaissent encore.
*My former teachers still
  recognize me.*

Nous **avons reconnu** vos enfants
  à la soirée.
*We recognized your children
  at the party.*

Essayez!   Complétez les phrases avec les formes correctes des verbes **savoir** et **connaître**.

1. Je ___connais___ de bons restaurants.
2. Ils ne _____ pas parler allemand.
3. Vous _____ faire du cheval?
4. Tu _____ une bonne coiffeuse?
5. Nous ne _____ pas Jacques.
6. Claudette _____ jouer aux échecs.
7. Laure et Béatrice _____ -elles tes cousins?
8. Nous _____ que vous n'aimez pas faire le ménage.

Mise en pratique

1 **Les passe-temps** Qu'est-ce que ces personnes savent faire?

Patrick

▶ **MODÈLE**

Patrick sait skier.

1. Halima
_____

2. vous
_____

3. tu
_____

4. nous
_____

2 **Dialogues** Complétez les conversations avec le présent du verbe **savoir** ou **connaître**.

1. Marie _____ faire la cuisine?

   Oui, mais elle ne _____ pas beaucoup de recettes (*recipes*).

2. Vous _____ les parents de François?

   Non, je _____ seulement sa cousine.

3. Tes enfants _____ nager dans la mer.

   Et mon fils aîné _____ toutes les espèces de poissons.

4. Je _____ que le train arrive à trois heures.

   Est-ce que tu _____ à quelle heure il part?

5. Vous _____ le numéro de téléphone de Dorian?

   Oui, je le _____.

6. Nous _____ bien la musique arabe.

   Ah, bon? Tu _____ qu'il y a un concert de raï en ville demain?

3 **Assemblez** Assemblez les éléments des colonnes pour construire des phrases.

MODÈLE *Je sais parler une langue étrangère.*

A	B	C
Marion Cotillard	(ne pas) connaître	des célébrités
Oprah Winfrey	(ne pas) savoir	faire la cuisine
je		jouer dans un film
ton/ta camarade de classe		Julia Roberts
		parler une langue étrangère

Communication

4 **Enquête** Votre professeur va vous donner une feuille d'activités. Circulez dans la classe pour trouver au moins une personne différente qui répond oui à chaque question.

Sujet	Nom
1. Sais-tu faire une mousse au chocolat?	Jacqueline
2. Connais-tu New York?	
3. Connais-tu le nom des sénateurs de cet état (state)?	
4. Connais-tu quelqu'un qui habite en Californie?	

5 **Je sais faire** Michelle et Maryse étudient avec un(e) nouvel/nouvelle ami(e). Par groupes de trois, jouez les rôles. Chacun(e) (*Each one*) essaie de montrer toutes les choses qu'il/elle sait faire.

MODÈLE

Élève 1: Alors, tu sais faire la vaisselle?
Élève 2: Je sais faire la vaisselle, et je sais faire la cuisine aussi.
Élève 3: Moi, je sais faire la cuisine, mais je ne sais pas passer l'aspirateur.

6 **Questions** À tour de rôle, posez ces questions à un(e) partenaire. Ensuite, présentez vos réponses à la classe.

1. Quel bon restaurant connais-tu près d'ici? Est-ce que tu y (*there*) manges souvent?
2. Dans ta famille, qui sait chanter le mieux (*best*)?
3. Connais-tu l'Europe? Quelles villes connais-tu?
4. Reconnais-tu toutes les chansons (*songs*) que tu entends à la radio?
5. Tes grands-parents savent-ils utiliser Internet? Le font-ils bien?
6. Connais-tu un(e) acteur/actrice célèbre? Une autre personne célèbre?
7. Ton/Ta meilleur(e) (*best*) ami(e) sait-il/elle écouter quand tu lui racontes (*tell*) tes problèmes?
8. Connais-tu la date d'anniversaire de tous les membres de ta famille et de tous tes amis? Donne des exemples.
9. Connais-tu des films français? Lesquels (*Which ones*)? Les aimes-tu? Pourquoi?
10. Sais-tu parler une langue étrangère? Laquelle? (*Which one*)?

Révision

1 Un grand dîner Émilie et son mari Vincent ont invité des amis à dîner ce soir. Qu'ont-ils fait cet après-midi pour préparer la soirée? Que vont-ils faire ce soir après le départ des invités? Conversez avec un(e) partenaire.

MODÈLE

Élève 1: *Cet après-midi, Émilie et Vincent ont mis la table.*

Élève 2: *Ce soir, ils vont faire la vaisselle.*

2 Mes connaissances Votre professeur va vous donner une feuille d'activités. Interviewez vos camarades. Pour chaque activité, trouvez un(e) camarade différent(e) qui réponde affirmativement.

Élève 1: *Connais-tu une personne qui aime faire le ménage?*

Élève 2: *Oui, autrefois, mon père aimait bien faire le ménage.*

Activités	Noms
1. ne pas faire souvent la vaisselle	
2. aimer faire le ménage	Farid
3. dormir avec une couverture en été	
4. faire son lit tous les jours	
5. repasser rarement ses vêtements	

3 Qui faisait le ménage? Par groupes de trois, interviewez vos camarades. Qui faisait le ménage à la maison quand ils étaient petits? Préparez des questions avec ces expressions et comparez vos réponses.

balayer	mettre et débarrasser la table
faire la lessive	passer l'aspirateur
faire le lit	ranger
faire la vaisselle	repasser le linge

4 Soudain! Tout était calme quand soudain... Avec un(e) partenaire, choisissez l'une des deux photos et écrivez un texte de dix phrases. Faites cinq phrases pour décrire la photo, et cinq autres pour raconter (*to tell*) un événement qui s'est passé soudainement (*that suddenly happened*). Employez des adverbes et soyez imaginatifs.

5 J'ai appris… Avec un(e) partenaire, faites une liste de cinq choses que vous ne saviez pas avant ce cours de français, et cinq choses ou personnes que vous ne connaissiez pas. Utilisez l'imparfait et le présent dans vos explications.

MODÈLE

Élève 1: *Avant, je ne savais pas comment dire bonjour en français, et puis j'ai commencé ce cours, et maintenant, je sais le dire.*

Élève 2: *Avant, je ne connaissais pas tous les pays francophones, et maintenant, je les connais.*

6 Élise fait sa lessive Votre professeur va vous donner, à vous et à votre partenaire, une feuille sur la journée d'Élise. Décrivez sa journée d'après (*according to*) les dessins. Attention! Ne regardez pas la feuille de votre partenaire.

MODÈLE

Élève 1: *Hier matin, Élise avait besoin de faire sa lessive.*

Élève 2: *Mais, elle…*

À l'écoute vhlcentral

STRATÉGIE

Using visual cues

Visual cues like illustrations and headings provide useful clues about what you will hear.

◁)) To practice this strategy, you will listen to a passage related to the image. Jot down the clues the image gives you as you listen.

Préparation

Qu'est-ce qu'il y a sur les trois photos à droite? À votre avis, quel va être le sujet de la conversation entre M. Duchemin et Mme Lopez?

◁)) À vous d'écouter

Écoutez la conversation. M. Duchemin va proposer trois logements à Mme Lopez. Regardez les annonces et écrivez le numéro de référence de chaque possibilité qu'il propose.

1. Possibilité 1: _____
2. Possibilité 2: _____
3. Possibilité 3: _____

À LOUER

Appartement en ville, moderne, avec balcon
1.200 €
(Réf. 520)

5 pièces, jardin, proche parc Victor Hugo
950 €
(Réf. 521)

Maison meublée en banlieue, grande, tt confort, cuisine équipée
1.200 €
(Réf. 522)

Compréhension

Les détails Après une deuxième écoute, complétez le tableau (*chart*) avec les informations données dans la conversation.

	Où?	Maison ou appartement?	Meublé ou non?	Nombre de chambres?	Garage?	Jardin?
Logement 1						
Logement 2						
Logement 3						

Quel logement pour les Lopez? Lisez cette description de la famille Lopez. Décidez quel logement cette famille va probablement choisir et expliquez votre réponse.

M. Lopez travaille au centre-ville. Le soir, il rentre tard à la maison et il est souvent fatigué parce qu'il travaille beaucoup. Il n'a pas envie de passer son temps à travailler dans le jardin. Mme Lopez adore le cinéma et le théâtre. Elle n'aime pas beaucoup faire le ménage. Les Lopez ont une fille qui a seize ans. Elle adore retrouver ses copines pour faire du shopping en ville. Les Lopez ont beaucoup de beaux meubles modernes. Ils ont aussi une nouvelle voiture: une grosse BMW qui a coûté très cher!

Panorama

Paris

La ville en chiffres

▶ **Superficie:** *105 km²*

▶ **Population:** *2.229.621 (deux millions deux cents vingt-neuf mille six cents vingt et un)*
SOURCE: INSEE

Paris est la capitale de la France. On a l'impression que Paris est une grande ville—et c'est vrai si on compte° ses environs°. Mais Paris mesure moins de° 10 kilomètres de l'est à l'ouest°. On peut très facilement visiter la ville à pied°. Paris est divisée en 20 arrondissements°. Chaque° arrondissement a son propre maire° et son propre caractère.

▶ **Industries principales:** *haute couture, finances, transports, technologie, tourisme*

▶ **Musées:** *plus de° 150 (cent cinquante): le musée du Louvre, le musée d'Orsay, le centre Georges Pompidou et le musée Rodin*

Parisiens célèbres

▶ **Victor Hugo,** *écrivain° et activiste (1802–1885)*

▶ **Charles Baudelaire,** *poète (1821–1867)*

▶ **Auguste Rodin,** *sculpteur (1840–1917)*

▶ **Jean-Paul Sartre,** *philosophe (1905–1980)*

▶ **Simone de Beauvoir,** *écrivain (1908–1986)*

▶ **Édith Piaf,** *chanteuse (1915–1963)*

▶ **Emmanuelle Béart,** *actrice (1965–)*

l'Arc de Triomphe

Paris ☆
LA FRANCE

Basilique du Sacré-Cœur

Place du Tertre

Le Moulin Rouge

Parc Monceau

Arc de Triomphe

BOULEVARD HAUSSMANN

Opéra Garnier

BLVD. DES ITALIENS

AVENUE DES CHAMPS-ÉLYSÉES

La Madeleine

BLVD. DES CAPUCINES

RUE DE L'OPÉRA

BOULEVARD DE SÉBASTOPOL

Bois de Boulogne

Grand Palais

Jeu de Paume

Place de la Concorde

RUE DE RIVOLI

Les Halles

Jardins du Trocadéro

Seine

Jardin des Tuileries

Orangerie

Beaubourg/Centre Georges Pompidou-Centre National d'Art et de Culture

QUAI D'ORSAY

Assemblée Nationale

Musée du Louvre

RUE DE RIVOLI

Tour Eiffel

BLVD ST. GERMAIN

Musée d'Orsay

Conciergerie

Hôtel de Ville

Place des Vosges

Parc du Champ de Mars

Hôtel des Invalides

Île de la Cité

Opéra de Paris Bastille

École Militaire

BOULEVARD RASPAIL

BOULEVARD ST. GERMAIN

Cathédrale Notre-Dame

Île St.-Louis

Seine

Jardin du Luxembourg

BOULEVARD SAINT-MICHEL

Sorbonne

Panthéon

Tour Montparnasse

l'opéra Garnier

0 ———— 0.5 mile
0 ———— 0.5 kilomètre

une terrasse de café

Incroyable mais vrai!

Sous les rues° de Paris, il y a une autre ville: les catacombes. Ici reposent° les squelettes d'environ 6.000.000 (six millions) de personnes provenant° d'anciens cimetières de Paris et de ses environs. Plus de 500.000 (cinq cent mille) touristes par an visitent cette ville de repos° éternel.

si on compte *if one counts* **environs** *surrounding areas* **moins de** *less than* **de l'est à l'ouest** *from east to west* **à pied** *on foot* **arrondissements** *districts* **Chaque** *Each* **son propre maire** *its own mayor* **plus de** *more than* **écrivain** *writer* **rues** *streets* **reposent** *lie; rest* **provenant** *from* **repos** *rest*

Les monuments

La tour Eiffel

La tour Eiffel a été construite°
en 1889 (mille huit cent
quatre-vingt-neuf) pour
l'Exposition universelle,
à l'occasion du centenaire°
de la Révolution française.
Elle mesure 324 (trois cent
vingt-quatre) mètres de haut et
pèse° 10.100 (dix mille cent)
tonnes. La tour attire près de°
7.000.000 (sept millions) de
visiteurs par an°.

Les gens

Paris-Plages

Pour les Parisiens
qui ne voyagent pas
pendant l'été, la ville
de Paris a créé° Paris-
Plages pour apporter
la plage° aux Parisiens!
Inauguré en 2001
pour la première fois
sur les berges° de la Seine, puis prolongé sur le bassin de la
Villette en 2007, Paris-Plages consiste en plusieurs kilomètres de
sable et de pelouse°, plein° d'activités comme la natation° et le
volley. Ouvert en° juillet et en août, près de 4.000.000 (quatre
millions) de personnes visitent Paris-Plages chaque° année.

Les musées

Le musée du Louvre

Ancien° palais royal, le musée du
Louvre est aujourd'hui un des plus
grands musées du monde avec
sa vaste collection de peintures°,
de sculptures et d'antiquités
orientales, égyptiennes, grecques et
romaines. L'œuvre° la plus célèbre
de la collection est *La Joconde*°
de Léonard de Vinci. La pyramide
de verre°, créée par l'architecte
américain I.M. Pei, marque l'entrée°
principale du musée.

Les transports

Le métro

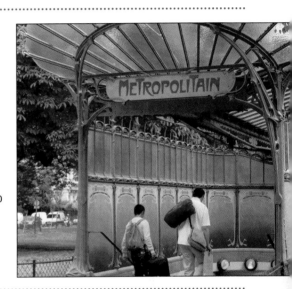

L'architecte Hector Guimard
a commencé à réaliser° des
entrées du métro de Paris en
1898 (mille huit cent quatre-
vingt-dix-huit). Ces entrées
sont construites dans le style
Art Nouveau: en forme de
plantes et de fleurs°. Le métro
est aujourd'hui un système
très efficace° qui permet
aux passagers de traverser°
Paris rapidement.

Qu'est-ce que vous avez appris? Complétez les phrases.

1. La ville de Paris est divisée en vingt _____.
2. Chaque arrondissement a ses propres _____ et
   _____.
3. Charles Baudelaire est le nom d'un _____ français.
4. Édith Piaf est une _____ française.
5. Plus de 500.000 personnes par an visitent _____
   sous les rues de Paris.

6. La tour Eiffel mesure _____ mètres de haut.
7. En 2001, la ville de Paris a créé _____ au bord
   (*banks*) de la Seine.
8. Le musée du Louvre est un ancien _____.
9. _____ est une création de I.M. Pei.
10. Certaines entrées du métro sont de style _____.

Sur Internet

1. Quels sont les monuments les plus importants à Paris? Qu'est-ce qu'on peut faire
   (*can do*) dans la ville?
2. Trouvez des informations sur un des musées de Paris.
3. Recherchez la vie (*Research the life*) d'un(e) Parisien(ne) célèbre.
4. Cherchez un plan du métro de Paris et trouvez comment aller du Louvre à la tour Eiffel.

construite *built* **centenaire** *100-year anniversary* **pèse** *weighs*
attire près de *attracts nearly* **par an** *per year* **a créé** *created*
apporter la plage *bring the beach* **berges** *banks* **de sable et de**
pelouse *of sand and grass* **plein** *full* **natation** *swimming*
Ouvert en *Open in* **chaque** *each* **Ancien** *Former* **peintures** *paintings*
L'œuvre *The work (of art)* **La Joconde** *The Mona Lisa* **verre** *glass*
entrée *entrance* **réaliser** *create* **fleurs** *flowers* **efficace** *efficient*
traverser *to cross*

Panorama

vhlcentral

L'Île-de-France

La région en chiffres

▶ **Superficie:** *12.012 km²*

▶ **Population:** *12.027.565*
SOURCE: INSEE

▶ **Industries principales:** *aéronautique, automobile, énergie nucléaire, santé°, services*

▶ **Villes principales:** *Paris, Meaux, Provins, Saint-Denis, Fontainebleau, Montreuil, Nanterre, Versailles, Argenteuil*

Franciliens célèbres

▶ **Jean Cocteau,** *poète, dramaturge° et cinéaste° (1889–1963)*

▶ **Dominique Voynet,** *femme politique° (1958–)*

▶ **Thierry Henry,** *footballeur (1977–)*

▶ **Jaques Prévert,** *poète, scénariste et artiste (1900–1977)*

▶ **Omar Sy,** *acteur (1978–)*

▶ **Vanessa Paradis,** *chanteuse et actrice (1972–)*

▶ **Les impressionnistes** *Plusieurs peintres impressionnistes du XIXᵉ siècle se sont inspirés des grands espaces° de l'Île-de-France. Quand Claude Monet a habité à Argenteuil pendant sept ans, il a réalisé° près de 250 peintures, comme «La Liseuse» (1872) et «Le pont d'Argenteuil» (1874). Auvers-sur-Oise aussi a été le sujet de plusieurs œuvres° impressionnistes, y compris° soixante-dix par Vincent Van Gogh. Aujourd'hui, on peut suivre° les quatre chemins de randonnée pédestre° aux Yvelienes qui sont dédiés aux impressionnistes pour voir° les sites où les artistes ont planté leur chevalet°.*

---

santé *health* **dramaturge** *playwright* **femme politique** *politician* **grands espaces** *natural spaces* **réalisé** *created* **œuvres** *works of art* **y compris** *including* **suivre** *follow* **chemins de randonnée pédestre** *walking paths* **voir** *see* **chevalet** *easel* **closerie** *enclosed property* **comprend** *includes* **abrite** *houses* **pont** *bridge* **jardin** *garden*

le pont° d'Argenteuil

LA FRANCE

Saint-Denis
Meaux
Nanterre
Marne-la-Vallée
Versailles
Paris
ÎLE-DE-FRANCE
Provins
Melun
Fontainebleau
Nemours

le jardin° de Versailles

un tombeau royal de la basilique Saint-Denis

Incroyable mais vrai!

La closerie° Falbala a été construite entre 1971 et 1973 par l'artiste Jean Dubuffet, qui voulait créer un «espace mental» pour son énorme œuvre d'art, *Cabinet logologique.* Située sur l'île Saint-Germain, la closerie comprend° une sorte de jardin avec, au centre, la villa Falbala qui abrite° sa création. C'est l'un des monuments historiques les plus jeunes de France.

L'histoire

Provins

La ville de Provins a joué un rôle commercial très important en Europe au Moyen Âge. C'est ici que neuf chemins° commerciaux se croisaient. Donc, Provins est devenu la ville avec les plus grandes foires°

de Champagne. Ces foires attiraient les marchands les plus important de l'Europe. Ces rassemblements, qui avaient lieu périodiquement et duraient° plusieurs semaines, permettaient les échanges internationaux. Aujourd'hui, la ville, classée au Patrimoine mondial par l'UNESCO, est toujours entourée° par des remparts° du Moyen Âge et la tradition des foires se perpétue avec des spectacles sur la thématique médiévale.

Les gens

André Le Nôtre

Né le 12 mars 1613, André Le Nôtre passe sa jeunesse à travailler avec son père, jardinier aux Tuileries. Ensuite, il suit des cours d'archictecture. Il devient jardinier du roi Louis XIV en 1637. Il amasse° une fortune énorme et gagne° une réputation internationale. Considéré «architecte paysagiste°,» Le Nôtre est connu pour ses «jardins de la française.» Ses œuvres les plus connus sont les jardins de Versailles, des Tuileries, et de Vaux-le-Vicomte. Ses créations précises et méticuleuses sont souvent caractérisées par des plantes en formes géométriques, ainsi que des éléments formelles et théâtrales.

Les sports

En forêt de Fontainebleau

Chaque année, des millions de visiteurs vont en forêt de Fontainebleau attirés par les plus de 1.600 kilomètres de routes et de chemins de randonnée forestiers, par le site naturel d'escalade° et par les parcours acrobatiques en hauteur, ou PAH. Souvent appelée accrobranche, l'activité consiste à explorer la forêt en hauteur sur des structures fixées entre les arbres ou entre des supports artificiels. L'escalade naturelle est une autre activité populaire. Les rochers° de faible hauteur permettent aux grimpeurs° de pratiquer un type d'escalade sans corde, appelé «le bloc.» Réserve de bioshpère, la forêt de Fontainebleau offre un paysage varié et des vues exceptionnelles à ceux qui y pratiquent une activité physique.

Les destinations

Disneyland Paris

Ouvert° en 1992 sous le nom *Euro Disney Resort*, le parc d'attractions aujourd'hui appelé Disneyland Paris se trouve° à trente-deux kilomètres à l'est de° Paris. Le complexe compte° deux parcs à thèmes (un royaume° enchanté et un parc sur les thèmes du cinéma et de l'animation) et une soixantaine d'attractions. Le symbôle le plus connu du complexe, le Château de la Belle au bois dormant°, possède une particularité remarquable: son architecture est dans le style des contes de fée°, tandis que° les châteaux des autres parcs Disney représentent un style historique. Disneyland Paris est le parc d'attractions le plus visité de l'Europe, avec plus de 320 millions de visites depuis son ouverture°.

Qu'est-ce que vous avez appris? Complétez les phrases.

1. _____ était le créateur de la closerie Falbala.
2. L'artiste a construit la villa Falbala parce qu'il voulait créer un _____ pour son œuvre.
3. _____ était le nom original de Disneyland Paris.
4. À Disneyland Paris, l'architecture du château est dans le style des _____.
5. Au Moyen Âge, neuf chemins principaux ont croisé à _____.
6. Les plus grandes _____ ont eu lieu à Provins.
7. Le jardinier principal du roi Louis XIV s'appelait _____.
8. Les plantes dans les jardins de Le Nôtre sont souvent en formes _____.
9. L'acronyme PAH signifie _____.
10. Le site d'escalade de la forêt de Fontainebleau est connu pour ses _____.

Sur Internet

1. Trouvez quelques images des jardins de Le Nôtre. De quelle manière sont-ils similaires? Lequel est le plus visité?
2. Quelles autres particularités trouve-t-on à Disneyland Paris?
3. Trouvez un parc dans l'île-de-France où vous pouvez faire de l'accrobranche. Quels autres activités sont offertes?

chemins *routes* **foires** *fairs* **duraient** *lasted* **entourée** *surrounded* **remparts** *walls* **jardinier** *gardener* **suivi** *took* **illustre** *famed* **gagné** *earned* **architecte paysagiste** *landscape architect* **d'escalade** *rock climbing* **rochers** *boulders* **grimpeurs** *climbers* **Ouvert** *Opened* **se trouve** *is located* **à l'est de** *east of* **compte** *includes* **royaume** *kingdom* **Belle au bois dormant** *Sleeping Beauty* **contes de fée** *fairytales* **tandis que** *while* **ouverture** *opening*

Lecture vhlcentral

Avant la lecture

STRATÉGIE

Guessing meaning from context

As you read in French, you will often see words you have not learned. You can guess what they mean by looking at surrounding words. Read this note and guess what **un deux-pièces** means.

Johanne,

Je cherchais un studio, mais j'ai trouvé un appartement plus grand: un deux-pièces près de mon travail! Le salon est grand et la chambre a deux placards. La cuisine a un frigo et une cuisinière, et la salle de bains a une baignoire. Et le loyer? Seulement 450 euros par mois!

If you guessed *a two-room apartment*, you are correct. You can conclude that someone is describing an apartment he or she will rent.

Examinez le texte

Regardez le texte et décrivez les photos. Quel va être le sujet de la lecture? Puis, trouvez ces mots et expressions dans le texte. Essayez de deviner leur sens (*to guess their meaning*).

ont été rajoutées	autour du	de haut
de nombreux bassins	légumes	roi

Expérience personnelle

Avez-vous visité une résidence célèbre ou historique? Où? Quand? Comment était-ce? Un personnage historique a-t-il habité là? Qui? Parlez de cette visite à un(e) camarade.

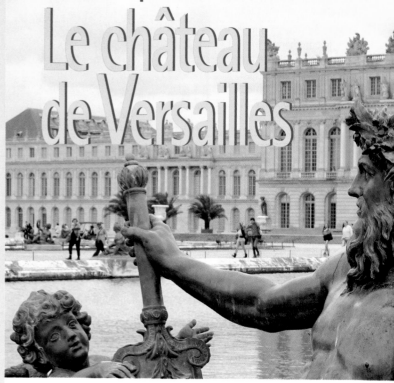

À visiter près de Paris:
Le château de Versailles

La construction du célèbre° château de Versailles a commencé en 1623 sous le roi Louis XIII. Au départ, c'était un petit château où le roi logeait° quand il allait à la chasse°. Plus tard, en 1678, Louis XIV, aussi appelé le Roi-Soleil, a décidé de faire de Versailles sa résidence principale. Il a demandé à son architecte, Louis Le Vau, d'agrandir° le château, et à son premier peintre°, Charles Le Brun, de le décorer. Le Vau a fait construire, entre autres°, le Grand Appartement du Roi. La décoration de cet appartement de sept pièces était à la gloire du Roi-Soleil. La pièce la plus célèbre du château de Versailles est la galerie des Glaces°. C'est une immense pièce de 73 mètres de long, 10,50 mètres de large et 12,30 mètres de haut°. D'un côté, 17 fenêtres donnent° sur les jardins, et de l'autre côté, il y a 17 arcades embellies de miroirs immenses. Au nord° de la galerie des Glaces, on trouve le salon de la Guerre°, et, au sud°, le salon de la Paix°. Quand on visite le château de Versailles, on peut également° voir de nombreuses autres pièces, ajoutées à différentes périodes, comme la chambre de la Reine°,

À l'intérieur du palais

plusieurs cuisines et salles à
manger d'hiver et d'été, des
bibliothèques, divers salons et
cabinets, et plus de 18.000 m²°
de galeries qui racontent°

Le château de Versailles et une fontaine

l'histoire de France en images. L'opéra, une grande salle
où plus de° 700 personnes assistaient souvent à divers
spectacles et bals, a aussi été ajouté plus tard. C'est dans
cette salle que le futur roi Louis XVI et Marie-Antoinette
ont été mariés. Partout° dans le château, on peut admirer
une collection unique de meubles (lits, tables, fauteuils
et chaises, bureaux, etc.) et de magnifiques tissus° (tapis,
rideaux et tapisseries°). Le château de Versailles a aussi
une chapelle et d'autres bâtiments, comme le Grand et
le Petit Trianon. Autour du château, il y a des serres°
et de magnifiques jardins avec de nombreux bassins°,
fontaines et statues. Dans l'Orangerie, on trouve plus
de 1.000 arbres°, et de nombreux fruits et légumes sont
toujours cultivés dans le Potager° du Roi. L'Arboretum
de Chèvreloup était le terrain de chasse des rois et on y°
trouve aujourd'hui des arbres du monde entier°.

célèbre *famous* **logeait** *stayed* **chasse** *hunting* **agrandir** *enlarge* **peintre** *painter* **entre autres**
among other things **Glaces** *Mirrors* **haut** *high* **donnent** *open* **nord** *north* **Guerre** *War* **sud**
south **Paix** *Peace* **également** *also* **Reine** *Queen* **m²** **(mètres carrés)** *square meters* **racontent**
tell **plus de** *more than* **Partout** *Everywhere* **tissus** *fabrics* **tapisseries** *tapestries* **serres**
greenhouses **bassins** *ponds* **arbres** *trees* **Potager** *vegetable garden* **y** *there* **entier** *entire*

Après la lecture

Vrai ou faux? Indiquez si les phrases sont **vraies** ou
fausses. Corrigez les phrases fausses.

1. Louis XIII habitait à Versailles toute l'année.

2. Louis Le Vau est appelé le Roi-Soleil.

3. La galerie des Glaces est une grande pièce avec beaucoup
de miroirs et de fenêtres.

4. Il y a deux salons près de la galerie des Glaces.

5. Aujourd'hui, au château de Versailles, il n'y a pas de meubles.

6. Le château de Versailles n'a pas de jardins parce qu'il a
été construit en ville.

Répondez Répondez aux questions par des
phrases complètes.

1. Comment était Versailles sous Louis XIII? Quand logeait-il là?

2. Qu'est-ce que Louis XIV a fait du château?

3. Qu'est-ce que Louis Le Vau a fait à Versailles?

4. Dans quelle salle Louis XVI et Marie-Antoinette ont-ils
été mariés? Comment est cette salle?

5. Louis XVI est-il devenu roi avant ou après son mariage?

6. Le château de Versailles est-il composé d'un seul
bâtiment? Expliquez.

Les personnages célèbres de Versailles
Par groupes de trois ou quatre, choisissez une des personnes
mentionnées dans la lecture et faites des recherches (*research*)
à son sujet. Préparez un rapport écrit (*written report*) à présenter
à la classe. Vous pouvez (*may*) utiliser les ressources de votre
bibliothèque ou Internet.

Écriture

Mastering the past tenses

In French, when you write about events that occurred in the past, you need to know when to use the **passé composé** and when to use the **imparfait**. A good understanding of the uses of each tense will make it much easier to determine which one to use as you write.

Look at the following summary of the uses of the **passé composé** and the **imparfait**. Write your own example sentence for each of the rules described.

Passé composé vs. imparfait

Passé composé

1. Actions viewed as completed

_____

2. Beginning or end of past actions

_____

3. Change in mental, emotional or physical state

_____

Imparfait

1. Ongoing past actions

_____

2. Habitual past actions

_____

3. Mental, physical, and emotional states and characteristics of the past

_____

With a partner, compare your example sentences. Use the sentences as a guide to help you decide which tense to use as you are writing a story about something that happened in the past.

Thème

Écrire une histoire

Avant l'écriture

1. Quand vous étiez petit(e), vous habitiez dans la maison ou l'appartement de vos rêves (*of your dreams*).

  - Vous allez décrire cette maison ou cet appartement.

  - Vous allez décrire les différentes pièces, les meubles et les objets décoratifs.

  - Vous allez parler de votre pièce préférée et de ce que (*what*) vous aimiez faire dans cette pièce.

Ensuite, imaginez qu'il y ait eu (*was*) un cambriolage (*burglary*) dans cette maison ou dans cet appartement. Vous allez alors décrire ce qui est arrivé (*what happened*).

Coup de main

Here are some terms that you may find useful in your narration.

le voleur	*thief*
casser	*to break*
j'ai vu	*I saw*
manquer	*to be missing*

2. Utilisez le diagramme pour noter les éléments de votre histoire. Écrivez les éléments où il faut employer l'imparfait dans la partie IMPARFAIT et les éléments où il faut employer le passé composé dans les parties PASSÉ COMPOSÉ.

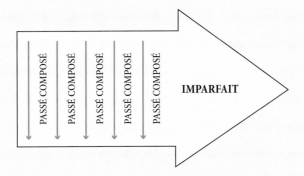

3. Échangez votre diagramme avec le diagramme d'un(e) partenaire. Est-ce qu'il faut changer quelque chose sur son diagramme? Si oui, expliquez pourquoi.

Écriture

Utilisez le diagramme pour écrire votre histoire. Écrivez trois paragraphes:

- le premier sur la présentation générale de la maison ou de l'appartement

- le deuxième sur votre pièce préférée et pourquoi vous l'avez choisie

- le troisième sur le cambriolage: les faits (*facts*) et vos réactions.

Quand j'étais petit(e), j'habitais dans un château, en France. Le château était dans une petite ville près de Paris. Il y avait un grand jardin, avec beaucoup d'animaux. Il y avait douze pièces...

Ma pièce préférée était la cuisine parce que j'aimais faire la cuisine et...

Un jour, mes parents et moi, nous sommes rentrés de vacances...

Après l'écriture

1. Échangez votre histoire avec celle (*the one*) d'un(e) partenaire. Répondez à ces questions pour commenter son travail.

- Votre partenaire a-t-il/elle correctement utilisé l'imparfait et le passé composé?

- A-t-il/elle écrit trois paragraphes qui correspondent aux descriptions de sa maison ou de son appartement, de sa pièce préférée et du cambriolage?

- Quel(s) détail(s) ajouteriez-vous (*would you add*)? Quel(s) détail(s) enlèveriez-vous (*would you delete*)? Quel(s) autre(s) commentaire(s) avez-vous pour votre partenaire?

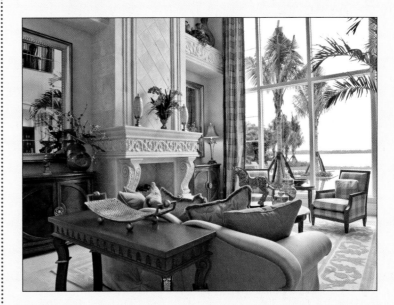

2. Corrigez votre histoire d'après (*according to*) les commentaires de votre partenaire. Relisez votre travail pour éliminer ces problèmes:

- des fautes (*errors*) d'orthographe

- des fautes de ponctuation

- des fautes de conjugaison

- des fautes d'accord (*agreement*) des adjectifs

- un mauvais emploi (*use*) de la grammaire

Leçon 8A

Les parties d'une maison

un balcon	balcony
une cave	basement, cellar
une chambre	bedroom
un couloir	hallway
une cuisine	kitchen
un escalier	staircase
un garage	garage
un jardin	garden; yard
un mur	wall
une pièce	room
une salle à manger	dining room
une salle de bains	bathroom
une salle de séjour	living/family room
un salon	formal living/sitting room
un sous-sol	basement
les toilettes/W.-C.	restrooms/toilet

Chez soi

un(e) propriétaire	owner
un appartement	apartment
un immeuble	building
un logement	housing
un loyer	rent
un quartier	area, neighborhood
un studio	studio (apartment)
une affiche	poster
une armoire	armoire, wardrobe
une baignoire	bathtub
un canapé	couch
une commode	dresser, chest of drawers
une douche	shower
une étagère	shelf
un fauteuil	armchair
une fleur	flower
une lampe	lamp
un lavabo	bathroom sink
un meuble	piece of furniture
un miroir	mirror
un placard	closet, cupboard
un rideau	drape, curtain
un tapis	rug
un tiroir	drawer
déménager	to move out
emménager	to move in
louer	to rent

Expressions utiles

See p. 159.

Expressions that signal a past tense

d'habitude	usually
une (deux, etc.) fois	once (twice, etc.)
un jour	one day
parfois	sometimes
soudain	suddenly
souvent	often
toujours	always
tous les jours	everyday
tout à coup/tout d'un coup	all of a sudden

Verbes

vivre	to live

Leçon 8B

Les tâches ménagères

une tâche ménagère	household chore
balayer	to sweep
débarrasser la table	to clear the table
enlever/faire la poussière	to dust
essuyer la vaisselle/la table	to dry the dishes/to wipe the table
faire la lessive	to do the laundry
faire le lit	to make the bed
faire le ménage	to do the housework
faire la vaisselle	to do the dishes
laver	to wash
mettre la table	to set the table
passer l'aspirateur	to vacuum
ranger	to tidy up; to put away
repasser (le linge)	to iron (the laundry)
salir	to soil, to make dirty
sortir la/les poubelle(s)	to take out the trash
propre	clean
sale	dirty

Chez soi

un balai	broom
une couverture	blanket
les draps (m.)	sheets
un évier	kitchen sink
un oreiller	pillow

Les appareils ménagers

un appareil électrique/ménager	electrical/household appliance
une cafetière	coffeemaker
un congélateur	freezer
une cuisinière	stove
un fer à repasser	iron
un four (à micro-ondes)	(microwave) oven
un frigo	refrigerator
un grille-pain	toaster
un lave-linge	washing machine
un lave-vaisselle	dishwasher
un sèche-linge	clothes dryer

Expressions utiles

See p. 177.

Locutions de temps

autrefois	in the past

Verbes

connaître	to know, to be familiar with
reconnaître	to recognize
savoir	to know (facts), to know how to do something

Appendices

The *impératif*

Point de départ The **impératif** is the form of a verb that is used to give commands or to offer directions, hints, and suggestions. With command forms, you do not use subject pronouns.

- Form the **tu** command of **-er** verbs by dropping the **-s** from the present tense form. Note that **aller** also follows this pattern.

Réserve deux chambres.	**Ne travaille pas.**	**Va** au marché.
Reserve two rooms.	*Don't work.*	*Go to the market.*

- The **nous** and **vous** command forms of **-er** verbs are the same as the present tense forms.

Nettoyez votre chambre.	**Mangeons** au restaurant ce soir.
Clean your room.	*Let's eat at the restaurant tonight.*

- For **-ir** verbs, **-re** verbs, and most irregular verbs, the command forms are identical to the present tense forms.

Finis la salade.	**Attendez** dix minutes.	**Faisons** du yoga.
Finish the salad.	*Wait ten minutes.*	*Let's do some yoga.*

The *impératif* of *avoir* and *être*		
	avoir	**être**
(tu)	aie	sois
(nous)	ayons	soyons
(vous)	ayez	soyez

- The forms of **avoir** and **être** in the **impératif** are irregular.

Aie confiance.	Ne **soyons** pas en retard.
Have confidence.	*Let's not be late.*

- An object pronoun can be added to the end of an affirmative command. Use a hyphen to separate them. Use **moi** and **toi** for the first- and second-person object pronouns.

Permettez-moi de vous aider.	Achète le dictionnaire et **utilise-le**.
Allow me to help you.	*Buy the dictionary and use it.*

- In negative commands, place object pronouns between **ne** and the verb. Use **me** and **te** for the first- and second-person object pronouns.

Ne **me montre** pas les réponses, s'il te plaît.	Cette photo est fragile. Ne **la touchez** pas.
Please don't show me the answers.	*That picture is fragile. Don't touch it.*

Glossary of Grammatical Terms

ADJECTIVE A word that modifies, or describes, a noun or pronoun.

des livres **amusants**	une **jolie** fleur
*some **funny** books*	*a **pretty** flower*

Demonstrative adjective An adjective that specifies which noun a speaker is referring to.

cette chemise	**ce** placard
this shirt	*this closet*
cet hôtel	**ces** boîtes
this hotel	*these boxes.*

Possessive adjective An adjective that indicates ownership or possession.

ma belle montre	C'est **son** cousin.
my beautiful watch	*This is **his/her** cousin.*
tes crayons	Ce sont **leurs** tantes.
your pencils	*Those are **their** aunts.*

ADVERB A word that modifies, or describes, a verb, adjective, or other adverb.

Michael parle **couramment** français.
*Michael speaks French **fluently**.*

Elle lui parle **très** franchement.
*She speaks to him **very** honestly.*

ARTICLE A word that points out a noun in either a specific or a non-specific way.

Definite article An article that points out a noun in a specific way.

le marché	**la** valise
the market	*the suitcase*
les dictionnaires	**les** mots
the dictionaries	*the words*

Indefinite article An article that points out a noun in a general, non-specific way.

un vélo	**une** fille
a bike	*a girl*
des oiseaux	**des** affiches
some birds	*some posters*

CLAUSE A group of words that contains both a conjugated verb and a subject, either expressed or implied.

Main (or Independent) clause A clause that can stand alone as a complete sentence.

J'ai un manteau vert.
I have a green coat.

Glossary of Grammatical Terms

Subordinate (or Dependent) clause A clause that does not express a complete thought and therefore cannot stand alone as a sentence.

Je travaille dans un restaurant **parce que j'ai besoin d'argent**.
*I work in a restaurant **because I need money**.*

COMPARATIVE A construction used with an adjective or adverb to express a comparison between two people, places, or things.

Thomas est **plus petit** qu'Adrien.
*Thomas is **shorter than** Adrien.*

En Corse, il pleut **moins souvent qu'**en Alsace.
*In Corsica, it rains **less often than** in Alsace.*

Cette maison n'a pas **autant de fenêtres** que l'autre.
*This house does not have **as many windows as** the other one.*

CONJUGATION A set of the forms of a verb for a specific tense or mood, or the process by which these verb forms are presented.

Imparfait conjugation of **chanter**:

je chant**ais**	nous chant**ions**
tu chant**ais**	vous chant**iez**
il/elle chant**ait**	ils/elles chant**aient**

CONJUNCTION A word used to connect words, clauses, or phrases.

Suzanne **et** Pierre habitent en Suisse.
*Suzanne **and** Pierre live in Switzerland.*

Je ne dessine pas très bien, **mais** j'aime les cours de dessin.
*I don't draw very well, **but** I like art classes.*

CONTRACTION The joining of two words into one. In French, the contractions are **au**, **aux**, **du**, and **des**.

Ma sœur est allée **au** concert hier soir.
*My sister went **to a** concert last night.*

Il a parlé **aux** voisins cet après-midi.
*He talked **to the** neighbors this afternoon.*

Je retire de l'argent **du** distributeur automatique.
*I withdraw money **from the** ATM machine.*

Nous avons campé près **du** village.
*We camped **near the** village.*

DIRECT OBJECT A noun or pronoun that directly receives the action of the verb.

Thomas lit **un livre**.   Je **l'**ai vu hier.
*Thomas reads **a book**.   I saw **him** yesterday.*

GENDER The grammatical categorizing of certain kinds of words, such as nouns and pronouns, as masculine, feminine, or neuter.

Masculine
articles **le, un**
pronouns **il, lui, le, celui-ci, celui-là, lequel**
adjective **élégant**

Feminine
articles **la, une**
pronouns **elle, la, celle-ci, celle-là, laquelle**
adjective **élégante**

IMPERSONAL EXPRESSION A third-person expression with no expressed or specific subject.

Il pleut.   **C'est** très important.
It's raining.   *It's very important.*

INDIRECT OBJECT A noun or pronoun that receives the action of the verb indirectly; the object, often a living being, to or for whom an action is performed.

Éric donne un livre **à Linda**.
*Éric gave a book **to Linda**.*

Le professeur **m'**a donné une bonne note.
*The teacher gave **me** a good mark.*

INFINITIVE The basic form of a verb. Infinitives in French end in **-er**, **-ir**, **-oir**, or **-re**.

parler	finir	savoir	prendre
to speak	*to finish*	*to know*	*to take*

INTERROGATIVE An adjective or pronoun used to ask a question.

Qui parle?
***Who** is speaking?*

Combien de biscuits as-tu achetés?
***How many** cookies did you buy?*

Que penses-tu faire aujourd'hui?
***What** do you plan to do today?*

INVERSION Changing the word order of a sentence, often to form a question.

Statement: Elle a vendu sa voiture.

Inversion: A-t-elle vendu sa voiture?

MOOD A grammatical distinction of verbs that indicates whether the verb is intended to make a statement or command or to express a doubt, emotion, or condition contrary to fact.

Glossary of Grammatical Terms

Conditional mood Verb forms used to express what would be done or what would happen under certain circumstances, or to make a polite request, soften a demand, express what someone could or should do, or to state a contrary-to-fact situation.

Il irait se promener s'il avait le temps.
He would go for a walk if he had the time.

Pourrais-tu éteindre la lumière, s'il te plaît?
Would you turn off the light, please?

Je devrais lui parler gentiment.
I should talk to her nicely.

Imperative mood Verb forms used to make commands or suggestions.

Parle lentement.   **Venez** avec moi.
Speak slowly.   *Come with me.*

Indicative mood Verb forms used to state facts, actions, and states considered to be real.

Je sais qu'**il a** un chat.
I know that he has a cat.

Subjunctive mood Verb forms used principally in subordinate (dependent) clauses to express wishes, desires, emotions, doubts, and certain conditions, such as contrary-to-fact situations.

Il est important que **tu finisses** tes devoirs.
*It's important that **you finish** your homework.*

Je doute que **Louis ait** assez d'argent.
*I doubt that **Louis has** enough money.*

NOUN A word that identifies people, animals, places, things, and ideas.

homme	chat	Belgique
man	*cat*	*Belgium*
maison	livre	amitié
house	*book*	*friendship*

NUMBER A grammatical term that refers to singular or plural. Nouns in French and English have number. Other parts of a sentence, such as adjectives, articles, and verbs, can also have number.

Singular	Plural
une chose	**des** choses
a thing	*some things*
le professeur	**les** professeurs
the professor	*the professors*

NUMBERS Words that represent amounts.

Cardinal numbers Words that show specific amounts.

cinq minutes   l'année **deux mille six**
five minutes   *the year 2006*

Ordinal numbers Words that indicate the order of a noun in a series.

le **quatrième** joueur   la **dixième** fois
the fourth player   *the tenth time*

PAST PARTICIPLE A past form of the verb used in compound tenses. The past participle may also be used as an adjective, but it must then agree in number and gender with the word it modifies.

Ils ont beaucoup **marché**.
They have walked a lot.

Je n'ai pas **préparé** mon examen.
I haven't prepared for my exam.

Il y a une fenêtre **ouverte** dans le salon.
There is an open window in the living room.

PERSON The form of the verb or pronoun that indicates the speaker, the one spoken to, or the one spoken about. In French, as in English, there are three persons: first, second, and third.

Person	Singular		Plural	
1st	**je**	*I*	**nous**	*we*
2nd	**tu**	*you*	**vous**	*you*
3rd	**il/elle**	*he/she/it*	**ils/elles**	*they*
	on	*one*		

PREPOSITION A word or words that describe(s) the relationship, most often in time or space, between two other words.

Annie habite **loin de** Paris.
Annie lives far from Paris.

Le blouson est **dans** la voiture.
The jacket is in the car.

Martine s'est coiffée **avant de** sortir.
Martine combed her hair before going out.

PRONOUN A word that takes the place of a noun or nouns.

Demonstrative pronoun A pronoun that takes the place of a specific noun.

Je veux **celui-ci**.
I want this one.

*Marc préférait **ceux-là**.*
Marc preferred those.

Object pronoun A pronoun that functions as a direct or indirect object of the verb.

Elle **lui** donne un cadeau.   Frédéric **me l'**a apporté.
*She gives **him** a present.*   *Frédéric brought **it** to **me**.*

Reflexive pronoun A pronoun that indicates that the action of a verb is performed by the subject on itself. These pronouns are often expressed in English with -*self*: *myself, yourself,* etc.

Je **me lave** avant de sortir.
*I **wash (myself)** before going out.*

Marie **s'est couchée** à onze heures et demie.
*Marie **went to bed** at eleven-thirty.*

Relative pronoun A pronoun that connects a subordinate clause to a main clause.

Le garçon **qui** nous a écrit vient nous voir demain.
*The boy **who** wrote us is coming to visit tomorrow.*

Je sais **que** nous avons beaucoup de choses à faire.
*I know **that** we have a lot of things to do.*

Subject pronoun A pronoun that replaces the name or title of a person or thing, and acts as the subject of a verb.

Tu vas partir.   **Il** arrive demain.
***You** are going to leave.*   ***He** arrives tomorrow.*

SUBJECT A noun or pronoun that performs the action of a verb and is often implied by the verb.

Marine va au supermarché.
***Marine** goes to the supermarket.*

Ils travaillent beaucoup.
***They** work a lot.*

Ces livres sont très chers.
***Those books** are very expensive.*

SUPERLATIVE A word or construction used with an adjective, adverb or a noun to express the highest or lowest degree of a specific quality among three or more people, places, or things.

Le cours de français est **le plus intéressant.**
*The French class is **the most interesting.***

Romain court **le moins rapidement.**
*Romain runs **the least fast.***

C'est son jardin qui a **le plus d'arbres.**
*It is her garden that has **the most trees.***

TENSE A set of verb forms that indicates the time of an action or state: past, present, or future

Compound tense A two-word tense made up of an auxiliary verb and a present or past participle. In French, there are two auxiliary verbs: **être** and **avoir.**

Le colis n'**est** pas encore **arrivé.**
*The package **has** not **arrived** yet.*

Elle **a réussi** son examen.
*She **has passed** her exam.*

Simple tense A tense expressed by a single verb form.

Timothée **jouait** au volley-ball pendant les vacances.
*Timothée **played** volleyball during his vacation.*

Joëlle **parlera** à sa mère demain.
*Joëlle **will speak** with her mom tomorrow.*

VERB A word that expresses actions or states-of-being.

Auxiliary verb A verb used with a present or past participle to form a compound tense. **Avoir** is the most commonly used auxiliary verb in French.

Ils **ont** vu les éléphants.
*They **have** seen the elephants.*

J'espère que tu **as** mangé.
*I hope you **have** eaten.*

Reflexive verb A verb that describes an action performed by the subject on itself and is always used with a reflexive pronoun.

Je **me suis acheté** une voiture neuve.
*I **bought myself** a new car.*

Pierre et Adeline **se lèvent** très tôt.
*Pierre and Adeline **get (themselves) up** very early.*

Spelling-change verb A verb that undergoes a predictable change in spelling in the various conjugations.

acheter	e → è	nous achetons	j'achète
espérer	é → è	nous espérons	j'espère
appeler	l → ll	nous appelons	j'appelle
envoyer	y → i	nous envoyons	j'envoie
essayer	y → i	nous essayons	j'essaie/ j'essaye

Verb Conjugation Tables

Each verb in this list is followed by a model verb conjugated according to the same pattern. The number in parentheses indicates where in the verb tables you can find the conjugated forms of the model verb. Reminder: All reflexive (pronominal) verbs use **être** as their auxiliary verb in the **passé composé**. The infinitives of reflexive verbs begin with **se (s')**.

* = This verb, unlike its model, takes **être** in the **passé composé**.
† = This verb, unlike its model, takes **avoir** in the **passé composé**.
In the tables you will find the infinitive, past participles, and all the forms of each model verb you have learned.

abolir like finir (2)
aborder like parler (1)
abriter like parler (1)
accepter like parler (1)
accompagner like parler (1)
accueillir like ouvrir (31)
acheter (7)
adorer like parler (1)
afficher like parler (1)
aider like parler (1)
aimer like parler (1)
aller (13) **p.c.** with **être**
allumer like parler (1)
améliorer like parler (1)
amener like acheter (7)
animer like parler (1)
apercevoir like recevoir (36)
appeler (8)
applaudir like finir (2)
apporter like parler (1)
apprendre like prendre (35)
arrêter like parler (1)
arriver* like parler (1)
assister like parler (1)
attacher like parler (1)
attendre like vendre (3)
attirer like parler (1)
avoir (4)
balayer like essayer (10)
bavarder like parler (1)
boire (15)
bricoler like parler (1)
bronzer like parler (1)
célébrer like préférer (12)
chanter like parler (1)
chasser like parler (1)

chercher like parler (1)
choisir like finir (2)
classer like parler (1)
commander like parler (1)
commencer (9)
composer like parler (1)
comprendre like prendre (35)
compter like parler (1)
conduire (16)
connaître (17)
consacrer like parler (1)
considérer like préférer (12)
construire like conduire (16)
continuer like parler (1)
courir (18)
coûter like parler (1)
couvrir like ouvrir (31)
croire (19)
cuisiner like parler (1)
danser like parler (1)
débarrasser like parler (1)
décider like parler (1)
découvrir like ouvrir (31)
décrire like écrire (22)
décrocher like parler (1)
déjeuner like parler (1)
demander like parler (1)
démarrer like parler (1)
déménager like manger (11)
démissionner like parler (1)
dépasser like parler (1)
dépendre like vendre (3)
dépenser like parler (1)
déposer like parler (1)
descendre* like vendre (3)
désirer like parler (1)

dessiner like parler (1)
détester like parler (1)
détruire like conduire (16)
développer like parler (1)
devenir like venir (41)
devoir (20)
dîner like parler (1)
dire (21)
diriger like parler (1)
discuter like parler (1)
divorcer like commencer (9)
donner like parler (1)
dormir† like partir (32)
douter like parler (1)
durer like parler (1)
échapper like parler (1)
échouer like parler (1)
écouter like parler (1)
écrire (22)
effacer like commencer (9)
embaucher like parler (1)
emménager like manger (11)
emmener like acheter (7)
employer like essayer (10)
emprunter like parler (1)
enfermer like parler (1)
enlever like acheter (7)
enregistrer like parler (1)
enseigner like parler (1)
entendre like vendre (3)
entourer like parler (1)
entrer* like parler (1)
entretenir like tenir (40)
envahir like finir (2)
envoyer like essayer (10)
épouser like parler (1)

espérer like préférer (12)
essayer (10)
essuyer like essayer (10)
éteindre (24)
éternuer like parler (1)
étrangler like parler (1)
être (5)
étudier like parler (1)
éviter like parler (1)
exiger like manger (11)
expliquer like parler (1)
explorer like parler (1)
faire (25)
falloir (26)
fermer like parler (1)
fêter like parler (1)
finir (2)
fonctionner like parler (1)
fonder like parler (1)
freiner like parler (1)
fréquenter like parler (1)
fumer like parler (1)
gagner like parler (1)
garder like parler (1)
garer like parler (1)
gaspiller like parler (1)
enfler like parler (1)
goûter like parler (1)
graver like parler (1)
grossir like finir (2)
guérir like finir (2)
habiter like parler (1)
imprimer like parler (1)
indiquer like parler (1)
interdire like dire (21)
inviter like parler (1)

Verb Conjugation Tables

jeter like appeler (8)

jouer like parler (1)

laisser like parler (1)

laver like parler (1)

lire (27)

loger like manger (11)

louer like parler (1)

lutter like parler (1)

maigrir like finir (2)

maintenir like tenir (40)

manger (11)

marcher like parler (1)

mêler like préférer (12)

mener like parler (1)

mettre (28)

monter* like parler (1)

montrer like parler (1)

mourir (29); **p.c.** with **être**

nager like manger (11)

naître (30); **p.c.** with **être**

nettoyer like essayer (10)

noter like parler (1)

obtenir like tenir (40)

offrir like ouvrir (31)

organiser like parler (1)

oublier like parler (1)

ouvrir (31)

parler (1)

partager like manger (11)

partir (32); **p.c.** with **être**

passer like parler (1)

patienter like parler (1)

patiner like parler (1)

payer like essayer (10)

penser like parler (1)

perdre like vendre (3)

permettre like mettre (28)

pleuvoir (33)

plonger like manger (11)

polluer like parler (1)

porter like parler (1)

poser like parler (1)

posséder like préférer (12)

poster like parler (1)

pouvoir (34)

pratiquer like parler (1)

préférer (12)

prélever like parler (1)

prendre (35)

préparer like parler (1)

présenter like parler (1)

préserver like parler (1)

prêter like parler (1)

prévenir like tenir (40)

produire like conduire (16)

profiter like parler (1)

promettre like mettre (28)

proposer like parler (1)

protéger like préférer (12)

provenir like venir (41)

publier like parler (1)

quitter like parler (1)

raccrocher like parler (1)

ranger like manger (11)

réaliser like parler (1)

recevoir (36)

recommander like parler (1)

reconnaître like connaître (17)

recycler like parler (1)

réduire like conduire (16)

réfléchir like finir (2)

regarder like parler (1)

régner like préférer (12)

remplacer like parler (1)

remplir like finir (2)

rencontrer like parler (1)

rendre like vendre (3)

rentrer* like parler (1)

renvoyer like essayer (10)

réparer like parler (1)

repasser like parler (1)

répéter like préférer (12)

repeupler like parler (1)

répondre like vendre (3)

réserver like parler (1)

rester* like parler (1)

retenir like tenir (40)

retirer like parler (1)

retourner* like parler (1)

retrouver like parler (1)

réussir like finir (2)

revenir like venir (41)

revoir like voir (42)

rire (37)

rouler like parler (1)

salir like finir (2)

s'amuser like se laver (6)

s'asseoir (14)

sauvegarder like parler (1)

sauver like parler (1)

savoir (38)

se brosser like se laver (6)

se coiffer like se laver (6)

se composer like se laver (6)

se connecter like se laver (6)

se coucher like se laver (6)

se croiser like se laver (6)

se dépêcher like se laver (6)

se déplacer* like commencer (9)

se déshabiller like se laver (6)

se détendre* like vendre (3)

se disputer like se laver (6)

s'embrasser like se laver (6)

s'endormir like partir (32)

s'énerver like se laver (6)

s'ennuyer* like essayer (10)

s'excuser like se laver (6)

se fouler like se laver (6)

s'installer like se laver (6)

se laver (6)

se lever* like acheter (7)

se maquiller like se laver (6)

se marier like se laver (6)

se promener* like acheter (7)

se rappeler* like appeler (8)

se raser like se laver (6)

se rebeller like se laver (6)

se réconcilier like se laver (6)

se relever* like acheter (7)

se reposer like se laver (6)

se réveiller like se laver (6)

servir[†] like partir (32)

se sécher* like préférer (12)

se souvenir like venir (41)

se tromper like se laver (6)

s'habiller like se laver (6)

sentir[†] like partir (32)

signer like parler (1)

s'inquiéter* like préférer (12)

s'intéresser like se laver (6)

skier like parler (1)

s'occuper like se laver (6)

sonner like parler (1)

s'orienter like se laver (6)

sortir like partir (32)

sourire like rire (37)

souffrir like ouvrir (31)

souhaiter like parler (1)

subvenir[†] like venir (41)

suffire like lire (27)

suggérer like préférer (12)

suivre (39)

surfer like parler (1)

surprendre like prendre (35)

télécharger like parler (1)

téléphoner like parler (1)

tenir (40)

tomber* like parler (1)

tourner like parler (1)

tousser like parler (1)

traduire like conduire (16)

travailler like parler (1)

traverser like parler (1)

trouver like parler (1)

tuer like parler (1)

utiliser like parler (1)

valoir like falloir (26)

vendre (3)

venir (41); **p.c.** with **être**

vérifier like parler (1)

visiter like parler (1)

vivre like suivre (39)

voir (42)

vouloir (43)

voyager like manger (11)

Verb Conjugation Tables

Regular verbs

Infinitive Past participle		INDICATIVE				CONDITIONAL	SUBJUNCTIVE	IMPERATIVE
	Subject Pronouns	Present	Passé composé	Imperfect	Future	Present	Present	
1 parler *(to speak)* parlé	je (j')	parle	ai parlé	parlais	parlerai	parlerais	parle	
	tu	parles	as parlé	parlais	parleras	parlerais	parles	parle
	il/elle/on	parle	a parlé	parlait	parlera	parlerait	parle	
	nous	parlons	avons parlé	parlions	parlerons	parlerions	parlions	parlons
	vous	parlez	avez parlé	parliez	parlerez	parleriez	parliez	parlez
	ils/elles	parlent	ont parlé	parlaient	parleront	parleraient	parlent	
2 finir *(to finish)* fini	je (j')	finis	ai fini	finissais	finirai	finirais	finisse	
	tu	finis	as fini	finissais	finiras	finirais	finisses	finis
	il/elle/on	finit	a fini	finissait	finira	finirait	finisse	
	nous	finissons	avons fini	finissions	finirons	finirions	finissions	finissons
	vous	finissez	avez fini	finissiez	finirez	finiriez	finissiez	finissez
	ils/elles	finissent	ont fini	finissaient	finiront	finiraient	finissent	
3 vendre *(to sell)* vendu	je (j')	vends	ai vendu	vendais	vendrai	vendrais	vende	
	tu	vends	as vendu	vendais	vendras	vendrais	vendes	vends
	il/elle/on	vend	a vendu	vendait	vendra	vendrait	vende	
	nous	vendons	avons vendu	vendions	vendrons	vendrions	vendions	vendons
	vous	vendez	avez vendu	vendiez	vendrez	vendriez	vendiez	vendez
	ils/elles	vendent	ont vendu	vendaient	vendront	vendraient	vendent	

Auxiliary verbs: *avoir* and *être*

Infinitive / Past participle	INDICATIVE					CONDITIONAL	SUBJUNCTIVE	IMPERATIVE
	Subject Pronouns	Present	Passé composé	Imperfect	Future	Present	Present	
4 avoir *(to have)*	j'	ai	ai eu	avais	aurai	aurais	aie	
	tu	as	as eu	avais	auras	aurais	aies	aie
	il/elle/on	a	a eu	avait	aura	aurait	ait	
eu	nous	avons	avons eu	avions	aurons	aurions	ayons	ayons
	vous	avez	avez eu	aviez	aurez	auriez	ayez	ayez
	ils/elles	ont	ont eu	avaient	auront	auraient	aient	
5 être *(to be)*	je (j')	suis	ai été	étais	serai	serais	sois	
	tu	es	as été	étais	seras	serais	sois	sois
	il/elle/on	est	a été	était	sera	serait	soit	
été	nous	sommes	avons été	étions	serons	serions	soyons	soyons
	vous	êtes	avez été	étiez	serez	seriez	soyez	soyez
	ils/elles	sont	ont été	étaient	seront	seraient	soient	

Reflexive (Pronominal)

Infinitive / Past participle	INDICATIVE					CONDITIONAL	SUBJUNCTIVE	IMPERATIVE
	Subject Pronouns	Present	Passé composé	Imperfect	Future	Present	Present	
6 se laver *(to wash oneself)*	je	me lave	me suis lavé(e)	me lavais	me laverai	me laverais	me lave	
	tu	te laves	t'es lavé(e)	te lavais	te laveras	te laverais	te laves	lave-toi
	il/elle/on	se lave	s'est lavé(e)	se lavait	se lavera	se laverait	se lave	
lavé	nous	nous lavons	nous sommes lavé(e)s	nous lavions	nous laverons	nous laverions	nous lavions	lavons-nous
	vous	vous lavez	vous êtes lavé(e)s	vous laviez	vous laverez	vous laveriez	vous laviez	lavez-vous
	ils/elles	se lavent	se sont lavé(e)s	se lavaient	se laveront	se laveraient	se lavent	

Verb Conjugation Tables

Verbs with spelling changes

Infinitive / Past participle	Subject Pronouns	INDICATIVE Present	INDICATIVE Passé composé	INDICATIVE Imperfect	INDICATIVE Future	CONDITIONAL Present	SUBJUNCTIVE Present	IMPERATIVE
7 acheter (to buy)	j'	achète	ai acheté	achetais	achèterai	achèterais	achète	
	tu	achètes	as acheté	achetais	achèteras	achèterais	achètes	achète
	il/elle/on	achète	a acheté	achetait	achètera	achèterait	achète	
acheté	nous	achetons	avons acheté	achetions	achèterons	achèterions	achetions	achetons
	vous	achetez	avez acheté	achetiez	achèterez	achèteriez	achetiez	achetez
	ils/elles	achètent	ont acheté	achetaient	achèteront	achèteraient	achètent	
8 appeler (to call)	j'	appelle	ai appelé	appelais	appellerai	appellerais	appelle	
	tu	appelles	as appelé	appelais	appelleras	appellerais	appelles	appelle
	il/elle/on	appelle	a appelé	appelait	appellera	appellerait	appelle	
appelé	nous	appelons	avons appelé	appelions	appellerons	appellerions	appelions	appelons
	vous	appelez	avez appelé	appeliez	appellerez	appelleriez	appeliez	appelez
	ils/elles	appellent	ont appelé	appelaient	appelleront	appelleraient	appellent	
9 commencer (to begin)	je (j')	commence	ai commencé	commençais	commencerai	commencerais	commence	
	tu	commences	as commencé	commençais	commenceras	commencerais	commences	commence
	il/elle/on	commence	a commencé	commençait	commencera	commencerait	commence	
commencé	nous	commençons	avons commencé	commencions	commencerons	commencerions	commencions	commençons
	vous	commencez	avez commencé	commenciez	commencerez	commenceriez	commenciez	commencez
	ils/elles	commencent	ont commencé	commençaient	commenceront	commenceraient	commencent	
10 essayer (to try)	j'	essaie	ai essayé	essayais	essaierai	essaierais	essaie	
	tu	essaies	as essayé	essayais	essaieras	essaierais	essaies	essaie
	il/elle/on	essaie	a essayé	essayait	essaiera	essaierait	essaie	
essayé	nous	essayons	avons essayé	essayions	essaierons	essaierions	essayions	essayons
	vous	essayez	avez essayé	essayiez	essaierez	essaieriez	essayiez	essayez
	ils/elles	essayent	ont essayé	essayaient	essaieront	essaieraient	essaient	
11 manger (to eat)	je (j')	mange	ai mangé	mangeais	mangerai	mangerais	mange	
	tu	manges	as mangé	mangeais	mangeras	mangerais	manges	mange
	il/elle/on	mange	a mangé	mangeait	mangera	mangerait	mange	
mangé	nous	mangeons	avons mangé	mangions	mangerons	mangerions	mangions	mangeons
	vous	mangez	avez mangé	mangiez	mangerez	mangeriez	mangiez	mangez
	ils/elles	mangent	ont mangé	mangeaient	mangeront	mangeraient	mangent	
12 préférer (to prefer)	je (j')	préfère	ai préféré	préférais	préférerai	préférerais	préfère	
	tu	préfères	as préféré	préférais	préféreras	préférerais	préfères	préfère
	il/elle/on	préfère	a préféré	préférait	préférera	préférerait	préfère	
préféré	nous	préférons	avons préféré	préférions	préférerons	préférerions	préférions	préférons
	vous	préférez	avez préféré	préfériez	préférerez	préféreriez	préfériez	préférez
	ils/elles	préfèrent	ont préféré	préféraient	préféreront	préféreraient	préfèrent	

Irregular verbs

Infinitive / Past participle	Subject Pronouns	INDICATIVE Present	Passé composé	Imperfect	Future	CONDITIONAL Present	SUBJUNCTIVE Present	IMPERATIVE
13 aller *(to go)* allé	je (j')	vais	suis allé(e)	allais	irai	irais	aille	
	tu	vas	es allé(e)	allais	iras	irais	ailles	va
	il/elle/on	va	est allé(e)	allait	ira	irait	aille	
	nous	allons	sommes allé(e)s	allions	irons	irions	allions	allons
	vous	allez	êtes allé(e)s	alliez	irez	iriez	alliez	allez
	ils/elles	vont	sont allé(e)s	allaient	iront	iraient	aillent	
14 s'asseoir *(to sit down, to be seated)* assis	je	m'assieds	me suis assis(e)	m'asseyais	m'assiérai	m'assiérais	m'asseye	
	tu	t'assieds	t'es assis(e)	t'asseyais	t'assiéras	t'assiérais	t'asseyes	assieds-toi
	il/elle/on	s'assied	s'est assis(e)	s'asseyait	s'assiéra	s'assiérait	s'asseye	
	nous	nous asseyons	nous sommes assis(e)s	nous asseyions	nous assiérons	nous assiérions	nous asseyions	asseyons-nous
	vous	vous asseyez	vous êtes assis(e)s	vous asseyiez	vous assiérez	vous assiériez	vous asseyiez	asseyez-vous
	ils/elles	s'asseyent	se sont assis(e)s	s'asseyaient	s'assiéront	s'assiéraient	s'asseyent	
15 boire *(to drink)* bu	je (j')	bois	ai bu	buvais	boirai	boirais	boive	
	tu	bois	as bu	buvais	boiras	boirais	boives	bois
	il/elle/on	boit	a bu	buvait	boira	boirait	boive	
	nous	buvons	avons bu	buvions	boirons	boirions	buvions	buvons
	vous	buvez	avez bu	buviez	boirez	boiriez	buviez	buvez
	ils/elles	boivent	ont bu	buvaient	boiront	boiraient	boivent	
16 conduire *(to drive; to lead)* conduit	je (j')	conduis	ai conduit	conduisais	conduirai	conduirais	conduise	
	tu	conduis	as conduit	conduisais	conduiras	conduirais	conduises	conduis
	il/elle/on	conduit	a conduit	conduisait	conduira	conduirait	conduise	
	nous	conduisons	avons conduit	conduisions	conduirons	conduirions	conduisions	conduisons
	vous	conduisez	avez conduit	conduisiez	conduirez	conduiriez	conduisiez	conduisez
	ils/elles	conduisent	ont conduit	conduisaient	conduiront	conduiraient	conduisent	
17 connaître *(to know, to be acquainted with)* connu	je (j')	connais	ai connu	connaissais	connaîtrai	connaîtrais	connaisse	
	tu	connais	as connu	connaissais	connaîtras	connaîtrais	connaisses	connais
	il/elle/on	connaît	a connu	connaissait	connaîtra	connaîtrait	connaisse	
	nous	connaissons	avons connu	connaissions	connaîtrons	connaîtrions	connaissions	connaissons
	vous	connaissez	avez connu	connaissiez	connaîtrez	connaîtriez	connaissiez	connaissez
	ils/elles	connaissent	ont connu	connaissaient	connaîtront	connaîtraient	connaissent	
18 courir *(to run)* couru	je (j')	cours	ai couru	courais	courrai	courrais	coure	
	tu	cours	as couru	courais	courras	courrais	coures	cours
	il/elle/on	court	a couru	courait	courra	courrait	coure	
	nous	courons	avons couru	courions	courrons	courrions	courions	courons
	vous	courez	avez couru	couriez	courrez	courriez	couriez	courez
	ils/elles	courent	ont couru	couraient	courront	courraient	courent	
19 croire *(to believe)* cru	je (j')	crois	ai cru	croyais	croirai	croirais	croie	
	tu	crois	as cru	croyais	croiras	croirais	croies	crois
	il/elle/on	croit	a cru	croyait	croira	croirait	croie	
	nous	croyons	avons cru	croyions	croirons	croirions	croyions	croyons
	vous	croyez	avez cru	croyiez	croirez	croiriez	croyiez	croyez
	ils/elles	croient	ont cru	croyaient	croiront	croiraient	croient	

Irregular verbs (continued)

Infinitive	INDICATIVE					CONDITIONAL	SUBJUNCTIVE	IMPERATIVE
Past participle	Subject Pronouns	Present	Passé composé	Imperfect	Future	Present	Present	
20 devoir	je (j')	dois	ai dû	devais	devrai	devrais	doive	
(to have to;	tu	dois	as dû	devais	devras	devrais	doives	dois
to owe)	il/elle/on	doit	a dû	devait	devra	devrait	doive	
	nous	devons	avons dû	devions	devrons	devrions	devions	devons
dû	vous	devez	avez dû	deviez	devrez	devriez	deviez	devez
	ils/elles	doivent	ont dû	devaient	devront	devraient	doivent	
21 dire	je (j')	dis	ai dit	disais	dirai	dirais	dise	
(to say, to tell)	tu	dis	as dit	disais	diras	dirais	dises	dis
	il/elle/on	dit	a dit	disait	dira	dirait	dise	
dit	nous	disons	avons dit	disions	dirons	dirions	disions	disons
	vous	dites	avez dit	disiez	direz	diriez	disiez	dites
	ils/elles	disent	ont dit	disaient	diront	diraient	disent	
22 écrire	j'	écris	ai écrit	écrivais	écrirai	écrirais	écrive	
(to write)	tu	écris	as écrit	écrivais	écriras	écrirais	écrives	écris
	il/elle/on	écrit	a écrit	écrivait	écrira	écrirait	écrive	
écrit	nous	écrivons	avons écrit	écrivions	écrirons	écririons	écrivions	écrivons
	vous	écrivez	avez écrit	écriviez	écrirez	écririez	écriviez	écrivez
	ils/elles	écrivent	ont écrit	écrivaient	écriront	écriraient	écrivent	
23 envoyer	j'	envoie	ai envoyé	envoyais	enverrai	enverrais	envoie	
(to send)	tu	envoies	as envoyé	envoyais	enverras	enverrais	envoies	envoie
	il/elle/on	envoie	a envoyé	envoyait	enverra	enverrait	envoie	
envoyé	nous	envoyons	avons envoyé	envoyions	enverrons	enverrions	envoyions	envoyons
	vous	envoyez	avez envoyé	envoyiez	enverrez	enverriez	envoyiez	envoyez
	ils/elles	envoient	ont envoyé	envoyaient	enverront	enverraient	envoient	
24 éteindre	j'	éteins	ai éteint	éteignais	éteindrai	éteindrais	éteigne	
(to turn off)	tu	éteins	as éteint	éteignais	éteindras	éteindrais	éteignes	éteins
	il/elle/on	éteint	a éteint	éteignait	éteindra	éteindrait	éteigne	
éteint	nous	éteignons	avons éteint	éteignions	éteindrons	éteindrions	éteignions	éteignons
	vous	éteignez	avez éteint	éteigniez	éteindrez	éteindriez	éteigniez	éteignez
	ils/elles	éteignent	ont éteint	éteignaient	éteindront	éteindraient	éteignent	
25 faire	je (j')	fais	ai fait	faisais	ferai	ferais	fasse	
(to do; to make)	tu	fais	as fait	faisais	feras	ferais	fasses	fais
	il/elle/on	fait	a fait	faisait	fera	ferait	fasse	
fait	nous	faisons	avons fait	faisions	ferons	ferions	fassions	faisons
	vous	faites	avez fait	faisiez	ferez	feriez	fassiez	faites
	ils/elles	font	ont fait	faisaient	feront	feraient	fassent	
26 falloir	il	faut	a fallu	fallait	faudra	faudrait	faille	
(to be necessary)								
fallu								

Infinitive		INDICATIVE				CONDITIONAL	SUBJUNCTIVE	IMPERATIVE
Past participle	Subject Pronouns	Present	Passé composé	Imperfect	Future	Present	Present	
27 lire	je (j')	lis	ai lu	lisais	lirai	lirais	lise	
(to read)	tu	lis	as lu	lisais	liras	lirais	lises	lis
	il/elle/on	lit	a lu	lisait	lira	lirait	lise	
lu	nous	lisons	avons lu	lisions	lirons	lirions	lisions	lisons
	vous	lisez	avez lu	lisiez	lirez	liriez	lisiez	lisez
	ils/elles	lisent	ont lu	lisaient	liront	liraient	lisent	
28 mettre	je (j')	mets	ai mis	mettais	mettrai	mettrais	mette	
(to put)	tu	mets	as mis	mettais	mettras	mettrais	mettes	mets
	il/elle/on	met	a mis	mettait	mettra	mettrait	mette	
mis	nous	mettons	avons mis	mettions	mettrons	mettrions	mettions	mettons
	vous	mettez	avez mis	mettiez	mettrez	mettriez	mettiez	mettez
	ils/elles	mettent	ont mis	mettaient	mettront	mettraient	mettent	
29 mourir	je	meurs	suis mort(e)	mourais	mourrai	mourrais	meure	
(to die)	tu	meurs	es mort(e)	mourais	mourras	mourrais	meures	meurs
	il/elle/on	meurt	est mort(e)	mourait	mourra	mourrait	meure	
mort	nous	mourons	sommes mort(e)s	mourions	mourrons	mourrions	mourions	mourons
	vous	mourez	êtes mort(e)s	mouriez	mourrez	mourriez	mouriez	mourez
	ils/elles	meurent	sont mort(e)s	mouraient	mourront	mourraient	meurent	
30 naître	je	nais	suis né(e)	naissais	naîtrai	naîtrais	naisse	
(to be born)	tu	nais	es né(e)	naissais	naîtras	naîtrais	naisses	nais
	il/elle/on	naît	est né(e)	naissait	naîtra	naîtrait	naisse	
né	nous	naissons	sommes né(e)s	naissions	naîtrons	naîtrions	naissions	naissons
	vous	naissez	êtes né(e)s	naissiez	naîtrez	naîtriez	naissiez	naissez
	ils/elles	naissent	sont né(e)s	naissaient	naîtront	naîtraient	naissent	
31 ouvrir	j'	ouvre	ai ouvert	ouvrais	ouvrirai	ouvrirais	ouvre	
(to open)	tu	ouvres	as ouvert	ouvrais	ouvriras	ouvrirais	ouvres	ouvre
	il/elle/on	ouvre	a ouvert	ouvrait	ouvrira	ouvrirait	ouvre	
ouvert	nous	ouvrons	avons ouvert	ouvrions	ouvrirons	ouvririons	ouvrions	ouvrons
	vous	ouvrez	avez ouvert	ouvriez	ouvrirez	ouvririez	ouvriez	ouvrez
	ils/elles	ouvrent	ont ouvert	ouvraient	ouvriront	ouvriraient	ouvrent	
32 partir	je	pars	suis parti(e)	partais	partirai	partirais	parte	
(to leave)	tu	pars	es parti(e)	partais	partiras	partirais	partes	pars
	il/elle/on	part	est parti(e)	partait	partira	partirait	parte	
parti	nous	partons	sommes parti(e)s	partions	partirons	partirions	partions	partons
	vous	partez	êtes parti(e)(s)	partiez	partirez	partiriez	partiez	partez
	ils/elles	partent	sont parti(e)s	partaient	partiront	partiraient	partent	
33 pleuvoir	il	pleut	a plu	pleuvait	pleuvra	pleuvrait	pleuve	
(to rain)								
plu								

Verb Conjugation Tables

Irregular verbs (continued)

Infinitive Past participle	Subject Pronouns	INDICATIVE Present	INDICATIVE Passé composé	INDICATIVE Imperfect	INDICATIVE Future	CONDITIONAL Present	SUBJUNCTIVE Present	IMPERATIVE
34 pouvoir	je (j')	peux	ai pu	pouvais	pourrai	pourrais	puisse	
(to be able)	tu	peux	as pu	pouvais	pourras	pourrais	puisses	
	il/elle/on	peut	a pu	pouvait	pourra	pourrait	puisse	
pu	nous	pouvons	avons pu	pouvions	pourrons	pourrions	puissions	
	vous	pouvez	avez pu	pouviez	pourrez	pourriez	puissiez	
	ils/elles	peuvent	ont pu	pouvaient	pourront	pourraient	puissent	
35 prendre	je (j')	prends	ai pris	prenais	prendrai	prendrais	prenne	
(to take)	tu	prends	as pris	prenais	prendras	prendrais	prennes	prends
	il/elle/on	prend	a pris	prenait	prendra	prendrait	prenne	
pris	nous	prenons	avons pris	prenions	prendrons	prendrions	prenions	prenons
	vous	prenez	avez pris	preniez	prendrez	prendriez	preniez	prenez
	ils/elles	prennent	ont pris	prenaient	prendront	prendraient	prennent	
36 recevoir	je (j')	reçois	ai reçu	recevais	recevrai	recevrais	reçoive	
(to receive)	tu	reçois	as reçu	recevais	recevras	recevrais	reçoives	reçois
	il/elle/on	reçoit	a reçu	recevait	recevra	recevrait	reçoive	
reçu	nous	recevons	avons reçu	recevions	recevrons	recevrions	recevions	recevons
	vous	recevez	avez reçu	receviez	recevrez	recevriez	receviez	recevez
	ils/elles	reçoivent	ont reçu	recevaient	recevront	recevraient	reçoivent	
37 rire	je (j')	ris	ai ri	riais	rirai	rirais	rie	
(to laugh)	tu	ris	as ri	riais	riras	rirais	ries	ris
	il/elle/on	rit	a ri	riait	rira	rirait	rie	
ri	nous	rions	avons ri	riions	rirons	ririons	riions	rions
	vous	riez	avez ri	riiez	rirez	ririez	riiez	riez
	ils/elles	rient	ont ri	riaient	riront	riraient	rient	
38 savoir	je (j')	sais	ai su	savais	saurai	saurais	sache	
(to know)	tu	sais	as su	savais	sauras	saurais	saches	sache
	il/elle/on	sait	a su	savait	saura	saurait	sache	
su	nous	savons	avons su	savions	saurons	saurions	sachions	sachons
	vous	savez	avez su	saviez	saurez	sauriez	sachiez	sachez
	ils/elles	savent	ont su	savaient	sauront	sauraient	sachent	
39 suivre	je (j')	suis	ai suivi	suivais	suivrai	suivrais	suive	
(to follow)	tu	suis	as suivi	suivais	suivras	suivrais	suives	suis
	il/elle/on	suit	a suivi	suivait	suivra	suivrait	suive	
suivi	nous	suivons	avons suivi	suivions	suivrons	suivrions	suivions	suivons
	vous	suivez	avez suivi	suiviez	suivrez	suivriez	suiviez	suivez
	ils/elles	suivent	ont suivi	suivaient	suivront	suivraient	suivent	
40 tenir	je (j')	tiens	ai tenu	tenais	tiendrai	tiendrais	tienne	
(to hold)	tu	tiens	as tenu	tenais	tiendras	tiendrais	tiennes	tiens
	il/elle/on	tient	a tenu	tenait	tiendra	tiendrait	tienne	
tenu	nous	tenons	avons tenu	tenions	tiendrons	tiendrions	tenions	tenons
	vous	tenez	avez tenu	teniez	tiendrez	tiendriez	teniez	tenez
	ils/elles	tiennent	ont tenu	tenaient	tiendront	tiendraient	tiennent	

Infinitive			INDICATIVE			CONDITIONAL	SUBJUNCTIVE	IMPERATIVE
Past participle	Subject Pronouns	Present	Passé composé	Imperfect	Future	Present	Present	
41 venir	je	viens	suis venu(e)	venais	viendrai	viendrais	vienne	
(to come)	tu	viens	es venu(e)	venais	viendras	viendrais	viennes	viens
	il/elle/on	vient	est venu(e)	venait	viendra	viendrait	vienne	
venu	nous	venons	sommes venu(e)s	venions	viendrons	viendrions	venions	venons
	vous	venez	êtes venu(e)(s)	veniez	viendrez	viendriez	veniez	venez
	ils/elles	viennent	sont venu(e)s	venaient	viendront	viendraient	viennent	
42 voir	je (j')	vois	ai vu	voyais	verrai	verrais	voie	
(to see)	tu	vois	as vu	voyais	verras	verrais	voies	vois
	il/elle/on	voit	a vu	voyait	verra	verrait	voie	
vu	nous	voyons	avons vu	voyions	verrons	verrions	voyions	voyons
	vous	voyez	avez vu	voyiez	verrez	verriez	voyiez	voyez
	ils/elles	voient	ont vu	voyaient	verront	verraient	voient	
43 vouloir	je (j')	veux	ai voulu	voulais	voudrai	voudrais	veuille	
(to want, to wish)	tu	veux	as voulu	voulais	voudras	voudrais	veuilles	veuille
	il/elle/on	veut	a voulu	voulait	voudra	voudrait	veuille	
voulu	nous	voulons	avons voulu	voulions	voudrons	voudrions	voulions	veuillons
	vous	voulez	avez voulu	vouliez	voudrez	voudriez	vouliez	veuillez
	ils/elles	veulent	ont voulu	voulaient	voudront	voudraient	veuillent	

Guide to Vocabulary

This glossary contains the words and expressions listed on the **Vocabulaire** page found at the end of each unit in **D'accord!** Levels 1 & 2. The numbers following an entry indicate the **D'accord!** level and unit where the term was introduced. For example, the first entry in the glossary, **à**, was introduced in **D'accord!** Level 1, Unit 4. Note that **II–P** refers to the **Unité Préliminaire** in **D'accord!** Level 2.

Abbreviations used in this glossary

adj.	adjective	*f.*	feminine	*i.o.*	indirect object	*prep.*	preposition
adv.	adverb	*fam.*	familiar	*m.*	masculine	*pron.*	pronoun
art.	article	*form.*	formal	*n.*	noun	*refl.*	reflexive
comp.	comparative	*imp.*	imperative	*obj.*	object	*rel.*	relative
conj.	conjunction	*indef.*	indefinite	*part.*	partitive	*sing.*	singular
def.	definite	*interj.*	interjection	*p.p.*	past participle	*sub.*	subject
dem.	demonstrative	*interr.*	interrogative	*pl.*	plural	*super.*	superlative
disj.	disjunctive	*inv.*	invariable	*poss.*	possessive	*v.*	verb
d.o.	direct object						

French-English

A

à *prep.* at; in; to I-4
  À bientôt. See you soon. I-1
  à condition que on the condition that, provided that II-7
  à côté de *prep.* next to I-3
  À demain. See you tomorrow. I-1
  à droite (de) *prep.* to the right (of) I-3
  à gauche (de) *prep.* to the left (of) I-3
  à … heure(s) at … (o'clock) I-4
  à la radio on the radio II-7
  à la télé(vision) on television II-7
  à l'étranger abroad, overseas I-7
  à mi-temps half-time (*job*) II-5
  à moins que unless II-7
  à plein temps full-time (*job*) II-5
  À plus tard. See you later. I-1
  À quelle heure? What time?; When? I-2
  À qui? To whom? I-4
  À table! Let's eat! Food is on! II-1
  à temps partiel part-time (*job*) II-5
  À tout à l'heure. See you later. I-1
  au bout (de) *prep.* at the end (of) II-4
  au contraire on the contrary II-7
  au fait by the way I-3
  au printemps in the spring I-5
  Au revoir. Good-bye. I-1
  au secours help II-3
  au sujet de on the subject of, about II-6
abolir *v.* to abolish II-6
absolument *adv.* absolutely I-7
accident *m.* accident II-3
  avoir un accident to have/to be in an accident II-3
accompagner *v.* to accompany II-4
acheter *v.* to buy I-5
acteur *m.* actor I-1
actif/active *adj.* active I-3
activement *adv.* actively I-8, II-P
actrice *f.* actress I-1
addition *f.* check, bill I-4
adieu farewell II-6
adolescence *f.* adolescence I-6
adorer *v.* to love I-2
  J'adore… I love… I-2
adresse *f.* address II-4
aérobic *m.* aerobics I-5
  faire de l'aérobic *v.* to do aerobics I-5
aéroport *m.* airport I-7
affaires *f., pl.* business I-3
affiche *f.* poster I-8, II-P
afficher *v.* to post II-5
âge *m.* age I-6
  âge adulte *m.* adulthood I-6
agence de voyages *f.* travel agency I-7
agent *m.* officer; agent II-3
  agent de police *m.* police officer II-3

agent de voyages *m.* travel agent I-7
agent immobilier *m.* real estate agent II-5
agréable *adj.* pleasant I-1
agriculteur/agricultrice *m., f.* farmer II-5
aider (à) *v.* to help (*to do something*) I-5
aie (avoir) *imp. v.* have I-7
ail *m.* garlic II-1
aimer *v.* to like I-2
  aimer mieux to prefer I-2
  aimer que… to like that… II-6
  J'aime bien… I really like… I-2
  Je n'aime pas tellement… I don't like … very much. I-2
aîné(e) *adj.* elder I-3
algérien(ne) *adj.* Algerian I-1
aliment *m.* food item; a food II-1
Allemagne *f.* Germany I-7
allemand(e) *adj.* German I-1
aller *v.* to go I-4
  aller à la pêche to go fishing I-5
  aller aux urgences to go to the emergency room II-2
  aller avec to go with I-6
  aller-retour *adj.* round-trip I-7
  billet aller-retour *m.* round-trip ticket I-7
  Allons-y! Let's go! I-2
  Ça va? What's up?; How are things? I-1
  Comment allez-vous? *form.* How are you? I-1
  Comment vas-tu? *fam.* How are you? I-1

Je m'en vais. I'm leaving. I-8, II-P

Je vais bien/mal. I am doing well/badly. I-1

J'y vais. I'm going/coming. I-8, II-P

Nous y allons. We're going/coming. II-1

allergie *f.* allergy II-2

Allez. Come on. I-5

allô *(on the phone)* hello I-1

allumer *v.* to turn on II-3

alors *adv.* so, then; at that moment I-2

améliorer *v.* to improve II-5

amende *f.* fine II-3

amener *v.* to bring *(someone)* I-5

américain(e) *adj.* American I-1

  football américain *m.* football I-5

ami(e) *m., f.* friend I-1

  petit(e) ami(e) *m., f.* boyfriend/girlfriend I-1

amitié *f.* friendship I-6

amour *m.* love I-6

amoureux/amoureuse *adj.* in love I-6

  tomber amoureux/amoureuse *v.* to fall in love I-6

amusant(e) *adj.* fun I-1

an *m.* year I-2

ancien(ne) *adj.* ancient, old; former II-7

ange *m.* angel I-1

anglais(e) *adj.* English I-1

angle *m.* corner II-4

Angleterre *f.* England I-7

animal *m.* animal II-6

année *f.* year I-2

  cette année this year I-2

anniversaire *m.* birthday I-5

  C'est quand l'anniversaire de ... ? When is ...'s birthday? I-5

  C'est quand ton/votre anniversaire? When is your birthday? I-5

annuler (une réservation) *v.* to cancel (a reservation) I-7

anorak *m.* ski jacket, parka I-6

antipathique *adj.* unpleasant I-3

août *m.* August I-5

apercevoir *v.* to see, to catch sight of II-4

aperçu (apercevoir) *p.p.* seen, caught sight of II-4

appareil *m.* (on the phone) telephone II-5

  appareil (électrique/ménager) *m.* (electrical/household) appliance I-8, II-P

appareil photo (numérique) *m.* (digital) camera II-3

  C'est M./Mme/Mlle ... à l'appareil. It's Mr./Mrs./Miss ... on the phone. II-5

  Qui est à l'appareil? Who's calling, please? II-5

appartement *m.* apartment II-7

appeler *v.* to call I-7

applaudir *v.* to applaud II-7

applaudissement *m.* applause II-7

apporter *v.* to bring, to carry *(something)* I-4

apprendre (à) *v.* to teach; to learn *(to do something)* I-4

appris (apprendre) *p.p., adj.* learned I-6

après (que) *adv.* after I-2

après-demain *adv.* day after tomorrow I-2

après-midi *m.* afternoon I-2

  cet après-midi this afternoon I-2

  de l'après-midi in the afternoon I-2

  demain après-midi *adv.* tomorrow afternoon I-2

  hier après-midi *adv.* yesterday afternoon I-7

arbre *m.* tree II-6

architecte *m., f.* architect I-3

argent *m.* money II-4

  dépenser de l'argent *v.* to spend money I-4

  déposer de l'argent *v.* to deposit money II-4

  retirer de l'argent *v.* to withdraw money II-4

armoire *f.* armoire, wardrobe I-8, II-P

arrêt d'autobus (de bus) *m.* bus stop I-7

arrêter (de faire quelque chose) *v.* to stop (doing something) II-3

arrivée *f.* arrival I-7

arriver (à) *v.* to arrive; to manage *(to do something)* I-2

art *m.* art I-2

  beaux-arts *m., pl.* fine arts II-7

artiste *m., f.* artist I-3

ascenseur *m.* elevator I-7

aspirateur *m.* vacuum cleaner I-8, II-P

  passer l'aspirateur to vacuum I-8, II-P

aspirine *f.* aspirin II-2

Asseyez-vous! (s'asseoir) *imp. v.* Have a seat! II-2

assez *adv. (before adjective or adverb)* pretty; quite I-8, II-P

assez (de) *(before noun)* enough (of) I-4

  pas assez (de) not enough (of) I-4

assiette *f.* plate II-1

assis (s'asseoir) *p.p., adj. (used as past participle)* sat down; *(used as adjective)* sitting, seated II-2

assister *v.* to attend I-2

assurance (maladie/vie) *f.* (health/life) insurance II-5

athlète *m., f.* athlete I-3

attacher *v.* to attach II-3

  attacher sa ceinture de sécurité to buckle one's seatbelt II-3

attendre *v.* to wait I-6

attention *f.* attention I-5

  faire attention (à) *v.* to pay attention (to) I-5

au (à + le) *prep.* to/at the I-4

auberge de jeunesse *f.* youth hostel I-7

aucun(e) *adj.* no; *pron.* none II-2

  ne... aucun(e) none, not any II-4

augmentation (de salaire) *f.* raise (in salary) II-5

aujourd'hui *adv.* today I-2

auquel (à + lequel) *pron., m., sing.* which one II-5

aussi *adv.* too, as well; as I-1

  Moi aussi. Me too. I-1

  aussi ... que *(used with an adjective)* as ... as II-1

autant de ... que *adv. (used with noun to express quantity)* as much/as many ... as II-6

auteur/femme auteur *m., f.* author II-7

autobus *m.* bus I-7

  arrêt d'autobus (de bus) *m.* bus stop I-7

  prendre un autobus to take a bus I-7

automne *m.* fall I-5

  à l'automne in the fall I-5

autoroute *f.* highway II-3

autour (de) *prep.* around II-4

autrefois *adv.* in the past I-8, II-P

aux (à + les) to/at the I-4

auxquelles (à + lesquelles) *pron., f., pl.* which ones II-5

auxquels (à + lesquels) *pron., m., pl.* which ones II-5

avance *f.* advance I-2

  en avance *adv.* early I-2

avant (de/que) *adv.* before I-7

avant-hier *adv.* day before yesterday I-7

avec *prep.* with I-1
  Avec qui? With whom? I-4
aventure *f.* adventure II-7
  film d'aventures *m.* adventure film II-7
avenue *f.* avenue II-4
avion *m.* airplane I-7
  prendre un avion *v.* to take a plane I-7
avocat(e) *m., f.* lawyer I-3
avoir *v.* to have I-2
  aie *imp. v.* have I-2
  avoir besoin (de) to need (*something*) I-2
  avoir chaud to be hot I-2
  avoir de la chance to be lucky I-2
  avoir envie (de) to feel like (*doing something*) I-2
  avoir faim to be hungry I-4
  avoir froid to be cold I-2
  avoir honte (de) to be ashamed (of) I-2
  avoir mal to have an ache II-2
  avoir mal au cœur to feel nauseated II-2
  avoir peur (de/que) to be afraid (of/that) I-2
  avoir raison to be right I-2
  avoir soif to be thirsty I-4
  avoir sommeil to be sleepy I-2
  avoir tort to be wrong I-2
  avoir un accident to have/to be in an accident II-3
  avoir un compte bancaire to have a bank account II-4
  en avoir marre to be fed up I-3
avril *m.* April I-5
ayez (avoir) *imp. v.* have I-7
ayons (avoir) *imp. v.* let's have I-7

B

bac(alauréat) *m.* an important exam taken by high-school students in France I-2
baguette *f.* baguette I-4
baignoire *f.* bathtub I-8, II-P
bain *m.* bath I-6
  salle de bains *f.* bathroom I-8, II-P
balai *m.* broom I-8, II-P
balayer *v.* to sweep I-8, II-P
balcon *m.* balcony I-8, II-P
banane *f.* banana II-1
banc *m.* bench II-4
bancaire *adj.* banking II-4
  avoir un compte bancaire *v.* to have a bank account II-4
bande dessinée (B.D.) *f.* comic strip I-5
banlieue *f.* suburbs I-4

banque *f.* bank II-4
banquier/banquière *m., f.* banker II-5
barbant *adj.,* **barbe** *f.* drag I-3
baseball *m.* baseball I-5
basket(-ball) *m.* basketball I-5
baskets *f., pl.* tennis shoes I-6
bateau *m.* boat I-7
  prendre un bateau *v.* to take a boat I-7
bateau-mouche *m.* riverboat I-7
bâtiment *m.* building II-4
batterie *f.* drums II-7
bavarder *v.* to chat I-4
beau (belle) *adj.* handsome; beautiful I-3
  faire quelque chose de beau *v.* to be up to something interesting II-4
  Il fait beau. The weather is nice. I-5
beaucoup (de) *adv.* a lot (of) 4
  Merci (beaucoup). Thank you (very much). I-1
beau-frère *m.* brother-in-law I-3
beau-père *m.* father-in-law; stepfather I-3
beaux-arts *m., pl.* fine arts II-7
belge *adj.* Belgian I-7
Belgique *f.* Belgium I-7
belle *adj., f.* (*feminine form of* **beau**) beautiful I-3
belle-mère *f.* mother-in-law; stepmother I-3
belle-sœur *f.* sister-in-law I-3
besoin *m.* need I-2
  avoir besoin (de) to need (*something*) I-2
beurre *m.* butter 4
bibliothèque *f.* library I-1
bien *adv.* well I-7
  bien sûr *adv.* of course I-2
  Je vais bien. I am doing well. I-1
  Très bien. Very well. I-1
bientôt *adv.* soon I-1
  À bientôt. See you soon. I-1
bienvenu(e) *adj.* welcome I-1
bijouterie *f.* jewelry store II-4
billet *m.* (*travel*) ticket I-7; (*money*) bills, notes II-4
  billet aller-retour *m.* round-trip ticket I-7
biologie *f.* biology I-2
biscuit *m.* cookie I-6
blague *f.* joke I-2
blanc(he) *adj.* white I-6
blessure *f.* injury, wound II-2
bleu(e) *adj.* blue I-3
blond(e) *adj.* blonde I-3
blouson *m.* jacket I-6
bœuf *m.* beef II-1

boire *v.* to drink I-4
bois *m.* wood II-6
boisson (gazeuse) *f.* (carbonated) drink/beverage I-4
boîte *f.* box; can II-1
  boîte aux lettres *f.* mailbox II-4
  boîte de conserve *f.* can (of food) II-1
bol *m.* bowl II-1
bon(ne) *adj.* kind; good I-3
  bon marché *adj.* inexpensive I-6
  Il fait bon. The weather is good/warm. I-5
bonbon *m.* candy I-6
bonheur *m.* happiness I-6
Bonjour. Good morning.; Hello. I-1
Bonsoir. Good evening.; Hello. I-1
bouche *f.* mouth II-2
boucherie *f.* butcher's shop II-1
boulangerie *f.* bread shop, bakery II-1
boulevard *m.* boulevard II-4
  suivre un boulevard *v.* to follow a boulevard II-4
bourse *f.* scholarship, grant I-2
bout *m.* end II-4
  au bout (de) *prep.* at the end (of) II-4
bouteille (de) *f.* bottle (of) I-4
boutique *f.* boutique, store II-4
brancher *v.* to plug in, to connect II-3
bras *m.* arm II-2
brasserie *f.* restaurant II-4
Brésil *m.* Brazil II-2
brésilien(ne) *adj.* Brazilian I-7
bricoler *v.* to tinker; to do odd jobs I-5
brillant(e) *adj.* bright I-1
bronzer *v.* to tan I-6
brosse (à cheveux/à dents) *f.* (hair/tooth)brush II-2
brun(e) *adj.* (*hair*) dark I-3
bu (boire) *p.p.* drunk I-6
bureau *m.* desk; office I-1
  bureau de poste *m.* post office II-4
bus *m.* bus I-7
  arrêt d'autobus (de bus) *m.* bus stop I-7
  prendre un bus *v.* to take a bus I-7

C

ça *pron.* that; this; it I-1
  Ça dépend. It depends. I-4
  Ça ne nous regarde pas. That has nothing to do with us.; That is none of our business. II-6
  Ça suffit. That's enough. I-5
  Ça te dit? Does that appeal to you? II-6
  Ça va? What's up?; How are things? I-1
  ça veut dire that is to say II-2
  Comme ci, comme ça. So-so. I-1
cadeau *m.* gift I-6
  paquet cadeau wrapped gift I-6
cadet(te) *adj.* younger I-3
cadre/femme cadre *m., f.* executive II-5
café *m.* café; coffee I-1
  terrasse de café *f.* café terrace I-4
  cuillére à café *f.* teaspoon II-1
cafetière *f.* coffeemaker I-8, II-P
cahier *m.* notebook I-1
calculatrice *f.* calculator I-1
calme *adj.* calm I-1; *m.* calm I-1
camarade de classe *m., f.* classmate I-1
caméra vidéo *f.* camcorder II-3
caméscope *m.* camcorder II-3
campagne *f.* country(side) I-7
  pain de campagne *m.* country-style bread I-4
  pâté (de campagne) *m.* pâté, meat spread II-1
camping *m.* camping I-5
  faire du camping *v.* to go camping I-5
Canada *m.* Canada I-7
canadien(ne) *adj.* Canadian I-1
canapé *m.* couch I-8, II-P
candidat(e) *m., f.* candidate; applicant II-5
cantine *f.* (school) cafeteria I-2
capitale *f.* capital I-7
capot *m.* hood II-3
carafe (d'eau) *f.* pitcher (of water) II-1
carotte *f.* carrot II-1
carrefour *m.* intersection II-4
carrière *f.* career II-5
carte *f.* map I-1; menu II-1; card II-4
  payer par carte (bancaire/ de crédit) to pay with a (debit/credit) card II-4

carte postale *f.* postcard II-4
cartes *f. pl.* (playing) cards I-5
casque *f.* **à écouteurs** *m., pl.* headphones II-3
casquette *f.* (baseball) cap I-6
cassette vidéo *f.* videotape II-3
catastrophe *f.* catastrophe II-6
cave *f.* basement, cellar I-8, II-P
ce *dem. adj., m., sing.* this; that I-6
  ce matin this morning I-2
  ce mois-ci this month I-2
  Ce n'est pas grave. It's no big deal. I-6
  ce soir this evening I-2
  ce sont… those are… I-1
  ce week-end this weekend I-2
ceinture *f.* belt I-6
  attacher sa ceinture de sécurité *v.* to buckle one's seatbelt II-3
célèbre *adj.* famous II-7
célébrer *v.* to celebrate I-5
célibataire *adj.* single I-3
celle *pron., f., sing.* this one; that one; the one II-6
celles *pron., f., pl.* these; those; the ones II-6
celui *pron., m., sing.* this one; that one; the one II-6
cent *m.* one hundred I-3
  cent mille *m.* one hundred thousand I-5
  cent un *m.* one hundred one I-5
  cinq cents *m.* five hundred I-5
centième *adj.* hundredth I-7
centrale nucléaire *f.* nuclear plant II-6
centre commercial *m.* shopping center, mall I-4
centre-ville *m.* city/town center, downtown I-4
certain(e) *adj.* certain II-1
  Il est certain que… It is certain that… II-7
  Il n'est pas certain que… It is uncertain that… II-7
ces *dem. adj., m., f., pl.* these; those I-6
c'est… it/that is… I-1
  C'est de la part de qui? On behalf of whom? II-5
  C'est le 1ᵉʳ (premier) octobre. It is October first. I-5
  C'est M./Mme/Mlle … (à l'appareil). It's Mr./Mrs./Miss … (on the phone). II-5
  C'est quand l'anniversaire de… ? When is …'s birthday? I-5

  C'est quand ton/votre anniversaire? When is your birthday? I-5
  Qu'est-ce que c'est? What is it? I-1
cet *dem. adj., m., sing.* this; that I-6
  cet après-midi this afternoon I-2
cette *dem. adj., f., sing.* this; that I-6
  cette année this year I-2
  cette semaine this week I-2
ceux *pron., m., pl.* these; those; the ones II-6
chaîne (de télévision) *f.* (television) channel II-3
chaise *f.* chair I-1
chambre *f.* bedroom I-8, II-P
  chambre (individuelle) *f.* (single) room I-7
champ *m.* field II-6
champignon *m.* mushroom II-1
chance *f.* luck I-2
  avoir de la chance *v.* to be lucky I-2
chanson *f.* song II-7
chanter *v.* to sing I-5
chanteur/chanteuse *m., f.* singer I-1
chapeau *m.* hat I-6
chaque *adj.* each I-6
charcuterie *f.* delicatessen II-1
charmant(e) *adj.* charming I-1
chasse *f.* hunt II-6
chasser *v.* to hunt II-6
chat *m.* cat I-3
châtain *adj.* (hair) brown I-3
chaud *m.* heat I-2
  avoir chaud *v.* to be hot I-2
  Il fait chaud. (weather) It is hot. I-5
chauffeur de taxi/de camion *m.* taxi/truck driver II-5
chaussette *f.* sock I-6
chaussure *f.* shoe I-6
chef d'entreprise *m.* head of a company II-5
chef-d'œuvre *m.* masterpiece II-7
chemin *m.* path; way II-4
  suivre un chemin *v.* to follow a path II-4
chemise (à manches courtes/ longues) *f.* (short-/long-sleeved) shirt I-6
chemisier *m.* blouse I-6
chèque *m.* check II-4
  compte-chèques *m.* checking account II-4
  payer par chèque *v.* to pay by check II-4

cher/chère *adj.* expensive I-6
chercher *v.* to look for I-2
  chercher un/du travail to look for a job/work II-4
chercheur/chercheuse *m., f.* researcher II-5
chéri(e) *adj.* dear, beloved, darling I-2
cheval *m.* horse I-5
  faire du cheval *v.* to go horseback riding I-5
cheveux *m., pl.* hair II-1
  brosse à cheveux *f.* hairbrush II-2
  cheveux blonds blond hair I-3
  cheveux châtains brown hair I-3
  se brosser les cheveux *v.* to brush one's hair II-1
cheville *f.* ankle II-2
  se fouler la cheville *v.* to twist/sprain one's ankle II-2
chez *prep.* at (*someone's*) house I-3, at (*a place*) I-3
  passer chez quelqu'un *v.* to stop by someone's house I-4
chic *adj.* chic I-4
chien *m.* dog I-3
chimie *f.* chemistry I-2
Chine *f.* China I-7
chinois(e) *adj.* Chinese 7
chocolat (chaud) *m.* (hot) chocolate I-4
chœur *m.* choir, chorus II-7
choisir *v.* to choose I-4
chômage *m.* unemployment II-5
  être au chômage *v.* to be unemployed II-5
chômeur/chômeuse *m., f.* unemployed person II-5
chose *f.* thing I-1
  quelque chose *m.* something; anything I-4
chrysanthèmes *m., pl.* chrysanthemums II-1
chut shh II-7
-ci (*used with demonstrative adjective* **ce** *and noun or with demonstrative pronoun* **celui**) here I-6
  ce mois-ci this month I-2
ciel *m.* sky II-6
cinéma (ciné) *m.* movie theater, movies I-4
cinq *m.* five I-1
cinquante *m.* fifty I-1
cinquième *adj.* fifth 7
circulation *f.* traffic II-3
clair(e) *adj.* clear II-7
  Il est clair que... It is clear that... II-7
classe *f.* (*group of students*) class I-1

camarade de classe *m., f.* classmate I-1
  salle de classe *f.* classroom I-1
clavier *m.* keyboard II-3
clé *f.* key I-7
  clé USB *f.* USB drive II-3
client(e) *m., f.* client; guest I-7
cœur *m.* heart II-2
  avoir mal au cœur to feel nauseated II-2
coffre *m.* trunk II-3
coiffeur/coiffeuse *m., f.* hairdresser I-3
coin *m.* corner II-4
colis *m.* package II-4
colocataire *m., f.* roommate (*in an apartment*) I-1
Combien (de)... ? *adv.* How much/many... ? I-1
  Combien coûte... ? How much is... ? I-4
combiné *m.* receiver II-5
comédie (musicale) *f.* comedy (musical) II-7
commander *v.* to order II-1
comme *adv.* how; like, as I-2
  Comme ci, comme ça. So-so. I-1
commencer (à) *v.* to begin (*to do something*) I-2
comment *adv.* how I-4
  Comment? *adv.* What? I-4
  Comment allez-vous?, *form.* How are you? I-1
  Comment t'appelles-tu? *fam.* What is your name? I-1
  Comment vas-tu? *fam.* How are you? I-1
  Comment vous appelez-vous? *form.* What is your name? I-1
commerçant(e) *m., f.* shopkeeper II-1
commissariat de police *m.* police station II-4
commode *f.* dresser, chest of drawers I-8, II-P
complet (complète) *adj.* full (no vacancies) I-7
composer (un numéro) *v.* to dial (a number) II-3
compositeur *m.* composer II-7
comprendre *v.* to understand I-4
compris (comprendre) *p.p., adj.* understood; included I-6
comptable *m., f.* accountant II-5
compte *m.* account (*at a bank*) II-4
  avoir un compte bancaire *v.* to have a bank account II-4
  compte de chèques *m.* checking account II-4

compte d'épargne *m.* savings account II-4
  se rendre compte *v.* to realize II-2
compter sur quelqu'un *v.* to count on someone I-8, II-P
concert *m.* concert II-7
condition *f.* condition II-7
  à condition que on the condition that..., provided that... II-7
conduire *v.* to drive I-6
conduit (conduire) *p.p., adj.* driven I-6
confiture *f.* jam II-1
congé *m.* time off, leave I-7
  jour de congé *m.* day off I-7
  prendre un congé *v.* to take time off II-5
congélateur *m.* freezer I-8, II-P
connaissance *f.* acquaintance I-5
  faire la connaissance de *v.* to meet (*someone*) I-5
connaître *v.* to know, to be familiar with I-8, II-P
connecté(e) *adj.* connected II-3
  être connecté(e) avec quelqu'un *v.* to be online with someone I-7, II-3
connu (connaître) *p.p., adj.* known; famous I-8, II-P
conseil *m.* advice II-5
conseiller/conseillère *m., f.* consultant; advisor II-5
considérer *v.* to consider I-5
constamment *adv.* constantly I-7
construire *v.* to build, to construct I-6
conte *m.* tale II-7
content(e) *adj.* happy II-5
  être content(e) que... *v.* to be happy that... II-6
continuer (à) *v.* to continue (*doing something*) II-4
contraire *adj.* contrary II-7
  au contraire on the contrary II-7
copain/copine *m., f.* friend I-1
corbeille (à papier) *f.* wastebasket I-1
corps *m.* body II-2
costume *m.* (*man's*) suit I-6
côte *f.* coast II-6
coton *m.* cotton II-4
cou *m.* neck II-2
couche d'ozone *f.* ozone layer II-6
  trou dans la couche d'ozone *m.* hole in the ozone layer II-6
couleur *f.* color 6
  De quelle couleur... ? What color... ? I-6

couloir *m.* hallway I-8, II-P
couple *m.* couple I-6
courage *m.* courage II-5
courageux/courageuse *adj.* courageous, brave I-3
couramment *adv.* fluently I-7
courir *v.* to run I-5
courrier *m.* mail II-4
cours *m.* class, course I-2
course *f.* errand II-1
  faire les courses *v.* to go (grocery) shopping II-1
court(e) *adj.* short I-3
  chemise à manches courtes *f.* short-sleeved shirt I-6
couru (courir) *p.p.* run I-6
cousin(e) *m., f.* cousin I-3
couteau *m.* knife II-1
coûter *v.* to cost I-4
  Combien coûte... ? How much is... ? I-4
couvert (couvrir) *p.p.* covered II-3
couverture *f.* blanket I-8, II-P
couvrir *v.* to cover II-3
covoiturage *m.* carpooling II-6
cravate *f.* tie I-6
crayon *m.* pencil I-1
crème *f.* cream II-1
  crème à raser *f.* shaving cream II-2
crêpe *f.* crêpe I-5
crevé(e) *adj.* deflated; blown up II-3
  pneu crevé *m.* flat tire II-3
critique *f.* review; criticism II-7
croire (que) *v.* to believe (that) II-7
  ne pas croire que... to not believe that... II-7
croissant *m.* croissant I-4
croissant(e) *adj.* growing II-6
  population croissante *f.* growing population II-6
cru (croire) *p.p.* believed II-7
cruel/cruelle *adj.* cruel I-3
cuillère (à soupe/à café) *f.* (soup/tea)spoon II-1
cuir *m.* leather II-4
cuisine *f.* cooking; kitchen 5
  faire la cuisine *v.* to cook 5
cuisiner *v.* to cook II-1
cuisinier/cuisinière *m., f.* cook II-5
cuisinière *f.* stove I-8, II-P
curieux/curieuse *adj.* curious I-3
curriculum vitæ (C.V.) *m.* résumé II-5

D

d'abord *adv.* first I-7
d'accord *(tag question)* all right? I-2; *(in statement)* okay I-2
  être d'accord to be in agreement I-2
d'autres *m., f.* others I-4
d'habitude *adv.* usually I-8, II-P
danger *m.* danger, threat II-6
dangereux/dangereuse *adj.* dangerous II-3
dans *prep.* in I-3
danse *f.* dance II-7
danser *v.* to dance I-4
danseur/danseuse *m., f.* dancer II-7
date *f.* date I-5
  Quelle est la date? What is the date? I-5
de/d' *prep.* of I-3; from I-1
  de l'après-midi in the afternoon I-2
  de laquelle *pron., f., sing.* which one II-5
  De quelle couleur... ? What color... ? I-6
  De rien. You're welcome. I-1
  de taille moyenne of medium height I-3
  de temps en temps *adv.* from time to time I-7
débarrasser la table *v.* to clear the table I-8, II-P
déboisement *m.* deforestation II-6
début *m.* beginning; debut II-7
décembre *m.* December I-5
déchets toxiques *m., pl.* toxic waste II-6
décider (de) *v.* to decide (*to do something*) II-3
découvert (découvrir) *p.p.* discovered II-3
découvrir *v.* to discover II-3
décrire *v.* to describe I-7
décrocher *v.* to pick up II-5
décrit (décrire) *p.p., adj.* described I-7
degrés *m., pl.* (*temperature*) degrees I-5
  Il fait ... degrés. (*to describe weather*) It is ... degrees. I-5
déjà *adv.* already I-5
déjeuner *m.* lunch II-1; *v.* to eat lunch I-4
de l' *part. art., m., f., sing.* some I-4
de la *part. art., f., sing.* some I-4
délicieux/délicieuse delicious I-8, II-P
demain *adv.* tomorrow I-2

À demain. See you tomorrow. I-1
  après-demain *adv.* day after tomorrow I-2
  demain matin/après-midi/ soir *adv.* tomorrow morning/ afternoon/evening I-2
demander (à) *v.* to ask (*someone*), to make a request (*of someone*) I-6
  demander que... *v.* to ask that... II-6
démarrer *v.* to start up II-3
déménager *v.* to move out I-8, II-P
demie half I-2
  et demie half past ... (o'clock) I-2
demi-frère *m.* half-brother, stepbrother I-3
demi-sœur *f.* half-sister, stepsister I-3
démissionner *v.* to resign II-5
dent *f.* tooth II-1
  brosse à dents *f.* tooth brush II-2
  se brosser les dents *v.* to brush one's teeth II-2
dentifrice *m.* toothpaste II-2
dentiste *m., f.* dentist I-3
départ *m.* departure I-7
dépasser *v.* to go over; to pass II-3
dépense *f.* expenditure, expense II-4
dépenser *v.* to spend I-4
  dépenser de l'argent *v.* to spend money I-4
déposer de l'argent *v.* to deposit money II-4
déprimé(e) *adj.* depressed II-2
depuis *adv.* since; for II-1
dernier/dernière *adj.* last I-2
dernièrement *adv.* lastly, finally I-7
derrière *prep.* behind I-3
des *part. art., m., f., pl.* some I-4
des (de + les) *m., f., pl.* of the I-3
dès que *adv.* as soon as II-5
désagréable *adj.* unpleasant I-1
descendre (de) *v.* to go downstairs; to get off; to take down I-6
désert *m.* desert II-6
désirer (que) *v.* to want (that) I-5
désolé(e) *adj.* sorry I-6
  être désolé(e) que... to be sorry that... II-6
desquelles (de + lesquelles) *pron., f., pl.* which ones II-5
desquels (de + lesquels) *pron., m., pl.* which ones II-5

dessert *m.* dessert I-6
dessin animé *m.* cartoon II-7
dessiner *v.* to draw I-2
détester *v.* to hate I-2
  Je déteste... I hate... I-2
détruire *v.* to destroy I-6
détruit (détruire) *p.p., adj.* destroyed I-6
deux *m.* two I-1
deuxième *adj.* second I-7
devant *prep.* in front of I-3
développer *v.* to develop II-6
devenir *v.* to become II-1
devoir *m.* homework I-2; *v.* to have to, must II-1
dictionnaire *m.* dictionary I-1
différemment *adv.* differently I-8, II-P
différence *f.* difference I-1
différent(e) *adj.* different I-1
difficile *adj.* difficult I-1
dimanche *m.* Sunday I-2
dîner *m.* dinner II-1; *v.* to have dinner I-2
diplôme *m.* diploma, degree I-2
dire *v.* to say I-7
  Ça te dit? Does that appeal to you? II-6
  ça veut dire that is to say II-2
  veut dire *v.* means, signifies II-1
diriger *v.* to manage II-5
discret/discrète *adj.* discreet; unassuming I-3
discuter *v.* discuss I-6
disque dur *m.* hard drive II-3
dissertation *f.* essay II-3
distributeur automatique/de billets *m.* ATM II-4
dit (dire) *p.p., adj.* said I-7
divorce *m.* divorce I-6
divorcé(e) *adj.* divorced I-3
divorcer *v.* to divorce I-3
dix *m.* ten I-1
dix-huit *m.* eighteen I-1
dixième *adj.* tenth I-7
dix-neuf *m.* nineteen I-1
dix-sept *m.* seventeen I-1
documentaire *m.* documentary II-7
doigt *m.* finger II-2
doigt de pied *m.* toe II-2
domaine *m.* field II-5
dommage *m.* harm II-6
  Il est dommage que... It's a shame that... II-6
donc *conj.* therefore I-7
donner (à) *v.* to give (*to someone*) I-2
dont *rel. pron.* of which; of whom; that II-3
dormir *v.* to sleep I-5

dos *m.* back II-2
  sac à dos *m.* backpack I-1
douane *f.* customs I-7
douche *f.* shower I-8, II-P
  prendre une douche *v.* to take a shower II-2
doué(e) *adj.* talented, gifted II-7
douleur *f.* pain II-2
douter (que) *v.* to doubt (that) II-7
douteux/douteuse *adj.* doubtful II-7
  Il est douteux que... It is doubtful that... II-7
doux/douce *adj.* sweet; soft I-3
douze *m.* twelve I-1
dramaturge *m.* playwright II-7
drame (psychologique) *m.* (psychological) drama II-7
draps *m., pl.* sheets I-8, II-P
droite *f.* the right (side) I-3
  à droite de *prep.* to the right of I-3
drôle *adj.* funny I-3
du *part. art., m., sing.* some I-4
du (de + le) *m., sing.* of the I-3
dû (devoir) *p.p., adj.* (*used with infinitive*) had to; (*used with noun*) due, owed II-1
duquel (de + lequel) *pron., m., sing.* which one II-5

E

eau (minérale) *f.* (mineral) water I-4
  carafe d'eau *f.* pitcher of water II-1
écharpe *f.* scarf I-6
échecs *m., pl.* chess I-5
échouer *v.* to fail I-2
éclair *m.* éclair I-4
école *f.* school I-2
écologie *f.* ecology II-6
écologique *adj.* ecological II-6
économie *f.* economics I-2
écotourisme *m.* ecotourism II-6
écouter *v.* to listen (to) I-2
écran *m.* screen 11
écrire *v.* to write I-7
écrivain(e) *m., f.* writer II-7
écrit (écrire) *p.p., adj.* written I-7
écureuil *m.* squirrel II-6
éducation physique *f.* physical education I-2
effacer *v.* to erase II-3
effet de serre *m.* greenhouse effect II-6
égaler *v.* to equal I-3
église *f.* church I-4

égoïste *adj.* selfish I-1
Eh! *interj.* Hey! I-2
électrique *adj.* electric I-8, II-P
  appareil électrique/ménager *m.* electrical/household appliance I-8, II-P
électricien/électricienne *m., f.* electrician II-5
élégant(e) *adj.* elegant 1
élevé *adj.* high II-5
élève *m., f.* pupil, student I-1
elle *pron., f.* she; it I-1; her I-3
  elle est... she/it is... I-1
elles *pron., f.* they I-1; them I-3
  elles sont... they are... I-1
e-mail *m.* e-mail II-3
emballage (en plastique) *m.* (plastic) wrapping/packaging II-6
embaucher *v.* to hire II-5
embrayage *m.* (*automobile*) clutch II-3
émission (de télévision) *f.* (television) program II-7
emménager *v.* to move in I-8, II-P
emmener *v.* to take (*someone*) I-5
emploi *m.* job II-5
  emploi à mi-temps/à temps partiel *m.* part-time job II-5
  emploi à plein temps *m.* full-time job II-5
employé(e) *m., f.* employee II-5
employer *v.* to use, to employ I-5
emprunter *v.* to borrow II-4
en *prep.* in I-3
  en automne in the fall I-5
  en avance early I-2
  en avoir marre to be fed up I-6
  en effet indeed; in fact II-6
  en été in the summer I-5
  en face (de) *prep.* facing, across (from) I-3
  en fait in fact I-7
  en général *adv.* in general I-7
  en hiver in the winter I-5
  en plein air in fresh air II-6
  en retard late I-2
  en tout cas in any case 6
  en vacances on vacation 7
  être en ligne to be online II-3
en *pron.* some of it/them; about it/them; of it/them; from it/them II-2
  Je vous en prie. *form.* Please.; You're welcome. I-1
  Qu'en penses-tu? What do you think about that? II-6
enceinte *adj.* pregnant II-2
Enchanté(e). Delighted. I-1
encore *adv.* again; still I-3
endroit *m.* place I-4

énergie (nucléaire/solaire) *f.* (nuclear/solar) energy II-6
enfance *f.* childhood I-6
enfant *m., f.* child I-3
enfin *adv.* finally, at last I-7
enlever la poussière *v.* to dust I-8, II-P
ennuyeux/ennuyeuse *adj.* boring I-3
énorme *adj.* enormous, huge I-2
enregistrer *v.* to record II-3
enregistreur DVR *m.* DVR II-3
enseigner *v.* to teach I-2
ensemble *adv.* together I-6
ensuite *adv.* then, next I-7
entendre *v.* to hear I-6
entracte *m.* intermission II-7
entre *prep.* between I-3
entrée *f.* appetizer, starter II-1
entreprise *f.* firm, business II-5
entrer *v.* to enter I-7
entretien: passer un entretien *to have an interview* II-5
enveloppe *f.* envelope II-4
envie *f.* desire, envy I-2
   avoir envie (de) to feel like (*doing something*) I-2
environnement *m.* environment II-6
envoyer (à) *v.* to send (*to someone*) I-5
épargne *f.* savings II-4
   compte d'épargne *m.* savings account II-4
épicerie *f.* grocery store I-4
épouser *v.* to marry I-3
épouvantable *adj.* dreadful 5
   Il fait un temps épouvantable. The weather is dreadful. I-5
époux/épouse *m., f.* husband/wife I-3
équipe *f.* team I-5
escalier *m.* staircase I-8, II-P
escargot *m.* escargot, snail II-1
espace *m.* space II-6
Espagne *f.* Spain 7
espagnol(e) *adj.* Spanish I-1
espèce (menacée) *f.* (endangered) species II-6
espèces *m.* cash II-4
espérer *v.* to hope I-5
essayer *v.* to try I-5
essence *f.* gas II-3
   réservoir d'essence *m.* gas tank II-3
   voyant d'essence *m.* gas warning light II-3
essentiel(le) *adj.* essential II-6
   Il est essentiel que... It is essential that... II-6

essuie-glace *m.* (**essuie-glaces** *pl.*) windshield wiper(s) II-3
essuyer (la vaisselle/la table) *v.* to wipe (the dishes/the table) I-8, II-P
est *m.* east II-4
Est-ce que... ? (*used in forming questions*) I-2
et *conj.* and I-1
   Et toi? *fam.* And you? I-1
   Et vous? *form.* And you? I-1
étage *m.* floor I-7
étagère *f.* shelf I-8, II-P
étape *f.* stage I-6
États-Unis *m., pl.* United States I-7
été *m.* summer I-5
   en été in the summer I-5
été (être) *p.p.* been I-6
éteindre *v.* to turn off II-3
éternuer *v.* to sneeze II-2
étoile *f.* star II-6
étranger/étrangère *adj.* foreign I-2
   langues étrangères *f., pl.* foreign languages I-2
étranger *m.* (*places that are*) abroad, overseas I-7
   à l'étranger abroad, overseas I-7
étrangler *v.* to strangle II-5
être *v.* to be I-1
   être bien/mal payé(e) to be well/badly paid II-5
   être connecté(e) avec quelqu'un to be online with someone I-7, II-3
   être en ligne avec to be online with II-3
   être en pleine forme to be in good shape II-2
études (supérieures) *f., pl.* studies; (higher) education I-2
étudiant(e) *m., f.* student I-1
étudier *v.* to study I-2
eu (avoir) *p.p.* had I-6
eux *disj. pron., m., pl.* they, them I-3
évidemment *adv.* obviously, evidently; of course I-7
évident(e) *adj.* evident, obvious II-7
   Il est évident que... It is evident that... II-7
évier *m.* sink I-8, II-P

éviter (de) *v.* to avoid (*doing something*) II-2
exactement *adv.* exactly II-1
examen *m.* exam; test I-1
   être reçu(e) à un examen *v.* to pass an exam I-2

passer un examen *v.* to take an exam I-2
Excuse-moi. *fam.* Excuse me. I-1
Excusez-moi. *form.* Excuse me. I-1
exercice *m.* exercise II-2
   faire de l'exercice *v.* to exercise II-2
exigeant(e) *adj.* demanding II-5
   profession (exigeante) *f.* a (demanding) profession II-5
exiger (que) *v.* to demand (that) II-6
expérience (professionnelle) *f.* (professional) experience II-5
expliquer *v.* to explain I-2
explorer *v.* to explore I-4
exposition *f.* exhibit II-7
extinction *f.* extinction II-6

F

facile *adj.* easy I-2
facilement *adv.* easily I-8, II-P
facteur *m.* mailman II-4
faible *adj.* weak I-3
faim *f.* hunger I-4
   avoir faim *v.* to be hungry I-4
faire *v.* to do; to make I-5
   faire attention (à) *v.* to pay attention (to) I-5
   faire quelque chose de beau *v.* to be up to something interesting II-4
   faire de l'aérobic *v.* to do aerobics I-5
   faire de la gym *v.* to work out I-5
   faire de la musique *v.* to play music II-5
   faire de la peinture *v.* to paint II-7
   faire de la planche à voile *v.* to go windsurfing I-5
   faire de l'exercice *v.* to exercise II-2
   faire des projets *v.* to make plans II-5
   faire du camping *v.* to go camping I-5
   faire du cheval *v.* to go horseback riding I-5
   faire du jogging *v.* to go jogging I-5
   faire du shopping *v.* to go shopping I-7
   faire du ski *v.* to go skiing I-5
   faire du sport *v.* to do sports I-5
   faire du vélo *v.* to go bike riding I-5

faire la connaissance de *v.* to meet (*someone*) I-5
faire la cuisine *v.* to cook I-5
faire la fête *v.* to celebrate I-6
faire la lessive *v.* to do the laundry I-8, II-P
faire la poussière *v.* to dust I-8, II-P
faire la queue *v.* to wait in line II-4
faire la vaisselle *v.* to do the dishes I-8, II-P
faire le lit *v.* to make the bed I-8, II-P
faire le ménage *v.* to do the housework I-8, II-P
faire le plein *v.* to fill the tank II-3
faire les courses *v.* to run errands II-1
faire les musées *v.* to go to museums II-7
faire les valises *v.* to pack one's bags I-7
faire mal *v.* to hurt II-2
faire plaisir à quelqu'un *v.* to please someone II-5
faire sa toilette *v.* to wash up II-2
faire une piqûre *v.* to give a shot 10
faire une promenade *v.* to go for a walk I-5
faire une randonnée *v.* to go for a hike I-5
faire un séjour *v.* to spend time (*somewhere*) I-7
faire un tour (en voiture) *v.* to go for a walk (drive) I-5
faire visiter *v.* to give a tour I-8, II-P
fait (faire) *p.p., adj.* done; made I-6
falaise *f.* cliff II-6
faut (falloir) *v.* (*used with infinitive*) is necessary to... I-5
  Il a fallu... It was necessary to... I-6
  Il fallait... One had to... I-8, II-P
  Il faut que... One must.../It is necessary that... II-6
fallu (falloir) *p.p.* (*used with infinitive*) had to... I-6
  Il a fallu... It was necessary to... I-6
famille *f.* family I-3
fatigué(e) *adj.* tired I-3
fauteuil *m.* armchair I-8, II-P
favori/favorite *adj.* favorite I-3
fax *m.* fax (machine) II-3

félicitations congratulations II-7
femme *f.* woman; wife I-1
  femme d'affaires businesswoman I-3
  femme au foyer housewife II-5
  femme auteur author II-7
  femme cadre executive II-5
  femme peintre painter II-7
  femme politique politician II-5
  femme pompier firefighter II-5
fenêtre *f.* window I-1
fer à repasser *m.* iron I-8, II-P
férié(e) *adj.* holiday I-6
  jour férié *m.* holiday I-6
fermé(e) *adj.* closed II-4
fermer *v.* to close; to shut off II-3
festival (festivals *pl.*) *m.* festival II-7
fête *f.* party; celebration I-6
  faire la fête *v.* to celebrate I-6
fêter *v.* to celebrate I-6
feu de signalisation *m.* traffic light II-4
feuille de papier *f.* sheet of paper I-1
feuilleton *m.* soap opera II-7
février *m.* February I-5
fiancé(e) *adj.* engaged I-3
fiancé(e) *m., f.* fiancé I-6
fichier *m.* file II-3
fier/fière *adj.* proud I-3
fièvre *f.* fever II-2
  avoir de la fièvre *v.* to have a fever II-2
fille *f.* girl; daughter I-1
film (d'aventures, d'horreur, de science-fiction, policier) *m.* (adventure, horror, science-fiction, crime) film II-7
fils *m.* son I-3
fin *f.* end II-7
finalement *adv.* finally I-7
fini (finir) *p.p., adj.* finished, done, over I-4
finir (de) *v.* to finish (*doing something*) I-4
fleur *f.* flower I-8, II-P
fleuve *m.* river II-6
fois *f.* time I-8, II-P
  une fois *adv.* once I-8, II-P
  deux fois *adv.* twice I-8, II-P
fonctionner *v.* to work, to function II-3
fontaine *f.* fountain II-4
foot(ball) *m.* soccer I-5
  football américain *m.* football I-5
forêt (tropicale) *f.* (tropical) forest II-6

formation *f.* education; training II-5
forme *f.* shape; form II-2
  être en pleine forme *v.* to be in good shape II-2
formidable *adj.* great I-7
formulaire *m.* form II-4
  remplir un formulaire to fill out a form II-4
fort(e) *adj.* strong I-3
fou/folle *adj.* crazy I-3
four (à micro-ondes) *m.* (microwave) oven I-8, II-P
fourchette *f.* fork II-1
frais/fraîche *adj.* fresh; cool I-5
  Il fait frais. (*weather*) It is cool. I-5
fraise *f.* strawberry II-1
français(e) *adj.* French I-1
France *f.* France I-7
franchement *adv.* frankly, honestly I-7
freiner *v.* to brake II-3
freins *m., pl.* brakes II-3
fréquenter *v.* to frequent; to visit I-4
frère *m.* brother I-3
  beau-frère *m.* brother-in-law I-3
  demi-frère *m.* half-brother, stepbrother I-3
frigo *m.* refrigerator I-8, II-P
frisé(e) *adj.* curly I-3
frites *f., pl.* French fries I-4
froid *m.* cold I-2
  avoir froid to be cold I-2
  Il fait froid. (*weather*) It is cold. I-5
fromage *m.* cheese I-4
fruit *m.* fruit II-1
fruits de mer *m., pl.* seafood II-1
funérailles *f., pl.* funeral II-1
furieux/furieuse *adj.* furious II-6
  être furieux/furieuse que... *v.* to be furious that... II-6

G

gagner *v.* to win I-5; to earn II-5
gant *m.* glove I-6
garage *m.* garage I-8, II-P
garanti(e) *adj.* guaranteed 5
garçon *m.* boy I-1
garder la ligne *v.* to stay slim II-2
gare (routière) *f.* train station (bus station) I-7
gaspillage *m.* waste II-6
gaspiller *v.* to waste II-6
gâteau *m.* cake I-6
gauche *f.* the left (side) I-3
  à gauche (de) *prep.* to the left (of) I-3

gazeux/gazeuse *adj.* carbonated, fizzy 4
  boisson gazeuse *f.* carbonated drink/beverage I-4
généreux/généreuse *adj.* generous I-3
génial(e) *adj.* great I-3
genou *m.* knee II-2
genre *m.* genre II-7
gens *m., pl.* people I-7
gentil/gentille *adj.* nice I-3
gentiment *adv.* nicely I-8, II-P
géographie *f.* geography I-2
gérant(e) *m., f.* manager II-5
gestion *f.* business administration I-2
glace *f.* ice cream I-6
glaçon *m.* ice cube I-6
glissement de terrain *m.* landslide II-6
golf *m.* golf I-5
enfler *v.* to swell II-2
gorge *f.* throat II-2
goûter *m.* afternoon snack II-1; *v.* to taste II-1
gouvernement *m.* government II-6
grand(e) *adj.* big I-3
  grand magasin *m.* department store I-4
grand-mère *f.* grandmother I-3
grand-père *m.* grandfather I-3
grands-parents *m., pl.* grandparents I-3
gratin *m.* gratin II-1
gratuit(e) *adj.* free II-7
grave *adj.* serious II-2
  Ce n'est pas grave. It's okay.; No problem. I-6
grille-pain *m.* toaster I-8, II-P
grippe *f.* flu II-2
gris(e) *adj.* gray I-6
gros(se) *adj.* fat I-3
grossir *v.* to gain weight I-4
guérir *v.* to get better II-2
guitare *f.* guitar II-7
gym *f.* exercise I-5
  faire de la gym *v.* to work out I-5
gymnase *m.* gym I-4

H

habitat *m.* habitat II-6
  sauvetage des habitats *m.* habitat preservation II-6
habiter (à) *v.* to live (in/at) I-2
haricots verts *m., pl.* green beans II-1
Hein? *interj.* Huh?; Right? I-3
herbe *f.* grass II-6
hésiter (à) *v.* to hesitate (*to do something*) II-3

heure(s) *f.* hour, o'clock; time I-2
  à ... heure(s) at ... (o'clock) I-4
  À quelle heure? What time?; When? I-2
  À tout à l'heure. See you later. I-1
  Quelle heure avez-vous? *form.* What time do you have? I-2
  Quelle heure est-il? What time is it? I-2
heureusement *adv.* fortunately I-8, II-P
heureux/heureuse *adj.* happy I-3
  être heureux/heureuse que... to be happy that... II-6
hier (matin/après-midi/soir) *adv.* yesterday (morning/afternoon/evening) I-7
  avant-hier *adv.* day before yesterday I-7
histoire *f.* history; story I-2
hiver *m.* winter I-5
  en hiver in the winter I-5
homme *m.* man I-1
  homme d'affaires *m.* businessman I-3
  homme politique *m.* politician II-5
honnête *adj.* honest II-7
honte *f.* shame I-2
  avoir honte (de) *v.* to be ashamed (of) I-2
hôpital *m.* hospital I-4
horloge *f.* clock I-1
hors-d'œuvre *m.* hors d'œuvre, appetizer II-1
hôte/hôtesse *m., f.* host I-6
hôtel *m.* hotel I-7
hôtelier/hôtelière *m., f.* hotel keeper I-7
huile *f.* oil II-1
  huile *f.* (automobile) oil II-3
  huile d'olive *f.* olive oil II-1
  vérifier l'huile to check the oil II-3
  voyant d'huile *m.* oil warning light II-3
huit *m.* eight I-1
huitième *adj.* eighth I-7
humeur *f.* mood I-8, II-P
  être de bonne/mauvaise humeur *v.* to be in a good/bad mood I-8, II-P

I

ici *adv.* here I-1
idée *f.* idea I-3
il *sub. pron.* he; it I-1
  il est... he/it is... I-1

Il n'y a pas de quoi. It's nothing.; You're welcome. I-1
Il vaut mieux que... It is better that... II-6
Il faut (falloir) *v.* (*used with infinitive*) It is necessary to... I-6
  Il a fallu... It was necessary to... I-6
  Il fallait... One had to... I-8, II-P
  Il faut (que)... One must.../ It is necessary that... II-6
il y a there is/are I-1
  il y a eu there was/were 6
  il y avait there was/were I-8, II-P
  Qu'est-ce qu'il y a? What is it?; What's wrong? I-1
  Y a-t-il... ? Is/Are there... ? I-2
il y a... (*used with an expression of time*) ... ago II-1
île *f.* island II-6
ils *sub. pron., m., pl.* they I-1
  ils sont... they are... I-1
immeuble *m.* building I-8, II-P
impatient(e) *adj.* impatient I-1
imperméable *m.* rain jacket I-5
important(e) *adj.* important I-1
  Il est important que... It is important that... II-6
impossible *adj.* impossible II-7
  Il est impossible que... It is impossible that... II-7
imprimante *f.* printer II-3
imprimer *v.* to print II-3
incendie *m.* fire II-6
  prévenir l'incendie to prevent a fire II-6
incroyable *adj.* incredible II-3
indépendamment *adv.* independently I-8, II-P
indépendant(e) *adj.* independent I-1
indications *f.* directions II-4
indiquer *v.* to indicate I-5
indispensable *adj.* essential, indispensable II-6
  Il est indispensable que... It is essential that... II-6
individuel(le) *adj.* single, individual I-7
  chambre individuelle *f.* single (hotel) room I-7
infirmier/infirmière *m., f.* nurse II-2
informations (infos) *f., pl.* news II-7
informatique *f.* computer science I-2
ingénieur *m.* engineer I-3
inquiet/inquiète *adj.* worried I-3

instrument *m.* instrument I-1
intellectuel(le) *adj.* intellectual I-3
intelligent(e) *adj.* intelligent I-1
interdire *v.* to forbid, to prohibit II-6
intéressant(e) *adj.* interesting I-1
inutile *adj.* useless I-2
invité(e) *m., f.* guest I-6
inviter *v.* to invite I-4
irlandais(e) *adj.* Irish I-7
Irlande *f.* Ireland I-7
Italie *f.* Italy I-7
italien(ne) *adj.* Italian I-1

J

jaloux/jalouse *adj.* jealous I-3
jamais *adv.* never I-5
  ne... jamais never, not ever II-4
jambe *f.* leg II-2
jambon *m.* ham I-4
janvier *m.* January I-5
Japon *m.* Japan I-7
japonais(e) *adj.* Japanese I-1
jardin *m.* garden; yard I-8, II-P
jaune *adj.* yellow I-6
je/j' *sub. pron.* I I-1
  Je vous en prie. *form.* Please.; You're welcome. I-1
jean *m., sing.* jeans I-6
jeter *v.* to throw away II-6
jeu *m.* game I-5
  jeu télévisé *m.* game show II-7
  jeu vidéo (des jeux vidéo) *m.* video game(s) II-3
jeudi *m.* Thursday I-2
jeune *adj.* young I-3
  jeunes mariés *m., pl.* newlyweds I-6
jeunesse *f.* youth I-6
  auberge de jeunesse *f.* youth hostel I-7
jogging *m.* jogging I-5
  faire du jogging *v.* to go jogging I-5
joli(e) *adj.* handsome; beautiful I-3
joue *f.* cheek II-2
jouer (à/de) *v.* to play (*a sport/a musical instrument*) I-5
  jouer un rôle *v.* to play a role II-7
joueur/joueuse *m., f.* player I-5
jour *m.* day I-2
  jour de congé *m.* day off I-7
  jour férié *m.* holiday I-6
  Quel jour sommes-nous? *What day is it?* I-2
journal *m.* newspaper; journal I-7

journaliste *m., f.* journalist I-3
journée *f.* day I-2
juillet *m.* July I-5
juin *m.* June I-5
jungle *f.* jungle II-6
jupe *f.* skirt I-6
jus (d'orange/de pomme) *m.* (orange/apple) juice I-4
jusqu'à (ce que) *prep.* until II-4
juste *adv.* just; right I-3
  juste à côté right next door I-3

K

kilo(gramme) *m.* kilo(gram) II-1
kiosque *m.* kiosk I-4

L

l' *def. art., m., f. sing.* the I-1; *d.o. pron., m., f.* him; her; it I-7
la *def. art., f. sing.* the I-1; *d.o. pron., f.* her; it I-7
là(-bas) (over) there I-1
-là *(used with demonstrative adjective* ce *and noun or with demonstrative pronoun* celui*)* there I-6
lac *m.* lake II-6
laid(e) *adj.* ugly I-3
laine *f.* wool II-4
laisser *v.* to let, to allow II-3
  laisser tranquille *v.* to leave alone II-2
  laisser un message *v.* to leave a message II-5
  laisser un pourboire *v.* to leave a tip I-4
lait *m.* milk I-4
laitue *f.* lettuce II-1
lampe *f.* lamp I-8, II-P
langues (étrangères) *f., pl.* (foreign) languages I-2
lapin *m.* rabbit II-6
laquelle *pron., f., sing.* which one II-5
  à laquelle *pron., f., sing.* which one II-5
  de laquelle *pron., f., sing.* which one II-5
large *adj.* loose; big I-6
lavabo *m.* bathroom sink I-8, II-P
lave-linge *m.* washing machine I-8, II-P
laver *v.* to wash I-8, II-P
laverie *f.* laundromat II-4
lave-vaisselle *m.* dishwasher I-8, II-P
le *def. art., m. sing.* the I-1; *d.o. pron.* him; it I-7
légume *m.* vegetable II-1
lent(e) *adj.* slow I-3

lentement *adv.* slowly I-7
lequel *pron., m., sing.* which one II-5
  auquel (à + lequel) *pron., m., sing.* which one II-5
  duquel (de + lequel) *pron., m., sing.* which one II-5
les *def. art., m., f., pl.* the I-1; *d.o. pron., m., f., pl.* them I-7
lesquelles *pron., f., pl.* which ones II-5
  auxquelles (à + lesquelles) *pron., f., pl.* which ones II-5
  desquelles (de + lesquelles) *pron., f., pl.* which ones II-5
lesquels *pron., m., pl.* which ones II-5
  auxquels (à + lesquels) *pron., m., pl.* which ones II-5
  desquels (de + lesquels) *pron., m., pl.* which ones II-5
lessive *f.* laundry I-8, II-P
  faire la lessive *v.* to do the laundry I-8, II-P
lettre *f.* letter II-4
  boîte aux lettres *f.* mailbox II-4
  lettre de motivation *f.* letter of application II-5
  lettre de recommandation *f.* letter of recommendation, reference letter II-5
lettres *f., pl.* humanities I-2
leur *i.o. pron., m., f., pl.* them I-6
leur(s) *poss. adj., m., f.* their I-3
librairie *f.* bookstore I-1
libre *adj.* available I-7
lien *m.* link II-3
lieu *m.* place I-4
ligne *f.* figure, shape II-2
  garder la ligne *v.* to stay slim II-2
limitation de vitesse *f.* speed limit II-3
limonade *f.* lemon soda I-4
linge *m.* laundry I-8, II-P
  lave-linge *m.* washing machine I-8, II-P
  sèche-linge *m.* clothes dryer I-8, II-P
lire *v.* to read I-7
lit *m.* bed I-7
  faire le lit *v.* to make the bed I-8, II-P
littéraire *adj.* literary II-7
littérature *f.* literature I-1
livre *m.* book I-1
logement *m.* housing I-8, II-P
logiciel *m.* software, program II-3
loi *f.* law II-6
loin de *prep.* far from I-3
loisir *m.* leisure activity I-5
long(ue) *adj.* long I-3

chemise à manches longues *f.* long-sleeved shirt I-6
longtemps *adv.* a long time I-5
louer *v.* to rent I-8, II-P
loyer *m.* rent I-8, II-P
lu (lire) *p.p.* read I-7
lui *pron., sing.* he I-1; him I-3; *i.o. pron. (attached to imperative)* to him/her II-1
l'un(e) à l'autre to one another II-3
l'un(e) l'autre one another II-3
lundi *m.* Monday I-2
Lune *f.* moon II-6
lunettes (de soleil) *f., pl.* (sun)glasses I-6
lycée *m.* high school I-1
lycéen(ne) *m., f.* high school student I-2

M

ma *poss. adj., f., sing.* my I-3
Madame *f.* Ma'am; Mrs. I-1
Mademoiselle *f.* Miss I-1
magasin *m.* store I-4
  grand magasin *m.* department store I-4
magazine *m.* magazine II-7
magnétophone *m.* tape recorder II-3
magnétoscope *m.* videocassette recorder (VCR) II-3
mai *m.* May I-5
maigrir *v.* to lose weight I-4
maillot de bain *m.* swimsuit, bathing suit I-6
main *f.* hand I-5
  sac à main *m.* purse, handbag I-6
maintenant *adv.* now I-5
maintenir *v.* to maintain II-1
mairie *f.* town/city hall; mayor's office II-4
mais *conj.* but I-1
  mais non (but) of course not; no I-2
maison *f.* house I-4
  rentrer à la maison *v.* to return home I-2
mal *adv.* badly I-7
  Je vais mal. I am doing badly. I-1
  le plus mal *super. adv.* the worst II-1
  se porter mal *v.* to be doing badly II-2
mal *m.* illness; ache, pain II-2
  avoir mal *v.* to have an ache II-2
  avoir mal au cœur *v.* to feel nauseated II-2
  faire mal *v.* to hurt II-2
malade *adj.* sick, ill II-2

tomber malade *v.* to get sick II-2
maladie *f.* illness II-5
  assurance maladie *f.* health insurance II-5
malheureusement *adv.* unfortunately I-7
malheureux/malheureuse *adj.* unhappy I-3
manche *f.* sleeve I-6
  chemise à manches courtes/ longues *f.* short-/long-sleeved shirt I-6
manger *v.* to eat I-2
  salle à manger *f.* dining room I-8, II-P
manteau *m.* coat I-6
maquillage *m.* makeup II-2
marchand de journaux *m.* newsstand II-4
marché *m.* market I-4
  bon marché *adj.* inexpensive I-6
marcher *v.* to walk *(person)* I-5; to work *(thing)* II-3
mardi *m.* Tuesday I-2
mari *m.* husband I-3
mariage *m.* marriage; wedding *(ceremony)* I-6
marié(e) *adj.* married I-3
mariés *m., pl.* married couple I-6
  jeunes mariés *m., pl.* newlyweds I-6
marocain(e) *adj.* Moroccan I-1
marron *adj., inv.* (not for hair) brown I-3
mars *m.* March I-5
martiniquais(e) *adj.* from Martinique I-1
match *m.* game I-5
mathématiques (maths) *f., pl.* mathematics I-2
matin *m.* morning I-2
  ce matin *adv.* this morning I-2
  demain matin *adv.* tomorrow morning I-2
  hier matin *adv.* yesterday morning I-7
matinée *f.* morning I-2
mauvais(e) *adj.* bad I-3
  Il fait mauvais. The weather is bad. I-5
  le/la plus mauvais(e) *super. adj.* the worst II-1
mayonnaise *f.* mayonnaise II-1
me/m' *pron., sing.* me; myself I-6
mec *m.* guy II-2
mécanicien *m.* mechanic II-3
mécanicienne *f.* mechanic II-3
méchant(e) *adj.* mean I-3
médecin *m.* doctor I-3
médicament (contre/pour) *m.* medication (against/for) II-2
meilleur(e) *comp. adj.* better II-1

le/la meilleur(e) *super. adj.* the best II-1
membre *m.* member II-7
même *adj.* even I-5; same
-même(s) *pron.* -self/-selves I-6
menacé(e) *adj.* endangered II-6
  espèce menacée *f.* endangered species II-6
ménage *m.* housework I-8, II-P
  faire le ménage *v.* to do housework I-8, II-P
ménager/ménagère *adj.* household I-8, II-P
  appareil ménager *m.* household appliance I-8, II-P
  tâche ménagère *f.* household chore I-8, II-P
mention *f.* distinction II-5
menu *m.* menu II-1
mer *f.* sea I-7
Merci (beaucoup). Thank you (very much). I-1
mercredi *m.* Wednesday I-2
mère *f.* mother I-3
  belle-mère *f.* mother-in-law; stepmother I-3
mes *poss. adj., m., f., pl.* my I-3
message *m.* message II-5
  laisser un message *v.* to leave a message II-5
messagerie *f.* voicemail II-5
météo *f.* weather II-7
métier *m.* profession II-5
métro *m.* subway I-7
  station de métro *f.* subway station I-7
metteur en scène *m.* director *(of a play)* II-7
mettre *v.* to put, to place 6
  mettre la table to set the table I-8, II-P
meuble *m.* piece of furniture I-8, II-P
mexicain(e) *adj.* Mexican I-1
Mexique *m.* Mexico I-7
Miam! *interj.* Yum! I-5
micro-onde *m.* microwave oven I-8, II-P
  four à micro-ondes *m.* microwave oven I-8, II-P
midi *m.* noon I-2
  après-midi *m.* afternoon I-2
mieux *comp. adv.* better II-1
  aimer mieux *v.* to prefer I-2
  le mieux *super. adv.* the best II-1
  se porter mieux *v.* to be doing better II-2
mille *m.* one thousand I-5
  cent mille *m.* one hundred thousand I-5
million, un *m.* one million I-5
  deux millions *m.* two million I-5

minuit *m.* midnight I-2
miroir *m.* mirror I-8, II-P
mis (mettre) *p.p.* put, placed I-6
mode *f.* fashion I-2
modeste *adj.* modest II-5
moi *disj. pron., sing.* I, me I-3; *pron. (attached to an imperative)* to me, to myself II-1
   Moi aussi. Me too. I-1
   Moi non plus. Me neither. I-2
moins *adv.* before … (o'clock) I-2
moins (de) *adv.* less (of); fewer I-4
   le/la moins *super. adv. (used with verb or adverb)* the least II-1
   le moins de… *(used with noun to express quantity)* the least… II-6
   moins de… que… *(used with noun to express quantity)* less… than… II-6
mois *m.* month I-2
   ce mois-ci this month I-2
moment *m.* moment I-1
mon *poss. adj., m., sing.* my I-3
monde *m.* world I-7
monnaie *f.* change, coins; money II-4
Monsieur *m.* Sir; Mr. I-1
montagne *f.* mountain I-4
monter *v.* to go up, to come up; to get in/on I-7
montre *f.* watch I-1
montrer (à) *v.* to show (*to someone*) I-6
morceau (de) *m.* piece, bit (of) I-4
mort *f.* death I-6
mort (mourir) *p.p., adj. (as past participle)* died; *(as adjective)* dead I-7
mot de passe *m.* password II-3
moteur *m.* engine II-3
mourir *v.* to die I-7
moutarde *f.* mustard II-1
moyen(ne) *adj.* medium I-3
   de taille moyenne of medium height I-3
MP3 *m.* MP3 II-3
mur *m.* wall I-8, II-P
musée *m.* museum I-4
   faire les musées *v.* to go to museums II-7
musical(e) *adj.* musical II-7
   comédie musicale *f.* musical II-7
musicien(ne) *m., f.* musician I-3
musique: faire de la musique *v.* to play music II-7

N

nager *v.* to swim I-4
naïf/naïve *adj.* naïve I-3
naissance *f.* birth I-6
naître *v.* to be born I-7
nappe *f.* tablecloth II-1
nationalité *f.* nationality I-1
   Je suis de nationalité… I am of … nationality. I-1
   Quelle est ta nationalité? *fam.* What is your nationality? I-1
   Quelle est votre nationalité? *fam., pl., form.* What is your nationality? I-1
nature *f.* nature II-6
naturel(le) *adj.* natural II-6
   ressource naturelle *f.* natural resource II-6
né (naître) *p.p., adj.* born I-7
ne/n' no, not I-1
   ne… aucun(e) none, not any II-4
   ne… jamais never, not ever II-4
   ne… ni… ni… neither… nor… II-4
   ne… pas no, not I-2
   ne… personne nobody, no one II-4
   ne… plus no more, not anymore II-4
   ne… que only II-4
   ne… rien nothing, not anything II-4
   N'est-ce pas? *(tag question)* Isn't it? I-2
nécessaire *adj.* necessary II-6
   Il est nécessaire que… It is necessary that… II-6
neiger *v.* to snow I-5
   Il neige. It is snowing. I-5
nerveusement *adv.* nervously I-8, II-P
nerveux/nerveuse *adj.* nervous I-3
nettoyer *v.* to clean I-5
neuf *m.* nine I-1
neuvième *adj.* ninth I-7
neveu *m.* nephew I-3
nez *m.* nose II-2
ni nor II-4
   ne… ni… ni… neither… nor II-4
nièce *f.* niece I-3
niveau *m.* level II-5
noir(e) *adj.* black I-3
non no I-2
   mais non (but) of course not; no I-2
nord *m.* north II-4

nos *poss. adj., m., f., pl.* our I-3
note *f. (academics)* grade I-2
notre *poss. adj., m., f., sing.* our I-3
nourriture *f.* food, sustenance II-1
nous *pron.* we I-1; us I-3; ourselves II-2
nouveau/nouvelle *adj.* new I-3
nouvelles *f., pl.* news II-7
novembre *m.* November I-5
nuage de pollution *m.* pollution cloud II-6
nuageux/nuageuse *adj.* cloudy I-5
   Le temps est nuageux. It is cloudy. I-5
nucléaire *adj.* nuclear II-6
   centrale nucléaire *f.* nuclear plant II-6
   énergie nucléaire *f.* nuclear energy II-6
nuit *f.* night I-2
   boîte de nuit *f.* nightclub I-4
nul(le) *adj.* useless I-2
numéro *m. (telephone)* number II-3
   composer un numéro *v.* to dial a number II-3
   recomposer un numéro *v.* to redial a number II-3

O

objet *m.* object I-1
obtenir *v.* to get, to obtain II-5
occupé(e) *adj.* busy I-1
octobre *m.* October I-5
œil (les yeux) *m.* eye (eyes) II-2
œuf *m.* egg II-1
œuvre *f.* artwork, piece of art II-7
   chef-d'œuvre *m.* masterpiece II-7
   hors-d'œuvre *m.* hors d'œuvre, starter II-1
offert (offrir) *p.p.* offered II-3
office du tourisme *m.* tourist office II-4
offrir *v.* to offer II-3
oignon *m.* onion II-1
oiseau *m.* bird I-3
olive *f.* olive II-1
   huile d'olive *f.* olive oil II-1
omelette *f.* omelette I-5
on *sub. pron., sing.* one (we) I-1
   on y va let's go II-2
oncle *m.* uncle I-3
onze *m.* eleven I-1
onzième *adj.* eleventh I-7
opéra *m.* opera II-7
optimiste *adj.* optimistic I-1
orageux/orageuse *adj.* stormy I-5
   Le temps est orageux. It is stormy. I-5

Vocabulary

orange *adj. inv.* orange I-6;
f. orange II-1
orchestre *m.* orchestra II-7
ordinateur *m.* computer I-1
ordonnance *f.* prescription II-2
ordures *f., pl.* trash II-6
   ramassage des ordures *m.*
garbage collection II-6
oreille *f.* ear II-2
oreiller *m.* pillow I-8, II-P
organiser (une fête) *v.* to
organize/to plan (a party) I-6
origine *f.* heritage I-1
   Je suis d'origine... I am of...
heritage. I-1
orteil *m.* toe II-2
ou *or* I-3
où *adv., rel. pron.* where 4
ouais *adv.* yeah I-2
oublier (de) *v.* to forget (*to do
something*) I-2
ouest *m.* west II-4
oui *adv.* yes I-2
ouvert (ouvrir) *p.p., adj. (as past
participle)* opened; (*as adjective*)
open II-3
ouvrier/ouvrière *m., f.* worker,
laborer II-5
ouvrir *v.* to open II-3
ozone *m.* ozone II-6
   **trou dans la couche
d'ozone** *m.* hole in the ozone
layer II-6

P

page d'accueil *f.* home page II-3
pain (de campagne) *m.*
(country-style) bread I-4
panne *f.* breakdown,
malfunction II-3
   tomber en panne *v.* to break
down II-3
pantalon *m., sing.* pants I-6
pantoufle *f.* slipper II-2
papeterie *f.* stationery store II-4
papier *m.* paper I-1
   corbeille à papier
f. wastebasket I-1
   feuille de papier *f.* sheet of
paper I-1
paquet cadeau *m.* wrapped
gift I-6
par *prep.* by I-3
   par jour/semaine/mois/an
per day/week/month/year I-5
parapluie *m.* umbrella I-5
parc *m.* park I-4
parce que *conj.* because I-2
Pardon. Pardon (me). I-1
Pardon? What? I-4
pare-brise *m.* windshield II-3
pare-chocs *m.* bumper II-3

parents *m., pl.* parents I-3
paresseux/paresseuse *adj.*
lazy I-3
parfait(e) *adj.* perfect I-4
parfois *adv.* sometimes I-5
parking *m.* parking lot II-3
parler (à) *v.* to speak (to) I-6
   parler (au téléphone) *v.* to
speak (on the phone) I-2
partager *v.* to share I-2
partir *v.* to leave I-5
   partir en vacances *v.* to go
on vacation I-7
pas (de) *adv.* no, none II-4
   ne... pas no, not I-2
   pas de problème no
problem II-4
   pas du tout not at all I-2
   pas encore not yet I-8, II-P
   Pas mal. Not badly. I-1
passager/passagère *m., f.*
passenger I-7
passeport *m.* passport I-7
passer *v.* to pass by; to spend
time I-7
   passer chez quelqu'un *v.* to
stop by someone's house I-4
   passer l'aspirateur *v.* to
vacuum I-8, II-P
   passer un examen *v.* to take
an exam I-2
passe-temps *m.* pastime,
hobby I-5
pâté (de campagne) *m.* pâté,
meat spread II-1
pâtes *f., pl.* pasta II-1
patiemment *adv.* patiently
I-8, II-P
patient(e) *m., f.* patient II-2;
adj. patient I-1
patienter *v.* to wait (on the
phone), to be on hold II-5
patiner *v.* to skate I-4
pâtisserie *f.* pastry shop, bakery,
pastry II-1
patron(ne) *m., f.* boss II-5
pauvre *adj.* poor I-3
payé (payer) *p.p., adj.* paid II-5
   être bien/mal payé(e) *v.* to
be well/badly paid II-5
payer *v.* to pay I-5
   **payer par carte (bancaire/
de crédit)** *v.* to pay with a
(debit/credit) card II-4
   payer en espèces *v.* to pay
in cash II-4
   payer par chèque *v.* to pay
by check II-4
pays *m.* country I-7
peau *f.* skin II-2
pêche *f.* fishing I-5; peach II-1
   aller à la pêche *v.* to go
fishing I-5

peigne *m.* comb II-2
peintre/femme peintre *m., f.*
painter II-7
peinture *f.* painting II-7
pendant (que) *prep.* during,
while I-7
   pendant (*with time expression*)
prep. for II-1
pénible *adj.* tiresome I-3
penser (que) *v.* to think (that) I-2
   ne pas penser que... to not
think that... II-7
   Qu'en penses-tu? What do
you think about that? II-6
perdre *v.* to lose I-6
   perdre son temps *v.* to waste
time I-6
perdu *p.p., adj.* lost II-4
   être perdu(e) to be lost II-4
père *m.* father I-3
   beau-père *m.* father-in-law;
stepfather I-3
permettre (de) *v.* to allow (*to
do something*) I-6
permis *m.* permit; license II-3
   permis de conduire *m.* driver's
license II-3
permis (permettre) *p.p., adj.*
permitted, allowed I-6
personnage (principal) *m.*
(main) character II-7
personne *f.* person I-1; *pron.* no
one II-4
   ne... personne nobody, no
one II-4
pessimiste *adj.* pessimistic I-1
petit(e) *adj.* small I-3; short
(*stature*) I-3
   petit(e) ami(e) *m., f.* boy-
friend/girlfriend I-1
petit-déjeuner *m.* breakfast II-1
petite-fille *f.* granddaughter I-3
petit-fils *m.* grandson I-3
petits-enfants *m., pl.* grandchildren I-3
petits pois *m., pl.* peas II-1
peu (de) *adv.* little; not much
(of) I-2
peur *f.* fear I-2
   avoir peur (de/que) *v.* to be
afraid (of/that) I-2
peut-être *adv.* maybe, perhaps I-2
phares *m., pl.* headlights II-3
pharmacie *f.* pharmacy II-2
pharmacien(ne) *m., f.*
pharmacist II-2
philosophie *f.* philosophy I-2
photo(graphie) *f.* photo
(graph) I-3
physique *f.* physics I-2
piano *m.* piano II-7
pièce *f.* room I-8, II-P
pièce de théâtre *f.* play II-7

pièces de monnaie *f., pl.*
change II-4
pied *m.* foot II-2
pierre *f.* stone II-6
pilule *f.* pill II-2
pique-nique *m.* picnic II-6
piqûre *f.* shot, injection II-2
  faire une piqûre *v.* to give a
  shot II-2
pire *comp. adj.* worse II-1
  le/la pire *super. adj.* the
  worst II-1
piscine *f.* pool I-4
placard *m.* closet; cupboard
I-8, II-P
place *f.* square; place I-4;
f. seat II-7
plage *f.* beach I-7
plaisir *m.* pleasure, enjoyment II-5
  faire plaisir à quelqu'un *v.* to
  please someone II-5
plan *m.* map I-7
  utiliser un plan *v.* to use a
  map I-7
planche à voile *f.* windsurfing I-5
  faire de la planche à voile
  v. to go windsurfing I-5
planète *f.* planet II-6
  sauver la planète *v.* to save
  the planet II-6
plante *f.* plant II-6
plastique *m.* plastic II-6
  emballage en plastique *m.*
  plastic wrapping/packaging II-6
plat (principal) *m.* (main)
dish II-1
plein air *m.* outdoor, open-air II-6
pleine forme *f.* good shape, good
state of health II-2
  être en pleine forme *v.* to be
  in good shape II-2
pleurer *v.* to cry
pleuvoir *v.* to rain I-5
  Il pleut. It is raining. I-5
plombier *m.* plumber II-5
plu (pleuvoir) *p.p.* rained I-6
pluie acide *f.* acid rain II-6
plus *adv.* (used in comparatives,
superlatives, and expressions of
quantity) more I-4
  le/la plus ... *super. adv.* (used
  with adjective) the most II-1
  le/la plus mauvais(e) *super.
  adj.* the worst II-1
  le plus *super. adv.* (used with
  verb or adverb) the most II-1
  le plus de... (used with
  noun to express quantity) the
  most... II-6
  le plus mal *super. adv.* the
  worst II-1
  plus... que (used with adjective)
  more... than II-1

plus de more of I-4
plus de... que (used with noun
to express quantity) more...
than II-6
plus mal *comp. adv.* worse II-1
plus mauvais(e) *comp. adj.*
worse II-1
plus *adv.* no more, not anymore II-4
  ne... plus no more, not anymore II-4
plusieurs *adj.* several I-4
plutôt *adv.* rather I-2
pneu (crevé) *m.* (flat) tire II-3
  vérifier la pression des pneus
  v. to check the tire pressure II-3
poème *m.* poem II-7
poète/poétesse *m., f.* poet II-7
point *m.* (punctuation mark)
period II-3
poire *f.* pear II-1
poisson *m.* fish I-3
poissonnerie *f.* fish shop II-1
poitrine *f.* chest II-2
poivre *m.* (spice) pepper II-1
poivron *m.* (vegetable) pepper II-1
poli(e) *adj.* polite I-1
police *f.* police II-3
  agent de police *m.* police
  officer II-3
  commissariat de police *m.*
  police station II-4
policier *m.* police officer II-3
  film policier *m.* detective
  film II-7
policière *f.* police officer II-3
poliment *adv.* politely I-8, II-P
politique *adj.* political I-2
  femme politique *f.*
  politician II-5
  homme politique *m.*
  politician II-5
  **sciences politiques (sciences
  po)** *f., pl.* political science I-2
polluer *v.* to pollute II-6
pollution *f.* pollution II-6
  nuage de pollution *m.*
  pollution cloud II-6
pomme *f.* apple II-1
pomme de terre *f.* potato II-1
pompier/femme pompier *m., f.*
firefighter II-5
pont *m.* bridge II-4
population croissante *f.* growing
population II-6
porc *m.* pork II-1
portable *m.* cell phone II-3
porte *f.* door I-1
porter *v.* to wear I-6
portière *f.* car door II-3
portrait *m.* portrait I-5
poser une question (à) *v.* to
ask (*someone*) a question I-6

posséder *v.* to possess, to own I-5
possible *adj.* possible II-7
  Il est possible que... It is
  possible that... II-6
poste *f.* postal service; post
office II-4
  bureau de poste *m.* post
  office II-4
poste *m.* position II-5
poster une lettre *v.* to mail a
letter II-4
postuler *v.* to apply II-5
poulet *m.* chicken II-1
pour *prep.* for I-5
  pour qui? for whom? I-4
  pour rien for no reason I-4
  pour que so that II-7
pourboire *m.* tip I-4
  laisser un pourboire *v.* to
  leave a tip I-4
pourquoi? *adv.* why? I-2
poussière *f.* dust I-8, II-P
  enlever/faire la poussière
  v. to dust I-8, II-P
pouvoir *v.* to be able to; can II-1
pratiquer *v.* to play regularly, to
practice I-5
préféré(e) *adj.* favorite,
preferred I-2
préférer (que) *v.* to prefer
(that) I-5
premier *m.* the first (*day of the
month*) I-5
  **C'est le 1ᵉʳ (premier)
  octobre.** It is October first. I-5
premier/première *adj.* first I-2
prendre *v.* to take I-4; to have I-4
  prendre sa retraite *v.* to
  retire I-6
  **prendre un train/avion/
  taxi/autobus/bateau** *v.* to
  take a train/plane/taxi/bus/
  boat I-7
  prendre un congé *v.* to take
  time off II-5
  prendre une douche *v.* to
  take a shower II-2
  prendre (un) rendez-vous *v.*
  to make an appointment II-5
  prendre une photo(graphe)
  v. to take a photo(graph) II-3
préparer *v.* to prepare (for) I-2
près (de) *prep.* close (to), near I-3
  tout près (de) very close
  (to) II-4
présenter *v.* to present, to
introduce II-7
  Je te présente... *fam.* I would
  like to introduce... to you. I-1
  Je vous présente... *fam., form.*
  I would like to introduce... to
  you. I-1

préservation *f.* protection II-6
préserver *v.* to preserve II-6
presque *adv.* almost I-2
pressé(e) *adj.* hurried II-1
pression *f.* pressure II-3
  vérifier la pression des pneus to check the tire pressure II-3
prêt(e) *adj.* ready I-3
prêter (à) *v.* to lend (*to someone*) I-6
prévenir l'incendie *v.* to prevent a fire II-6
principal(e) *adj.* main, principal II-1
  personnage principal *m.* main character II-7
  plat principal *m.* main dish II-1
printemps *m.* spring I-5
  au printemps in the spring I-5
pris (prendre) *p.p., adj.* taken I-6
prix *m.* price I-4
problème *m.* problem I-1
prochain(e) *adj.* next I-2
produire *v.* to produce I-6
produit *m.* product II-6
produit (produire) *p.p., adj.* produced I-6
professeur *m.* teacher, professor I-1
profession (exigeante) *f.* (demanding) profession II-5
professionnel(le) *adj.* professional II-5
  expérience professionnelle *f.* professional experience II-5
profiter (de) *v.* to take advantage (of); to enjoy II-7
programme *m.* program II-7
projet *m.* project II-5
  faire des projets *v.* to make plans II-5
promenade *f.* walk, stroll I-5
  faire une promenade *v.* to go for a walk I-5
promettre *v.* to promise I-6
promis (promettre) *p.p., adj.* promised I-6
promotion *f.* promotion II-5
proposer (que) *v.* to propose (that) II-6
  proposer une solution *v.* to propose a solution II-6
propre *adj.* clean I-8, II-P
propriétaire *m., f.* owner I-8, II-P
protection *f.* protection II-6
protéger *v.* to protect 5
psychologie *f.* psychology I-2
psychologique *adj.* psychological II-7
psychologue *m., f.* psychologist II-5
pu (pouvoir) *p.p.* (*used with infinitive*) was able to 9

publicité (pub) *f.* advertisement II-7
publier *v.* to publish II-7
puis *adv.* then I-7
pull *m.* sweater I-6
pur(e) *adj.* pure II-6

Q

quand *adv.* when I-4
  C'est quand l'anniversaire de … ? When is …'s birthday? I-5
  C'est quand ton/votre anniversaire? When is your birthday? I-5
quarante *m.* forty I-1
quart *m.* quarter I-2
  et quart a quarter after… (o'clock) I-2
quartier *m.* area, neighborhood I-8, II-P
quatorze *m.* fourteen I-1
quatre *m.* four I-1
quatre-vingts *m.* eighty I-3
quatre-vingt-dix *m.* ninety I-3
quatrième *adj.* fourth I-7
que/qu' *rel. pron.* that; which II-3; *conj.* than II-1, II-6
  plus/moins … que (*used with adjective*) more/less … than II-1
  plus/moins de … que (*used with noun to express quantity*) more/less … than II-6
que/qu'…? *interr. pron.* what? I-4
  Qu'en penses-tu? What do you think about that? II-6
  Qu'est-ce que c'est? What is it? I-1
  Qu'est-ce qu'il y a? What is it?; What's wrong? I-1
que *adv.* only II-4
  ne... que only II-4
québécois(e) *adj.* from Quebec I-1
quel(le)(s)? *interr. adj.* which? I-4; what? I-4
  À quelle heure? What time?; When? I-2
  Quel jour sommes-nous? What day is it? I-2
  Quelle est la date? What is the date? I-5
  Quelle est ta nationalité? *fam.* What is your nationality? I-1
  Quelle est votre nationalité? *form.* What is your nationality? I-1
  Quelle heure avez-vous? *form.* What time do you have? I-2
  Quelle heure est-il? What time is it? I-2
  Quelle température fait-il? (*weather*) What is the temperature? I-5

  Quel temps fait-il? What is the weather like? I-5
quelqu'un *pron.* someone II-4
quelque chose *m.* something; anything I-4
  Quelque chose ne va pas. Something's not right. I-5
quelquefois *adv.* sometimes I-7
quelques *adj.* some I-4
question *f.* question I-6
  poser une question (à) to ask (*someone*) a question I-6
queue *f.* line II-4
  faire la queue *v.* to wait in line II-4
qui? *interr. pron.* who? I-4; whom? I-4; *rel. pron.* who, that II-3
  à qui? to whom? I-4
  avec qui? with whom? I-4
  C'est de la part de qui? On behalf of whom? II-5
  Qui est à l'appareil? Who's calling, please? II-5
  Qui est-ce? Who is it? I-1
quinze *m.* fifteen I-1
quitter (la maison) *v.* to leave (the house) I-4
  Ne quittez pas. Please hold. II-5
quoi? *interr. pron.* what? I-1
  Il n'y a pas de quoi. It's nothing.; You're welcome. I-1
  quoi que ce soit whatever it may be II-5

R

raccrocher *v.* to hang up II-5
radio *f.* radio II-7
  à la radio on the radio II-7
raide *adj.* straight I-3
raison *f.* reason; right I-2
  avoir raison *v.* to be right I-2
ramassage des ordures *m.* garbage collection II-6
randonnée *f.* hike I-5
  faire une randonnée *v.* to go for a hike I-5
ranger *v.* to tidy up, to put away I-8, II-P
rapide *adj.* fast I-3
rapidement *adv.* quickly I-7
rarement *adv.* rarely I-5
rasoir *m.* razor II-2
ravissant(e) *adj.* beautiful; delightful II-5
réalisateur/réalisatrice *m., f.* director (*of a movie*) II-7
récent(e) *adj.* recent II-7
réception *f.* reception desk I-7
recevoir *v.* to receive II-4

réchauffement de la Terre *m.* global warming II-6

recharger *v.* to charge (battery) II-3

rechercher *v.* to search for, to look for II-5

recommandation *f.* recommendation II-5

recommander (que) *v.* to recommend (that) II-6

recomposer (un numéro) *v.* to redial (a number) II-3

reconnaître *v.* to recognize I-8, II-P

reconnu (reconnaître) *p.p., adj.* recognized I-8, II-P

reçu *m.* receipt II-4

reçu (recevoir) *p.p., adj.* received I-7

  être reçu(e) à un examen to pass an exam I-2

recyclage *m.* recycling II-6

recycler *v.* to recycle II-6

redémarrer *v.* to restart, to start again II-3

réduire *v.* to reduce I-6

réduit (réduire) *p.p., adj.* reduced I-6

référence *f.* reference II-5

réfléchir (à) *v.* to think (about), to reflect (on) I-4

refuser (de) *v.* to refuse (*to do something*) II-3

regarder *v.* to watch I-2

  Ça ne nous regarde pas. That has nothing to do with us.; That is none of our business. II-6

régime *m.* diet II-2

  être au régime *v.* to be on a diet II-1

région *f.* region II-6

regretter (que) *v.* to regret (that) II-6

remplir (un formulaire) *v.* to fill out (a form) II-4

rencontrer *v.* to meet I-2

rendez-vous *m.* date; appointment I-6

  prendre (un) rendez-vous *v.* to make an appointment II-5

rendre (à) *v.* to give back, to return (to) I-6

  rendre visite (à) *v.* to visit I-6

rentrer (à la maison) *v.* to return (home) I-2

  rentrer (dans) *v.* to hit II-3

renvoyer *v.* to dismiss, to let go II-5

réparer *v.* to repair II-3

repartir *v.* to go back II-7

repas *m.* meal II-1

repasser *v.* to take again II-7

  repasser (le linge) *v.* to iron (the laundry) I-8, II-P

  fer à repasser *m.* iron I-8, II-P

répéter *v.* to repeat; to rehearse I-5

répondeur (téléphonique) *m.* answering machine II-3

répondre (à) *v.* to respond, to answer (to) I-6

réseau (social) *m.* (social) network II-3

réservation *f.* reservation I-7

  annuler une réservation *v.* to cancel a reservation I-7

réservé(e) *adj.* reserved I-1

réserver *v.* to reserve I-7

réservoir d'essence *m.* gas tank II-3

responsable *m., f.* manager, supervisor II-5

ressource naturelle *f.* natural resource II-6

restaurant *m.* restaurant I-4

rester *v.* to stay I-7

résultat *m.* result I-2

retenir *v.* to keep, to retain II-1

retirer (de l'argent) *v.* to withdraw (money) II-4

retourner *v.* to return I-7

retraite *f.* retirement I-6

  prendre sa retraite *v.* to retire I-6

retraité(e) *m., f.* retired person II-5

retrouver *v.* to find (again); to meet up with I-2

rétroviseur *m.* rear-view mirror II-3

réunion *f.* meeting II-5

réussir (à) *v.* to succeed (*in doing something*) I-4

réussite *f.* success II-5

réveil *m.* alarm clock II-2

revenir *v.* to come back II-1

rêver (de) *v.* to dream about II-3

revoir *v.* to see again II-7

  Au revoir. Good-bye. I-1

revu (revoir) *p.p.* seen again II-7

rez-de-chaussée *m.* ground floor I-7

rhume *m.* cold II-2

ri (rire) *p.p.* laughed I-6

rideau *m.* curtain I-8, II-P

rien *m.* nothing II-4

  De rien. You're welcome. I-1

  ne... rien nothing, not anything II-4

  ne servir à rien *v.* to be good for nothing II-1

rire *v.* to laugh I-6

rivière *f.* river II-6

riz *m.* rice II-1

robe *f.* dress I-6

rôle *m.* role II-6

  jouer un rôle *v.* to play a role II-7

roman *m.* novel II-7

rose *adj.* pink I-6

roue (de secours) *f.* (emergency) tire II-3

rouge *adj.* red I-6

rouler en voiture *v.* to ride in a car I-7

rue *f.* street II-3

  suivre une rue *v.* to follow a street II-4

S

s'adorer *v.* to adore one another II-3

s'aider *v.* to help one another II-3

s'aimer (bien) *v.* to love (like) one another II-3

s'allumer *v.* to light up II-3

s'amuser *v.* to play; to have fun II-2

  s'amuser à *v.* to pass time by II-3

s'apercevoir *v.* to notice; to realize II-4

s'appeler *v.* to be named, to be called II-2

  Comment t'appelles-tu? *fam.* What is your name? I-1

  Comment vous appelez-vous? *form.* What is your name? I-1

  Je m'appelle... My name is... I-1

s'arrêter *v.* to stop II-2

s'asseoir *v.* to sit down II-2

sa *poss. adj., f., sing.* his; her; its I-3

sac *m.* bag I-1

  sac à dos *m.* backpack I-1

  sac à main *m.* purse, handbag I-6

sain(e) *adj.* healthy II-2

saison *f.* season I-5

salade *f.* salad II-1

salaire (élevé/modeste) *m.* (high/low) salary II-5

  augmentation de salaire *f.* raise in salary II-5

sale *adj.* dirty I-8, II-P

salir *v.* to soil, to make dirty I-8, II-P

salle *f.* room I-8, II-P

  salle à manger *f.* dining room I-8, II-P

  salle de bains *f.* bathroom I-8, II-P

  salle de classe *f.* classroom I-1

Vocabulary

salle de séjour *f.* living/family room I-8, II-P

salon *m.* formal living room, sitting room I-8, II-P

salon de beauté *m.* beauty salon II-4

Salut! Hi!; Bye! I-1

samedi *m.* Saturday I-2

sandwich *m.* sandwich I-4

sans *prep.* without I-8, II-P

sans que *conj.* without II-7

santé *f.* health II-2

être en bonne/mauvaise santé *v.* to be in good/bad health II-2

saucisse *f.* sausage II-1

sauvegarder *v.* to save II-3

sauver (la planète) *v.* to save (the planet) II-6

sauvetage des habitats *m.* habitat preservation II-6

savoir *v.* to know (*facts*), to know how to do something I-8, II-P

savoir (que) *v.* to know (that) II-7

Je n'en sais rien. I don't know anything about it. II-6

savon *m.* soap II-2

sciences *f., pl.* science I-2

sciences politiques (sciences po) *f., pl.* political science I-2

sculpture *f.* sculpture II-7

sculpteur/sculptrice *m., f.* sculptor II-7

se/s' *pron., sing., pl. (used with reflexive verb)* himself; herself; itself; 10 (*used with reciprocal verb*) each other II-3

séance *f.* show; screening II-7

se blesser *v.* to hurt oneself II-2

se brosser (les cheveux/les dents) *v.* to brush one's (hair/teeth) II-1

se casser *v.* to break II-2

sèche-linge *m.* clothes dryer I-8, II-P

se coiffer *v.* to do one's hair II-2

se connaître *v.* to know one another II-3

se coucher *v.* to go to bed II-2

secours *m.* help II-3

Au secours! Help! II-3

s'écrire *v.* to write one another II-3

sécurité *f.* security; safety

attacher sa ceinture de sécurité *v.* to buckle one's seatbelt II-3

se dépêcher *v.* to hurry II-2

se déplacer *v.* to move, to change location II-4

se déshabiller *v.* to undress II-2

se détendre *v.* to relax II-2

se dire *v.* to tell one another II-3

se disputer (avec) *v.* to argue (with) II-2

se donner *v.* to give one another II-3

se fouler (la cheville) *v.* to twist/to sprain one's (ankle) II-2

se garer *v.* to park II-3

seize *m.* sixteen I-1

séjour *m.* stay I-7

faire un séjour *v.* to spend time (*somewhere*) I-7

salle de séjour *f.* living room I-8, II-P

sel *m.* salt II-1

se laver (les mains) *v.* to wash oneself (one's hands) II-2

se lever *v.* to get up, to get out of bed II-2

semaine *f.* week I-2

cette semaine this week I-2

s'embrasser *v.* to kiss one another II-3

se maquiller *v.* to put on makeup II-2

se mettre *v.* to put (*something*) on (yourself) II-2

se mettre à *v.* to begin to II-2

se mettre en colère *v.* to become angry II-2

s'endormir *v.* to fall asleep, to go to sleep II-2

s'énerver *v.* to get worked up, to become upset II-2

sénégalais(e) *adj.* Senegalese I-1

s'ennuyer *v.* to get bored II-2

s'entendre bien (avec) *v.* to get along well (with one another) II-2

sentier *m.* path II-6

sentir *v.* to feel; to smell; to sense I-5

séparé(e) *adj.* separated I-3

se parler *v.* to speak to one another II-3

se porter mal/mieux *v.* to be ill/better II-2

se préparer (à) *v.* to get ready; to prepare (*to do something*) II-2

se promener *v.* to take a walk II-2

sept *m.* seven I-1

septembre *m.* September I-5

septième *adj.* seventh I-7

se quitter *v.* to leave one another II-3

se raser *v.* to shave oneself II-2

se réconcilier *v.* to make up II-7

se regarder *v.* to look at oneself; to look at each other II-2

se relever *v.* to get up again II-2

se rencontrer *v.* to meet one another, to make each other's acquaintance II-3

se rendre compte *v.* to realize II-2

se reposer *v.* to rest II-2

se retrouver *v.* to meet one another (*as planned*) II-3

se réveiller *v.* to wake up II-2

se sécher *v.* to dry oneself II-2

se sentir *v.* to feel II-2

sérieux/sérieuse *adj.* serious I-3

serpent *m.* snake II-6

serre *f.* greenhouse II-6

effet de serre *m.* greenhouse effect II-6

serré(e) *adj.* tight I-6

serveur/serveuse *m., f.* server I-4

serviette *f.* napkin II-1

serviette (de bain) *f.* (bath) towel II-2

servir *v.* to serve I-5

ses *poss. adj., m., f., pl.* his; her; its I-3

se souvenir (de) *v.* to remember II-2

se téléphoner *v.* to phone one another II-3

se tourner *v.* to turn (oneself) around II-2

se tromper (de) *v.* to be mistaken (about) II-2

se trouver *v.* to be located II-2

seulement *adv.* only I-8, II-P

s'habiller *v.* to dress II-2

shampooing *m.* shampoo II-2

shopping *m.* shopping I-7

faire du shopping *v.* to go shopping I-7

short *m., sing.* shorts I-6

si *conj.* if II-5

si *adv. (when contradicting a negative statement or question)* yes I-2

signer *v.* to sign II-4

S'il te plaît. *fam.* Please. I-1

S'il vous plaît. *form.* Please. I-1

sincère *adj.* sincere I-1

s'inquiéter *v.* to worry II-2

s'intéresser (à) *v.* to be interested (in) II-2

site Internet/web *m.* web site II-3

six *m.* six I-1

sixième *adj.* sixth I-7

ski *m.* skiing I-5

faire du ski *v.* to go skiing I-5

station de ski *f.* ski resort I-7

skier *v.* to ski I-5

smartphone *m.* smartphone II-3

SMS *m.* text message II-3

s'occuper (de) *v.* to take care (*of something*), to see to II-2

sociable *adj.* sociable I-1

sociologie *f.* sociology I-1

sœur *f.* sister I-3

belle-sœur *f.* sister-in-law I-3

demi-sœur *f.* half-sister, stepsister I-3
soie *f.* silk II-4
soif *f.* thirst I-4
  avoir soif *v.* to be thirsty I-4
soir *m.* evening I-2
  ce soir *adv.* this evening I-2
  demain soir *adv.* tomorrow evening I-2
  du soir *adv.* in the evening I-2
  hier soir *adv.* yesterday evening I-7
soirée *f.* evening I-2
sois (être) *imp. v.* be I-2
soixante *m.* sixty I-1
soixante-dix *m.* seventy I-3
solaire *adj.* solar II-6
  énergie solaire *f.* solar energy II-6
soldes *f., pl.* sales I-6
soleil *m.* sun I-5
  Il fait (du) soleil. It is sunny. I-5
solution *f.* solution II-6
  proposer une solution *v.* to propose a solution II-6
sommeil *m.* sleep I-2
  avoir sommeil *v.* to be sleepy I-2
son *poss. adj., m., sing.* his; her; its I-3
sonner *v.* to ring II-3
s'orienter *v.* to get one's bearings II-4
sorte *f.* sort, kind II-7
sortie *f.* exit I-7
sortir *v.* to go out, to leave I-5; to take out I-8, II-P
  sortir la/les poubelle(s) *v.* to take out the trash I-8, II-P
soudain *adv.* suddenly I-8, II-P
souffrir *v.* to suffer II-3
souffert (souffrir) *p.p.* suffered II-3
souhaiter (que) *v.* to wish (that) II-6
soupe *f.* soup I-4
  cuillère à soupe *f.* soupspoon II-1
sourire *v.* to smile I-6; *m.* smile II-4
souris *f.* mouse II-3
sous *prep.* under I-3
sous-sol *m.* basement I-8, II-P
sous-vêtement *m.* underwear I-6
souvent *adv.* often I-5
soyez (être) *imp. v.* be I-7
soyons (être) *imp. v.* let's be I-7
spécialiste *m., f.* specialist II-5
spectacle *m.* show I-5
spectateur/spectatrice *m., f.* spectator II-7
sport *m.* sport(s) I-5

faire du sport *v.* to do sports I-5
sportif/sportive *adj.* athletic I-3
stade *m.* stadium I-5
stage *m.* internship; professional training II-5
station (de métro) *f.* (subway) station I-7
station de ski *f.* ski resort I-7
station-service *f.* service station II-3
statue *f.* statue II-4
steak *m.* steak II-1
studio *m.* studio (*apartment*) I-8, II-P
stylo *m.* pen I-1
su (savoir) *p.p.* known I-8, II-P
sucre *m.* sugar I-4
sud *m.* south II-4
suggérer (que) *v.* to suggest (that) II-6
sujet *m.* subject II-6
  au sujet de on the subject of; about II-6
suisse *adj.* Swiss I-1
Suisse *f.* Switzerland I-7
suivre (un chemin/une rue/ un boulevard) *v.* to follow (a path/a street/a boulevard) II-4
supermarché *m.* supermarket II-1
sur *prep.* on I-3
sûr(e) *adj.* sure, certain II-1
  bien sûr of course I-2
  Il est sûr que... It is sure that... II-7
  Il n'est pas sûr que... It is not sure that... II-7
surpopulation *f.* overpopulation II-6
surpris (surprendre) *p.p., adj.* surprised I-6
  être surpris(e) que... *v.* to be surprised that... II-6
  faire une surprise à quelqu'un *v.* to surprise someone I-6
surtout *adv.* especially; above all I-2
sympa(thique) *adj.* nice I-1
symptôme *m.* symptom II-2
syndicat *m.* (*trade*) union II-5

T

ta *poss. adj., f., sing.* your I-3
table *f.* table I-1
  À table! Let's eat! Food is ready! II-1
  débarrasser la table *v.* to clear the table I-8, II-P
  mettre la table *v.* to set the table I-8, II-P

tableau *m.* blackboard; picture I-1; *m.* painting II-7
tablette (tactile) *f.* tablet II-3
tâche ménagère *f.* household chore I-8, II-P
taille *f.* size; waist I-6
  de taille moyenne of medium height I-3
tailleur *m.* (*woman's*) suit; tailor I-6
tante *f.* aunt I-3
tapis *m.* rug I-8, II-P
tard *adv.* late I-2
  À plus tard. See you later. I-1
tarte *f.* pie; tart I-8, II-P
tasse (de) *f.* cup (of) I-4
taxi *m.* taxi I-7
  prendre un taxi *v.* to take a taxi I-7
te/t' *pron., sing., fam.* you I-7; yourself II-2
tee-shirt *m.* tee shirt I-6
télécharger *v.* to download II-3
télécommande *f.* remote control II-3
téléphone *m.* telephone I-2
  parler au téléphone *v.* to speak on the phone I-2
téléphoner (à) *v.* to telephone (*someone*) I-2
télévision *f.* television I-1
  à la télé(vision) on television II-7
  chaîne (de télévision) *f.* television channel II-3
tellement *adv.* so much I-2
  Je n'aime pas tellement... I don't like... very much. I-2
température *f.* temperature I-5
  Quelle température fait-il? What is the temperature? I-5
temps *m., sing.* weather I-5
  Il fait un temps épouvantable. The weather is dreadful. I-5
  Le temps est nuageux. It is cloudy. I-5
  Le temps est orageux. It is stormy. I-5
  Quel temps fait-il? What is the weather like? I-5
temps *m., sing.* time I-5
  de temps en temps *adv.* from time to time I-7
  emploi à mi-temps/à temps partiel *m.* part-time job II-5
  emploi à plein temps *m.* full-time job II-5
  temps libre *m.* free time I-5
Tenez! (tenir) *imp. v.* Here! II-1
tenir *v.* to hold II-1
tennis *m.* tennis I-5
terrasse (de café) *f.* (café) terrace I-4

Terre *f.* Earth II-6
  réchauffement de la Terre *m.* global warming II-6
tes *poss. adj., m., f., pl.* your I-3
tête *f.* head II-2
texto *m.* text message II-3
thé *m.* tea I-4
théâtre *m.* theater II-7
thon *m.* tuna II-1
ticket de bus/métro *m.* bus/subway ticket I-7
Tiens! (tenir) *imp. v.* Here! II-1
timbre *m.* stamp II-4
timide *adj.* shy I-1
tiret *m. (punctuation mark)* dash; hyphen II-3
tiroir *m.* drawer I-8, II-P
toi *disj. pron., sing., fam.* you I-3; *refl. pron., sing., fam. (attached to imperative)* yourself II-2
  toi non plus you neither I-2
toilette *f.* washing up, grooming II-2
  faire sa toilette to wash up II-2
toilettes *f., pl.* restroom(s) I-8, II-P
tomate *f.* tomato II-1
tomber *v.* to fall I-7
  tomber amoureux/amoureuse *v.* to fall in love I-6
  tomber en panne *v.* to break down II-3
  tomber/être malade *v.* to get/be sick II-2
  tomber sur quelqu'un *v.* to run into someone I-7
ton *poss. adj., m., sing.* your I-3
tort *m.* wrong; harm I-2
  avoir tort *v.* to be wrong I-2
tôt *adv.* early I-2
toujours *adv.* always I-8, II-P
tour *m.* tour I-5
  faire un tour (en voiture) *v.* to go for a walk (drive) I-5
tourisme *m.* tourism II-4
  office du tourisme *m.* tourist office II-4
tourner *v.* to turn II-4
tousser *v.* to cough II-2
tout *m., sing.* all I-4
  tous les *(used before noun)* all the... I-4
  tous les jours *adv.* every day I-8, II-P
  toute la *f., sing. (used before noun)* all the... I-4
  toutes les *f., pl. (used before noun)* all the... I-4
  tout le *m., sing. (used before noun)* all the... I-4
  tout le monde everyone II-1

tout(e) *adv. (before adjective or adverb)* very, really I-3
  À tout à l'heure. See you later. I-1
  tout à coup suddenly I-7
  tout à fait absolutely; completely II-4
  tout de suite right away I-7
  tout droit straight ahead II-4
  tout d'un coup *adv.* all of a sudden I-8, II-P
  tout près (de) really close by, really close (to) I-3
toxique *adj.* toxic II-6
  déchets toxiques *m., pl.* toxic waste II-6
trac *m.* stage fright II-5
traduire *v.* to translate I-6
traduit (traduire) *p.p., adj.* translated I-6
tragédie *f.* tragedy II-7
train *m.* train I-7
tranche *f.* slice II-1
tranquille *adj.* calm, serene II-2
  laisser tranquille *v.* to leave alone II-2
travail *m.* work II-4
  chercher un/du travail *v.* to look for a job/work II-4
  trouver un/du travail *v.* to find a job/work II-5
travailler *v.* to work I-2
travailleur/travailleuse *adj.* hard-working I-3
traverser *v.* to cross II-4
treize *m.* thirteen I-1
trente *m.* thirty I-1
très *adv. (before adjective or adverb)* very, really I-8, II-P
  Très bien. Very well. I-1
triste *adj.* sad I-3
  être triste que... *v.* to be sad that... II-6
trois *m.* three I-1
troisième *adj.* third 7
trop (de) *adv.* too many/much (of) I-4
tropical(e) *adj.* tropical II-6
  forêt tropicale *f.* tropical forest II-6
trou (dans la couche d'ozone) *m.* hole (in the ozone layer) II-6
troupe *f.* company, troupe II-7
trouver *v.* to find; to think I-2
  trouver un/du travail *v.* to find a job/work II-5
truc *m.* thing I-7
tu *sub. pron., sing., fam.* you I-1

U

un *m. (number)* one I-1
un(e) *indef. art.* a; an I-1
urgences *f., pl.* emergency room II-2
  aller aux urgences *v.* to go to the emergency room II-2
usine *f.* factory II-6
utile *adj.* useful I-2
utiliser (un plan) *v.* to use (a map) I-7

V

vacances *f., pl.* vacation I-7
  partir en vacances *v.* to go on vacation I-7
vache *f.* cow II-6
vaisselle *f.* dishes I-8, II-P
  faire la vaisselle *v.* to do the dishes I-8, II-P
  lave-vaisselle *m.* dishwasher I-8, II-P
valise *f.* suitcase I-7
  faire les valises *v.* to pack one's bags I-7
vallée *f.* valley II-6
variétés *f., pl.* popular music II-7
vaut (valoir) *v.*
  Il vaut mieux que It is better that II-6
vélo *m.* bicycle I-5
  faire du vélo *v.* to go bike riding I-5
velours *m.* velvet II-4
vendeur/vendeuse *m., f.* seller I-6
vendre *v.* to sell I-6
vendredi *m.* Friday I-2
venir *v.* to come II-1
  venir de *v. (used with an infinitive)* to have just II-1
vent *m.* wind I-5
  Il fait du vent. It is windy. I-5
ventre *m.* stomach II-2

vérifier (l'huile/la pression des pneus) *v.* to check (the oil/the tire pressure) II-3
véritable *adj.* true, real II-4
verre (de) *m.* glass (of) I-4
vers *adv.* about I-2
vert(e) *adj.* green I-3
  haricots verts *m., pl.* green beans II-1
vêtements *m., pl.* clothing I-6
  sous-vêtement *m.* underwear I-6
vétérinaire *m., f.* veterinarian II-5
veuf/veuve *adj.* widowed I-3

veut dire (vouloir dire) *v.*
means, signifies II-1
viande *f.* meat II-1
vie *f.* life I-6
   assurance vie *f.* life
insurance II-5
vieille *adj., f. (feminine form of*
vieux) old I-3
vieillesse *f.* old age I-6
vietnamien(ne) *adj.* Vietnamese
I-1
vieux/vieille *adj.* old I-3
ville *f.* city; town I-4
vingt *m.* twenty I-1
vingtième *adj.* twentieth I-7
violet(te) *adj.* purple; violet I-6
violon *m.* violin II-7
visage *m.* face II-2
visite *f.* visit I-6
   rendre visite (à) *v.* to visit
(*a person or people*) I-6
visiter *v.* to visit (*a place*) I-2
   faire visiter *v.* to give a tour
I-8, II-P
vite *adv.* fast I-7
vitesse *f.* speed II-3
vivre *v.* to live I-8, II-P
voici here is/are I-1
voilà there is/are I-1
voir *v.* to see II-7
voisin(e) *m., f.* neighbor I-3
voiture *f.* car II-3
   faire un tour en voiture *v.* to
go for a drive I-5
   rouler en voiture *v.* to ride in
a car I-7
vol *m.* flight I-7
volant *m.* steering wheel II-3
volcan *m.* volcano II-6
volley(-ball) *m.* volleyball I-5
volontiers *adv.* willingly II-2
vos *poss. adj., m., f., pl.* your I-3
votre *poss. adj., m., f., sing.* your I-3
vouloir *v.* to want; to mean
(*with* **dire**) II-1
   ça veut dire that is to say II-2
   veut dire *v.* means, signifies II-1
   vouloir (que) *v.* to want
(that) II-6
voulu (vouloir) *p.p., adj. (used*
with infinitive) wanted to… ;
(*used with noun*) planned to/
for II-1
vous *pron., sing., pl., fam., form.*
you I-1; *d.o. pron.* you I-7;
yourself, yourselves II-2
voyage *m.* trip I-7
   agence de voyages *f.* travel
agency I-7
   agent de voyages *m.* travel
agent I-7
voyager *v.* to travel I-2

voyant (d'essence/d'huile)
m. (gas/oil) warning light 11
vrai(e) *adj.* true; real I-3
   Il est vrai que… It is true
that… II-7
   Il n'est pas vrai que… It is
untrue that… II-7
vraiment *adv.* really I-7
vu (voir) *p.p.* seen II-7

W

W.-C. *m., pl.* restroom(s)
I-8, II-P
week-end *m.* weekend I-2
   ce week-end this weekend I-2

Y

y *pron.* there; at (*a place*) II-2
   j'y vais I'm going/coming
I-8, II-P
   nous y allons we're going/
coming II-1
   on y va let's go II-2
   Y a-t-il… ? Is/Are there… ? I-2
yaourt *m.* yogurt II-1
yeux (œil) *m., pl.* eyes I-3

Z

zéro *m.* zero I-1
zut *interj.* darn I-6

Vocabulary

English-French

A

a **un(e)** *indef. art.* I-1
able: to be able to **pouvoir** *v.* II-1
abolish **abolir** *v.* II-6
about **vers** *adv.* I-2
abroad **à l'étranger** I-7
absolutely **absolument**
    adv. I-7;
    tout à fait *adv.* I-6
accident **accident** *m.* II-2
    to have/to be in an accident
    avoir un accident *v.* II-3
accompany **accompagner** *v.* II-4
account (*at a bank*) **compte**
    m. II-4
    checking account **compte** *m.*
    de chèques II-4
    to have a bank account **avoir**
    un compte bancaire *v.* II-4
accountant **comptable** *m., f.* II-5
acid rain **pluie acide** *f.* II-6
across from **en face de** *prep.* I-3
acquaintance **connaissance** *f.* I-5
active **actif/active** *adj.* I-3
actively **activement** *adv.* I-8, II-P
actor **acteur/actrice** *m., f.* I-1
address **adresse** *f.* II-4
administration: business
    administration **gestion** *f.* I-2
adolescence **adolescence** *f.* I-6
adore **adorer** I-2
    I love... **J'adore...** I-2
    to adore one another
    s'adorer *v.* II-3
adulthood **âge adulte** *m.* I-6
adventure **aventure** *f.* II-7
    adventure film **film** *m.*
    d'aventures II-7
advertisement **publicité (pub)**
    f. II-7
advice **conseil** *m.* II-5
advisor **conseiller/conseillère**
    m., f. II-5
aerobics **aérobic** *m.* I-5
    to do aerobics **faire de**
    l'aérobic *v.* I-5
afraid: to be afraid of/that **avoir**
    peur de/que *v.* II-6
after **après (que)** *adv.* I-7
afternoon **après-midi** *m.* I-2
    ... (o'clock) in the afternoon
    ... heure(s) de l'après-midi I-2
afternoon snack **goûter** *m.* II-1
again **encore** *adv.* I-3
age **âge** *m.* I-6

agent: travel agent **agent de**
    voyages *m.* I-7
    real estate agent **agent**
    immobilier *m.* II-5
ago (*with an expression of time*)
    il y a... II-1
agree: to agree (with) **être**
    d'accord (avec) *v.* I-2
airport **aéroport** *m.* I-7
alarm clock **réveil** *m.* II-2
Algerian **algérien(ne)** *adj.* I-1
all **tout** *m., sing.* I-4
    all of a sudden **soudain** *adv.*
    I-8, II-P; **tout à coup** *adv.*; **tout**
    d'un coup *adv.* I-7
    all right? (*tag question*)
    d'accord? I-2
allergy **allergie** *f.* II-2
allow (*to do something*) **laisser** *v.*
    II-3; **permettre (de)** *v.* I-6
allowed **permis (permettre)**
    p.p., adj. I-6
all the... (*agrees with noun that*
    follows) **tout le...** *m., sing;*
    toute la... *f., sing;* **tous les...**
    m., pl.; **toutes les...** *f., pl.* I-4
almost **presque** *adv.* I-5
a lot (of) **beaucoup (de)** *adv.* I-4
alone: to leave alone **laisser**
    tranquille *v.* II-2
already **déjà** *adv.* I-3
always **toujours** *adv.* I-8, II-P
American **américain(e)** *adj.* I-1
an **un(e)** *indef. art.* I-1
ancient (*placed after noun*)
    ancien(ne) *adj.* II-7
and **et** *conj.* I-1
    And you? **Et toi?**, *fam.;* **Et**
    vous? *form.* I-1
angel **ange** *m.* I-1
angry: to become angry
    s'énerver *v.* II-2; **se mettre**
    en colère *v.* II-2
animal **animal** *m.* II-6
ankle **cheville** *f.* II-2
answering machine **répondeur**
    téléphonique *m.* II-3
apartment **appartement** *m.* I-7
appetizer **entrée** *f.* II-1;
    hors-d'œuvre *m.* II-1
applaud **applaudir** *v.* II-7
applause **applaudissement**
    m. II-7
apple **pomme** *f.* II-1
appliance **appareil** *m.* I-8, II-P
    electrical/household appliance
    appareil *m.* **électrique/**
    ménager I-8, II-P
applicant **candidat(e)** *m., f.* II-5
apply **postuler** *v.* II-5

appointment **rendez-vous** *m.* II-5
    to make an appointment
    prendre (un) rendez-vous
    v. II-5
April **avril** *m.* I-5
architect **architecte** *m., f.* I-3
Are there... ? **Y a-t-il... ?** I-2
area **quartier** *m.* I-8, II-P
argue (with) **se disputer**
    (avec) *v.* II-2
arm **bras** *m.* II-2
armchair **fauteuil** *m.* I-8, II-P
armoire **armoire** *f.* I-8, II-P
around **autour (de)** *prep.* II-4
arrival **arrivée** *f.* I-7
arrive **arriver (à)** *v.* I-2
art **art** *m.* I-2
    artwork, piece of art **œuvre**
    f. II-7
    fine arts **beaux-arts** *m., pl.* II-7
artist **artiste** *m., f.* I-3
as (*like*) **comme** *adv.* I-6
    as ... as (*used with adjective to*
    compare) **aussi ... que** II-1
    as much ... as (*used with*
    noun to express comparative
    quatity) **autant de ... que** II-6
    as soon as **dès que** *adv.* II-5
ashamed: to be ashamed of
    avoir honte de *v.* I-2
ask **demander** *v.* I-2
    to ask (*someone*) **demander**
    (à) *v.* I-6
    to ask (*someone*) a question
    poser une question (à) *v.* I-6
    to ask that... **demander**
    que... II-6
aspirin **aspirine** *f.* II-2
at **à** *prep.* I-4
    at ... (o'clock) **à ... heure(s)** I-4
    at the doctor's office **chez le**
    médecin *prep.* I-2
    at (someone's) house **chez...**
    prep. I-2
    at the end (of) **au bout (de)**
    prep. II-4
    at last **enfin** *adv.* II-3
athlete **athlète** *m., f.* I-3
ATM **distributeur** *m.* **automa-**
    tique/de billets *m.* II-4
attend **assister** *v.* I-2
August **août** *m.* I-5
aunt **tante** *f.* I-3
author **auteur/femme auteur**
    m., f. II-7
autumn **automne** *m.* I-5
    in autumn **en automne** I-5
available (*free*) **libre** *adj.* I-7
avenue **avenue** *f.* II-4
avoid **éviter de** *v.* II-2

B

back **dos** *m.* II-2
backpack **sac à dos** *m.* I-1
bad **mauvais(e)** *adj.* I-3
  to be in a bad mood **être de mauvaise humeur** I-8, II-P
  to be in bad health **être en mauvaise santé** II-2
badly **mal** *adv.* I-7
  I am doing badly. **Je vais mal.** I-1
  to be doing badly **se porter mal** *v.* II-2
baguette **baguette** *f.* I-4
bakery **boulangerie** *f.* II-1
balcony **balcon** *m.* I-8, II-P
banana **banane** *f.* II-1
bank **banque** *f.* II-4
  to have a bank account **avoir un compte bancaire** *v.* II-4
banker **banquier/banquière** *m., f.* II-5
banking **bancaire** *adj.* II-4
baseball **baseball** *m.* I-5
baseball cap **casquette** *f.* I-6
basement **sous-sol** *m.;* **cave** *f.* I-8, II-P
basketball **basket(-ball)** *m.* I-5
bath **bain** *m.* I-6
bathing suit **maillot de bain** *m.* I-6
bathroom **salle de bains** *f.* I-8, II-P
bathtub **baignoire** *f.* I-8, II-P
be **être** *v.* I-1
  sois (être) *imp. v.* I-7;
  soyez (être) *imp. v.* I-7
beach **plage** *f.* I-7
beans **haricots** *m., pl.* II-1
  green beans **haricots verts** *m., pl.* II-1
bearings: to get one's bearings **s'orienter** *v.* II-4
beautiful **beau (belle)** *adj.* I-3
beauty salon **salon** *m.* **de beauté** II-4
because **parce que** *conj.* I-2
become **devenir** *v.* II-1
bed **lit** *m.* I-7
  to go to bed **se coucher** *v.* II-2
bedroom **chambre** *f.* I-8, II-P
beef **bœuf** *m.* II-1
been **été (être)** *p.p.* I-6
before **avant (de/que)** *adv.* I-7
  before (o'clock) **moins** *adv.* I-2
begin (to do something) **commencer (à)** *v.* I-2; **se mettre à** *v.* II-2
beginning **début** *m.* II-7
behind **derrière** *prep.* I-3
Belgian **belge** *adj.* I-7

Belgium **Belgique** *f.* I-7
believe (that) **croire (que)** *v.* II-7
believed **cru (croire)** *p.p.* II-7
belt **ceinture** *f.* I-6
  to buckle one's seatbelt **attacher sa ceinture de sécurité** *v.* II-3
bench **banc** *m.* II-4
best: the best **le mieux** *super. adv.* II-1; **le/la meilleur(e)** *super. adj.* II-1
better **meilleur(e)** *comp. adj.;* **mieux** *comp. adv.* II-1
  It is better that… **Il vaut mieux que/qu'…** II-6
  to be doing better **se porter mieux** *v.* II-2
  to get better (*from illness*) **guérir** *v.* II-2
between **entre** *prep.* I-3
beverage (carbonated) **boisson** *f.* **(gazeuse)** I-4
bicycle **vélo** *m.* I-5
  to go bike riding **faire du vélo** *v.* I-5
big **grand(e)** *adj.* I-3; (*clothing*) **large** *adj.* I-6
bill (*in a restaurant*) **addition** *f.* I-4
bills (*money*) **billets** *m., pl.* II-4
biology **biologie** *f.* I-2
bird **oiseau** *m.* I-3
birth **naissance** *f.* I-6
birthday **anniversaire** *m.* I-5
bit (of) **morceau (de)** *m.* I-4
black **noir(e)** *adj.* I-3
blackboard **tableau** *m.* I-1
blanket **couverture** *f.* I-8, II-P
blonde **blond(e)** *adj.* I-3
blouse **chemisier** *m.* I-6
blue **bleu(e)** *adj.* I-3
boat **bateau** *m.* I-7
body **corps** *m.* II-2
book **livre** *m.* I-1
bookstore **librairie** *f.* I-1
bored: to get bored **s'ennuyer** *v.* II-2
boring **ennuyeux/ennuyeuse** *adj.* I-3
born: to be born **naître** *v.* I-7; **né (naître)** *p.p., adj.* I-7
borrow **emprunter** *v.* II-4
bottle (of) **bouteille (de)** *f.* I-4
boulevard **boulevard** *m.* II-4
boutique **boutique** *f.* II-4
bowl **bol** *m.* II-1
box **boîte** *f.* II-1
boy **garçon** *m.* I-1
boyfriend **petit ami** *m.* I-1
brake **freiner** *v.* II-3
brakes **freins** *m., pl.* II-3
brave **courageux/courageuse** *adj.* I-3

Brazil **Brésil** *m.* I-7
Brazilian **brésilien(ne)** *adj.* I-7
bread **pain** *m.* I-4
  country-style bread **pain** *m.* **de campagne** I-4
bread shop **boulangerie** *f.* II-1
break **se casser** *v.* II-2
breakdown **panne** *f.* II-3
break down **tomber en panne** *v.* II-3
break up (*to leave one another*) **se quitter** *v.* II-3
breakfast **petit-déjeuner** *m.* II-1
bridge **pont** *m.* II-4
bright **brillant(e)** *adj.* I-1
bring (*a person*) **amener** *v.* I-5; (*a thing*) **apporter** *v.* I-4
broom **balai** *m.* I-8, II-P
brother **frère** *m.* I-3
brother-in-law **beau-frère** *m.* I-3
brown **marron** *adj., inv.* I-3
  brown (*hair*) **châtain** *adj.* I-3
brush (hair/tooth) **brosse** *f.* **(à cheveux/à dents)** II-2
  to brush one's hair/teeth **se brosser les cheveux/les dents** *v.* II-1
buckle: to buckle one's seatbelt **attacher sa ceinture de sécurité** *v.* II-3
build **construire** *v.* I-6
building **bâtiment** *m.* II-4; **immeuble** *m.* I-8, II-P
bumper **pare-chocs** *m.* II-3
bus **autobus** *m.* I-7
bus stop **arrêt d'autobus (de bus)** *m.* I-7
bus terminal **gare** *f.* **routière** I-7
business (*profession*) **affaires** *f., pl.* I-3; (*company*) **entreprise** *f.* II-5
business administration **gestion** *f.* I-2
businessman **homme d'affaires** *m.* I-3
businesswoman **femme d'affaires** *f.* I-3
busy **occupé(e)** *adj.* I-1
but **mais** *conj.* I-1
butcher's shop **boucherie** *f.* II-1
butter **beurre** *m.* I-4
buy **acheter** *v.* I-5
Bye! **Salut!** *fam.* I-1

C

cabinet **placard** *m.* I-8, II-P
café **café** *m.* I-1
  café terrace **terrasse** *f.* **de café** I-4
cafeteria (school) **cantine** *f.* I-2

cake **gâteau** *m.* I-6
calculator **calculatrice** *f.* I-1
call **appeler** *v.* II-5
calm **calme** *adj.* I-1; **calme** *m.* I-1
camcorder **caméra vidéo** *f.* II-3; **caméscope** *m.* II-3
camera **appareil photo** *m.* II-3
  digital camera **appareil photo** *m.* **numérique** II-3
camping **camping** *m.* I-5
  to go camping **faire du camping** *v.* I-5
can (of food) **boîte (de conserve)** *f.* II-1
Canada **Canada** *m.* I-7
Canadian **canadien(ne)** *adj.* I-1
cancel (a reservation) **annuler (une réservation)** *v.* I-7
candidate **candidat(e)** *m., f.* II-5
candy **bonbon** *m.* I-6
cap: baseball cap **casquette** *f.* I-6
capital **capitale** *f.* I-7
car **voiture** *f.* II-3
  to ride in a car **rouler en voiture** *v.* I-7
card (*letter*) **carte postale** *f.* II-4; credit card **carte** *f.* **de crédit** II-4
  to pay with a (debit/credit) card **payer par carte (bancaire/de crédit)** *v.* II-4
  cards (*playing*) **cartes** *f.* I-5
carbonated drink/beverage **boisson** *f.* **gazeuse** I-4
career **carrière** *f.* II-5
carpooling **covoiturage** *m.* II-6
carrot **carotte** *f.* II-1
carry **apporter** *v.* I-4
cartoon **dessin animé** *m.* II-7
case: in any case **en tout cas** I-6
cash **espèces** *m.* II-4
  to pay in cash **payer en espèces** *v.* II-4
cat **chat** *m.* I-3
catastrophe **catastrophe** *f.* II-6
catch sight of **apercevoir** *v.* II-4
celebrate **célébrer** *v.* I-5; **fêter** *v.* I-6; **faire la fête** *v.* I-6
celebration **fête** *f.* I-6
cellar **cave** *f.* I-8, II-P
cell(ular) phone **portable** *m.* II-3
center: city/town center **centre-ville** *m.* I-4
certain **certain(e)** *adj.* II-1; **sûr(e)** *adj.* II-7
  It is certain that… **Il est certain que…** II-7
  It is uncertain that… **Il n'est pas certain que…** II-7
chair **chaise** *f.* I-1
change (*coins*) **(pièces** *f. pl.* **de) monnaie** II-4

channel (television) **chaîne** *f.* **(de télévision)** II-3
character **personnage** *m.* II-7
  main character **personnage principal** *m.* II-7
charge (battery) **recharger** *v.* II-3
charming **charmant(e)** *adj.* I-1
chat **bavarder** *v.* I-4
check **chèque** *m.* II-4; (*bill*) **addition** *f.* I-4
  to pay by check **payer par chèque** *v.* II-4;
  to check (the oil/the air pressure) **vérifier (l'huile/la pression des pneus)** *v.* II-3
checking account **compte** *m.* **de chèques** II-4
cheek **joue** *f.* II-2
cheese **fromage** *m.* I-4
chemistry **chimie** *f.* I-2
chess **échecs** *m., pl.* I-5
chest **poitrine** *f.* II-2
  chest of drawers **commode** *f.* I-8, II-P
chic **chic** *adj.* I-4
chicken **poulet** *m.* II-1
child **enfant** *m., f.* I-3
childhood **enfance** *f.* I-6
China **Chine** *f.* I-7
Chinese **chinois(e)** *adj.* I-7
choir **chœur** *m.* II-7
choose **choisir** *v.* I-4
chorus **chœur** *m.* II-7
chrysanthemums **chrysanthèmes** *m., pl.* II-1
church **église** *f.* I-4
city **ville** *f.* I-4
city hall **mairie** *f.* II-4
city/town center **centre-ville** *m.* I-4
class (*group of students*) **classe** *f.* I-1; (*course*) **cours** *m.* I-2
classmate **camarade de classe** *m., f.* I-1
classroom **salle** *f.* **de classe** I-1
clean **nettoyer** *v.* I-5; **propre** *adj.* I-8, II-P
clear **clair(e)** *adj.* II-7
  It is clear that… **Il est clair que…** II-7
  to clear the table **débarrasser la table** I-8, II-P
client **client(e)** *m., f.* I-7
cliff **falaise** *f.* II-6
clock **horloge** *f.* I-1
  alarm clock **réveil** *m.* II-2
close (to) **près (de)** *prep.* I-3
  very close (to) **tout près (de)** I-4
close **fermer** *v.* II-3
closed **fermé(e)** *adj.* II-4
closet **placard** *m.* I-8, II-P

clothes dryer **sèche-linge** *m.* I-8, II-P
clothing **vêtements** *m., pl.* I-6
cloudy **nuageux/nuageuse** *adj.* I-5
  It is cloudy. **Le temps est nuageux.** I-5
clutch **embrayage** *m.* II-3
coast **côte** *f.* II-6
coat **manteau** *m.* I-6
coffee **café** *m.* I-1
coffeemaker **cafetière** *f.* I-8, II-P
coins **pièces** *f. pl.* **de monnaie** II-4
cold **froid** *m.* I-2
  to be cold **avoir froid** *v.* I-2
  (*weather*) It is cold. **Il fait froid.** I-5
cold **rhume** *m.* II-2
color **couleur** *f.* I-6
  What color is… ? **De quelle couleur est… ?** I-6
comb **peigne** *m.* II-2
come **venir** *v.* I-7
come back **revenir** *v.* II-1
Come on. **Allez.** I-2
comedy **comédie** *f.* II-7
comic strip **bande dessinée (B.D.)** *f.* I-5
company (*troop*) **troupe** *f.* II-7
completely **tout à fait** *adv.* I-6
composer **compositeur** *m.* II-7
computer **ordinateur** *m.* I-1
computer science **informatique** *f.* I-2
concert **concert** *m.* II-7
congratulations **félicitations** II-7
connect **brancher** *v.* II-3
consider **considérer** *v.* I-5
constantly **constamment** *adv.* I-7
construct **construire** *v.* I-6
consultant **conseiller/ conseillère** *m., f.* II-5
continue (*doing something*) **continuer (à)** *v.* II-4
cook **cuisiner** *v.* II-1; **faire la cuisine** *v.* I-5; **cuisinier/ cuisinière** *m., f.* II-5
cookie **biscuit** *m.* I-6
cooking **cuisine** *f.* I-5
cool: (*weather*) It is cool. **Il fait frais.** I-5
corner **angle** *m.* II-4; **coin** *m.* II-4
cost **coûter** *v.* I-4
cotton **coton** *m.* I-6
couch **canapé** *m.* I-8, II-P
cough **tousser** *v.* II-2
count (on someone) **compter (sur quelqu'un)** *v.* I-8, II-P
country **pays** *m.* I-7
  country(side) **campagne** *f.* I-7

country-style **de campagne** *adj.* I-4
couple **couple** *m.* I-6
courage **courage** *m.* II-5
courageous **courageux/ courageuse** *adj.* I-3
course **cours** *m.* I-2
cousin **cousin(e)** *m., f.* I-3
cover **couvrir** *v.* II-3
covered **couvert (couvrir)** *p.p.* II-3
cow **vache** *f.* II-6
crazy **fou/folle** *adj.* I-3
cream **crème** *f.* II-1
credit card **carte** *f.* **de crédit** II-4
to pay with a debit/credit card **payer par carte bancaire/de crédit** *v.* II-4
crêpe **crêpe** *f.* I-5
crime film **film policier** *m.* II-7
croissant **croissant** *m.* I-4
cross **traverser** *v.* II-4
cruel **cruel/cruelle** *adj.* I-3
cry **pleurer** *v.*
cup (of) **tasse (de)** *f.* I-4
cupboard **placard** *m.* I-8, II-P
curious **curieux/ curieuse** *adj.* I-3
curly **frisé(e)** *adj.* I-3
currency **monnaie** *f.* II-4
curtain **rideau** *m.* I-8, II-P
customs **douane** *f.* I-7

D

dance **danse** *f.* II-7
to dance **danser** *v.* I-4
danger **danger** *m.* II-6
dangerous **dangereux/ dangereuse** *adj.* II-3
dark (*hair*) **brun(e)** *adj.* I-3
darling **chéri(e)** *adj.* I-2
darn **zut** II-3
dash (*punctuation mark*) **tiret** *m.* II-3
date (*day, month, year*) **date** *f.* I-5; (*meeting*) **rendez-vous** *m.* I-6
to make a date **prendre (un) rendez-vous** *v.* II-5
daughter **fille** *f.* I-1
day **jour** *m.* I-2; **journée** *f.* I-2
day after tomorrow **après-demain** *adv.* I-2
day before yesterday **avant-hier** *adv.* I-7
day off **congé** *m.,* **jour de congé** I-7
dear **cher/chère** *adj.* I-2
death **mort** *f.* I-6
December **décembre** *m.* I-5
decide (*to do something*) **décider (de)** *v.* II-3

deforestation **déboisement** *m.* II-6
degree **diplôme** *m.* I-2
degrees (*temperature*) **degrés** *m., pl.* I-5
It is... degrees. **Il fait... degrés.** I-5
delicatessen **charcuterie** *f.* II-1
delicious **délicieux/délicieuse** *adj.* I-4
Delighted. **Enchanté(e).** *p.p., adj.* I-1
demand (that) **exiger (que)** *v.* II-6
demanding **exigeant(e)** *adj.*
demanding profession **profession** *f.* **exigeante** II-5
dentist **dentiste** *m., f.* I-3
department store **grand magasin** *m.* I-4
departure **départ** *m.* I-7
deposit: to deposit money **déposer de l'argent** *v.* II-4
depressed **déprimé(e)** *adj.* II-2
describe **décrire** *v.* I-7
described **décrit (décrire)** *p.p., adj.* I-7
desert **désert** *m.* II-6
desire **envie** *f.* I-2
desk **bureau** *m.* I-1
dessert **dessert** *m.* I-6
destroy **détruire** *v.* I-6
destroyed **détruit (détruire)** *p.p., adj.* I-6
detective film **film policier** *m.* II-7
detest **détester** *v.* I-2
I hate... **Je déteste...** I-2
develop **développer** *v.* II-6
dial (*a number*) **composer (un numéro)** *v.* II-3
dictionary **dictionnaire** *m.* I-1
die **mourir** *v.* I-7
died **mort (mourir)** *p.p., adj.* I-7
diet **régime** *m.* II-2
to be on a diet **être au régime** II-1
difference **différence** *f.* I-1
different **différent(e)** *adj.* I-1
differently **différemment** *adv.* I-8, II-P
difficult **difficile** *adj.* I-1
digital camera **appareil photo** *m.* **numérique** II-3
dining room **salle à manger** *f.* I-8, II-P
dinner **dîner** *m.* II-1
to have dinner **dîner** *v.* I-2
diploma **diplôme** *m.* I-2
directions **indications** *f.* II-4
director (*movie*) **réalisateur/ réalisatrice** *m., f.;* (*play/show*) **metteur en scène** *m.* II-7
dirty **sale** *adj.* I-8, II-P

discover **découvrir** *v.* II-3
discovered **découvert (découvrir)** *p.p.* II-3
discreet **discret/discrète** *adj.* I-3
discuss **discuter** *v.* II-3
dish (*food*) **plat** *m.* II-1
to do the dishes **faire la vaisselle** *v.* I-8, II-P
dishwasher **lave-vaisselle** *m.* I-8, II-P
dismiss **renvoyer** *v.* II-5
distinction **mention** *f.* II-5
divorce **divorce** *m.* I-6
to divorce **divorcer** *v.* I-3
divorced **divorcé(e)** *p.p., adj.* I-3
do (*make*) **faire** *v.* I-5
to do odd jobs **bricoler** *v.* I-5
doctor **médecin** *m.* I-3
documentary **documentaire** *m.* II-7
dog **chien** *m.* I-3
done **fait (faire)** *p.p., adj.* I-6
door (*building*) **porte** *f.* I-1; (*automobile*) **portière** *f.* II-3
doubt (that)... **douter (que)...** *v.* II-7
doubtful **douteux/douteuse** *adj.* II-7
It is doubtful that... **Il est douteux que...** II-7
download **télécharger** *v.* II-3
downtown **centre-ville** *m.* I-4
drag **barbant** *adj.* I-3; **barbe** *f.* I-3
drape **rideau** *m.* I-8, II-P
draw **dessiner** *v.* I-2
drawer **tiroir** *m.* I-8, II-P
dreadful **épouvantable** *adj.* I-5
dream (*about*) **rêver (de)** *v.* II-3
dress **robe** *f.* I-6
to dress **s'habiller** *v.* II-2
dresser **commode** *f.* I-8, II-P
drink (*carbonated*) **boisson** *f.* (**gazeuse**) I-4
to drink **boire** *v.* I-4
drive **conduire** *v.* I-6
to go for a drive **faire un tour en voiture** I-5
driven **conduit (conduire)** *p.p.* I-6
driver (*taxi/truck*) **chauffeur (de taxi/de camion)** *m.* II-5
driver's license **permis** *m.* **de conduire** II-3
drums **batterie** *f.* II-7
drunk **bu (boire)** *p.p.* I-6
dryer (*clothes*) **sèche-linge** *m.* I-8, II-P
dry oneself **se sécher** *v.* II-2
due **dû(e) (devoir)** *adj.* II-1
during **pendant** *prep.* I-7
dust **enlever/faire la poussière** *v.* I-8, II-P
DVR **enregistreur DVR** *m.* II-3

Vocabulary

E

each **chaque** *adj.* I-6
ear **oreille** *f.* II-2
early **en avance** *adv.* I-2; **tôt** *adv.* I-2
earn **gagner** *v.* II-5
Earth **Terre** *f.* II-6
easily **facilement** *adv.* I-8, II-P
east **est** *m.* II-4
easy **facile** *adj.* I-2
eat **manger** *v.* I-2
  to eat lunch **déjeuner** *v.* I-4
éclair **éclair** *m.* I-4
ecological **écologique** *adj.* II-6
ecology **écologie** *f.* II-6
economics **économie** *f.* I-2
ecotourism **écotourisme** *m.* II-6
education **formation** *f.* II-5
effect: in effect **en effet** II-6
egg **œuf** *m.* II-1
eight **huit** *m.* I-1
eighteen **dix-huit** *m.* I-1
eighth **huitième** *adj.* I-7
eighty **quatre-vingts** *m.* I-3
eighty-one **quatre-vingt-un** *m.* I-3
elder **aîné(e)** *adj.* I-3
electric **électrique** *adj.* I-8, II-P
  electrical appliance **appareil** *m.* **électrique** I-8, II-P
electrician **électricien/ électricienne** *m., f.* II-5
elegant **élégant(e)** *adj.* I-1
elevator **ascenseur** *m.* I-7
eleven **onze** *m.* I-1
eleventh **onzième** *adj.* I-7
e-mail **e-mail** *m.* II-3
emergency room **urgences** *f., pl.* II-2
  to go to the emergency room **aller aux urgences** *v.* II-2
employ **employer** *v.* I-5
end **fin** *f.* II-7
endangered **menacé(e)** *adj.* II-6
  endangered species **espèce** *f.* **menacée** II-6
engaged **fiancé(e)** *adj.* I-3
engine **moteur** *m.* II-3
engineer **ingénieur** *m.* I-3
England **Angleterre** *f.* I-7
English **anglais(e)** *adj.* I-1
enormous **énorme** *adj.* I-2
enough (of) **assez (de)** *adv.* I-4
  not enough (of) **pas assez (de)** I-4
enter **entrer** *v.* I-7
envelope **enveloppe** *f.* II-4
environment **environnement** *m.* II-6
equal **égaler** *v.* I-3
erase **effacer** *v.* II-3
errand **course** *f.* II-1

escargot **escargot** *m.* II-1
especially **surtout** *adv.* I-2
essay **dissertation** *f.* II-3
essential **essentiel(le)** *adj.* II-6
  It is essential that... **Il est essentiel/indispensable que...** II-6
even **même** *adv.* I-5
evening **soir** *m.;* **soirée** *f.* I-2
  ... (o'clock) in the evening **... heures du soir** I-2
every day **tous les jours** *adv.* I-8, II-P
everyone **tout le monde** *m.* II-1
evident **évident(e)** *adj.* II-7
  It is evident that... **Il est évident que...** II-7
evidently **évidemment** *adv.* I-7
exactly **exactement** *adv.* II-1
exam **examen** *m.* I-1
Excuse me. **Excuse-moi.** *fam.* I-1; **Excusez-moi.** *form.* I-1
executive **cadre/femme cadre** *m., f.* II-5
exercise **exercice** *m.* II-2
  to exercise **faire de l'exercice** *v.* II-2
exhibit **exposition** *f.* II-7
exit **sortie** *f.* I-7
expenditure **dépense** *f.* II-4
expensive **cher/chère** *adj.* I-6
explain **expliquer** *v.* I-2
explore **explorer** *v.* I-4
extinction **extinction** *f.* II-6
eye (eyes) **œil (yeux)** *m.* II-2

F

face **visage** *m.* II-2
facing **en face (de)** *prep.* I-3
fact: in fact **en fait** I-7
factory **usine** *f.* II-6
fail **échouer** *v.* I-2
fall **automne** *m.* I-5
  in the fall **en automne** I-5
  to fall **tomber** *v.* I-7
  to fall in love **tomber amoureux/amoureuse** *v.* I-6
  to fall asleep **s'endormir** *v.* II-2
family **famille** *f.* I-3
famous **célèbre** *adj.* II-7; **connu (connaître)** *p.p., adj.* I-8, II-P
far (from) **loin (de)** *prep.* I-3
farewell **adieu** *m.* II-6
farmer **agriculteur/ agricultrice** *m., f.* II-5
fashion **mode** *f.* I-2
  fashion design **stylisme de mode** *m.* I-2
fast **rapide** *adj.* I-3; **vite** *adv.* I-7

fat **gros(se)** *adj.* I-3
father **père** *m.* I-3
father-in-law **beau-père** *m.* I-3
favorite **favori/favorite** *adj.* I-3; **préféré(e)** *adj.* I-2
fax machine **fax** *m.* II-3
fear **peur** *f.* I-2
  to fear that **avoir peur que** *v.* II-6
February **février** *m.* I-5
fed up: to be fed up **en avoir marre** *v.* I-3
feel *(to sense)* **sentir** *v.* I-5; *(state of being)* **se sentir** *v.* II-2
  to feel like *(doing something)* **avoir envie (de)** I-2
  to feel nauseated **avoir mal au cœur** II-2
festival (festivals) **festival (festivals)** *m.* II-7
fever **fièvre** *f.* II-2
  to have fever **avoir de la fièvre** *v.* II-2
fiancé **fiancé(e)** *m., f.* I-6
field *(terrain)* **champ** *m.* II-6; *(of study)* **domaine** *m.* II-5
fifteen **quinze** *m.* I-1
fifth **cinquième** *adj.* I-7
fifty **cinquante** *m.* I-1
figure *(physique)* **ligne** *f.* II-2
file **fichier** *m.* II-3
fill: to fill out a form **remplir un formulaire** *v.* II-4
  to fill the tank **faire le plein** *v.* II-3
film **film** *m.* II-7
  adventure/crime film **film** *m.* **d'aventures/policier** II-7
finally **enfin** *adv.* I-7; **finalement** *adv.* I-7; **dernièrement** *adv.* I-7
find (a job/work) **trouver (un/ du travail)** *v.* II-5
  to find again **retrouver** *v.* I-2
fine **amende** *f.* II-3
fine arts **beaux-arts** *m., pl.* II-7
finger **doigt** *m.* II-2
finish *(doing something)* **finir (de)** *v.* I-4, II-3
fire **incendie** *m.* II-6
firefighter **pompier/femme pompier** *m., f.* II-5
firm *(business)* **entreprise** *f.* II-5;
first **d'abord** *adv.* I-7; **premier/ première** *adj.* I-2; **premier** *m.* I-5
  It is October first. **C'est le 1ᵉʳ (premier) octobre.** I-5
fish **poisson** *m.* I-3
fishing **pêche** *f.* I-5
  to go fishing **aller à la pêche** *v.* I-5

fish shop **poissonnerie** *f.* II-1
five **cinq** *m.* I-1
flat tire **pneu** *m.* **crevé** II-3
flight *(air travel)* **vol** *m.* I-7
floor **étage** *m.* I-7
flower **fleur** *f.* I-8, II-P
flu **grippe** *f.* II-2
fluently **couramment** *adv.* I-7
follow *(a path/a street/a boulevard)*
  suivre (un chemin/une rue/
  un boulevard) *v.* II-4
food item **aliment** *m.* II-1;
  nourriture *f.* II-1
foot **pied** *m.* II-2
football **football américain** *m.* I-5
for **pour** *prep.* I-5; **pendant**
  prep. II-1
  For whom? **Pour qui?** I-4
forbid **interdire** *v.* II-6
foreign **étranger/étrangère**
  adj. I-2
  foreign languages **langues**
  f., pl. **étrangères** I-2
forest **forêt** *f.* II-6
  tropical forest **forêt tropicale**
  f. II-6
forget *(to do something)* **oublier**
  (de) *v.* I-2
fork **fourchette** *f.* II-1
form **formulaire** *m.* II-4
former *(placed before noun)*
  ancien(ne) *adj.* II-7
fortunately **heureusement**
  adv. I-7
forty **quarante** *m.* I-1
fountain **fontaine** *f.* II-4
four **quatre** *m.* I-1
fourteen **quatorze** *m.* I-1
fourth **quatrième** *adj.* I-7
France **France** *f.* I-7
frankly **franchement** *adv.* I-7
free *(at no cost)* **gratuit(e)** *adj.* II-7
  free time **temps libre** *m.* I-5
freezer **congélateur** *m.* I-8, II-P
French **français(e)** *adj.* I-1
French fries **frites** *f., pl.* I-4
frequent *(to visit regularly)*
  fréquenter *v.* I-4
fresh **frais/fraîche** *adj.* I-5
Friday **vendredi** *m.* I-2
friend **ami(e)** *m., f.* I-1; **copain/**
  copine *m., f.* I-1
friendship **amitié** *f.* I-6
from **de/d'** *prep.* I-1
  from time to time **de temps en**
  temps *adv.* I-7
front: in front of **devant** *prep.* I-3
fruit **fruit** *m.* II-1
full *(no vacancies)* **complet**
  (complète) *adj.* I-7
full-time job **emploi** *m.*
  à plein temps II-5
fun **amusant(e)** *adj.* I-1

to have fun *(doing something)*
  s'amuser (à) *v.* II-3
funeral **funérailles** *f., pl.* II-1
funny **drôle** *adj.* I-3
furious **furieux/furieuse** *adj.* II-6
  to be furious that… **être**
  furieux/furieuse que… *v.* II-6

G

gain: gain weight **grossir** *v.* I-4
game *(amusement)* **jeu** *m.* I-5;
  (sports) **match** *m.* I-5
game show **jeu télévisé** *m.* II-7
garage **garage** *m.* I-8, II-P
garbage **ordures** *f., pl.* II-6
garbage collection **ramassage**
  m. **des ordures** II-6
garden **jardin** *m.* I-8, II-P
garlic **ail** *m.* II-1
gas **essence** *f.* II-3
gas tank **réservoir d'essence**
  m. II-3
gas warning light **voyant** *m.*
  d'essence II-3
generally **en général** *adv.* I-7
generous **généreux/généreuse**
  adj. I-3
genre **genre** *m.* II-7
gentle **doux/douce** *adj.* I-3
geography **géographie** *f.* I-2
German **allemand(e)** *adj.* I-1
Germany **Allemagne** *f.* I-7
get *(to obtain)* **obtenir** *v.* II-5
get along well *(with)* **s'entendre**
  bien (avec) *v.* II-2
get off **descendre (de)** *v.* I-6
get up **se lever** *v.* II-2
  get up again **se relever** *v.* II-2
gift **cadeau** *m.* I-6
  wrapped gift **paquet cadeau**
  m. I-6
gifted **doué(e)** *adj.* II-7
girl **fille** *f.* I-1
girlfriend **petite amie** *f.* I-1
give *(to someone)* **donner (à)** *v.* I-2
  to give a shot **faire une**
  piqûre *v.* II-2
  to give a tour **faire visiter**
  v. I-8, II-P
  to give back **rendre (à)** *v.* I-6
  to give one another **se donner**
  v. II-3
glass (of) **verre (de)** *m.* I-4
glasses **lunettes** *f., pl.* I-6
  sunglasses **lunettes de soleil**
  f., pl. I-6
global warming **réchauffement**
  m. **de la Terre** II-6
glove **gant** *m.* I-6
go **aller** *v.* I-4
  Let's go! **Allons-y!** I-4; **On y**
  va! II-2

I'm going. **J'y vais.** I-8, II-P
to go back **repartir** *v.* II-7
to go downstairs **descendre**
  (de) *v.* I-6
to go out **sortir** *v.* I-7
to go over **dépasser** *v.* II-3
to go up **monter** *v.* I-7
to go with **aller avec** *v.* I-6
golf **golf** *m.* I-5
good **bon(ne)** *adj.* I-3
  Good evening. **Bonsoir.** I-1
  Good morning. **Bonjour.** I-1
  to be good for nothing **ne**
  servir à rien *v.* II-1
  to be in a good mood **être de**
  bonne humeur *v.* I-8, II-P
  to be in good health **être en**
  bonne santé *v.* II-2
  to be in good shape **être en**
  pleine forme *v.* II-2
  to be up to something
  interesting **faire quelque**
  chose de beau *v.* II-4
Good-bye. **Au revoir.** I-1
government **gouvernement** *m.* II-6
grade *(academics)* **note** *f.* I-2
grandchildren **petits-enfants**
  m., pl. I-3
granddaughter **petite-fille** *f.* I-3
grandfather **grand-père** *m.* I-3
grandmother **grand-mère** *f.* I-3
grandparents **grands-parents**
  m., pl. I-3
grandson **petit-fils** *m.* I-3
grant **bourse** *f.* I-2
grass **herbe** *f.* II-6
gratin **gratin** *m.* II-1
gray **gris(e)** *adj.* I-6
great **formidable** *adj.* I-7;
  génial(e) *adj.* I-3
green **vert(e)** *adj.* I-3
green beans **haricots verts**
  m., pl. II-1
greenhouse **serre** *f.* II-6
  greenhouse effect **effet de serre**
  m. II-6
grocery store **épicerie** *f.* I-4
groom: to groom oneself *(in the*
  morning) **faire sa toilette** *v.* II-2
ground floor **rez-de-chaussée**
  m. I-7
growing population **population**
  f. **croissante** II-6
guaranteed **garanti(e)** *p.p.,*
  adj. I-5
guest **invité(e)** *m., f.* I-6;
  client(e)
  m., f. I-7
guitar **guitare** *f.* II-7
guy **mec** *m.* II-2
gym **gymnase** *m.* I-4

Vocabulary

habitat **habitat** *m.* II-6
  habitat preservation **sauvetage des habitats** *m.* II-6
had **eu (avoir)** *p.p.* I-6
  had to **dû (devoir)** *p.p.* II-1
hair **cheveux** *m., pl.* II-1
  to brush one's hair **se brosser les cheveux** *v.* II-1
  to do one's hair **se coiffer** *v.* II-2
hairbrush **brosse** *f.* **à cheveux** II-2
hairdresser **coiffeur/coiffeuse** *m., f.* I-3
half **demie** *f.* I-2
  half past … (o'clock) **… et demie** I-2
half-brother **demi-frère** *m.* I-3
half-sister **demi-sœur** *f.* I-3
half-time job **emploi** *m.* **à mi-temps** II-5
hallway **couloir** *m.* I-8, II-P
ham **jambon** *m.* I-4
hand **main** *f.* I-5
handbag **sac à main** *m.* I-6
handsome **beau** *adj.* I-3
hang up **raccrocher** *v.* II-5
happiness **bonheur** *m.* I-6
happy **heureux/heureuse** *adj.;* **content(e)** II-5
  to be happy that… **être content(e) que…** *v.* II-6; **être heureux/heureuse que…** *v.* II-6
hard drive **disque (dur)** *m.* II-3
hard-working **travailleur/travailleuse** *adj.* I-3
hat **chapeau** *m.* I-6
hate **détester** *v.* I-2
  I hate… **Je déteste…** I-2
have **avoir** *v.* I-2; **aie (avoir)** *imp., v.* I-7; **ayez (avoir)** *imp. v.* I-7; **prendre** *v.* I-4
  to have an ache **avoir mal** *v.* II-2
to have to (*must*) **devoir** *v.* II-1
he **il** *sub. pron.* I-1
head (*body part*) **tête** *f.* II-2; (*of a company*) **chef** *m.* **d'entreprise** II-5
headache: to have a headache **avoir mal à la tête** *v.* II-2
headlights **phares** *m., pl.* II-3
headphones **casque** *f.* **à écouteurs** *m., pl.* II-3
health **santé** *f.* II-2
  to be in good health **être en bonne santé** *v.* II-2
health insurance **assurance** *f.* **maladie** II-5
healthy **sain(e)** *adj.* II-2

hear **entendre** *v.* I-6
heart **cœur** *m.* II-2
heat **chaud** *m.* 2
hello (*on the phone*) **allô** I-1; (*in the evening*) **Bonsoir.** I-1; (*in the morning or afternoon*) **Bonjour.** I-1
help **au secours** II-3
  to help (*to do something*) **aider (à)** *v.* I-5
  to help one another **s'aider** *v.* II-3
her **la/l'** *d.o. pron.* I-7; **lui** *i.o. pron.* I-6; (*attached to an imperative*) **-lui** *i.o. pron.* II-1
her **sa** *poss. adj., f., sing.* I-3; **ses** *poss. adj., m., f., pl.* I-3; **son** *poss. adj., m., sing.* I-3
Here! **Tenez!** *form., imp. v.* II-1; **Tiens!** *fam., imp., v.* II-1
here **ici** *adv.* I-1; (*used with demonstrative adjective ce and noun or with demonstrative pronoun celui*); **-ci** I-6; Here is…. **Voici…** I-1
heritage: I am of… heritage. **Je suis d'origine…** I-1
herself (*used with reflexive verb*) **se/s'** *pron.* II-2
hesitate (*to do something*) **hésiter (à)** *v.* II-3
Hey! **Eh!** *interj.* 2
Hi! **Salut!** *fam.* I-1
high **élevé(e)** *adj.* II-5
high school **lycée** *m.* I-1
  high school student **lycéen(ne)** *m., f.* 2
higher education **études supérieures** *f., pl.* 2
highway **autoroute** *f.* II-3
hike **randonnée** *f.* I-5
  to go for a hike **faire une randonnée** *v.* I-5
him **lui** *i.o. pron.* I-6; **le/l'** *d.o. pron.* I-7; (*attached to imperative*) **-lui** *i.o. pron.* II-1
himself (*used with reflexive verb*) **se/s'** *pron.* II-2
hire **embaucher** *v.* II-5
his **sa** *poss. adj., f., sing.* I-3; **ses** *poss. adj., m., f., pl.* I-3; **son** *poss. adj., m., sing.* I-3
history **histoire** *f.* I-2
hit **rentrer (dans)** *v.* II-3
hold **tenir** *v.* II-1
  to be on hold **patienter** *v.* II-5
hole in the ozone layer **trou dans la couche d'ozone** *m.* II-6
holiday **jour férié** *m.* I-6; **férié(e)** *adj.* I-6
home (*house*) **maison** *f.* I-4
  at (someone's) home **chez…** *prep.* 4

home page **page d'accueil** *f.* II-3
homework **devoir** *m.* I-2
honest **honnête** *adj.* II-7
honestly **franchement** *adv.* I-7
hood **capot** *m.* II-3
hope **espérer** *v.* I-5
hors d'œuvre **hors-d'œuvre** *m.* II-1
horse **cheval** *m.* I-5
  to go horseback riding **faire du cheval** *v.* I-5
hospital **hôpital** *m.* I-4
host **hôte/hôtesse** *m., f.* I-6
hot **chaud** *m.* I-2
  It is hot (weather). **Il fait chaud.** I-5
  to be hot **avoir chaud** *v.* I-2
hot chocolate **chocolat chaud** *m.* I-4
hotel **hôtel** *m.* I-7
  (single) hotel room **chambre** *f.* **(individuelle)** I-7
hotel keeper **hôtelier/hôtelière** *m., f.* I-7
hour **heure** *f.* I-2
house **maison** *f.* I-4
  at (someone's) house **chez…** *prep.* I-2
  to leave the house **quitter la maison** *v.* I-4
  to stop by someone's house **passer chez quelqu'un** *v.* I-4
household **ménager/ménagère** *adj.* I-8, II-P
household appliance **appareil** *m.* **ménager** I-8, II-P
household chore **tâche ménagère** *f.* I-8, II-P
housewife **femme au foyer** *f.* II-5
housework: to do the housework **faire le ménage** *v.* I-8, II-P
housing **logement** *m.* I-8, II-P
how **comme** *adv.* I-2; **comment?** *interr. adv.* I-4
  How are you? **Comment allez-vous?** *form.* I-1; **Comment vas-tu?** *fam.* I-1
  How many/How much (of)? **Combien (de)?** I-1
How much is… ? **Combien coûte… ?** I-4
huge **énorme** *adj.* I-2
Huh? **Hein?** *interj.* I-3
humanities **lettres** *f., pl.* I-2
hundred: one hundred **cent** *m.* I-5
  five hundred **cinq cents** *m.* I-5
  one hundred one **cent un** *m.* I-5
  one hundred thousand **cent mille** *m.* I-5
hundredth **centième** *adj.* I-7
hunger **faim** *f.* I-4

hungry: to be hungry **avoir faim**
v. I-4
hunt **chasse** f. II-6
to hunt **chasser** v. II-6
hurried **pressé(e)** adj. II-1
hurry **se dépêcher** v. II-2
hurt **faire mal** v. II-2
to hurt oneself **se blesser**
v. II-2
husband **mari** m.; **époux** m. I-3
hyphen (punctuation mark)
tiret m. II-3

I

I **je** sub. pron. I-1; **moi** disj.
pron., sing. I-3
ice cream **glace** f. I-6
ice cube **glaçon** m. I-6
idea **idée** f. I-3
if **si** conj. II-5
ill: to become ill **tomber
malade** v. II-2
illness **maladie** f. II-5
immediately **tout de
suite** adv. I-4
impatient **impatient(e)** adj. I-1
important **important(e)** adj. I-1
It is important that... **Il est
important que...** II-6
impossible **impossible** adj. II-7
It is impossible that... **Il est
impossible que...** II-7
improve **améliorer** v. II-5
in **dans** prep. I-3; **en** prep. I-3; **à**
prep. I-4
included **compris
(comprendre)** p.p., adj. I-6
incredible **incroyable** adj. II-3
independent **indépendant(e)**
adj. I-1
independently
indépendamment adv. I-8, II-P
indicate **indiquer** v. 5
indispensable **indispensable**
adj. II-6
inexpensive **bon marché** adj. I-6
injection **piqûre** f. II-2
to give an injection **faire une
piqûre** v. II-2
injury **blessure** f. II-2
instrument **instrument** m. I-1
insurance (health/life) **assurance**
f. **(maladie/vie)** II-5
intellectual **intellectuel(le)**
adj. I-3
intelligent **intelligent(e)** adj. I-1
interested: to be interested (in)
s'intéresser (à) v. II-2
interesting **intéressant(e)** adj. I-1
intermission **entracte** m. II-7
internship **stage** m. II-5

intersection **carrefour** m. II-4
interview: to have an
interview **passer un
entretien** II-5
introduce **présenter** v. I-1
I would like to introduce
(name) to you. **Je te
présente...** , fam. I-1
I would like to introduce
(name) to you. **Je vous
présente...** , form. I-1
invite **inviter** v. I-4
Ireland **Irlande** f. I-7
Irish **irlandais(e)** adj. I-7
iron **fer à repasser** m. I-8, II-P
to iron (the laundry) **repasser
(le linge)** v. I-8, II-P
isn't it? (tag question) **n'est-ce
pas?** I-2
island **île** f. II-6
Italian **italien(ne)** adj. I-1
Italy **Italie** f. I-7
it: It depends. **Ça dépend.** I-4
It is... **C'est...** I-1
itself (used with reflexive verb)
se/s' pron. II-2

J

jacket **blouson** m. I-6
jam **confiture** f. II-1
January **janvier** m. I-5
Japan **Japon** m. I-7
Japanese **japonais(e)** adj. I-1
jealous **jaloux/jalouse** adj. I-3
jeans **jean** m. sing. I-6
jewelry store **bijouterie** f. II-4
jogging **jogging** m. I-5
to go jogging **faire du
jogging** v. I-5
joke **blague** f. I-2
journalist **journaliste** m., f. I-3
juice (orange/apple) **jus** m.
(d'orange/de pomme) I-4
July **juillet** m. I-5
June **juin** m. I-5
jungle **jungle** f. II-6
just (barely) **juste** adv. I-3

K

keep **retenir** v. II-1
key **clé** f. I-7
keyboard **clavier** m. II-3
kilo(gram) **kilo(gramme)** m. II-1
kind **bon(ne)** adj. I-3
kiosk **kiosque** m. I-4
kiss one another **s'embrasser**
v. II-3
kitchen **cuisine** f. I-8, II-P
knee **genou** m. II-2
knife **couteau** m. II-1

know (as a fact) **savoir** v.
I-8, II-P; (to be familiar
with) **connaître** v. I-8, II-P
to know one another **se
connaître** v. II-3
I don't know anything about
it. **Je n'en sais rien.** II-6
to know that... **savoir
que...** II-7
known (as a fact) **su (savoir)**
p.p. I-8, II-P; (famous) **connu
(connaître)** p.p., adj. I-8, II-P

L

laborer **ouvrier/ouvrière**
m., f. II-5
lake **lac** m. II-6
lamp **lampe** f. I-8, II-P
landslide **glissement de
terrain** m. II-6
language **langue** f. I-2
foreign languages **langues** f.,
pl. **étrangères** I-2
last **dernier/dernière** adj. I-2
lastly **dernièrement** adv. I-7
late (when something happens late)
en retard adv. I-2; (in the
evening, etc.) **tard** adv. I-2
laugh **rire** v. I-6
laughed **ri (rire)** p.p. I-6
laundromat **laverie** f. II-4
laundry: to do the laundry **faire
la lessive** v. I-8, II-P
law **loi** f. II-6
lawyer **avocat(e)** m., f. I-3
lay off (let go) **renvoyer** v. II-5
lazy **paresseux/paresseuse**
adj. I-3
learned **appris (apprendre)**
p.p. I-6
least **moins** II-1
the least... (used with adjective)
le/la moins... super. adv. II-1
the least... , (used with noun
to express quantity) **le moins
de...** II-6
the least... (used with verb or
adverb) **le moins...** super.
adv. II-1
leather **cuir** m. I-6
leave **partir** v. I-5; **quitter** v. I-4
to leave alone **laisser tranquille**
v. II-2
to leave one another **se quitter**
v. II-3
I'm leaving. **Je m'en
vais.** I-8, II-P
left: to the left (of) **à gauche
(de)** prep. I-3
leg **jambe** f. II-2
leisure activity **loisir** m. I-5
lemon soda **limonade** f. I-4

lend (*to someone*) **prêter
(à)** *v.* I-6
less **moins** *adv.* I-4
   less of... (*used with noun
to express quantity*) **moins
de...** I-4
   less ... than (*used with noun
to compare quantities*) **moins
de... que** II-6
   less... than (*used with adjective
to compare qualities*) **moins...
que** II-1
let **laisser** *v.* II-3
   to let go (*to fire or lay off*)
renvoyer *v.* II-5
   Let's go! **Allons-y!** I-4; **On y
va!** II-2
letter **lettre** *f.* II-4
   letter of application **lettre** *f.*
de motivation II-5
   letter of recommendation/
reference **lettre** *f.* **de
recommandation** II-5
lettuce **laitue** *f.* II-1
level **niveau** *m.* II-5
library **bibliothèque** *f.* I-1
license: driver's license **permis** *m.*
de conduire II-3
life **vie** *f.* I-6
life insurance **assurance** *f.*
vie II-5
light: warning light (*automobile*)
voyant *m.* II-3
   oil/gas warning light **voyant**
m. **d'huile/d'essence** II-3
   to light up **s'allumer** *v.* II-3
like (*as*) **comme** *adv.* I-6; to like
aimer *v.* I-2
   I don't like ... very much. **Je
n'aime pas tellement...** I-2
   I really like... **J'aime bien...** I-2
   to like one another **s'aimer
bien** *v.* II-3
   to like that... **aimer que...**
v. II-6
line **queue** *f.* II-4
   to wait in line **faire la queue**
v. II-4
link **lien** *m.* II-3
listen (to) **écouter** *v.* I-2
literary **littéraire** *adj.* II-7
literature **littérature** *f.* I-1
little (*not much*) (of) **peu (de)**
adv. I-4
live **vivre** *v.* I-8, II-P
   live (in) **habiter (à)** *v.* I-2
living room (*informal room*)
salle de séjour *f.* I-8, II-P;
(*formal room*) **salon** *m.* I-8, II-P
located: to be located **se trouver**
v. II-2
long **long(ue)** *adj.* I-3
   a long time **longtemps** *adv.* I-5

look (*at one another*) **se
regarder** *v.* II-3; (*at oneself*)
se regarder *v.* II-2
look for **chercher** *v.* I-2
   to look for work/a job
chercher du/un travail II-4
loose (*clothing*) **large** *adj.* I-6
lose: to lose **perdre** *v.* I-6
   to lose weight **maigrir** *v.* I-4
lost: to be lost **être perdu(e)** *v.* II-4
lot: a lot of **beaucoup de** *adv.* I-4
love **amour** *m.* I-6
   to love **adorer** *v.* I-2
   I love... **J'adore...** I-2
   to love one another **s'aimer**
v. II-3
   to be in love **être amoureux/
amoureuse** *v.* I-6
luck **chance** *f.* I-2
   to be lucky **avoir de la chance**
v. I-2
lunch **déjeuner** *m.* II-1
   to eat lunch **déjeuner** *v.* I-4

M

ma'am **Madame.** *f.* I-1
machine: answering machine
répondeur *m.* II-3
mad: to get mad **s'énerver** *v.* II-2
made **fait (faire)** *p.p., adj.* I-6
magazine **magazine** *m.* II-7
mail **courrier** *m.* II-4
mailbox **boîte** *f.* **aux lettres** II-4
mailman **facteur** *m.* II-4
main character **personnage
principal** *m.* II-7
main dish **plat (principal)** *m.* II-1
maintain **maintenir** *v.* II-1
make **faire** *v.* I-5
makeup **maquillage** *m.* II-2
   to put on makeup **se
maquiller** *v.* II-2
make up **se réconcilier** *v.* II-7
malfunction **panne** *f.* II-3
man **homme** *m.* I-1
manage (*in business*) **diriger** *v.*
II-5; (*to do something*) **arriver
à** *v.* I-2
manager **gérant(e)** *m., f.* II-5,
responsable *m., f.* II-5
many (of) **beaucoup (de)** *adv.* I-4
   How many (of)? **Combien
(de)?** I-1
map (*of a city*) **plan** *m.* I-7;
(*of the world*) **carte** *f.* I-1
March **mars** *m.* I-5
market **marché** *m.* I-4
marriage **mariage** *m.* I-6
married **marié(e)** *adj.* I-3
   married couple **mariés** *m.,
pl.* I-6
marry **épouser** *v.* I-3

Martinique: from Martinique
martiniquais(e) *adj.* I-1
masterpiece **chef-d'œuvre** *m.* II-7
mathematics **mathématiques
(maths)** *f., pl.* I-2
May **mai** *m.* I-5
maybe **peut-être** *adv.* I-2
mayonnaise **mayonnaise** *f.* II-1
mayor's office **mairie** *f.* II-4
me **moi** *disj. pron., sing.* I-3;
(*attached to imperative*) **-moi**
pron. II-1; **me/m'** *i.o. pron.*
I-6; **me/m'** *d.o. pron.* I-7
   Me too. **Moi aussi.** I-1
   Me neither. **Moi non plus.** I-2
meal **repas** *m.* II-1
mean **méchant(e)** *adj.* I-3
   to mean (*with* **dire**) **vouloir**
v. II-1
   means: that means **ça veut
dire** *v.* II-1
meat **viande** *f.* II-1
mechanic **mécanicien/
mécanicienne** *m., f.* II-3
medication (against/
for) **médicament (contre/
pour)** *m., f.* II-2
meet (*to encounter, to run into*)
rencontrer *v.* I-2; (*to make the
acquaintance of*) **faire la
connaissance de** *v.* I-5, **se
rencontrer** *v.* II-3; (*planned
encounter*) **se retrouver** *v.* II-3
meeting **réunion** *f.* II-5;
rendez-vous *m.* I-6
member **membre** *m.* II-7
menu **menu** *m.* II-1; **carte** *f.* II-1
message **message** *m.* II-5
   to leave a message **laisser
un message** *v.* II-5
Mexican **mexicain(e)** *adj.* I-1
Mexico **Mexique** *m.* I-7
microwave oven **four à micro-
ondes** *m.* I-8, II-P
midnight **minuit** *m.* I-2
milk **lait** *m.* I-4
mineral water **eau** *f.* **minérale** I-4
mirror **miroir** *m.* I-8, II-P
Miss **Mademoiselle** *f.* I-1
mistaken: to be mistaken (*about
something*) **se tromper (de)**
v. II-2
modest **modeste** *adj.* II-5
moment **moment** *m.* I-1
Monday **lundi** *m.* I-2
money **argent** *m.* II-4; (*currency*)
monnaie *f.* II-4
   to deposit money **déposer de
l'argent** *v.* II-4
month **mois** *m.* I-2
   this month **ce mois-ci** I-2
moon **Lune** *f.* II-6
more **plus** *adv.* I-4

more of **plus de** I-4
more … than *(used with noun to compare quantities)* **plus de... que** II-6
more … than *(used with adjective to compare qualities)* **plus... que** II-1
morning **matin** *m.* I-2; **matinée** *f.* I-2
this morning **ce matin** I-2
Moroccan **marocain(e)** *adj.* I-1
most **plus** II-1
the most… *(used with adjective)* **le/la plus...** *super. adv.* II-1
the most… *(used with noun to express quantity)* **le plus de...** II-6
the most… *(used with verb or adverb)* **le plus...** *super. adv.* II-1
mother **mère** *f.* I-3
mother-in-law **belle-mère** *f.* I-3
mountain **montagne** *f.* I-4
mouse **souris** *f.* II-3
mouth **bouche** *f.* II-2
move *(to get around)* **se déplacer** *v.* II-4
to move in **emménager** *v.* I-8, II-P
to move out **déménager** *v.* I-8, II-P
movie **film** *m.* II-7
adventure/horror/science-fiction/crime movie **film** *m.* **d'aventures/d'horreur/de science-fiction/policier** II-7
movie theater **cinéma (ciné)** *m.* I-4
MP3 **MP3** *m.* II-3
much (as much … as) *(used with noun to express quantity)* **autant de … que** *adv.* II-6
How much (of something)? **Combien (de)?** I-1
How much is… ? **Combien coûte... ?** I-4
museum **musée** *m.* I-4
to go to museums **faire les musées** *v.* II-7
mushroom **champignon** *m.* II-1
music: to play music **faire de la musique** II-7
musical **comédie** *f.* **musicale** II-7; **musical(e)** *adj.* II-7
musician **musicien(ne)** *m., f.* I-3
must *(to have to)* **devoir** *v.* II-1
One must **Il faut...** I-5
mustard **moutarde** *f.* II-1
my **ma** *poss. adj., f., sing.* I-3; **mes** *poss. adj., m., f., pl.* I-3; **mon** *poss. adj., m., sing.* I-3
myself **me/m'** *pron., sing.* II-2; *(attached to an imperative)* **-moi** *pron.* II-1

N

naïve **naïf (naïve)** *adj.* I-3
name: My name is… **Je m'appelle...** I-1
named: to be named **s'appeler** *v.* II-2
napkin **serviette** *f.* II-1
nationality **nationalité** *f.*
I am of … nationality. **Je suis de nationalité...** I-1
natural **naturel(le)** *adj.* II-6
natural resource **ressource naturelle** *f.* II-6
nature **nature** *f.* II-6
nauseated: to feel nauseated **avoir mal au cœur** *v.* II-2
near (to) **près (de)** *prep.* I-3
very near (to) **tout près (de)** II-4
necessary **nécessaire** *adj.* II-6
It was necessary… *(followed by infinitive or subjunctive)* **Il a fallu...** I-6
It is necessary…. *(followed by infinitive or subjunctive)* **Il faut que...** I-5
It is necessary that… *(followed by subjunctive)* **Il est nécessaire que/qu'...** II-6
neck **cou** *m.* II-2
need **besoin** *m.* I-2
to need **avoir besoin (de)** *v.* I-2
neighbor **voisin(e)** *m., f.* I-3
neighborhood **quartier** *m.* I-8, II-P
neither… nor **ne... ni... ni...** *conj.* II-4
nephew **neveu** *m.* I-3
nervous **nerveux/nerveuse** *adj.* I-3
nervously **nerveusement** *adv.* I-8, II-P
network (social) **réseau (social)** *m.* II-3
never **jamais** *adv.* I-5; **ne... jamais** *adv.* II-4
new **nouveau/nouvelle** *adj.* I-3
newlyweds **jeunes mariés** *m., pl.* I-6
news **informations (infos)** *f., pl.* II-7; **nouvelles** *f., pl.* II-7
newspaper **journal** *m.* I-7
newsstand **marchand de journaux** *m.* II-4
next **ensuite** *adv.* I-7; **prochain(e)** *adj.* I-2
next to **à côté de** *prep.* I-3
nice **gentil/gentille** *adj.* I-3; **sympa(thique)** *adj.* I-1
nicely **gentiment** *adv.* I-7
niece **nièce** *f.* I-3
night **nuit** *f.* I-2

nine **neuf** *m.* I-1
nine hundred **neuf cents** *m.* I-5
nineteen **dix-neuf** *m.* I-1
ninety **quatre-vingt-dix** *m.* I-3
ninth **neuvième** *adj.* I-7
no *(at beginning of statement to indicate disagreement)* **(mais) non** I-2; **aucun(e)** *adj.* II-2
no more **ne... plus** II-4
no problem **pas de problème** II-4
no reason **pour rien** I-4
no, none **pas (de)** II-4
nobody **ne... personne** II-4
none (not any) **ne... aucun(e)** II-4
noon **midi** *m.* I-2
no one **personne** *pron.* II-4
north **nord** *m.* II-4
nose **nez** *m.* II-2
not **ne... pas** I-2
not at all **pas du tout** *adv.* I-2
Not badly. **Pas mal.** I-1
to not believe that **ne pas croire que** *v.* II-7
to not think that **ne pas penser que** *v.* II-7
not yet **pas encore** *adv.* I-8, II-P
notebook **cahier** *m.* I-1
notes **billets** *m., pl.* II-3
nothing **rien** *indef. pron.* II-4
It's nothing. **Il n'y a pas de quoi.** I-1
notice **s'apercevoir** *v.* II-4
novel **roman** *m.* II-7
November **novembre** *m.* I-5
now **maintenant** *adv.* I-5
nuclear **nucléaire** *adj.* II-6
nuclear energy **énergie nucléaire** *f.* II-6
nuclear plant **centrale nucléaire** *f.* II-6
nurse **infirmier/infirmière** *m., f.* II-2

O

object **objet** *m.* I-1
obtain **obtenir** *v.* II-5
obvious **évident(e)** *adj.* II-7
It is obvious that… **Il est évident que...** II-7
obviously **évidemment** *adv.* I-7
o'clock: It's… (o'clock). **Il est... heure(s).** I-2
at … (o'clock) **à ... heure(s)** I-4
October **octobre** *m.* I-5
of **de/d'** *prep.* I-3
of medium height **de taille moyenne** *adj.* I-3

of the **des (de + les)** I-3
of the **du (de + le)** I-3
of which, of whom **dont** *rel. pron.* II-3
of course **bien sûr** *adv.* I-2; **évidemment** *adv.* I-7
  of course not *(at beginning of statement to indicate disagreement)* **(mais) non** I-2
offer **offrir** *v.* II-3
offered **offert (offrir)** *p.p.* II-3
office **bureau** *m.* I-4
  at the doctor's office **chez le médecin** *prep.* I-2
often **souvent** *adv.* I-5
oil **huile** *f.* II-1
  automobile oil **huile** *f.* II-3
  oil warning light **voyant** *m.* **d'huile** II-3
  olive oil **huile** *f.* **d'olive** II-1
  to check the oil **vérifier l'huile** *v.* II-3
okay **d'accord** I-2
old **vieux/vieille** *adj.;* *(placed after noun)* **ancien(ne)** *adj.* I-3
old age **vieillesse** *f.* I-6
olive **olive** *f.* II-1
olive oil **huile** *f.* **d'olive** II-1
omelette **omelette** *f.* I-5
on **sur** *prep.* I-3
  On behalf of whom? **C'est de la part de qui?** II-5
  on the condition that… **à condition que** II-7
  on television **à la télé(vision)** II-7
  on the contrary **au contraire** II-7
  on the radio **à la radio** II-7
  on the subject of **au sujet de** II-6
  on vacation **en vacances** I-7
once **une fois** *adv.* I-8, II-P
one **un** *m.* I-1
  one **on** *sub. pron., sing.* I-1
  one another **l'un(e) à l'autre** II-3
  one another **l'un(e) l'autre** II-3
  one had to… **il fallait…** I-8, II-P
  One must… **Il faut que/qu'…** II-6
  One must… **Il faut…** *(followed by infinitive or subjunctive)* I-5
one million **un million** *m.* I-5
  one million *(things)* **un million de…** I-5
onion **oignon** *m.* II-1
online **en ligne** II-3
  to be online **être en ligne** *v.* II-3
  to be online (with someone) **être connecté(e) (avec quelqu'un)** *v.* I-7, II-3

only **ne… que** II-4; **seulement** *adv.* I-8, II-P
open **ouvrir** *v.* II-3; **ouvert(e)** *adj.* II-3
opened **ouvert (ouvrir)** *p.p.* II-3
opera **opéra** *m.* II-7
optimistic **optimiste** *adj.* I-1
or **ou** I-3
orange **orange** *f.* II-1; **orange** *inv.adj.* I-6
orchestra **orchestre** *m.* II-7
order **commander** *v.* II-1
organize (a party) **organiser (une fête)** *v.* I-6
orient oneself **s'orienter** *v.* II-4
others **d'autres** I-4
our **nos** *poss. adj., m., f., pl.* I-3; **notre** *poss. adj., m., f., sing.* I-3
outdoor *(open-air)* **plein air** II-6
over **fini** *adj., p.p.* I-7
overpopulation **surpopulation** *f.* II-6
overseas **à l'étranger** *adv.* I-7
over there **là-bas** *adv.* I-1
owed **dû (devoir)** *p.p., adj.* II-1
own **posséder** *v.* I-5
owner **propriétaire** *m., f.* I-8, II-P
ozone **ozone** *m.* II-6
  hole in the ozone layer **trou dans la couche d'ozone** *m.* II-6

P

pack: to pack one's bags **faire les valises** I-7
package **colis** *m.* II-4
paid **payé (payer)** *p.p., adj.* II-5
  to be well/badly paid **être bien/mal payé(e)** II-5
pain **douleur** *f.* II-2
paint **faire de la peinture** *v.* II-7
painter **peintre/femme peintre** *m., f.* II-7
painting **peinture** *f.* II-7; **tableau** *m.* II-7
pants **pantalon** *m., sing.* I-6
paper **papier** *m.* I-1
Pardon (me). **Pardon.** I-1
parents **parents** *m., pl.* I-3
park **parc** *m.* I-4
  to park **se garer** *v.* II-3
parka **anorak** *m.* I-6
parking lot **parking** *m.* II-3
part-time job **emploi** *m.* **à mi-temps/à temps partiel** *m.* II-5
party **fête** *f.* I-6
pass **dépasser** *v.* II-3; **passer** *v.* I-7
  to pass an exam **être reçu(e) à un examen** *v.* I-2

passenger **passager/passagère** *m., f.* I-7
passport **passeport** *m.* I-7
password **mot de passe** *m.* II-3
past: in the past **autrefois** *adv.* I-8, II-P
pasta **pâtes** *f., pl.* II-1
pastime **passe-temps** *m.* I-5
pastry **pâtisserie** *f.* II-1
pastry shop **pâtisserie** *f.* II-1
pâté **pâté (de campagne)** *m.* II-1
path **sentier** *m.* II-6; **chemin** *m.* II-4
patient **patient(e)** *adj.* I-1
patiently **patiemment** *adv.* I-8, II-P
pay **payer** *v.* I-5
  to pay by check **payer par chèque** *v.* II-4
  to pay in cash **payer en espèces** *v.* II-4
  to pay with a debit/credit card **payer par carte bancaire/de crédit** *v.* II-4
  to pay attention (to) **faire attention (à)** *v.* I-5
peach **pêche** *f.* II-1
pear **poire** *f.* II-1
peas **petits pois** *m., pl.* II-1
pen **stylo** *m.* I-1
pencil **crayon** *m.* I-1
people **gens** *m., pl.* I-7
pepper *(spice)* **poivre** *m.* II-1; *(vegetable)* **poivron** *m.* II-1
per day/week/month/year **par jour/semaine/mois/an** I-5
perfect **parfait(e)** *adj.* I-2
perhaps **peut-être** *adv.* I-2
period *(punctuation mark)* **point** *m.* II-3
permit **permis** *m.* II-3
permitted **permis (permettre)** *p.p., adj.* I-6
person **personne** *f.* I-1
pessimistic **pessimiste** *adj.* I-1
pharmacist **pharmacien(ne)** *m., f.* II-2
pharmacy **pharmacie** *f.* II-2
philosophy **philosophie** *f.* I-2
phone one another **se téléphoner** *v.* II-3
photo(graph) **photo(graphie)** *f.* I-3
physical education **éducation physique** *f.* I-2
physics **physique** *f.* I-2
piano **piano** *m.* II-7
pick up **décrocher** *v.* II-5
picnic **pique-nique** *m.* II-6
picture **tableau** *m.* I-1
pie **tarte** *f.* II-1
piece (of) **morceau (de)** *m.* I-4

piece of furniture **meuble** *m.* I-8, II-P
pill **pilule** *f.* II-2
pillow **oreiller** *m.* I-8, II-P
pink **rose** *adj.* I-6
pitcher (of water) **carafe (d'eau)** *f.* II-1
place **endroit** *m.* I-4; **lieu** *m.* I-4
planet **planète** *f.* II-6
plans: to make plans **faire des projets** *v.* II-5
plant **plante** *f.* II-6
plastic **plastique** *m.* II-6
plastic wrapping **emballage en plastique** *m.* II-6
plate **assiette** *f.* II-1
play **pièce de théâtre** *f.* II-7
play **s'amuser** *v.* II-2; *(a sport/a musical instrument)* **jouer (à/de)** *v.* I-5
to play regularly **pratiquer** *v.* I-5
to play sports **faire du sport** *v.* I-5
to play a role **jouer un rôle** *v.* II-7
player **joueur/joueuse** *m., f.* I-5
playwright **dramaturge** *m.* II-7
pleasant **agréable** *adj.* I-1
please: to please someone **faire plaisir à quelqu'un** *v.* II-5
Please. **S'il te plaît.** *fam.* I-1
Please. **S'il vous plaît.** *form.* I-1
Please. **Je vous en prie.** *form.* I-1
Please hold. **Ne quittez pas.** II-5
plug in **brancher** *v.* II-3
plumber **plombier** *m.* II-5
poem **poème** *m.* II-7
poet **poète/poétesse** *m., f.* II-7
police **police** *f.* II-3; **policier** *adj.* II-7
police officer **agent de police** *m.* II-3; **policier** *m.* II-3; **policière** *f.* II-3
police station **commissariat de police** *m.* II-4
polite **poli(e)** *adj.* I-1
politely **poliment** *adv.* I-8, II-P
political science **sciences politiques (sciences po)** *f., pl.* I-2
politician **homme/femme politique** *m., f.* II-5
pollute **polluer** *v.* II-6
pollution **pollution** *f.* II-6
pollution cloud **nuage de pollution** *m.* II-6
pool **piscine** *f.* I-4
poor **pauvre** *adj.* I-3
popular music **variétés** *f., pl.* II-7
population **population** *f.* II-6
growing population **population** *f.* **croissante** II-6

pork **porc** *m.* II-1
portrait **portrait** *m.* I-5
position (*job*) **poste** *m.* II-5
possess (*to own*) **posséder** *v.* I-5
possible **possible** *adj.* II-7
It is possible that... **Il est possible que...** II-6
post **afficher** *v.* II-5
post office **bureau de poste** *m.* II-4
postal service **poste** *f.* II-4
postcard **carte postale** *f.* II-4
poster **affiche** *f.* I-8, II-P
potato **pomme de terre** *f.* II-1
practice **pratiquer** *v.* I-5
prefer **aimer mieux** *v.* I-2; **préférer (que)** *v.* I-5
pregnant **enceinte** *adj.* II-2
prepare (for) **préparer** *v.* I-2
to prepare (*to do something*) **se préparer (à)** *v.* II-2
prescription **ordonnance** *f.* II-2
present **présenter** *v.* II-7
preservation: habitat preservation **sauvetage des habitats** *m.* II-6
preserve **préserver** *v.* II-6
pressure **pression** *f.* II-3
to check the tire pressure **vérifier la pression des pneus** *v.* II-3
pretty **joli(e)** *adj.* I-3; *(before an adjective or adverb)* **assez** *adv.* I-8, II-P
prevent: to prevent a fire **prévenir l'incendie** *v.* II-6
price **prix** *m.* I-4
principal **principal(e)** *adj.* II-4
print **imprimer** *v.* II-3
printer **imprimante** *f.* II-3
problem **problème** *m.* I-1
produce **produire** *v.* I-6
produced **produit (produire)** *p.p., adj.* I-6
product **produit** *m.* II-6
profession **métier** *m.* II-5; **profession** *f.* II-5
demanding profession **profession** *f.* **exigeante** II-5
professional **professionnel(le)** *adj.* II-5
professional experience **expérience professionnelle** *f.* II-5
program **programme** *m.* II-7; *(software)* **logiciel** *m.* II-3; *(television)* **émission** *f.* **de télévision** II-7
prohibit **interdire** *v.* II-6
project **projet** *m.* II-5
promise **promettre** *v.* I-6
promised **promis (promettre)** *p.p., adj.* I-6

promotion **promotion** *f.* II-5
propose that... **proposer que...** *v.* II-6
to propose a solution **proposer une solution** *v.* II-6
protect **protéger** *v.* I-5
protection **préservation** *f.* II-6; **protection** *f.* II-6
proud **fier/fière** *adj.* I-3
psychological **psychologique** *adj.* II-7
psychological drama **drame psychologique** *m.* II-7
psychology **psychologie** *f.* I-2
psychologist **psychologue** *m., f.* II-5
publish **publier** *v.* II-7
pure **pur(e)** *adj.* II-6
purple **violet(te)** *adj.* I-6
purse **sac à main** *m.* I-6
put **mettre** *v.* I-6
to put (on) (yourself) **se mettre** *v.* II-2
to put away **ranger** *v.* I-8, II-P
to put on makeup **se maquiller** *v.* II-2
put **mis (mettre)** *p.p.* I-6

Q

quarter **quart** *m.* I-2
a quarter after ... (o'clock) **... et quart** I-2
Quebec: from Quebec **québécois(e)** *adj.* I-1
question **question** *f.* I-6
to ask (*someone*) a question **poser une question (à)** *v.* I-6
quickly **vite** *adv.* I-7; **rapidement** *adv.* I-7
quite *(before an adjective or adverb)* **assez** *adv.* I-8, II-P

R

rabbit **lapin** *m.* II-6
rain **pleuvoir** *v.* I-5
acid rain **pluie** *f.* **acide** II-6
It is raining. **Il pleut.** I-5
It was raining. **Il pleuvait.** I-8, II-P
rain forest **forêt tropicale** *f.* II-6
rain jacket **imperméable** *m.* I-5
rained **plu (pleuvoir)** *p.p.* I-6
raise (in salary) **augmentation (de salaire)** *f.* II-5
rarely **rarement** *adv.* I-5
rather **plutôt** *adv.* I-1
ravishing **ravissant(e)** *adj.* II-5
razor **rasoir** *m.* II-2
read **lire** *v.* I-7
read **lu (lire)** *p.p., adj.* I-7
ready **prêt(e)** *adj.* I-3

real *(true)* **vrai(e)** *adj.;* **véritable**
adj. I-3
real estate agent **agent immobilier**
m., f. II-5
realize **se rendre compte** *v.* II-2
really **vraiment** *adv.* I-7; *(before
adjective or adverb)* **tout(e)**
adv. I-3; really close by **tout
près** I-3
rear-view mirror **rétroviseur**
m. II-3
reason **raison** *f.* I-2
receive **recevoir** *v.* II-4
received **reçu (recevoir)** *p.p.,
adj.* II-4
receiver **combiné** *m.* II-5
recent **récent(e)** *adj.* II-7
reception desk **réception** *f.* I-7
recognize **reconnaître** *v.* I-8, II-P
recognized **reconnu (reconnaître)**
p.p., adj. I-8, II-P
recommend that... **recommander
que...** *v.* II-6
recommendation
recommandation *f.* II-5
record **enregistrer** *v.* II-3
recycle **recycler** *v.* II-6
recycling **recyclage** *m.* II-6
red **rouge** *adj.* I-6
redial **recomposer (un numéro)**
v. II-3
reduce **réduire** *v.* I-6
reduced **réduit (réduire)** *p.p.,
adj.* I-6
reference **référence** *f.* II-5
reflect (on) **réfléchir (à)** *v.* I-4
refrigerator **frigo** *m.* I-8, II-P
refuse *(to do something)*
refuser (de) *v.* II-3
region **région** *f.* II-6
regret that... **regretter que...** II-6
relax **se détendre** *v.* II-2
remember **se souvenir (de)**
v. II-2
remote control **télécommande**
f. II-3
rent **loyer** *m.* I-8, II-P
to rent **louer** *v.* I-8, II-P
repair **réparer** *v.* II-3
repeat **répéter** *v.* I-5
research **rechercher** *v.* II-5
researcher **chercheur/
chercheuse** *m., f.* II-5
reservation **réservation** *f.* I-7
to cancel a reservation **annuler
une réservation** I-7
reserve **réserver** *v.* I-7
reserved **réservé(e)** *adj.* I-1
resign **démissionner** *v.* II-5
resort (ski) **station** *f.* **(de ski)** I-7
respond **répondre (à)** *v.* I-6
rest **se reposer** *v.* II-2
restart **redémarrer** *v.* II-3

restaurant **restaurant** *m.* I-4
restroom(s) **toilettes** *f., pl.*
I-8, II-P; **W.-C.** *m., pl.*
result **résultat** *m.* I-2
résumé **curriculum vitæ
(C.V.)** *m.* II-5
retake **repasser** *v.* II-7
retire **prendre sa retraite** *v.* I-6
retired person **retraité(e)** *m.,
f.* II-5
retirement **retraite** *f.* I-6
return **retourner** *v.* I-7
to return (home) **rentrer (à la
maison)** *v.* I-2
review *(criticism)* **critique** *f.* II-7
rice **riz** *m.* II-1
ride: to go horseback riding
faire du cheval *v.* I-5
to ride in a car **rouler en
voiture** *v.* I-7
right **juste** *adv.* I-3
to the right (of) **à droite
(de)** *prep.* I-3
to be right **avoir raison** I-2
right away **tout de suite** I-7
right next door **juste à
côté** I-3
ring **sonner** *v.* II-3
river **fleuve** *m.* II-6; **rivière** *f.* II-6
riverboat **bateau-mouche**
m. I-7
role **rôle** *m.* II-6
room **pièce** *f.* I-8, II-P; **salle** *f.*
I-8, II-P
bedroom **chambre** *f.* I-7
classroom **salle** *f.* **de classe** I-1
dining room **salle** *f.* **à manger**
I-8, II-P
single hotel room **chambre**
f. **individuelle** I-7
round-trip **aller-retour** *adj.* I-7
round-trip ticket **billet** *m.*
aller-retour I-7
rug **tapis** *m.* I-8, II-P
run **courir** *v.* I-5; **couru (courir)**
p.p., adj. I-6
to run into someone **tomber
sur quelqu'un** *v.* I-7

sad **triste** *adj.* I-3
to be sad that... **être triste
que...** *v.* II-6
safety **sécurité** *f.* II-3
said **dit (dire)** *p.p., adj.* I-7
salad **salade** *f.* II-1
salary (a high, low) **salaire
(élevé, modeste)** *m.* II-5
sales **soldes** *f., pl.* I-6
salon: beauty salon **salon** *m.*
de beauté II-4

salt **sel** *m.* II-1
sandwich **sandwich** *m.* I-4
sat (down) **assis (s'asseoir)**
p.p. II-2
Saturday **samedi** *m.* I-2
sausage **saucisse** *f.* II-1
save **sauvegarder** *v.* II-3
save the planet **sauver la
planète** *v.* II-6
savings **épargne** *f.* II-4
savings account **compte
d'épargne** *m.* II-4
say **dire** *v.* I-7
scarf **écharpe** *f.* I-6
scholarship **bourse** *f.* I-2
school **école** *f.* I-2
science **sciences** *f., pl.* I-2
political science
**sciences politiques
(sciences po)** *f., pl.* I-2
screen **écran** *m.* II-3
screening **séance** *f.* II-7
sculpture **sculpture** *f.* II-7
sculptor **sculpteur/sculptrice**
m., f. II-7
sea **mer** *f.* I-7
seafood **fruits de mer** *m., pl.* II-1
search for **chercher** *v.* I-2
to search for work/a job
chercher du/un travail *v.* II-4
season **saison** *f.* I-5
seat **place** *f.* I-7
seatbelt **ceinture de sécurité**
f. II-3
to buckle one's seatbelt
**attacher sa ceinture de
sécurité** *v.* II-3
seated **assis(e)** *p.p., adj.* II-2
second **deuxième** *adj.* I-7
security **sécurité** *f.* II-3
see **voir** *v.* II-7; *(catch sight
of)* **apercevoir** *v.* II-4
to see again **revoir** *v.* II-7
See you later. **À plus tard.** I-1
See you later. **À tout à
l'heure.** I-1
See you soon. **À bientôt.** I-1
See you tomorrow. **À
demain.** I-1
seen **aperçu (apercevoir)** *p.p.*
II-4; **vu (voir)** *p.p.* II-7
seen again **revu (revoir)** *p.p.* II-7
self/-selves **même(s)** *pron.* I-6
selfish **égoïste** *adj.* I-1
sell **vendre** *v.* I-6
seller **vendeur/vendeuse** *m.,
f.* I-6
send **envoyer** *v.* I-5
to send *(to someone)* **envoyer
(à)** *v.* I-6
to send a letter **poster une
lettre** II-4
Senegalese **sénégalais(e)** *adj.* I-1

sense **sentir** v. I-5
separated **séparé(e)** adj. I-3
September **septembre** m. I-5
serious **grave** adj. II-2;
   sérieux/sérieuse adj. I-3
serve **servir** v. I-5
server **serveur/serveuse**
   m., f. I-4
service station **station-service**
   f. II-3
set the table **mettre la table**
   v. I-8, II-P
seven **sept** m. I-1
seven hundred **sept cents** m. I-5
seventeen **dix-sept** m. I-1
seventh **septième** adj. I-7
seventy **soixante-dix** m. I-3
several **plusieurs** adj. I-4
shame **honte** f. I-2
   It's a shame that... **Il est**
   dommage que... II-6
shampoo **shampooing** m. II-2
shape (state of health) **forme** f. II-2
share **partager** v. I-2
shave (oneself) **se raser** v. II-2
shaving cream **crème à raser**
   f. II-2
she **elle** pron. I-1
sheet of paper **feuille de papier**
   f. I-1
sheets **draps** m., pl. I-8, II-P
shelf **étagère** f. I-8, II-P
shh **chut** II-7
shirt (short-/long-sleeved)
   chemise (à manches
   courtes/longues) f. I-6
shoe **chaussure** f. I-6
shopkeeper **commerçant(e)**
   m., f. II-1
shopping **shopping** m. I-7
   to go shopping **faire du**
   shopping v. I-7
   to go (grocery) shopping **faire**
   les courses v. II-1
shopping center **centre**
   commercial m. I-4
short **court(e)** adj. I-3;
   (stature) **petit(e)** I-3
shorts **short** m. I-6
shot (injection) **piqûre** f. II-2
   to give a shot **faire une piqûre**
   v. II-2
show **spectacle** m. I-5; (movie
   or theater) **séance** f. II-7
   to show (to someone) **montrer**
   (à) v. I-6
shower **douche** f. I-8, II-P
shut off **fermer** v. II-3
shy **timide** adj. I-1
sick: to get/be sick **tomber/être**
   malade v. II-2
sign **signer** v. II-4
silk **soie** f. I-6

since **depuis** adv. II-1
sincere **sincère** adj. I-1
sing **chanter** v. I-5
singer **chanteur/chanteuse**
   m., f. I-1
single (marital status) **célibataire**
   adj. I-3
   single hotel room **chambre** f.
   individuelle I-7
sink **évier** m. I-8, II-P;
   (bathroom) **lavabo** m. I-8, II-P
sir **Monsieur** m. I-1
sister **sœur** f. I-3
sister-in-law **belle-sœur** f. I-3
sit down **s'asseoir** v. II-2
sitting **assis(e)** adj. II-2
six **six** m. I-1
six hundred **six cents** m. I-5
sixteen **seize** m. I-1
sixth **sixième** adj. I-7
sixty **soixante** m. I-1
size **taille** f. I-6
skate **patiner** v. I-4
ski **skier** v. I-5; **faire du ski** I-5
skiing **ski** m. I-5
ski jacket **anorak** m. I-6
ski resort **station** f. **de ski** I-7
skin **peau** f. II-2
skirt **jupe** f. I-6
sky **ciel** m. II-6
sleep **sommeil** m. I-2
   to sleep **dormir** v. I-5
   to be sleepy **avoir sommeil**
   v. I-2
sleeve **manche** f. I-6
slice **tranche** f. II-1
slipper **pantoufle** f. II-2
slow **lent(e)** adj. I-3
slowly **lentement** adv. I-7
small **petit(e)** adj. I-3
smartphone **smartphone** m. II-3
smell **sentir** v. I-5
smile **sourire** m. I-6
   to smile **sourire** v. I-6
snack (afternoon) **goûter** m. II-1
snake **serpent** m. II-6
sneeze **éternuer** v. II-2
snow **neiger** v. I-5
   It is snowing. **Il neige.** I-5
   It was snowing... **Il**
   neigeait... I-8, II-P
so **si** II-3; **alors** adv. I-1
   so that **pour que** II-7
soap **savon** m. II-2
soap opera **feuilleton** m. II-7
soccer **foot(ball)** m. I-5
sociable **sociable** adj. I-1
sociology **sociologie** f. I-1
sock **chaussette** f. I-6
software **logiciel** m. II-3
soil (to make dirty) **salir** v. I-8, II-P
solar **solaire** adj. II-6

solar energy **énergie solaire** f. II-6
solution **solution** f. II-6
some **de l'** part. art., m., f., sing. I-4
   some **de la** part. art., f., sing. I-4
   some **des** part. art., m., f., pl. I-4
   some **du** part. art., m., sing. I-4
   some **quelques** adj. I-4
   some (of it/them) **en** pron. II-2
someone **quelqu'un** pron. II-4
something **quelque chose** m. I-4
   Something's not right.
   Quelque chose ne va pas. I-5
sometimes **parfois** adv. I-5;
   quelquefois adv. I-7
son **fils** m. I-3
song **chanson** f. II-7
sorry **désolé(e)** II-3
   to be sorry that... **être**
   désolé(e) que... v. II-6
sort **sorte** f. II-7
So-so. **Comme ci, comme**
   ça. I-1
soup **soupe** f. I-4
soupspoon **cuillère à soupe**
   f. II-1
south **sud** m. II-4
space **espace** m. II-6
Spain **Espagne** f. I-7
Spanish **espagnol(e)** adj. I-1
speak (on the phone) **parler**
   (au téléphone) v. I-2
   to speak (to) **parler (à)** v. I-6
   to speak to one another **se**
   parler v. II-3
specialist **spécialiste** m., f. II-5
species **espèce** f. II-6
   endangered species **espèce** f.
   menacée II-6
spectator **spectateur/**
   spectatrice m., f. II-7
speed **vitesse** f. II-3
speed limit **limitation de vitesse**
   f. II-3
spend **dépenser** v. I-4
   to spend money **dépenser de**
   l'argent I-4
   to spend time **passer** v. I-7
   to spend time (somewhere)
   faire un séjour I-7
spoon **cuillère** f. II-1
sport(s) **sport** m. I-5
   to play sports **faire du sport**
   v. I-5
sporty **sportif/sportive** adj. I-3
sprain one's ankle **se fouler la**
   cheville II-2
spring **printemps** m. I-5
   in the spring **au printemps** I-5
square (place) **place** f. I-4
squirrel **écureuil** m. II-6
stadium **stade** m. I-5
stage (phase) **étape** f. I-6
stage fright **trac** II-5

Vocabulary

staircase **escalier** *m.* I-8, II-P
stamp **timbre** *m.* II-4
star **étoile** *f.* II-6
starter **entrée** *f.* II-1
start up **démarrer** *v.* II-3
station **station** *f.* I-7
    subway station **station** *f.* **de métro** I-7
    train station **gare** *f.* I-7
stationery store **papeterie** *f.* II-4
statue **statue** *f.* II-4
stay **séjour** *m.* I-7; **rester** *v.* I-7
    to stay slim **garder la ligne** *v.* II-2
steak **steak** *m.* II-1
steering wheel **volant** *m.* II-3
stepbrother **demi-frère** *m.* I-3
stepfather **beau-père** *m.* I-3
stepmother **belle-mère** *f.* I-3
stepsister **demi-sœur** *f.* I-3
still **encore** *adv.* I-3
stomach **ventre** *m.* II-2
    to have a stomach ache **avoir mal au ventre** *v.* II-2
stone **pierre** *f.* II-6
stop (doing something) **arrêter (de faire quelque chose)** *v.*; (to stop oneself) **s'arrêter** *v.* II-2
    to stop by someone's house **passer chez quelqu'un** *v.* I-4
    bus stop **arrêt d'autobus (de bus)** *m.* I-7
store **magasin** *m.*; **boutique** *f.* II-4
    grocery store **épicerie** *f.* I-4
stormy **orageux/orageuse** *adj.* I-5
    It is stormy. **Le temps est orageux.** I-5
story **histoire** *f.* I-2
stove **cuisinière** *f.* I-8, II-P
straight **raide** *adj.* I-3
    straight ahead **tout droit** *adv.* II-4
strangle **étrangler** *v.* II-5
strawberry **fraise** *f.* II-1
street **rue** *f.* II-3
    to follow a street **suivre une rue** *v.* II-4
strong **fort(e)** *adj.* I-3
student **étudiant(e)** *m., f.* 1; **élève** *m., f.* I-1
    high school student **lycéen(ne)** *m., f.* I-2
studies **études** *f.* I-2
studio (apartment) **studio** *m.* I-8, II-P
study **étudier** *v.* I-2
suburbs **banlieue** *f.* I-4
subway **métro** *m.* I-7
subway station **station** *f.* **de métro** I-7
succeed (in doing something) **réussir (à)** *v.* I-4

success **réussite** *f.* II-5
suddenly **soudain** *adv.* I-8, II-P; **tout à coup** *adv.* I-7.; **tout d'un coup** *adv.* I-8, II-P
suffer **souffrir** *v.* II-3
suffered **souffert (souffrir)** *p.p.* II-3
sugar **sucre** *m.* I-4
suggest (that) **suggérer (que)** *v.* II-6
suit (man's) **costume** *m.* I-6; (woman's) **tailleur** *m.* I-6
suitcase **valise** *f.* I-7
summer **été** *m.* I-5
    in the summer **en été** I-5
sun **soleil** *m.* I-5
    It is sunny. **Il fait (du) soleil.** I-5
Sunday **dimanche** *m.* I-2
sunglasses **lunettes de soleil** *f., pl.* I-6
supermarket **supermarché** *m.* II-1
supervisor **responsable** *m., f.* II-5
sure **sûr(e)** II-1
    It is sure that… **Il est sûr que…** II-7
    It is unsure that… **Il n'est pas sûr que…** II-7
surprise (someone) **faire une surprise (à quelqu'un)** *v.* I-6
surprised **surpris (surprendre)** *p.p., adj.* I-6
    to be surprised that… **être surpris(e) que…** *v.* II-6
sweater **pull** *m.* I-6
sweep **balayer** *v.* I-8, II-P
swell **enfler** *v.* II-2
swim **nager** *v.* I-4
swimsuit **maillot de bain** *m.* I-6
Swiss **suisse** *adj.* I-1
Switzerland **Suisse** *f.* I-7
symptom **symptôme** *m.* II-2

T

table **table** *f.* I-1
    to clear the table **débarrasser la table** *v.* I-8, II-P
tablecloth **nappe** *f.* II-1
tablet **tablette (tactile)** *f.* II-3
take **prendre** *v.* I-4
    to take a photo(graph) **prendre une photo(graphe)** *v.* II-3
    to take a shower **prendre une douche** II-2
    to take a train (plane, taxi, bus, boat) **prendre un train (un avion, un taxi, un autobus, un bateau)** *v.* I-7
    to take a walk **se promener** *v.* II-2
    to take advantage of **profiter de** *v.* II-7

to take an exam **passer un examen** *v.* I-2
to take care (of something) **s'occuper (de)** *v.* II-2
to take out the trash **sortir la/les poubelle(s)** *v.* I-8, II-P
to take time off **prendre un congé** *v.* II-5
to take (someone) **emmener** *v.* I-5
taken **pris (prendre)** *p.p., adj.* I-6
tale **conte** *m.* II-7
talented (gifted) **doué(e)** *adj.* II-7
tan **bronzer** *v.* I-6
tape recorder **magnétophone** *m.* II-3
tart **tarte** *f.* II-1
taste **goûter** *v.* II-1
taxi **taxi** *m.* I-7
tea **thé** *m.* I-4
teach **enseigner** *v.* I-2
    to teach (to do something) **apprendre (à)** *v.* I-4
teacher **professeur** *m.* I-1
team **équipe** *f.* I-5
teaspoon **cuillére à café** *f.* II-1
tee shirt **tee-shirt** *m.* I-6
teeth **dents** *f., pl.* II-1
    to brush one's teeth **se brosser les dents** *v.* II-1
telephone (receiver) **appareil** *m.* II-5
    to telephone (someone) **téléphoner (à)** *v.* I-2
    It's Mr./Mrs./Miss … (on the phone.) **C'est M./Mme/Mlle … (à l'appareil.)** II-5
television **télévision** *f.* I-1
    television channel **chaîne** *f.* **(de télévision)** II-3
    television program **émission** *f.* **de télévision** II-7
tell one another **se dire** *v.* II-3
temperature **température** *f.* I-5
ten **dix** *m.* I-1
tennis **tennis** *m.* I-5
    tennis shoes **baskets** *f., pl.* I-6
tenth **dixième** *adj.* I-7
terminal (bus) **gare** *f.* **routière** I-7
terrace (café) **terrasse** *f.* **de café** I-4
test **examen** *m.* I-1
text message **texto, SMS** *m.* II-3
than **que/qu'** *conj.* II-1, II-6
thank: Thank you (very much). **Merci (beaucoup).** I-1
that **ce/c', ça** I-1; **que** *rel. pron.* II-3
    Is that… ? **Est-ce… ?** I-2
    That's enough. **Ça suffit.** I-5

A-52

That has nothing to do with us.
That is none of our business. **Ça
ne nous regarde pas.** II-6
that is… **c'est…** I-1
that is to say **ça veut dire** II-2
theater **théâtre** *m.* II-7
their **leur(s)** *poss. adj., m., f.* I-3
them **les** *d.o. pron.* I-7, **leur**
i.o. pron., m., f., pl. I-6
then **ensuite** *adv.* I-7, **puis** *adv.*
I-7, **puis** I-4; **alors** *adv.* I-7
there **là** I-1; **y** *pron.* II-2
Is there… ? **Y a-t-il… ?** I-2
over there **là-bas** *adv.* I-1
(over) there (*used with
demonstrative adjective* ce *and
noun or with demonstrative
pronoun* celui) **-là** I-6
There is/There are… **Il y a…** I-1
There is/There are…. **Voilà…** I-1
There was… **Il y a eu…** I-6;
Il y avait… I-8, II-P
therefore **donc** *conj.* I-7
these/those **ces** *dem. adj., m., f.,
pl.* I-6
these/those **celles** *pron., f.,
pl.* II-6
these/those **ceux** *pron., m.,
pl.* II-6
they **ils** *sub. pron., m.* I-1;
elles *sub. and disj. pron., f.* I-1;
eux *disj. pron., pl.* I-3
thing **chose** *f.* I-1, **truc** *m.* I-7
think (about) **réfléchir (à)** *v.* I-4
to think (that) **penser
(que)** *v.* I-2
third **troisième** *adj.* I-7
thirst **soif** *f.* I-4
to be thirsty **avoir soif** *v.* I-4
thirteen **treize** *m.* I-1
thirty **trente** *m.* I-1
thirty-first **trente et unième**
adj. I-7
this/that **ce** *dem. adj., m.,
sing.* I-6; **cet** *dem. adj., m.,
sing.* I-6; **cette** *dem. adj., f.,
sing.* I-6
this afternoon **cet après-midi**
I-2
this evening **ce soir** I-2
this one/that one
celle *pron., f., sing.* II-6;
celui *pron., m., sing.* II-6
this week **cette semaine** I-2
this weekend **ce week-end** I-2
this year **cette année** I-2
those are… **ce sont…** I-1
thousand: one thousand **mille**
m. I-5
one hundred thousand
cent mille *m.* I-5
threat **danger** *m.* II-6
three **trois** *m.* I-1

three hundred **trois cents** *m.* I-5
throat **gorge** *f.* II-2
throw away **jeter** *v.* II-6
Thursday **jeudi** *m.* I-2
ticket **billet** *m.* I-7
round-trip ticket **billet** *m.*
aller-retour I-7 bus/subway
ticket **ticket de bus/de
métro** *m.* I-7
tie **cravate** *f.* I-6
tight **serré(e)** *adj.* I-6
time (*occurence*) **fois** *f.* I-8, II-P;
(*general sense*) **temps** *m.,
sing.* I-5
a long time **longtemps** *adv.* I-5
free time **temps libre** *m.* I-5
from time to time **de temps
en temps** *adv.* I-7
to waste time **perdre son
temps** *v.* I-6
tinker **bricoler** *v.* I-5
tip **pourboire** *m.* I-4
to leave a tip **laisser un
pourboire** *v.* I-4
tire **pneu** *m.* II-3
flat tire **pneu** *m.* **crevé** II-3
(emergency) tire **roue (de
secours)** *f.* II-3
to check the tire pressure
**vérifier la pression des
pneus** *v.* II-3
tired **fatigué(e)** *adj.* I-3
tiresome **pénible** *adj.* I-3
to **à** *prep.* I-4; **au (à + le)** I-4;
aux (à + les) I-4
toaster **grille-pain** *m.* I-8, II-P
today **aujourd'hui** *adv.* I-2
toe **orteil** *m.* II-2; **doigt de
pied** *m.* II-2
together **ensemble** *adv.* I-6
tomato **tomate** *f.* II-1
tomorrow (morning, afternoon,
evening) **demain (matin,
après-midi, soir)** *adv.* I-2
day after tomorrow
après-demain *adv.* I-2
too **aussi** *adv.* I-1
too many/much (of) **trop
(de)** I-4
tooth **dent** *f.* II-1
to brush one's teeth **se brosser
les dents** *v.* II-1
toothbrush **brosse** *f.* **à dents** II-2
toothpaste **dentifrice** *m.* II-2
tour **tour** *m.* I-5
tourism **tourisme** *m.* II-4
tourist office **office du tourisme**
m. II-4
towel (bath) **serviette (de
bain)** *f.* II-2
town **ville** *f.* I-4
town hall **mairie** *f.* II-4
toxic **toxique** *adj.* II-6

toxic waste **déchets toxiques**
m., pl. II-6
traffic **circulation** *f.* II-3
traffic light **feu de signalisation**
m. II-4
tragedy **tragédie** *f.* II-7
train **train** *m.* I-7
train station **gare** *f.* I-7; **station
f. de train** I-7
training **formation** *f.* II-5
translate **traduire** *v.* I-6
translated **traduit (traduire)**
p.p., adj. I-6
trash **ordures** *f., pl.* II-6
travel **voyager** *v.* I-2
travel agency **agence de voyages**
f. I-7
travel agent **agent de voyages**
m. I-7
tree **arbre** *m.* II-6
trip **voyage** *m.* I-7
troop (*company*) **troupe** *f.* II-7
tropical **tropical(e)** *adj.* II-6
tropical forest **forêt tropicale**
f. II-6
true **vrai(e)** *adj.* I-3; **véritable**
adj. I-6
It is true that… **Il est vrai
que…** II-7
It is untrue that… **Il n'est pas
vrai que…** II-7
trunk **coffre** *m.* II-3
try **essayer** *v.* I-5
Tuesday **mardi** *m.* I-2
tuna **thon** *m.* II-1
turn **tourner** *v.* II-4
to turn off **éteindre** *v.* II-3
to turn on **allumer** *v.* II-3
to turn (oneself) around **se
tourner** *v.* II-2
twelve **douze** *m.* I-1
twentieth **vingtième** *adj.* I-7
twenty **vingt** *m.* I-1
twenty-first **vingt et unième**
adj. I-7
twenty-second **vingt-deuxième**
adj. I-7
twice **deux fois** *adv.* I-8, II-P
twist one's ankle **se fouler la
cheville** *v.* II-2
two **deux** *m.* I-1
two hundred **deux cents**
m. I-5
two million **deux millions**
m. I-5
type **genre** *m.* II-7

U

ugly **laid(e)** *adj.* I-3
umbrella **parapluie** *m.* I-5
uncle **oncle** *m.* I-3
under **sous** *prep.* I-3

understand **comprendre** *v.* I-4
understood **compris (comprendre)** *p.p., adj.* I-6
underwear **sous-vêtement** *m.* I-6
undress **se déshabiller** *v.* II-2
unemployed person **chômeur/ chômeuse** *m., f.* II-5
to be unemployed **être au chômage** *v.* II-5
unemployment **chômage** *m.* II-5
unfortunately **malheureusement** *adv.* I-7
unhappy **malheureux/ malheureuse** *adj.* I-3
union **syndicat** *m.* II-5
United States **États-Unis** *m., pl.* I-7
unless **à moins que** *conj.* II-7
unpleasant **antipathique** *adj.* I-3; **désagréable** *adj.* I-1
until **jusqu'à** *prep.* II-4; **jusqu'à ce que** *conj.* II-7
upset: to become upset **s'énerver** *v.* II-2
us **nous** *i.o. pron.* I-6; **nous** *d.o. pron.* I-7
USB drive **clé USB** *f.* II-3
use **employer** *v.* I-5
to use a map **utiliser un plan** *v.* I-7
useful **utile** *adj.* I-2
useless **inutile** *adj.* I-2; **nul(le)** *adj.* I-2
usually **d'habitude** *adv.* I-8, II-P

V

vacation **vacances** *f., pl.* I-7
vacation day **jour de congé** *m.* I-7
vacuum **aspirateur** *m.* I-8, II-P
to vacuum **passer l'aspirateur** *v.* I-8, II-P
valley **vallée** *f.* II-6
vegetable **légume** *m.* II-1
velvet **velours** *m.* I-6
very *(before adjective)* **tout(e)** *adv.* I-3
Very well. **Très bien.** I-1
veterinarian **vétérinaire** *m., f.* II-5
videocassette recorder (VCR) **magnétoscope** *m.* II-3
video game(s) **jeu vidéo (des jeux vidéo)** *m.* II-3
videotape **cassette vidéo** *f.* II-3
Vietnamese **vietnamien(ne)** *adj.* I-1
violet **violet(te)** *adj.* I-6
violin **violon** *m.* II-7
visit **visite** *f.* I-6

to visit *(a place)* **visiter** *v.* I-2; *(a person or people)* **rendre visite (à)** *v.* I-6; *(to visit regularly)* **fréquenter** *v.* I-4
voicemail **messagerie** *f.* II-5
volcano **volcan** *m.* II-6
volleyball **volley(-ball)** *m.* I-5

W

waist **taille** *f.* I-6
wait **attendre** *v.* I-6
to wait *(on the phone)* **patienter** *v.* II-5
to wait in line **faire la queue** *v.* II-4
wake up **se réveiller** *v.* II-2
walk **promenade** *f.* I-5; **marcher** *v.* I-5
to go for a walk **faire une promenade** I-5; **faire un tour** I-5
wall **mur** *m.* I-8, II-P
want **désirer** *v.* I-5; **vouloir** *v.* II-1
wardrobe **armoire** *f.* I-8, II-P
warming: global warming **réchauffement de la Terre** *m.* II-6
warning light (gas/oil) **voyant** *m.* **(d'essence/d'huile)** II-3
wash **laver** *v.* I-8, II-P
to wash oneself (one's hands) **se laver (les mains)** *v.* II-2
to wash up (in the morning) **faire sa toilette** *v.* II-2
washing machine **lave-linge** *m.* I-8, II-P
waste **gaspillage** *m.* II-6; **gaspiller** *v.* II-6
wastebasket **corbeille (à papier)** *f.* I-1
waste time **perdre son temps** *v.* I-6
watch **montre** *f.* I-1; **regarder** *v.* I-2
water **eau** *f.* I-4
mineral water **eau** *f.* **minérale** I-4
way *(by the way)* **au fait** I-3; *(path)* **chemin** *m.* II-4
we **nous** *pron.* I-1
weak **faible** *adj.* I-3
wear **porter** *v.* I-6
weather **temps** *m., sing.* I-5; **météo** *f.* II-7
The weather is bad. **Il fait mauvais.** I-5
The weather is dreadful. **Il fait un temps épouvantable.** I-5
The weather is good/warm. **Il fait bon.** I-5
The weather is nice. **Il fait beau.** I-5

web site **site Internet/web** *m.* II-3
wedding **mariage** *m.* I-6
Wednesday **mercredi** *m.* I-2
weekend **week-end** *m.* I-2
this weekend **ce week-end** *m.* I-2
welcome **bienvenu(e)** *adj.* I-1
You're welcome. **Il n'y a pas de quoi.** I-1
well **bien** *adv.* I-7
I am doing well/badly. **Je vais bien/mal.** I-1
west **ouest** *m.* II-4
What? **Comment?** *adv.* I-4; **Pardon?** I-4; **Quoi?** I-1 *interr. pron.* I-4
What day is it? **Quel jour sommes-nous?** I-2
What is it? **Qu'est-ce que c'est?** *prep.* I-1
What is the date? **Quelle est la date?** I-5
What is the temperature? **Quelle température fait-il?** I-5
What is the weather like? **Quel temps fait-il?** I-5
What is your name? **Comment t'appelles-tu?** *fam.* I-1
What is your name? **Comment vous appelez-vous?** *form.* I-1
What is your nationality? **Quelle est ta nationalité?** *sing., fam.* I-1
What is your nationality? **Quelle est votre nationalité?** *sing., pl., fam., form.* I-1
What time do you have? **Quelle heure avez-vous?** *form.* I-2
What time is it? **Quelle heure est-il?** I-2
What time? **À quelle heure?** I-2
What do you think about that? **Qu'en penses-tu?** II-6
What's up? **Ça va?** I-1
whatever it may be **quoi que ce soit** II-5
What's wrong? **Qu'est-ce qu'il y a?** I-1
when **quand** *adv.* I-4
When is …'s birthday? **C'est quand l'anniversaire de …?** I-5
When is your birthday? **C'est quand ton/votre anniversaire?** I-5
where **où** *adv., rel. pron.* I-4
which? **quel(le)(s)?** *adj.* I-4
which one **à laquelle** *pron., f., sing.* II-5

which one **auquel (à + lequel)** *pron., m., sing.* II-5
which one **de laquelle** *pron., f., sing.* II-5
which one **duquel (de + lequel)** *pron., m., sing.* II-5
which one **laquelle** *pron., f., sing.* II-5
which one **lequel** *pron., m., sing.* II-5
which ones **auxquelles (à + lesquelles)** *pron., f., pl.* II-5
which ones **auxquels (à + lesquels)** *pron., m., pl.* II-5
which ones **desquelles (de + lesquelles)** *pron., f., pl.* II-5
which ones **desquels (de + lesquels)** *pron., m., pl.* II-5
which ones **lesquelles** *pron., f., pl.* II-5
which ones **lesquels** *pron., m., pl.* II-5
while **pendant que** *prep.* I-7
white **blanc(he)** *adj.* I-6
who? **qui?** *interr. pron.* I-4; **qui** *rel. pron.* II-3
    Who is it? **Qui est-ce?** I-1
    Who's calling, please? **Qui est à l'appareil?** II-5
whom? **qui?** *interr.* I-4
    For whom? **Pour qui?** I-4
    To whom? **À qui?** I-4
why? **pourquoi?** *adv.* I-2, I-4
widowed **veuf/veuve** *adj.* I-3
wife **femme** *f.* I-1; **épouse** *f.* I-3
willingly **volontiers** *adv.* II-2
win **gagner** *v.* I-5
wind **vent** *m.* I-5
    It is windy. **Il fait du vent.** I-5
window **fenêtre** *f.* I-1
windshield **pare-brise** *m.* II-3
windshield wiper(s) **essuie-glace (essuie-glaces** *pl.***)** *m.* II-3
windsurfing **planche à voile** *v.* I-5
    to go windsurfing **faire de la planche à voile** *v.* I-5
winter **hiver** *m.* I-5
    in the winter **en hiver** I-5
wipe (the dishes/the table) **essuyer (la vaisselle/la table)** *v.* I-8, II-P
wish that… **souhaiter que…** *v.* II-6
with **avec** *prep.* I-1
    with whom? **avec qui?** I-4
withdraw money **retirer de l'argent** *v.* II-4
without **sans** *prep.* I-8, II-P; **sans que** *conj.* I-5
woman **femme** *f.* I-1

wood **bois** *m.* II-6
wool **laine** *f.* I-6
work **travail** *m.* II-4
    to work **travailler** *v.* I-2; **marcher** *v.* II-3; **fonctionner** *v.* II-3
work out **faire de la gym** *v.* I-5
worker **ouvrier/ouvrière** *m., f.* II-5
world **monde** *m.* I-7
worried **inquiet/inquiète** *adj.* I-3
worry **s'inquiéter** *v.* II-2
worse **pire** *comp. adj.* II-1; **plus mal** *comp. adv.* II-1; **plus mauvais(e)** *comp. adj.* II-1
worst: the worst **le plus mal** *super. adv.* II-1; **le/la pire** *super. adj.* II-1; **le/la plus mauvais(e)** *super. adj.* II-1
wound **blessure** *f.* II-2
wounded: to get wounded **se blesser** *v.* II-2
write **écrire** *v.* I-7
    to write one another **s'écrire** *v.* II-3
writer **écrivain(e)** *m., f.* II-7
written **écrit (écrire)** *p.p., adj.* I-7
wrong **tort** *m.* I-2
    to be wrong **avoir tort** *v.* I-2

Y

yeah **ouais** I-2
year **an** *m.* I-2; **année** *f.* I-2
yellow **jaune** *adj.* I-6
yes **oui** I-2; *(when making a contradiction)* **si** I-2
yesterday (morning/afternoon evening) **hier (matin/après-midi/soir)** *adv.* I-7
    day before yesterday **avant-hier** *adv.* I-7
yogurt **yaourt** *m.* II-1
you **toi** *disj. pron., sing., fam.* I-3; **tu** *sub. pron., sing., fam.* I-1; **vous** *pron., sing., pl., fam., form.* I-1
    you neither **toi non plus** I-2
    You're welcome. **De rien.** I-1
young **jeune** *adj.* I-3
younger **cadet(te)** *adj.* I-3
your **ta** *poss. adj., f., sing.* I-3; **tes** *poss. adj., m., f., pl.* I-3; **ton** *poss. adj., m., sing.* I-3; **vos** *poss. adj., m., f., pl.* I-3; **votre** *poss. adj., m., f., sing.* I-3;
yourself **te/t'** *refl. pron., sing., fam.* II-2; **toi** *refl. pron., sing., fam.* II-2; **vous** *refl. pron., form.* II-2

youth **jeunesse** *f.* I-6
youth hostel **auberge de jeunesse** *f.* I-7
Yum! **Miam!** *interj.* I-5

Z

zero **zéro** *m.* I-1

Mots utiles

absent(e) *absent*
un département *department*
une dictée *dictation*
une phrase *sentence*
une feuille d'activités
activity sheet
l'horaire des cours (m.)
class schedule
un paragraphe *paragraph*
une épreuve *quiz*
un examen *exam; test*
suivant(e) *following*

Expressions utiles

Asseyez-vous, s'il vous plaît.
Sit down, please.
Avez-vous des questions?
Do you have any questions?
**Comment dit-on _____ en
français?** *How do you say
_____ in French?*
**Comment écrit-on _____ en
français?** *How do you write
_____ in French?*
Écrivez votre nom. *Write
your name.*
Étudiez la leçon trois. *Study
lesson 3.*
Fermez votre livre. *Close your
book(s).*
Je ne comprends pas. *I don't
understand.*
Je ne sais pas. *I don't know.*
Levez la main. *Raise your hand(s).*
**Lisez la phrase à voix
haute.** *Read the sentence aloud.*
**Ouvrez votre livre à la page
deux.** *Open your book to
page two.*
**Plus lentement, s'il vous
plaît.** *Slower, please.*
Que signifie _____? *What
does _____ mean?*
**Répétez, s'il vous
plaît.** *Repeat, please.*
**Répondez à la/aux
question(s).** *Answer the
question(s).*
Vous comprenez? *Do you
understand?*

Titres des sections
du livre

À l'écoute *Listening*
Après la lecture *After Reading*
Avant la lecture *Before Reading*
Coup de main *Helping Hand*
Culture à la loupe *Culture
through a magnifying glass*
Écriture *Writing*
Essayez! *Try it!*
Incroyable mais vrai! *Incredible
But True!*
Le français quotidien *Everyday
French*
Le français vivant *French Live*
Lecture *Reading*
Les sons et les lettres *Sounds
and Letters*
Mise en pratique *Putting it
into Practice*
Le monde francophone *The
Francophone World*
Pour commencer *To Begin*
Projet *Project*
Roman-photo *Story based
on photographs*
Savoir-faire *Know-how*
Structures *Structures; Grammar*
Le zapping *Channel-surfing*

D'autres adjectifs de
nationalité en Europe

autrichien(ne) *Austrian*
belge *Belgian*
bulgare *Bulgarian*
danois(e) *Danish*
écossais(e) *Scottish*
finlandais(e) *Finnish*
grec/grecque *Greek*
hongrois(e) *Hungarian*
norvégien(ne) *Norwegian*
polonais(e) *Polish*
portugais(e) *Portuguese*
roumain(e) *Romanian*
russe *Russian*
slovaque *Slovakian*
slovène *Slovene; Slovenian*
suédois(e) *Swedish*
tchèque *Czech*

D'autres adjectifs de
nationalité en Afrique

africain(e) *African*
angolais(e) *Angolan*
béninois(e) *Beninese*
camerounais(e) *Cameroonian*
congolais(e) *Congolese*
égyptien(ne) *Egyptian*
éthiopien(ne) *Ethiopian*
kenyan(e) *Kenyan*
ivoirien(ne) *of the Ivory Coast*
nigérien(ne) *Nigerian*
somalien(ne) *Somali*
soudanais(e) *Sudanese*
sud-africain(e) *South African*
tchadien(ne) *Chadian*
togolais(e) *Togolese*
tunisien(ne) *Tunisian*

D'autres adjectifs
de nationalité dans
le monde

antillais(e) *Caribbean, West Indian*
argentin(e) *Argentinian*
asiatique *Asian*
australien(ne) *Australian*
bolivien(ne) *Bolivian*
chilien(ne) *Chilean*
colombien(ne) *Colombian*
cubain(e) *Cuban*
haïtien(ne) *Haitian*
indien(ne) *Indian*
irakien(ne) *Iraqi*
iranien(ne) *Iranian*
israélien(ne) *Israeli*
libanais(e) *Lebanese*
néo-zélandais(e) *New Zealander*
pakistanais(e) *Pakistani*
péruvien(ne) *Peruvian*
portoricain(e) *Puerto Rican*
syrien(ne) *Syrian*
turc/turque *Turkish*
vénézuélien(ne) *Venezuelan*

D'autres cours

l'agronomie (f.) *agriculture*
l'algèbre (m.) *algebra*
l'anatomie (f.) *anatomy*
l'anthropologie (f.) *anthropology*
l'archéologie (f.) *archaeology*
l'architecture (f.) *architecture*
l'astronomie (f.) *astronomy*
la biochimie *biochemistry*
la botanique *botany*
le commerce *business*
une filière *course of study*
le latin *Latin*
les langues romanes
  romance languages
la linguistique *linguistics*
le marketing *marketing*
les mathématiques
  supérieures,
  spéciales *calculus*
la médecine *medicine*
la musique *music*
la trigonométrie *trigonometry*
la zoologie *zoology*

D'autres mots utiles

un classeur *binder*
une gomme *eraser*
l'infirmerie (f.) *infirmary*
une règle *ruler*

D'autres animaux familiers

un cochon d'Inde *guinea pig*
un furet *ferret*
une gerbille *gerbil*
un hamster *hamster*
un rongeur *rodent*
une souris *mouse*
une tortue *turtle*

D'autres adjectifs pour décrire les gens

ambitieux/ambitieuse *ambitious*
arrogant(e) *arrogant*
calme *calm*
compétent(e) *competent*
excellent(e) *excellent*
franc/franche *frank, honest*
(mal)honnête *(dis)honest*
idéaliste *idealistic*
immature *immature*
mûr(e) *mature*
(ir)responsable *(ir)responsible*
romantique *romantic*
séduisant(e) *attractive*
sentimental(e) *sentimental*
souple *flexible*
studieux/ieuse *studious*
tranquille *quiet*

D'autres professions

un boucher/une
  bouchère *butcher*
un boulanger/une
  boulangère *baker*
un caissier/une
  caissière *cashier*
un cordonnier *cobbler*
un dessinateur/une
  dessinatrice *illustrator*
un fermier/une fermière *farmer*
un(e) informaticien(ne)
  computer scientist
un instituteur/une institutrice
  nursery/elementary school teacher
un(e) photographe *photographer*
un(e) pilote *pilot*
un(e) styliste *fashion designer*
un tailleur (pour dames)
  (ladies') tailor
un teinturier *dry cleaner*

Au café

une brioche *brioche, bun*
un café crème *espresso with milk*
un croque-monsieur *toasted ham and cheese sandwich*
de l'eau gazeuse (f.) *sparkling mineral water*
de l'eau plate (f.) *plain water*
un garçon de café *waiter*
une omelette au jambon/au fromage *omelet with ham/with cheese*
des œufs au/sur le plat (m.) *fried eggs*
une part de tarte *slice of a pie*
une tartine de beurre *slice of bread and butter*

Quelques fromages

du bleu des Causses *blue cheese made with cow's milk*
du camembert *soft cheese made with cow's milk*
du fromage de chèvre *goat cheese*
du gruyère *Swiss cheese*
du munster *semisoft cheese that can be sharp in flavor, made with cow's milk*
du reblochon *soft cheese made with cow's milk*
du roquefort *blue cheese made with sheep's milk*
de la tomme de Savoie *cheese from the Alps made of scalded curds*

D'autres loisirs

une bicyclette *bicycle*
bricolage (faire du)
  fixing things
collectionner les timbres *to collect stamps*
faire des mots croisés *to do a crossword puzzle*
une fête foraine/une foire *fair*
jouer à la pétanque/aux boules (f.) *to play the game of petanque*
jouer aux dames (f.)
  to play checkers
louer une vidéo/un DVD
  to rent a video/DVD
la natation (faire de) *swimming*
un parc d'attractions
  amusement park
tapisserie (faire de la)
  needlework
tricoter *knitting*

Des mots liés à la météo

une averse *shower*
la bise *North wind*
la brise *breeze*
un ciel couvert *overcast sky*
un ciel dégagé *clear sky*
une éclaircie *break in the weather; sunny spell*
la grêle *hale*
la grisaille *grayness*
de la neige fondue *sleet*
un nuage *cloud*
un orage *thunder storm*
une vague de chaleur *heat wave*
le verglas *black ice*

Des fêtes de famille

une bague de fiançailles *engagement ring*
un baptême *christening*
les fiançailles *engagement*
les noces d'argent *silver wedding anniversary*
les noces d'or *golden wedding anniversary*
un enterrement *funeral*

Des jours fériés

l'Action de grâce *Thanksgiving*
la fête de l'Indépendance
  Independence Day
une fête nationale
  National holiday
le Jour de l'an/la Saint-Sylvestre *New Year's Day*
le 14 juillet *Bastille Day*
la Saint-Valentin *Valentine's Day*

D'autres mots pour faire la fête

des accessoires de cotillon (m.) *party accessories*
des amuse-gueule (m.)
  appetizers; nibbles
un bal *ball*
des confettis *confetti*
des feux d'artifice *fireworks*
un serpentin *streamer*

Quelques vêtements

une doudoune *down coat*
un foulard *headscarf*
un gilet *cardigan; vest*
un moufle *mitten*
un pantacourt *capri pants*
un pull à col roulé *turtleneck*
un sweat-shirt *sweatshirt*
une veste *jacket*

Quelques pays d'Europe

l'/en Autriche (f.) *Austria*
la/en Bulgarie *Bulgaria*
le/au Danemark *Denmark*
l'/en Écosse (f.) *Scotland*
la/en Finlande *Finland*
la/en Grèce *Greece*
la/en Hongrie *Hungary*
la/en Norvège *Norway*
la/en Pologne *Poland*
le/au Portugal *Portugal*
la/en République tchèque
  Czech Republic
la/en Roumanie *Romania*
le/au Royaume-Uni
  United Kingdom
la/en Russie *Russia*
la/en Slovaquie *Slovakia*
la/en Slovénie *Slovenia*
la/en Suède *Sweden*

Quelques pays d'Afrique

l'/en Afrique du Sud (f.)
  South Africa
l'/en Algérie (f.) *Algeria*
l'/en Angola (f.) *Angola*
le/au Bénin *Benin*
le/au Cameroun *Cameroon*
le/au Congo *Congo*
la/en Côte d'Ivoire *Ivory Coast*
l'/en Égypte (f.) *Egypt*
l'/en Éthiopie (f.) *Ethiopia*
le/au Kenya *Kenya*
le/au Maroc *Morocco*
le/au Niger *Niger*
le/au Sénégal *Senegal*
la/en Somalie *Somalia*
le/au Soudan *Sudan*
le/au Soudan du Sud
  South Sudan
le/au Tchad *Chad*
le/au Togo *Togo*
la/en Tunisie *Tunisia*

D'autres pays

l'/en Argentine (f.) *Argentina*
l'/en Australie (f.) *Australia*
la/en Bolivie *Bolivia*
le/au Chili *Chile*
la/en Colombie *Colombia*
(à) Cuba (f.) *Cuba*
(à) Haïti *Haiti*
l'/en Inde (f.) *India*
l'/en Irak (m.) *Iraq*
l'/en Iran (m.) *Iran*
(en) Israël (m.) *Israel*
le/au Liban *Lebanon*
la/en Nouvelle-Zélande
  New Zealand
le/au Pakistan *Pakistan*
le/au Pérou *Peru*
(à) Porto Rico (f.) *Puerto Rico*
la/en Syrie *Syria*
la/en Turquie *Turkey*
le/au Venezuela *Venezuela*

Partir en vacances

atterrir *to land*
l'atterrissage (m.) *landing*
une compagnie aérienne *airline*
une crème solaire *sunscreen*
une croisière *cruise*
le décollage *take-off*
décoller *to take off*
défaire ses valises *to unpack*
un douanier *customs officer*
une frontière *border*
un groom *bellhop*
un numéro de vol *flight number*
dormir à la belle étoile *to sleep out in the open*
une station balnéaire *seaside resort*

Dans la maison

allumer la lumière *to turn on the light*
du bois *wood*
le chauffage central *central heating*
la cheminé *chimney; fireplace*
la climatisation *air-conditioning*
la décoration intérieure *interior design*
en bas *downstairs*
en haut *upstairs*
éteindre la lumière *to turn off the light*
le fioul *heating oil*
le gaz *natural gas*
le grenier *attic*
la lumière *light*
une penderie *walk-in closet*
un plafond *ceiling*
le sol *floor*
le toit *roof*

Des tâches ménagères

aérer une pièce *to air a room*
arroser les plantes *to water the plants*
étendre le linge *to hang out/hang up washing*
laver les vitres *to clean the windows*
une vitre *windowpane*

Des meubles et des objets de la maison

une ampoule *light bulb*
une bougie *candle*
un buffet *sideboard*
une corde à linge *clothesline*
une couette *comforter*
le linge de maison *linen*
une persienne *shutter*
une pince à linge *clothes pin*
un portemanteau *coat rack*
un radiateur *radiator*
un robot ménager *food processor*
un store *blind*
un volet *shutter*

AP® French Themes & Contexts

This index aligns the cultural content in **D'accord! 1B** with the AP® French Language and Culture themes and recommended contexts to help you build the broad cultural understanding you need to succeed in class, on the AP® Exam, and beyond.

The numbers following each entry can be understood as follows:

(8) 193 = **(Unit)** page
As shown, the entry above would be found in Unit 8, page 193.

*Entries marked with an asterisk offer cultural information that supports the AP® theme and context but may not fully align with it.

You can find a comprehensive index of AP® Themes & Contexts for all levels of **D'accord!** on the Supersite.

Grammar Index

Every effort has been made to trace the copyright holders of the works published herein. If proper copyright acknowledgment has not been made, please contact the publisher and we will correct the information in future printings.

Photography and Art Credits

Cover: Partrip/RelaXimages/AGE Fotostock

Front Matter (TE): T36: SimmiSimons/iStockphoto; **T38:** Monkeybusinessimages/Bigstock.

Front Matter (SE): xvii: (all) North Wind Picture Archives/Alamy; **xviii:** (l) Courtesy of the Library of Congress; (r) Design Pics Inc/Alamy; **xix:** Masterpics/Alamy; **xx:** (tl) Moodboard/Fotolia; (bl) Moshimochi/Shutterstock; (br) Wavebreakmedia Ltd/Shutterstock; **xxi:** JTB Photo Communications, Inc/Alamy; **xxii:** (l) Gawrav/iStockphoto; (r) Yuri/iStockphoto; **xxiii:** FMB/Isabel Schiffler/Future Image/WENN/Newscom; **xxiv:** (t) Monkey Business Images/Fotolia; (b) Yuri Arcurs/Fotolia; **xxv:** (t) Monkeybusinessimages/iStockphoto; (b) Masterfile Royalty-Free; **xxvi:** David Schaffer/Media Bakery.

Reprise: 1: Theodor Barth/laif/Redux Pictures; **6:** (tl) Annie Pickert Fuller; (tm) VHL; (tr) Shaun Best/Reuters; (bl) Martín Bernetti; (bm) Martín Bernetti; (br) VHL **9:** (l) Martín Bernetti; (r) Pascal Pernix; **10:** John Kershaw/Alamy; **11:** (t) Dieu Nalio Chery/AP Images; (b) Jeff Greenberg 4 of 6/Alamy; **16:** (t) Martín Bernetti; (tml) Dmitry Kutlayev/iStockphoto; (tmr) VHL; (ml) Zentilia/Fotolia; (mr) Anne Loubet; (bl) AHBE/Fotolia; (br) Martín Bernetti; **20:** Anne Loubet.

Unit 5: 21: Lagos Nigeria/Alamy; **24:** Martín Bernetti; **28:** Orban Thierry/ABACA/Newscom; **29:** (t) Marco Iacobucci EPP/Shutterstock; (b) Arko Datta/Reuters: **42:** Ron Koeberer/Getty Images; **46:** Anne Loubet; **47:** (l) Anne Loubet; (r) Benoit Tessier/Reuters/Newscom; **49:** Vanessa Bertozzi; **58:** (left col: t) ATB/ATP/WENN/Newscom; (left col: b) Shaun Best/Reuters; (t) Brianafrica/Alamy; (ml) Author's Image Ltd/Alamy; (mr) MJ Photography/Alamy; (b) Gerard Lacz Images/SuperStock; **59:** (tl) Seyllou/AFP/Getty Images; (tr) Sadaka Edmond/SIPA/Newscom; (bl) Kevin Schafer/Alamy; (br) Werner Forman Archive/Heritage Image Partnership Ltd/Alamy; **60:** (t) Perry Mastrovito/Corbis; (b) Rossy Llano; **61:** Anne Loubet; **62:** Pascal Pernix; **63:** (l) Martine Coquilleau/Fotolia; (r) Peter Adams Photography Ltd/Alamy.

Unit 6: 65: Jupiterimages/Getty Images; **72:** Fadi Al-barghouthy/123RF; **73:** (t) Mal Langsdon/Reuters; (b) Trevor Pearson/Alamy; **74:** Rachel Distler; **75:** (all) Martín Bernetti; **85:** (t) Ben Blankenburg/Corbis; (ml) Hemera Technologies/Getty Images; (mr) Purestock/Jupiterimages; (b) Ablestock.com/Getty Images; **90:** Poree-Wyters/ABACA/Newscom; **91:** (t) Evening Standard/Hulton Archive/Getty Images; (b) Graylock/MCT/Newscom; **95:** Anne Loubet; **99:** Anne Loubet; **101:** Anne Loubet; **102:** (t) Idealink Photography/Alamy; (ml) A.Anwar Sacca/Fotolia; (mr) Nik Wheeler/Getty Images; (bl) Abdelhak Senna/Getty Images; (br) Frans Lemmens/Getty Images; **103:** (tl) Stephen Lloyd Morocco/Alamy; (tr) Ulf Andersen/Getty Images; (bl) Paul Springett B/Alamy; (br) Romilly Lockyer/Getty Images; **104:** Trois-Rivieres Le Nouvelliste/The Canadian Press (Sylvain Mayer); **104-105:** (background) Corbis RF; **106:** Jeff Greenberg/Alamy; **107:** Brian McEntire/iStockphoto.

Unit 7: 109: Janet Dracksdorf; **112:** PeopleImages/iStockphoto; **116:** Courtesy of www.Tahiti-Tourisme.com; **117:** (l) Zonesix/Shutterstock; (r) Edgar Degas (1834–1917). Danseuses bleues, Blue dancers, c. 1890. Location: Musée d'Orsay, Paris, France. Photo credit: Alfredo Dagli Orti/The Art Archive/Art Resource; **125:** Courtesy of www.Tahiti-Tourisme.com; **129:** Photolibrary; **130:** Martín Bernetti; **134:** (l) Janet Dracksdorf; (r) Anne Loubet; **135:** Johner Images/Alamy; **143:** Alantide Phototravel/Getty Images; **145:** Anne Loubet; **146:** (left col: t) The AGE/Getty Images; (left col: b) Charles Bonnay/Gamma-Rapho/Getty Images; (t) Saiko3p/Shutterstock; (m) Melba Photo Agency/Alamy; (b) Ashit Desai/Getty Images; **147:** (tl) Photo Josse/Leemage/Getty Images; (tr) Neftali77/Deposit Photos; (bl) Courtesy of www.Tahiti-Tourisme.com; (br) AS Food Studio/Shutterstock; **148-149:** Andreas Prott/Shutterstock; **150:** Pascal Pernix; **151:** Jessica Beets.

Unit 8: 153: Helen & Bodil Sturesson/Johner Images; **160:** Anne Loubet; **161:** Maridav/Shutterstock; **173:** Giantstep Inc/Getty Images; **174:** Thinkstock/Corbis; **178:** Anne Loubet; **179:** David Redfern/Getty Images; **185:** 290712/Fotolia; **186:** (t) Stockshot/Alamy; (bl) Ben Blankenburg/Corbis; (bml) Martín Bernetti; (bmr) Martín Bernetti; (br) Martín Bernetti; **187:** Sigrid Olsson/AGE Fotostock; **188:** (all) Anne Loubet; **189:** (all) Anne Loubet; **190:** (left col: t) Historical Picture Archive/Getty Images; (left col: m) Keystone Pictures/AGE Fotostock; (left col: b) Kurt Krieger/Getty Images; (t) Jeremy Reddington/Shutterstock; (ml) Abadesign/Shutterstock; (mr) Anne Loubet; (b) Benjamin Herzog/Fotolia; **191:** (tl) Tom Delano; (tr) Anne Loubet; (bl) Janet Dracksdorf; (br) Anne Loubet; **192:** (left col, t) Aksaran/Gamma-Rapho/Getty Images; (left col, m) Stills Press/Alamy; (left col, b) AF Archive/Alamy; (t) Structurae/Nicolas Janberg; (ml) Paanna/Deposit Photos; (mr) Sigurcamp/Shutterstock; (b) Jean Dubuffet. Closerie Falbala (1971-1973). Painted epoxy resin and sprayed concrete. Surface area: 1.610 m2. Fondation Dubuffet, Perigny-sur-Marne (France). Copyright Fondation Dubuffet / ARS 2017. **193:** (tl) Kalpana Kartik/Alamy; (tr) Josse Christophel/Alamy; (bl) Tony C. French/Getty Images; (br) Bukki88/Depositphotos; **194–195:** Jessica Beets; **194:** (b) Jessica Beets; **195:** (inset) Jessica Beets; **196:** Anne Loubet; **197:** Terry J Alcorn/iStockphoto.

Back Cover: Demaerre/iStockphoto.

Television Credits

39 Courtesy of Canal 32.

83 Courtesy of ResoNews.

127 Courtesy of Tous Les Budgets, un site d'information propose por CETELEM.

171 Courtesy of France TV.